O DIREITO

Ano 142.° (2010), V

Director

JORGE MIRANDA

O DIREITO
Ano 142.° (2010),V
Director: JORGE MIRANDA

Propriedade de JURIDIREITO – Edições Jurídicas, Lda.
NIPC 506 256 553
Sede e Redacção: Faculdade de Direito de Lisboa – Alameda da Universidade – 1649-014 Lisboa
Editora: Edições Almedina, SA
Rua Fernandes Tomás n.os 76, 78, 80
Telef.: 239 851 904 – Fax: 239 851 901
3000-167 Coimbra – Portugal
editora@almedina.net

Publicação: cinco números anuais
Tiragem: 300 exemplares
Assinatura anual € 76,50 (15% de desconto sobre o total dos números avulsos)
Número avulso € 18,00

Coordenação e revisão: Veloso da Cunha
Execução gráfica: G.C. – Gráfica de Coimbra, Lda.
Rua do Progresso, 13 – Palheira
3040-692 Assafarge
Telef.: 239 802 450 – Fax: 239 802 459
producao@graficadecoimbra.pt
Depósito legal: 229122/05
N.° de registo na ERC – 124475

ÍNDICE

ARTIGOS DOUTRINAIS

Artigos doutrinais

*Justiça – Os caminhantes e os caminhos**

CONSELHEIRO J. O. CARDONA FERREIRA

I

Para falar de Justiça, tenho de começar por saber o que é Justiça.

Ao contrário do que possa parecer, a meu ver, é difícil encontrar uma definição que seja fácil ou suficientemente clara.

Justiça é mais para realizar do que para definir.

Contudo, não posso deixar de procurar algumas linhas de orientação.

Antes de mais, na linguagem comum, mesmo de pessoas que se dedicam a estes assuntos, é frequente alguma confusão nas palavras. Essa confusão é comum em França[1] e, mesmo em Portugal, ela tem aparecido demasiado. Refiro-me a uma pretensa aparência de que Justiça e jurisdição significam o mesmo, o que não é verdade, ainda que essa confusão evidencie a percepção da importância social da jurisdição, assim identificada com Justiça. Em verdade, *Justiça é um valor e, jurisdição é um Caminho, ainda que o Caminho privilegiado para a Justiça.*

II

Nos meus saudosos tempos de jovem magistrado judicial, perguntava-me o que era Justiça. Embora não tivesse tempo para investigar e definir, como que

* Este é o texto que preparei e levei ao magnífico colóquio organizado pela Secção Portuguesa do Agrupamento Europeu de Magistrados pela Mediação e pela Associação Sindical dos Juízes Portugueses, na Universidade Lusíada de Lisboa, em 23 de Setembro de 2010.

[1] Por exemplo, MICHÈLE GUILLAUME, *Hofnung, La Médiation, Que sais-je?*.

empiricamente sempre senti – mais do que pensei – que fazia um *acto justo* sempre que conseguia decidir, de forma tanto quanto possível pacificante, um diferendo entre cidadãos meus semelhantes. E hoje, após me ter jubilado, porque me recuso a deixar de trabalhar na Justiça a que continuo a pertencer, dei comigo a tentar definir o que é Justiça.

A Justiça é quase um sonho, é um valor, um objectivo, a causa-final de todos os que trabalham na *vida societária de relação, nos mais variados sectores*. Há Justiça ou não, quando um *professor* aprova ou reprova um aluno, mesmo que aplique sempre os regulamentos. Há Justiça ou não, quando um *médico* procura compreender bem, ou não, um doente, mesmo quando prescreve remédios adequados, etc., etc., há Justiça ou não quando um Juiz resolve convincentemente, ou não, uma causa, mesmo quando aplica normas pertinentes.

De todo o modo, o sentido comum da ideia de Justiça, para o efeito que aqui importa, reporta-se aos diferendos de carácter jurídico.

Sou levado a pensar que terminar um processo não é, ainda, fazer Justiça, embora seja um acto fundamental para o efeito, designadamente à luz do princípio do prazo razoável[2]. Mas o princípio do prazo razoável convive com o da equidade processual e, dir-se-ia, aquele insere-se nesta[3].

Sendo certo, a meu ver, que a equidade de que estas normas falam é um princípio de cariz processual[4], ele apela à igualdade de tratamento, à correcção, independência, imparcialidade, dedicação do Juiz, ao direito ao contraditório, etc., e tudo isto significa a realização de uma razoabilidade que não é um fim em si mesmo, mas uma série de procedimentos tendentes a que a solução seja correcta.

De Justiça, têm sido tentados inúmeros conceitos. Para mim, mais, muito mais, do que um conceito, preocupa-me que aconteça, que se realize, perante pessoas concretas e casos concretos.

Mas, tenho de encontrar um elemento motivador e raiz material do valor. *Esse elemento é a Pessoa humana.*

"*O Homem é a medida de todas as coisas*", disse Pitágoras. E penso que poderemos acrescentar qualquer coisa. *Para haver um acto justo, não é do homem abstracto que devemos falar. O homem abstracto não existe.* É uma abstracção. Pode servir para falar de Justiça academicamente, como essência, como ideia. *Mas onde*

[2] Para que não seja mais possível dizer, como o Príncipe D. Pedro, nos alvores do séc. XV, "aquelles que tarde vencem, ficam vencidos": *Os Filhos de D. João I*, 396, Livro de JP Oliveira Martins.

[3] Artigo 47.° da Carta dos Direitos Fundamentais da União Europeia; artigo 6.° da Convenção Europeia dos Direitos do Homem; artigo 20.°, n.° 4 da Constituição da República Portuguesa.

[4] Lebre de Freitas, *Introdução ao Processo Civil*, 95.

a Justiça se realiza, ou não, é nos casos concretos, é perante as pessoas concretas de alma, carne e osso feitas. *Cada homem, cada pessoa, é um ser único! Cada pessoa é uma "humanidade individual"*, como disse o moçambicano Mia Couto, no enriquecimento que tem dado à língua portuguesa[5]. *Cada pessoa carente de Justiça é o Caminhante principal para quem os Caminhos da Justiça devem ser feitos.*

Logo, é em função da Pessoa humana que o valor Justiça tem significado.

Por outro lado, tenho de entender que *Lei, Direito e Justiça são coisas diferentes*. Muito brevemente, *Lei* é a norma, a regra ("*dura lex sed lex*"). *Direito* é um conjunto de motivações do dever ser, desde a regra, às opções éticas, aos valores morais e religiosos, à cultura em geral, em suma aos factores que me levam a considerar algo certo ou errado societariamente, *recto ou não recto* e daí o "*directum*" latino, donde provieram Direito, Droit, Derecho, Diritto, etc; e *Justiça*, o valor para o qual deve contar, primacialmente, mais o Direito do que a regrinha.

Para encurtar razões, vou buscar, aos novos e aos velhos tempos, ideias que considero determinantes.

Só para referir algumas perspectivas, o nosso Rei D. Dinis, com a sensibilidade do poeta, já em plena Idade Média (finais do século XIII/princípios do século XIV) dizia que a Justiça "pacifica a vida"[6]. Muito mais tarde, em 1776, ao elaborarem a sua Constituição, os norte-americanos distinguiram "the pursuit of happiness" como direito inalienável, ao lado dos direitos à vida e à liberdade.

Já no nosso tempo, Paul Ricoeur escreveu que " o horizonte do acto de julgar é finalmente mais do que a segurança, a *paz social*"[7].

Daqui, parto para uma tentativa de ideia do valor *Justiça*:

– Justiça é e existe
– na realização de *paz de bem-estar ou, pelo menos, de tranquilidade*
– *através* do reconhecimento daquilo que, a cada pessoa, pertence
– *rectamente*
– conforme a perspectiva *ética*
– e o *circunstancialismo* do caso *concreto.*

Sobre isto, que levaria muito tempo e muito espaço a particularizar, direi apenas o seguinte.

[5] *Cada Homem é uma Raça*, 9
[6] RUI DE PINA, ut Ruy de Albuquerque e Martin de Albuquerque, *História do Direito Português*, I, 516.
[7] *O Justo*, 167.

A *paz* de que falo tem de ser uma paz sentida como bem. Não pode ser, nem é, a pretensa paz niilista dos cemitérios à moda cáustica de Voltaire ou a pretensa paz do silêncio da opressão. É a paz da tranquilidade e do bem-estar.

O "*suum quique tribuere*" de Aristóteles aparece aqui como *meio* e não como fim.

O Direito é a essência da ponderação: rectamente.

Mas a *perspectiva determinante tem de ser a ética.*

E o contexto é o concreto.

Duas breves observações sobre a *ética.*

Por um lado, em meados do século XX, um ilustre Professor da Universidade de Coimbra, L. Cabral de Moncada, escreveu dois volumes sobre Filosofia do Direito e do Estado onde, a certa altura do Volume 2.° (pág. 293), escreveu isto:

> O direito... tem de se naturalizar primeiramente cidadão da república da Ética, se quiser conseguir aquele mínimo de validade e eficácia que lhe são necessárias para poder socialmente cumprir a sua missão.

Por outro lado, permitam-me que relembre aqui que o tema forte do mais recente Congresso dos Juízes Portugueses consistiu – *honra a quem teve a ideia e a pôs em prática!* – o *Compromisso Ético* dos Juízes Portugueses (Princípios para a Qualidade e Responsabilidade). De Ética, muito se tem dito. Mas o que importa aqui frisar é que aqueles que são os "Guardadores de Promessas", nas palavras de Antoine Garapon, assumiram, reivindicaram não direitos ou regalias ou privilégios mas, sim, dever de comportamento e de funcionamento ético.

Isto significa que os Juízes portugueses lançaram as bases daquilo a que, num pequeno texto que escrevi na ocasião, considerei que poderia e deveria ser a base de uma *Carta dos Direitos Fundamentais dos Cidadãos Portugueses face aos caminhos da Justiça.*

O que acaba de ficar alinhavado significa que os Caminhos da Justiça, para o serem, têm de poder conduzir à Justiça, têm de viabilizar Justiça, como na Antiguidade Clássica todos os caminhos iam dar a Roma.

III

Ainda sobre a Justiça, tenho de reconhecer que, falando de algo relativo a pessoas humanas concretas, não posso deixar de assumir que os conteúdos valorativos mudam com os tempos e os espaços.

Se *devo lutar por aquilo em que acredito*, identicamente não posso deixar de reconhecer que nem todos pensaram ou pensam como eu. Ou virão a pensar.

Isto significa que, se o valor, como *continente*, é eterno e universal, o seu **conteúdo** não é eterno nem universal. Como disse Alain Supiot, "as concepções da justiça mudam, evidentemente, de uma época para outra e de um país para o outro"[8].

Mas devo procurar contribuir para o que considero uma melhoria permanente.

Daí o significado das afirmações de François Ost[9], segundo o qual o desafio que se apresenta hoje ao jurista consiste em "*romper com o passado, mas apoiando-se ao mesmo tempo nele*", para "*dar um futuro ao futuro*".

IV

Ao falar de Justiça, não posso deixar de fazer uma breve referência ao seu contrário, a injustiça.

Como muito bem reflectiu A. P. Barbas Homem, falando de injustiça, falo de "limite do Direito"[10].

De todo o modo, se tenho, do Direito, uma condicionante ética, dificilmente é concebível Direito excluindo a ideia de Justiça[11].

Mas, com lei, já pode acontecer antinomia.

"Ilustro" o caso com o artigo 203.° da Constituição da República Portuguesa (o Tribunal, vale dizer, o Juiz está sujeito à lei). Qualquer lei? Mesmo se conduzir a injustiça?

Não podemos tomar a nuvem por Juno. Este problema é aparente mas, nem por isso, pode deixar de ser esclarecido.

Compagina-se com o n.° 2 do artigo 8.° do C. Civil: "O dever de obediência à lei não pode ser afastado sob pretexto de ser injusto ou imoral o seu conteúdo". Ou, diria, o seu resultado?

Este é dos tais ordenamentos legais que um mínimo de sensibilidade comum e jurídica logo repudia.

Mas como?

A solução é simples, e não resiste a um mínimo de investigação.

8 *Homo Juridicus*, 19.

9 *O Tempo do Direito*, 227.

10 Revista da Faculdade de Direito da Universidade de Lisboa, vol. XXXIX, n.° 2.

11 Alain Supiot, *Homo Juridicus*, 18.

O contexto do artigo 8.° do C. Civil nada tem a ver com um C. Civil mas, sim, com um Estatuto de Juízes.

Com efeito, logo em 1977, através da Lei n.° 85/77, de 13 de Dezembro, o artigo 3.° do Estatuto dos Magistrados Judiciais regulou a temática do artigo 8.° do C. Civil e excluiu aquele inaceitável n.° 2. E tal nova orientação foi confirmada pelo actual Estatuto dos Magistrados Judiciais (artigo 3.° da Lei n.° 21/85, de 30 de Julho).

Portanto, o n.° 2 do artigo 8.° do C. Civil está derrogado.[12]

Isto tem que ver com a noção de *Estado de Direito*. É inconfundível Estado de Direito com Estado de Leis. O que é preciso é, distinguindo lei de Direito, *distinguir Estado de Lei (que são, por natureza, todos) dos Estados de Direito* que são os que se alicerçam não só nas leis mas, mais, em princípios éticos de Justiça[13].

Mas, se posso e devo basear-me numa ideia de ética para transformar a *abstracção do Direito no concreto que tem de ser a Justiça, não posso confundir esta orientação com arbitrariedade*. Não posso, pura e simplesmente, dizer: por mais que as leis o digam, por aí não vou porque não gosto da solução. Tenho de encontrar uma base de apoio, que garanta *segurança*, na medida em que a própria segurança seja um dos factores de Justiça, embora não a segurança pela segurança que até pode impedir Justiça.

Ora, se dispuser de uma "magna carta", de uma Constituição que reflicta e que molde um Estado de Direito, encontro nela os princípios que hão-se nortear-me na interpretação e na aplicação da lei, mormente dos artigos 203.° (respeito pela lei) e 204.° (que for conforme à Constituição) – ainda que, no extremo, até possa encontrar algúma norma formalmente da Constituição que não seja conforme aos princípios constitucionais.

Numa breve referência concreta à actual Constituição da República Portuguesa, bastam-me os *artigos 1.° (dignidade da pessoa humana), 2.° (Estado de Direito), 16.° (prevalência dos direitos fundamentais à luz da Declaração Universal dos Direitos do Homem)*, etc., etc., etc., para reflectirem o que pretendo dizer.

Em conclusão: é na Constituição que eu encontro os limites à aplicação das leis, note-se que *nos princípios, mais do que nas próprias regras literais*.

Aliás, o próprio artigo 203.° da CRP é exemplo do que pretendo dizer desde que consiga ver o alcance da norma para além do literalismo. É que não

[12] Artigo 7.°, n.° 2 do C. Civil.

[13] Sobre o tema, por exemplo, ANTÓNIO CÂNDIDO DE OLIVEIRA, *Estado de Direito Sem Adjectivos, in* Scientia Iuridica – Tomo LVIII, 2009, n.° 320, 645 ss.

há uma "lei". Há até demais e cada vez mais. Portanto o artigo 203.° da CRP não se reporta a cada lei. Reporta-se ao Direito.

V

É altura de uma breve síntese do que referi até aqui, a propósito de Justiça, Caminhantes e Caminhantes.

Caminhantes são as Pessoas humanas com fome e sede de Justiça. É relativamente a eles que existem quaisquer Caminhos de Justiça e é a seu respeito que as atitudes respectivas devem ser tomadas.

Justiça é o valor que constitui a finalidade, o objectivo de quaisquer Caminhos que os Caminhantes tenham de seguir quando, dela, necessitem.

Direito é, para mim, o "meio de transporte" mais adequado, quando perspectivado, condicionado, enobrecido pela ética.

Os *Trabalhadores dos Caminhos*, são quem deve ajudar os Caminhantes, conforme os Caminhos, são os que, neles, agem para servir os Caminhantes, sejam Juízes, Ministério Público, Advogados, Solicitadores, Funcionários de Justiça, Mediadores.

Que falta?

Os Caminhos. Digamos, então, uma palavra sobre *Caminhos*.

VI

O Caminho principal para a Justiça é integrado pela jurisdição, cuja função básica consiste em dizer o Direito.

Em rigor, a jurisdição é, por sua vez, integrada por *várias ordens jurisdicionais*, conforme resulta, claramente do artigo 209.° e segs. da CRP e, concorde-se ou não, do artigo 217.° da mesma Magna Carta e, expressamente, do artigo 66.° do CPC.

De entre as ordens jurisdicionais, a que mais diz ao comum das pessoas e aos seus diferendos é a judicial, a que se reportam leis de organização e funcionamento, a Lei n.° 3/99, de 13 de Janeiro e a Lei n.° 52/2008, de 28 de Agosto.

Seguramente, em Portugal, a jurisdição é o principal Caminho para a Justiça.

Mas, perante um mundo onde o desrespeito para com a ética e o Direito atingiu proporções e diversificações tão graves e tão diversas, *mal dos Estados que não entendessem que são necessários vários Caminhos para os Caminhantes, conforme as circunstâncias.*

É nesta perspectiva que surgem ou ressurgem vários Caminhos ditos "extrajudiciais" ou, numa outra leitura, "extrajurisdicionais".

Significativamente – ou seja, *apontando para a harmonização e para o objectivo comum, Justiça* – é o mesmo artigo da CRP, o actual 202.°, exactamente o que melhore reflecte a *reserva constitucional de jurisdição* reconhecida aos Tribunais, vale dizer aos Juízes, de decidir conflitos juridicamente reguláveis que, desde a revisão de 1989[14], dizia, é o mesmo artigo que, no seu n.° 4, prescreve que "a lei poderá institucionalizar instrumentos e formas de composição não jurisdicional de conflitos", numa clara assunção da autocomposição de diferendos[15].

Entretanto, enquanto que, em 1982, os Tribunais Arbitrais[16] haviam passado a integrar o actual elenco constitucional de Tribunais, em 1997 foi a vez de esse mesmo elenco passar a referir os Julgados de Paz (actual artigo 209.°). Uns e outros têm *especificidades que os distinguem* dos judiciais como, ainda mais, dos outros Tribunais.

Segue-se daqui que, sendo Tribunais, os Arbitrais e os Julgados de Paz não são, não podem ser, Caminhos não jurisdicionais.

Em Portugal, o mesmo se deve dizer da própria *conciliação* que é, nessa raiz, um acto tipicamente dos Juízes. Aliás, a meu ver, *a conciliação é um acto tão nobre, do Juiz, quanto o julgamento*. Oxalá seja, sempre, assumido como tal.

Não falando de actos sem grande sentido autonómico para o que, aqui e agora, mais releva, como a negociação ou a transacção, que fica como Caminho significativo não jurisdicional?

A mediação.

VII

Muito genericamente a mediação consiste na intervenção de um *terceiro* (*Juiz também é terceiro mas mediador não decide e* ***é alheio, também, ao decisor***), *isto é, de alguém que se coloca, não necessariamente no meio, mas junto dos interessados* e procura que, para além de dizerem o que quiserem sobre o litígio (que será o problema imediato), falem, descarreguem a alma sobre o que está *subjacente* –

[14] Anterior artigo 205.°.

[15] Cf. *vg.* Jorge Miranda e Rui Medeiros, *Constituição Portuguesa Anotada*, III, 30.

[16] Sobre Arbitragem, artigo do autor em O Direito, 2009, II, 271 ss.

o conflito (a velha imagem do *iceberg*) – e encontrem aí uma margem de entendimento que não se limite a um ganho de causa. Isto, que está certo, tem muito de psicanalítico e, ao contrário do que já tenho lido, *não creio que se afaste de uma conciliação bem feita* à luz do que na aparentada transacção (que, respeitando a uma causa jurisdicional) integra uma ideia da nossa lei (*artigo 1248.° do C. Civil*):

> 1 – Transacção é o contrato pelo qual as partes previnem ou terminam um litígio mediante recíprocas concessões.
>
> 2 – As concessões *podem envolver a constituição, modificação, ou extinção de direitos diversos do direito controvertido.*

Este tipo de *Caminho da Justiça* (*e não simples técnica de acordos*) que, principalmente em grande parte do século XX andou muito afastado do comum das situações, já vigorara em Portugal face a um *notável Regimento de 1519*, assinado pelo rei D. Manuel I, em que não era utilizada a palavra mediação, mas que a prescrevia num saboroso Português daqueles tempos, dito "Ordenação e Regimento dos *Concertadores de demandas*" – aliás Regimento de Juízes de Paz[17].

Diz o Rei que visa que – "nossos súbditos vivam em paz e sossego e evitem demandas e contendas quanto puder ser e quando as tiverem que não durem muito tempo por muitos e grandes inconvenientes que se delas seguem".

Faz apelo a que tenham Justiça, "por concerto de homens bons e virtuosos"[18].

Este Regimento já prescrevia elementos fundamentais da mediação, conjugada com Juízes de Paz, a saber, não seria feita por quem, eventualmente, fizesse respectivo julgamento e seria salvaguardada pelo princípio da confidencialidade, prescrevendo-se penalidades, que poderiam ir até ao degredo, se tal não fosse respeitado.

No nosso tempo, as ideias da mediação estão a ter grande implementação dos dois lados do Atlântico, ainda que com *nuances*, como um contributo importante para a Justiça, interligando-se com a jurisdição, como é desejável objectivo básico.

17 Dias Ferreira, *Novíssima Reforma Judiciária Annotada*, ano de 1892, 54: "A instituição dos juízes de paz, como [*avindores*], isto é, como concertadores de demandas ou de *desavindos*, tem entre nós uma existência de séculos, pois que data do tempo de el-rei D. Manuel, que lhe deu regimento em 1519, deferindo ao pedido que em 1481 lhe haviam feito as cortes de Elvas".

18 Com o texto deste notável Regimento, Pessoa Vaz, *Poderes e Deveres do Juiz na Conciliação Judicial*; e, do autor desta comunicação, "Justiça de Paz", Coimbra Editora, 2005.

Se quisermos pensar um pouco na já demasiadamente falada, e não resolvida, crise das jurisdições – apesar do muitíssimo que, nelas se trabalha – devemos reconhecer que, além de outros factores (como as leis processuais, mormente a civil, carente de verdadeira ruptura!), há razões gerais de carácter social.

Os antigos anteparos das jurisdições, como as religiões, as escolas, as famílias, as amizades, que faziam? Que fazem ainda em alguns casos?

Mediação. Pacificação. Concertação: pôr certo, recto, como deve ser.

Com as crises daquelas instituições e a impreparação das jurisdições, mormente processual – e, decerto, outras razões – acentuou-se a, aliás, endémica "crise da Justiça".

Há que reinventar Caminhos harmónicos. São neste sentido as orientações do Conselho da Europa e da União Europeia.

A mediação padece, em Portugal, de escassa divulgação e de controversa apresentação. Designadamente, não é, nem pode ser pretensa concorrente das jurisdições. Há que harmonizar, e não viabilizar oposições desconexas.

A mediação faz todo o sentido, como em França, na generalidade dos Tribunais, pelo menos desde legislação de 1995, podendo ser realizada em quaisquer Tribunais judiciais de 1.ª instância e de 2.ª instância (veja-se o livro de Béatrice Brenneur, *Justice et Médiation*, então Juiz *do Trabalho* da Cour d'Appel de Grenoble); como em matérias criminais; mas sempre com possibilidade e normal intervenção dos Juízes. São os Juízes que devem deter a ultima palavra acerca dos acordos mediados e, no sector dos direitos *indisponíveis*, mais do que normal, isso é indispensável. E, com isto, ganham tempo e paz os mediados. E ganham tempo os Juízes para se dedicarem a causas mais complexas. E ganham objectivos os mediadores.

Este colóquio é mais uma grande oportunidade. Estamos numa fase em *que a vitória da harmonização é possível no interesse dos justiciáveis*. Tudo sem prejuízo do papel de cada um. Não tenho dúvida em assumir que *a função mais difícil e mais exigente é, num País como Portugal* que, constitucionalmente e bem, privilegia o princípio da *separação de Poderes*, dizia, é a do *Juiz* a quem a Constituição atribui a função de decisor dos diferendos jurídicos, com assunção constitucional da chamada *reserva de jurisdição. Mas isso não impede, nem retira qualquer importância aos mediadores* que podem e devem ser os companheiros de Caminho (compagnons de route) dos justiciáveis, ouvindo-os, aproximando-os e tentando trazê-los à paz.

É esse espírito que se procura retomar na aurora do século XXI. *Não um novo paradigma de Justiça mas, sim, renovados paradigmas de Caminhos da Justiça.*

Vai neste sentido a Decisão – Quadro (2001/220/JAI) da União Europeia (do Conselho) de 15 de Março de 2001, acerca de mediação *penal, que não a exclui de qualquer fase do processo nem da acção do Juiz*, o que torna carente de revisão (desde antes de ser feita...) a Lei n.° 21/2007, de 12 de Junho.

Também vai neste sentido a *Directiva 2008/52/CE*, de 21 de Março de 2008, da União Europeia acerca de mediação cível e familiar, *cujos considerandos são muito mais importantes e gerais do que as suas reduzidas normas*, e que *deram origem à transposição para o Direito interno português, através da Lei n.° 29/2009, de 29 de Junho*, com o acrescentamento dos artigos 249.°-A, 249.°-B, 249.°-C e 279.°-A ao CPC.

Naturalmente, ao falar-se de mediação, deve ter-se em atenção a idiossincrasia do Povo e o contexto jurídico nacional.

Por um lado, somos um Povo que pode reconhecer deficiências à jurisdição mas, de um modo geral, deseja um Juiz a poder ter a última palavra nas suas questões jurídicas[19]. O Juiz é o verdadeiro "guardador de promessas", como lhe chamou Antoine Garapon, conforme já referido.

Mas *a mediação é perfeitamente conciliável com a jurisdição e ambas só têm a ganhar com a harmonização a favor do Caminhante*, o que, há anos, não me canso de repetir.

A mediação costuma ser apresentada como emanação *da autonomia privada*. E é.

Porém, todos temos de ter consciência, a este respeito, acerca da ordem jurídica portuguesa, mormente, de dois aspectos.

Por um lado, há que distinguir, como já referi, situações de direitos *disponíveis* e, por outro lado, *indisponíveis*.

Naquele campo, os próprios interessados até podem realizar *títulos executivos* na medida do artigo 46.°, n.° 1, *d*) do CPC.

Mas *indisponíveis* são quase todos os direitos, designadamente, em *Direito de Família*[20] e em grande parte do *Direito do Trabalho*. E, portanto, neste âmbito, a intervenção do Juiz é, juridicamente, indispensável. Mas, curiosamente, estes dois campos são aqueles em que, a meu ver, a mediação pode ser mais útil. Problema? Solução extremamente simples: "casar" a intervenção da jurisdição e da mediação, como, aliás, se fez em matéria de Direito de Família.

Por outro lado, livre e esclarecida formação da vontade pessoal é um princípio de interesse e ordem pública da própria autonomia privada. Ou, numa

[19] Faria Costa, Bol. da Fac. de Direito da Universidade de Coimbra, vol. LXI, 91 e segs.

[20] V.g. artigo 1774.° do C. Civil (Lei n.° 61/2008, de 31 de Outubro); Lei Tutelar Educativa, artigo 42.° (Lei n.° 166/99, de 14 de Setembro); Tribunais de Família e Menores (Decreto-Lei n.° 314/78, *ex vi* da Lei n.° 133/99, de 28 de Agosto, artigo 147.°-D).

[21] *Teoria Geral do Direito Civil*, 3.ª ed., 42.

outra vertente, atente-se nas palavras de Carlos da Mota Pinto[21]: "esta autonomia, este poder de autodeterminação nas relações com as outras pessoas, supõe necessariamente a igualdade ou paridade de situação jurídica dos sujeitos".

Mas nada disto obsta à mediação.

O que tudo isto faz – mais uma vez o friso – é aconselhar, "impor" a harmonização entre jurisdição e mediação. Uma e outra só ganham com essa harmonização e, *mais importante, ganha o cidadão Caminhante.*

Algo que vá além da mediação penal, redutora no seu alcance, carente de revisão, quer a propósito da adequada intervenção do Juiz, quer da dimensão do processo[22].

VIII

Finalmente, algumas breves palavras a propósito da *transposição da Directiva da União Europeia (mediação) 2008/52/CE*, para o Direito nacional português.

A transposição daquela Directiva, não sendo exemplar, constitui uma boa base de trabalho para efectiva harmonização entre jurisdição e mediação.

Aquela transposição foi objecto da Lei n.° 29/2009, de 29 de Junho e, na parte que interessa para este efeito – com aditamentos dos arts. 249.°-A, 249.°-B, 249.°-C e 279.°-A ao CPC – entrou em vigor em 30 de Junho de 2009 (artigo 87.°, n.° 2 daquela Lei).

Neste âmbito, a Lei n.° 29/2009, independentemente de quaisquer outros objectivos[23], teve o alcance de transpor, para o Direito interno, mais do que as regras, *os princípios* da Directiva de 2008, mormente quanto:

a) *à mediação pré jurisdicional*[24];

b) *à suspensão de prazos de caducidade e de prescrição* se houver utilização prévia de sistemas de mediação previstos em *portaria* do Governo;

c) à expressa possibilidade de as partes – vale dizer, *qualquer das partes com a anuência da outra – requerer a homologação* de acordo mediado por Juiz, em *qualquer Tribunal competente em razão da matéria*[25], o que tem carácter de urgente; note-se que, tratando-se de direitos *indisponíveis*, tem de se entender que a relevância jurídica de acordo carece, necessariamente, de homologação jurisdicional;

22 Lei n.° 21/2007, de 12 de Junho. Do autor, em O Direito, 2007, V, 1014 ss.

23 Aliás, o seu conteúdo básico incidiu sobre o processo de inventário.

24 A que a lei chama "pré-judicial".

25 Repare-se que não há qualquer condicionante territorial.

d) à *confidencialidade* das sessões de mediação – a não ser quanto aos termos de acordo – e salvo circunstâncias excepcionais, nomeadamente quando esteja em causa a *integridade física ou psíquica de alguém*;

e) à mediação a que a *Senhora Prof. Doutora Paula Costa e Silva chama "intra-procedimental"*[26], *no decurso de qualquer processo, por iniciativa do Juiz* e pressupondo *a não oposição expressa de algumas das partes*, a meu ver necessariamente anterior ao início dos actos de mediação;

f) à possibilidade de *as partes optarem pela mediação, mesmo no decurso* de processo jurisdicional, com *suspensão de instância* e com subsequente sujeição a homologação de acordo com o regime transaccional.

Problema formal que pode resultar do contexto das referidas normas é a previsão de uma portaria pelo n.° 2 do artigo 249.°-A e pelo n.° 2 do artigo 249.°-B do CPC, que ainda não existe, *apesar de aquela normatividade vigorar desde 30 de Junho de 2009* (artigo 87.° n.° 2 da Lei n.° 29/2009).

Não obstante se dever insistir pela publicação formal de tal portaria – repare-se *que a Lei 29/2009 já foi alterada 2 vezes, mas não quanto aos normativos ora em causa* (Lei n.° 1/2010, de 15 de Janeiro e Lei n.° 44/2010, de 3 de Setembro) – há que constatar duas realidades processuais.

Desde logo, *tal portaria não é condicionante da aplicabilidade geral das referidas normas*. Quando é o caso, o legislador deve dizê-lo como, por exemplo, fez exactamente a propósito de normatividade sucessória respeitante à mesma lei, n.° 1 do artigo 87.°, na redacção da Lei n.° 44/2010[27], sendo certo que, às normas em causa, não se reporta o n.° 1 mas, sim, o n.° 2 daquele artigo 87.°.

A matéria objecto de portaria só respeita, quanto à dita *lei*:

– no caso de *mediação "pré-judicial"*, à *suspensão de prazos de caducidade e de prescrição*, sem necessidade de prévia apresentação de petição jurisdicional, *se for utilizado sistema previsto (vale dizer, reconhecido)* na tal portaria: cf. n.ºs 2 e 5 do artigo 249.°-A do CPC e relatório do Decreto-Lei n.° 295/2009, de 13 de Outubro, que levou os artigos 249.°-A, 249.°-B, 249.°-C e 279.°-A do CPC para o CPT (*artigo 27.°-A do CPT*);

[26] Cadernos de Direito Privado, 28, 31.

[27] "1. A presente lei produz efeitos 90 dias após a publicação da portaria referida no n.° 3 do artigo 2.
2. …
3. …".

– no caso de *pedido de homologação jurisdicional de acordo prévio*, a prevista portaria só releva para a *apresentação por via electrónica*: n.° 2 do citado artigo 249.°-B.

A falta da referida portaria é importante e deve ser suprida porque, pese embora previsões do Direito de Família e Tutelar, do Direito do Trabalho, dos Julgados de Paz, as normas de mediação organizativas decorrem hoje, em Direito de Família, de um Despacho[28] e, em Direito de Trabalho, de simples Protocolo[29].

Distinguindo "intenção do legislador" de "intenção legislativa"[30], pensámos considerar a falta dessa portaria suprida, ao menos em parte, pela Portaria n.° 237/2010, de 29 de Abril, face ao artigo 2.° do regulamento que aprovou normas acerca de cursos de mediação. Mas, repensado o assunto, seria uma interpretação demasiado forçada. *Esperamos e desejamos que, quando este texto for publicado, a portaria ora em falta já exista e vigore.*

Uma última palavra acerca da transposição da Directiva, no que concerne aos Julgados de Paz.

Por um lado, tenho por seguro que o regime processual civil referido, tal como hoje está, *nada tem a ver com a mediação e os consequentes acordos obtidos intraprocedimentalmente nos Julgados de Paz*. Esta temática é uma das especificidades da jurisdição de paz, regida por *legislação especial*, com as *características, causas, regime e consequências próprias* e sem omissões que, eventualmente, carecessem de regulação e não devessem ser reguladas conforme essa legislação especial – que, como se sabe, prefere à geral – actualmente a Lei n.° 78/2001, de 13 de Julho, hoje em fase de revisão mas sem nada que contradiga esta perspectiva; aliás, o regime da Lei n.° 78/2001 *não* se contrapõe à essência da Directiva de 2008.

Outra coisa, é o que concerne à mediação pré – jurisdicional; aqui, sim, há que admitir a aplicabilidade do regime geral à possibilidade de intervenção do Juiz de Paz para lhe ser requerida homologação, na medida da sua competência material, conforme decorre do n.° 2 do artigo 249.°-B do CPC, aplicável por força do artigo 63.° da Lei n.° 78/2001[31].O que *acrescento aqui* – porque não

[28] Despacho do Secretário de Estado da Justiça n.° 18.778 no Diário da República, 2.ª série, de 22 de Agosto de 2007.

[29] Protocolo, com Parceiros Sociais, de 2006.

[30] Artigo 9.° n.° 1 do C. Civil.

[31] Aplicação subsidiária do CPC nos Julgados de Paz, no que não seja incompatível com a Lei n.° 78/2001, porque a Lei n.° 78/2001 não prevê mediação pré-jurisdicional (o que é diferente da chamada extra-competência: artigo 16.°, n.° 3 da Lei n.° 78/2001).

posso confundir a interpretação e aplicação das leis com simples leitura – compatibilizando o CPC com a Lei n.° 78/2001, é que "*a unidade do sistema jurídico*" (*comando do n.° 1 do artigo 9.° do C Civil*) me obriga a pensar que, *no que concerne aos Julgados de Paz, a competência em razão do valor – artigo 8.° da Lei n.° 78/2001 – até ao valor da alçada judicial de 1.ª instância*[32] – *tem, nos Julgados de Paz, uma* importância de significado semelhante à competência material, daí a circunstância de o Juiz de Paz não poder intervir relativamente à mediação que ultrapasse, inclusive em termos de valor, a sua competência. *É o significado do artigo 16.° da Lei n.° 78/2001*[33].

Já a incompetência territorial, para além de meramente formal e circunstancial, está arredada pela lógica do n.° 2 do artigo 249.°-B do CPC

IX

Concluindo:

Se o muro de Berlim caiu, devemos evitar e eliminar os "murinhos" que, às vezes, se levantam entre nós e impedem as opções rectas.

Que nos preocupemos todos, designadamente Juízes e mediadores, *cada um na sua função*, exclusivamente com o Caminhante dos Caminhos da Justiça, o cidadão carente da paz do bem-estar.

A harmonização é fácil e a normatividade está aberta no bom sentido, ainda que carente de complementações e aperfeiçoamentos, como tudo o que é humano.

Se todos se derem as mãos a favor do Caminhante, decerto ele dirá, à boa maneira portuguesa:

Bem hajam!

E todos ficarão em boa paz.

Lisboa, 23 de Setembro de 2010.

[32] Valor que, para os Julgados de Paz, espero e desejo que aumente.

[33] "O serviço de mediação é competente para mediar quaisquer litígios, *ainda que excluídos* da competência do Julgado de Paz, com excepção do que tenham por objecto direitos indisponíveis".

*Da reprodução de fonogramas sem autorização do produtor perante o Direito português vigente**

PROF. DOUTOR ANTÓNIO MENEZES CORDEIRO

I – **Introdução**

1. ***O circuito da radiodifusão***

I. As obras literárias, científicas ou artísticas podem ser radiodifundidas. Existem procedimentos técnicos cada vez mais aperfeiçoados que permitem levar a cabo tal tarefa, divulgando-as por todo o Planeta. Essa possibilidade vem

* Destinado aos Estudos em Homenagem ao Professor Doutor Luís Alberto Carvalho Fernandes.

bulir com diversos interesses económicos: os do autor, os dos artistas que porventura intervenham, os do produtor que assegure a sua fixação, os das cadeias de radiodifusão que disponham dos meios técnicos e procedam à competente selecção, os dos anunciantes que coloquem publicidade, a qual é escutada ou visualizada por entremear obras radiodifundidas, os do público consumidor e os do Estado.

II. Seria de um simplismo *naïf* alijar ou vilipendiar algum destes elos da criação e da difusão das obras. Todos eles são necessários, cabendo apenas prevenir que a preponderância de algum deles possa vir a quebrar o circuito, por aniquilamento prático de outro ou de outros. Isto dito: na origem de todo o mercado de radiodifusão artística e literária está, indiscutivelmente, o autor ou criador da obra.

A criação artística corresponde a uma capacidade inata do ser humano. E isso sucede independentemente da busca do lucro material ou, sequer, da sobrevivência. Mas ultrapassado um estádio de arte elementar, a qualidade e a amplidão da criação artística depende, no essencial[1]:

– de um complexo e prolongado processo de aprendizagem, a que o autor se deve sujeitar;
– do nível de vida do próprio autor e do acesso que ele tenha a elementos formativos e à informação;
– da experiência do autor e do esforço de aperfeiçoamento que ela permita;
– da capacidade que o autor tenha de atrair, pela sua obra, os restantes factores que conduzem à radiodifusão da peça em causa.

III. Sendo o papel do autor fundamental, cumpre relevar, de seguida, a função do artista ou do intérprete. Tomando como exemplo uma obra musical: apenas a sua execução ou a sua interpretação permitem dar corpo à dimensão criativa do autor. Os actores ou intérpretes são agentes fundamentais na radiodifusão e, como tal, têm protecção jurídica[2]. Assim como sucede relativamente ao autor, também o artista ou o intérprete requerem, hoje, para além de dotes inatos: uma aprendizagem de muitos anos, um nível de vida adequado, uma

[1] Guillaume Henri, *L'évaluation en droit d'auteur* (2007), n.° 1 (1). Entre nós, *vide* Pedro da Costa Cordeiro, *Direito de autor e radiodifusão* (2004), 17-18.

[2] Gunhar Berndorff/Barbara Berndorff/Knut Eigler, *Musikrecht/Die häufigsten Fragen des Musikgeschäfts*, 6.ª ed. (2010), Nr. 33 (92 ss.).

capacidade económica mínima que permita o acesso à informação e à manutenção de uma boa compleição física, uma experiência alargada e um bom relacionamento social. Tudo isso exige meios materiais. Sem artistas adequados e sem intérpretes conhecedores, a obra artística não teria vida.

2. *O papel da produção*

I. À partida, a execução artística é efémera. Uma execução musical ou uma representação cénica são disfrutadas pelos espectadores presentes. Terminado o espectáculo, apenas permanece a memória de quem o tenha presenciado.

A difusão (ou a radiodifusão) da obra requerem a sua fixação. Para tanto, é fundamental a disponibilidade de meios técnicos adequados. Tais meios evoluíram muito nos dois últimos séculos: cilindros de cera, discos de porcelana, discos de vinil, fitas magnéticas, cassettes, "cd's", discos ópticos e dispositivos de armazenamento cada vez mais pequenos e eficazes.

II. Existe, neste domínio, uma linguagem de Direito de autor, fixada em lei e que cumpre recordar. Assim, segundo o artigo 176.°[3]:

> 1. As prestações dos artistas intérpretes ou executantes, dos produtores de fonogramas e de videogramas e dos organismos de radiodifusão são protegidas nos termos deste título.
>
> 2. Artistas intérpretes ou executantes são os actores, cantores, músicos, bailarinos e outros que representem, cantem, recitem, declamem, interpretem ou executem de qualquer maneira obras literárias ou artísticas.
>
> 3. Produtor de fonograma ou videograma é a pessoa singular ou colectiva que fixa pela primeira vez os sons provenientes de uma execução ou quaisquer outros, ou as imagens de qualquer proveniência, acompanhadas ou não de sons.
>
> 4. Fonograma é o registo resultante da fixação, em suporte material, de sons provenientes de uma prestação ou de outros sons, ou de uma representação de sons.
>
> 5. Videograma é o registo resultante da fixação, em suporte material, de imagens, acompanhadas ou não de sons, bem como a cópia de obras cinematográficas ou audiovisuais.
>
> 6. Cópia é o suporte material em que se reproduzem sons e imagens, ou representação destes, separada ou cumulativamente, captados directa ou indirecta-

[3] Todos os artigos citados sem indicação da fonte pertencem ao Código do Direito de Autor e dos Direitos Conexos (CDADC), aprovado pelo Decreto-Lei n.° 63/85, de 14 de Março e sucessivamente alterado por diversos diplomas, o último dos quais a Lei n.° 16/2008, de 1 de Abril.

mente de um fonograma ou videograma, e se incorporam, total ou parcialmente, os sons ou imagens ou representações destes, neles fixados.

7. Reprodução é a obtenção de cópias de uma fixação, directa ou indirecta, temporária ou permanente, por quaisquer meios e sob qualquer forma, no todo ou em parte dessa fixação.

8. Distribuição é a actividade que tem por objecto a oferta ao público, em quantidade significativa, de fonogramas ou videogramas, directa ou indirectamente, quer para venda quer para aluguer.

9. Organismo de radiodifusão é a entidade que efectua emissões de radiodifusão sonora ou visual, entendendo-se por emissão de radiodifusão a difusão dos sons ou de imagens, ou a representação destes, separada ou cumulativamente, por fios ou sem fios, nomeadamente por ondas hertzianas, fibras ópticas, cabo ou satélite, destinada à recepção pelo público.

10. Retransmissão é a emissão simultânea por um organismo de radiodifusão de uma emissão de outro organismo de radiodifusão.

III. Pois bem: em termos práticos, o processo de radiodifusão assenta na produção. Ela assegura a fixação da obra, permitindo, depois, todo o disfrute alargado do seu conteúdo. Cabe ao produtor seleccionar e apurar a obra, descobrir (eventualmente) e habilitar o artista ou o executante, organizar os meios técnicos para uma execução exemplar, registá-la e integrá-la nos circuitos artísticos a jusante.

A democratização do disfrute artístico depende da dimensão do produtor, da sua gestão, da sua capacidade em racionalizar os custos e da sua eficiência ao colocar no mercado, a preços compatíveis, todo o produto da criação artística[4].

3. *Os direitos envolvidos na radiodifusão*

I. À partida, o autor é o titular da obra que tenha criado (11.°). O seu "domínio" consubstancia-se nos denominados direitos morais e direitos patrimoniais (9.°).

Mas além do autor, também os outros intervenientes nos circuitos que permitam o disfrute da obra pelo público têm (devem ter!) posições jurídicas reconhecidas. Aqui surgem os direitos conexos (176.° ss.), também ditos "direi-

[4] Estes diversos elementos integram a economia da cultura; em termos introdutórios: MANFRED REHBINDER, *Urheberrecht*, 16.ª ed. (2010), § 1, Nr. 6 (3).

tos vizinhos" (*droit voisins*)[5] ou "direitos de protecção aparentados" (*verwandte Schutzrechte*)[6].

O sistema anglo-saxónico ou sistema de *copyright*[7] pode, do ponto de vista continental, ser tomado como um esquema desenvolvido em torno de um "direito vizinho". Efectivamente, o direito básico não cabe ao autor, mas antes a quem tenha assumido o encargo económico (e os riscos) da criação. Há um primado da obra que coloca em segundo plano os aspectos morais[8]. Estes têm vindo a ser reconhecidos na evolução subsequente[9], aproximando os dois grandes sistemas.

II. Na radiodifusão, para além dos aspectos morais que assistem ao autor e, pelo menos, aos artistas ou intérpretes, temos direitos patrimoniais. Estes deverão contemplar, pelo menos: o autor, os executantes, o produtor e a entidade radiodifusora. Quando algum deles fique de fora (ou não seja suficientemente remunerado) uma de três:

– ou há mecenato;
– ou há uma situação desequilibrada que apenas transitoriamente poderá perdurar;
– ou um dos agentes envolvidos consegue, mercê da sua inserção no processo de radiodifusão, recolher, alhures, vantagens que o compensem.

III. Se nos centrarmos na fonte de financiamento, temos também três possibilidades:

– ou há mecenato ou financiamento público;
– ou os radiodifusores logram cobrar taxas ou rendas, obrigatórias ou acordadas, aos utentes;
– ou se recorre à publicidade: os radiodifusores aproveitam o interesse gerado pelas obras radiodifundidas e colocam espaço no mercado da

[5] Michel Vivant/Jean Michel Bruguière, *Droit d'auteur* (2009), Nr. 19 (26-27); Christophe Caron, *Droit d'auteur et droits voisins* (2009), Nr. 20 (18-19).

[6] Manfred Rehbinder, *Urheberrecht*, 16.ª ed. cit., Nr. 775 ss. (298 ss.); há uma especial focagem nos direitos da execução ou *Leistungsschutzrechte*: Peter Lutz, *Grundriss des Urheberrechts* (2009), Nr. 556 ss. (176 ss.).

[7] Quanto à origem e à evolução histórica do *copyright*: Ronan Deazley, *On the Origin of the Rights to Copy/Charting the Movement of Copyright Law in Eighteenth-Century Britain (1695-1775)* (2004), XXVI + 261 pp..

[8] Françoise Beuhamou/Joëlle Farchy, *Droit d'auteur et copyright*, 2.ª ed. (2009), 22 ss..

[9] As noções elementares podem ser confrontadas em Calvin Lowe, *A Guide to Copyright & Intellectual Property Law* (2010), 9 ss..

publicidade, alocando parte das receitas deste ao circuito da distribuição artística.

IV. A radiodifusão moderna opera com muitas centenas de obras, em sequência. Estão envolvidos os respectivos autores, os executantes e os respectivos produtores. Seria inviável negociar, com cada um deles e a propósito de cada obra, os aspectos patrimoniais envolvidos. A questão, fortemente condicionada por exigências práticas, é resolvida através da gestão colectiva dos direitos de autor[10]. A matéria consta da Lei n.° 83/2001, de 3 de Agosto, a qual regula a constituição, organização, funcionamento e atribuição das entidades de gestão colectiva do direito de autor e dos direitos conexos.

Os titulares do direito de autor e de direitos conexos escolhem entidades colectivas que os representem e que negoceiam, com as sociedades de radiodifusão, a autorização para a utilização das obras e a contrapartida devida por essa autorização. O instrumento jurídico concluído entre os autores e os titulares de direitos conexos e as entidades de gestão colectiva é um contrato de gestão[11].

4. *A Lei portuguesa; a opção de Oliveira Ascensão*

I. O regime aplicável à autorização para a radiodifusão de obras e à retribuição que daí advenha varia com a lei de cada País. Há, ainda, normas comunitárias a ter em conta. A Lei portuguesa vigente é muito clara. Vamos sumariá-la.

II. Quanto à obra: depende de autorização do autor a radiodifusão sonora ou visual da obra (149.°/1). Diz o artigo 150.°:

> Se a obra foi objecto de fixação para fins de comercialização com autorização do autor, abrangendo expressamente a respectiva comunicação ou radiodifusão sonora ou visual, é desnecessário o consentimento especial deste para cada comunicação ou radiodifusão, sem prejuízo dos direitos morais e do direito a remuneração equitativa.

[10] JOSÉ DE OLIVEIRA ASCENSÃO, *Direito civil/Direito de autor e direitos conexos* (1992, reimp., 1998), 691 ss.. Este Autor, na linha da orientação geral que entendeu imprimir à sua obra, faz uma crítica permanente e acérrima às entidades de gestão colectiva, ainda que sem indicar nem fontes nem factos concretos. De todo o modo, escreveu antes da Lei n.° 83/2001, de 3 de Agosto, e não explicita esquemas alternativos aos existentes.

[11] Artigo 12.° da Lei n.° 83/2001, de 3 de Agosto.

Ou seja: perante a produção comercial, uma de duas: ou o autor autorizou de antemão a radiodifusão da obra, e não é necessário um consentimento especial subsequente caso a caso, ou não o fez e tal consentimento terá de ser dado posteriormente.

III. Quanto a fonogramas ou videogramas, funciona o artigo 184.°:

– carecem de autorização do produtor a sua reprodução e difusão (184.°/1 e 2);
– quando se trate de fonograma ou de videograma editados comercialmente, o utilizador pagará determinadas quantias (184.°/3).

À partida nem se percebe como houve dúvidas: um produtor pode pretender colocar no comércio uma obra e proibir a sua radiodifusão. Basta ler a etiquetagem de qualquer cd/vídeo: compram-se no mercado, mas está proibida a sua pública execução ou radiodifusão. Só assim não seria perante lei expressa.

Logo, o n.° 3 não dispensa a autorização para radiodifusão; apenas acrescenta que esta, quando permitida, dá lugar a um pagamento equitativo a repartir igualmente pelo produtor e pelo intérprete, salvo cláusula em contrário. Esta cláusula poderá fixar: ou uma retribuição "não equitativa" (para mais ou para menos) ou uma diversa repartição do seu valor.

IV. O problema surgiu mercê de uma interpretação circunstancial de Oliveira Ascensão.

Em nome da verdade científica, cabe recordar que este Autor, de resto Ilustre, teve um papel decisivo na elaboração do Código do Direito de Autor de 1985, tal como resultou do Decreto-Lei n.° 63/85, de 14 de Março. Na altura, este Código originou uma forte reacção dos meios ligados à gestão dos direitos de autor: daí resultou a Lei n.° 45/85, de 17 de Setembro, que desvirtuou profundamente, do ponto de vista do seu Autor material, o diploma inicial[12]. Oliveira Ascensão reagiu com convicção e passou, na sua obra, sempre excelente, a criticar apremente os diversos preceitos legais. O estilo manteve-se: basta ler algumas páginas do livro em causa para se apreender um tom menos habitual em obras jurídico-científicas. E aqui temos como, passado um quarto de século e em área que nem tem a ver com os desaguisados de 1985, ainda se mantém um forte ataque à lei em vigor.

12 Veja-se, do próprio Oliveira Ascensão, *Direito de autor* cit., 20.

Este Autor veio defender, na base de uma articulação vocabular entre os números 3 e 2[13] do artigo 184.°, que havendo uma "edição comercial", a autorização do produtor para a radiodifusão não seria necessária[14].

V. Salvo o devido respeito, esta orientação não resulta da lei. Tão-pouco se pode dizer que se trata de uma solução contra o público[15]: porque não contra as multinacionais de radiodifusão? Ou a favor do público, prevenindo cópias piratas?

Há que prevenir pré-entendimentos emotivos. De todo o modo, a questão suscitada por Oliveira Ascensão constitui um ensejo para aprofundar a temática subsequente.

5. *Sequência*

I. Fixado o problema, iremos, com vista à sua delucidação, aprofundar os aspectos seguintes:

– a legislação do Direito de autor;
– a natureza do Direito de autor;
– os parâmetros axiológicos da radiodifusão.

As leis de Direito de autor têm-se sucedido: o Código de 1985 tem sofrido sucessivas alterações, das quais resultam os textos problemáticos vigentes. Além disso, há que contar com fontes internacionais e com diplomas comunitários. Tem o maior interesse referir a evolução subsequenciada de toda esta matéria.

O Direito de autor tem, consabidamente, uma vertente moral e uma vertente patrimonial. São independentes? A comercialização retira a disponibilidade moral da obra (ou a da sua interpretação)? Ainda que de modo conciso, há que não perder o sentido profundo que toda esta matéria assume, no Direito civil.

Finalmente: as interpretações teoricamente possíveis têm consequências. De que tipo? Os valores envolvidos na radiodifusão, devidamente ponderados, oferecem pistas de solução que não devem ser ignoradas.

[13] Que considera "lazarento": ob. cit., 570.

[14] Todavia, na ob. cit., 21, admite-se que os produtores vendam no mercado (logo: tenham fixado com fins comerciais) e recebam pagamento pela autorização para difusão.

[15] *Idem*, 570.

II. Fica explicada a sequência. Apurados os diversos elementos em jogo, regressaremos ao tema nuclear do presente estudo. No final serão apresentadas breves conclusões.

II – **Fontes**

6. *A Convenção de Roma de 1961*

I. Na base da tutela dos intérpretes, dos artistas e dos produtores de fonogramas, encontramos a Convenção de Roma de 1961, intitulada, na versão portuguesa, "Convenção internacional para protecção dos artistas intérpretes ou executantes, dos produtores de fonogramas e dos organismos de radiodifusão". Esta Convenção foi aprovada, para adesão, pela Resolução da Assembleia da República n.° 61/99, de 16 de Abril de 1999[16].

II. Vamos reter, dessa convenção, os preceitos básicos ora em causa:

Artigo 7.°

1. A protecção aos artistas intérpretes ou executantes prevista na presente Convenção compreenderá a faculdade de impedir:

a) A radiodifusão e a comunicação ao público das suas execuções sem seu consentimento, excepto quando a execução utilizada para a radiodifusão ou para a comunicação ao público já seja uma execução radiodifundida ou fixada num fonograma;

b) A fixação num suporte material sem seu consentimento da sua execução não fixada;

c) A reprodução sem seu consentimento de uma fixação da sua execução:

i) Se a primeira fixação foi feita sem seu consentimento;

ii) Se a reprodução for feita para fins diferentes daqueles para os quais foi dado o consentimento;

iii) Quando a primeira fixação, feita em virtude das disposições do artigo 15.° da presente Convenção, for reproduzida para fins diferentes dos previstos nesse artigo.

(...)

16 DR I Série-A, n.° 169, de 22-Jul.-1999, 4507-4518; a Convenção de Roma foi ratificada pelo Decreto do Presidente da República n.° 168/99, de 22 de Julho. O texto pode ser confrontado, em língua alemã, em *Urheber- und Verlagsrecht*, 13.ª ed. da Beck (2010), intr. HANS-PETER HILLIG, 413-424. Ainda quanto à Convenção de Roma: PEDRO DA COSTA CORDEIRO, *Direito de autor e radiodifusão* cit., 123 ss..

Artigo 10.°

Os produtores de fonogramas gozam do direito de autorizar ou proibir a reprodução directa ou indirecta dos seus fonogramas.

Artigo 12.°

Quando um fonograma publicado com fins comerciais ou uma reprodução desse fonograma forem utilizados directamente pela radiodifusão ou para qualquer comunicação ao público, o utilizador pagará uma remuneração equitativa e única aos artistas intérpretes ou executantes ou aos produtores de fonogramas ou aos dois. Na falta de acordo entre eles, a legislação nacional poderá determinar as condições de repartição desta remuneração.

III. A sucessão de textos afigura-se clara[17]. O artigo 12.° aplica-se na sequência do artigo 10.°: a remuneração equitativa prevista no primeiro (o 12.°) pressupõe que a reprodução tenha sido autorizada nos termos do segundo (o 10.°). Caso a reprodução seja ilícita, não há "remuneração" mas, eventualmente, indemnização e consequências penais. Fica em aberto a possibilidade de as leis nacionais dispensarem a autorização: mas não a remuneração.

IV. Mas quanto ao artigo 7.°: fica em aberto a necessidade de uma interpretação integrada: um artista ou intérprete pode perfeitamente autorizar a fixação em fonograma da sua actuação, mas com a expressa reserva de não permitir a sua radiodifusão. O artigo 7.°/1, *a*), da Convenção, apenas oferece uma presunção: a de que, autorizada a fixação em fonograma, fica permitida a sua radiodifusão. Mas ainda então com cautelas: a pessoa que se preste a um filme de família pode não pretender que o mesmo seja radiodifundido.

As Convenções internacionais devem ser interpretadas com cuidado, uma vez que resultam, muitas vezes, de negociações feitas sem critério de conjunto, artigo a artigo.

7. *O Tratado OMPI sobre Direito de Autor*

I. A Organização Mundial da Propriedade Intelectual (OMPI)[18] é uma agência especializada das Nações Unidas, criada em 1967, com sede em Gene-

[17] Referimos José de Oliveira Ascensão, *Direito autoral* (ed. Rio de Janeiro) (1980), 281, onde se faz a descrição sequencial dos preceitos, sem dispensar a autorização para a radiodifusão.
[18] Por vezes referida pela sigla WIPO (*World Intellectual Property Organization*).

bra. Tem 184 Estados-Membros e promove e administra 24 tratados internacionais.

II. Entre os instrumentos geridos pela OMPI conta-se o Tratado sobre o Direito de Autor de 20-Dez.-1996, em vigor desde 6-Mar.-2002, conhecido pela sigla WCT (*Wipo Copyright Treaty*). Este Tratado foi aprovado pela Resolução da Assembleia da República n.° 53/2009, de 5 de Fevereiro de 2009[19] e ratificado pelo Decreto do Presidente da República n.° 68/2009, de 30 de Julho. Entrou em vigor, em Portugal, no dia 10-Mar.-2010: tal como para os diversos países da União Europeia.

III. Esta Convenção veio, entre outros aspectos, alargar a programas de computador a protecção conferida pela Convenção de Berna sobre Direito de Autor. O artigo 8.° do Tratado: salvo determinadas excepções,

> (...) os autores de obras literárias e artísticas gozam do direito exclusivo de autorizar qualquer comunicação ao público das suas obras (...)

8. *O Tratado OMPI sobre Prestações e Fonogramas*

I. Também em Genebra e no mesmo dia 30-Dez.-1996, foi adoptado o Tratado da OMPI sobre Prestações e Fonogramas, conhecido pela sigla WPPT (*Wipo Performances and Phonograms Treaty*). O Tratado em causa foi aprovado pela Resolução da Assembleia da República n.° 81/2009, de 5 de Fevereiro[20] e ratificado pelo Decreto do Presidente da República n.° 77/2009, de 27 de Agosto.

II. O Tratado sobre Prestações e Fonogramas ressalvou expressamente a Convenção de Roma. No essencial, ele veio:

– proclamar a tutela dos artistas intérpretes ou executantes e aos produtores (3.°);
– consignar os direitos morais dos artistas intérpretes ou executantes (5.°).

[19] DR I Série, n.° 146, de 30-Jul.-2009, 4889-4896. O texto está publicado em português e em inglês. Em alemão: *Urheber- und Verlagsrecht*, 13.ª ed. cit., 350-356; recordamos que perante fontes internacionais, a consulta em várias línguas é um útil auxiliar de interpretação.

[20] DR I Série n.° 166, de 27-Ago.-2009, 5636-5646, em português e em inglês. Em alemão: *Urheber- und Verlagsrecht*, 13.ª ed. cit., 357-366.

III. Quanto a direitos patrimoniais dos artistas intérpretes ou executantes, cabe citar, desde logo, os artigos 6.° e 10.°. Assim:

Artigo 6.°
Direitos de carácter patrimonial dos artistas intérpretes ou executantes sobre as suas prestações não fixadas

Os artistas intérpretes ou executantes gozam do direito exclusivo de autorizar, relativamente às suas prestações:

i) A radiodifusão e a comunicação ao público das suas prestações não fixadas, excepto quando a prestação seja já uma prestação radiodifundida; e
ii) A fixação das suas prestações não fixadas.

(...)

Artigo 10.°
Direito de colocação à disposição de prestações fixadas

Os artistas intérpretes ou executantes gozam do direito exclusivo de autorizar a colocação à disposição do público das suas prestações fixadas em fonogramas, por fios ou sem fios, por forma a torná-las acessíveis a membros do público a partir do local e no momento por eles escolhido individualmente.

III. No que respeita aos direitos dos produtores, vamos consignar os artigos 11.° e 14.°:

Artigo 11.°
Direito de reprodução

Os produtores de fonogramas gozam do direito exclusivo de autorizar a reprodução directa ou indirecta dos seus fonogramas, de qualquer maneira e sob qualquer forma.

(...)

Artigo 14.°
Direito de colocação à disposição de fonogramas

Os produtores de fonogramas gozam do direito exclusivo de autorizar a colocação à disposição do público dos seus fonogramas, por fios ou sem fios, por forma a torná-los acessíveis a membros do público a partir do local e no momento por eles escolhido individualmente.

IV. Mais complexo se afigura o artigo 15.°, assim concebido:

Artigo 15.°
Direito a remuneração pela radiodifusão e comunicação ao público

1. Os artistas intérpretes ou executantes e os produtores de fonogramas gozam do direito a uma remuneração equitativa e única pela utilização directa ou indirecta de fonogramas publicados com fins comerciais para radiodifusão ou para qualquer comunicação ao público.

2. As Partes Contratantes podem determinar na sua legislação nacional que a remuneração equitativa e única seja reclamada ao utilizador pelo artista intérprete ou executante ou pelo produtor de um fonograma, ou por ambos. As Partes Contratantes podem adoptar legislação nacional que, na falta de acordo entre o artista intérprete ou executante e o produtor de um fonograma, determine as condições de repartição da remuneração equitativa e única entre os artistas intérpretes ou executantes e os produtores de fonogramas.

3. Qualquer Parte Contratante pode declarar, por notificação depositada junto do director-geral da OMPI, que aplicará o disposto no n.° 1 unicamente em relação a certas utilizações, ou que limitará a sua aplicação de qualquer outro modo, ou que pura e simplesmente não aplicará essas disposições.

4. Para efeitos do disposto no presente artigo, considerar-se-ão os fonogramas colocados à disposição do público, por fios ou sem fios, por forma a torná-los acessíveis a membros do público a partir do local e no momento por eles escolhido individualmente, como tendo sido publicados com fins comerciais.

V. O esquema do Tratado sobre Prestações e Fonogramas, para mais quando interpretado à luz da Convenção de Roma, parece claro. Assim:

– ficam ressalvados os direitos morais;
– a radiodifusão depende de autorização dos artistas intérpretes e dos produtores;
– quando ocorra e se trate de publicações com fins comerciais, há direito à remuneração equitativa.

De facto, não se prevê, em parte alguma, uma radiodifusão obrigatória ou uma sujeição à mesma. E também não se fez referência a qualquer "fixação comercial": conceito que nem se alcança no Direito inglês, como veremos. Finalmente: a remuneração só opera quando haja fins lucrativos, o que é de regra. Fica ao critério de cada legislação nacional o saber se a autorização para comercialização envolve a autorização para radiodifusão ou se se requerem autorizações distintas.

9. *O Código do Direito de Autor de 1985 (versão original)*

I. O Código do Direito de Autor, adoptado pelo Decreto-Lei n.° 63/85, de 14 de Março, veio ocupar-se dos então ditos "direitos afins do direito de autor ou com eles conexos". Vamos transcrever dois troços significativos do seu preâmbulo:

> A importante disciplina da protecção dos titulares de direitos afins do direito de autor, ou com ele conexos, segue de muito perto a Convenção de Roma para Protecção de Artistas Intérpretes ou Executantes, de Produtores de Fonogramas e dos Organismos de Radiodifusão, de 1961. O intérprete e o executante têm, sem dúvida, uma interpretação criadora, digna de protecção. Mas como esta criação se insere necessariamente noutra – a do autor da obra interpretada ou executada –, a protecção outorgada àqueles não pode em nada prejudicar a protecção dos autores desta.

E, de seguida:

> O novo Código toma também em consideração a Convenção de Genebra para Protecção dos Produtores contra Reprodução não Autorizada dos seus Fonogramas, de 1971. Todos aqueles que fabricarem ou duplicarem fonogramas e videogramas passam a estar obrigados a comunicar, periódica e especificamente, à Direcção-Geral dos Espectáculos e do Direito de Autor as quantidades produzidas ou duplicadas. Esta comunicação será acompanhada de prova de autorização dos titulares de direitos sobre as obras fixadas nos fonogramas e videogramas. Prevê-se ainda que no preço de venda ao público de todos e quaisquer aparelhos mecânicos, químicos, eléctricos, electrónicos ou outros que permitam a gravação e reprodução de obras literárias ou artísticas e bem assim no preço de todos e quaisquer suportes de gravações e reproduções que por qualquer desses meios possam obter-se passe a incluir-se uma quantia em benefício dos autores e dos artistas cujo objecto sejam obras gravadas ou reproduzidas pelos meios em apreço.

II. O Código, na sua versão inicial, dava uma protecção alargada aos titulares dos direitos conexos. Para facilidade de colocação, vamos reter os textos essenciais:

> Artigo 183.°
> **Poder de impedir**
>
> Os artistas intérpretes ou executantes podem impedir, salvo acordo em contrário:
>
> *a*) A radiodifusão ou a comunicação ao público, por qualquer meio, das execuções que tiverem realizado, salvo quando utilizadas para a radiodifusão ou comunicação pública execuções já radiodifundidas ou já fixadas;

b) A fixação das suas execuções não fixadas;

c) A reprodução de fixação não autorizada das suas execuções, ou para fim diverso do previsto na autorização, ou dos que visam as utilizações livres enumeradas no artigo 194.°, quando a fixação tiver sido feita ao abrigo das disposições desse artigo.

Artigo 184.°

Autorização para radiodifundir

1. Na falta de acordo em contrário, a autorização para radiodifundir uma execução implica autorização para a sua fixação e posterior radiodifusão e reprodução dessa fixação, bem como para a radiodifusão de fixações licitamente autorizadas por outro organismo de radiodifusão.

2. O artista tem, todavia, direito a remuneração suplementar sempre que, sem estarem previstas no contrato inicial, forem realizadas as seguintes operações:

a) Uma nova transmissão;

b) A retransmissão por outro organismo de radiodifusão;

c) A comercialização de fixações obtidas para fins de radiodifusão.

3. A retransmissão e a nova transmissão não autorizadas dão ao artista o direito de receber 20% da remuneração primitivamente fixada.

4. A comercialização dá ao artista o direito de receber 20% da quantia que o organismo de radiodifusão que fixou a execução receber do adquirente.

5. O artista pode estipular com os organismos de radiodifusão condições diversas das referidas nos números anteriores.

Artigo 190.°

Autorização do produtor

1. Carece de autorização do produtor do fonograma ou do videograma a reprodução feita com vista à distribuição das cópias ao público.

2. Os produtores de fonogramas ou de videogramas têm a faculdade de fiscalização análoga à conferida nos n.os 2 e 3 do artigo 145.° ao autor.

III. Em parte alguma se prevê uma radiodifusão obrigatória ou que dispense autorização. De resto, o diploma adere estreitamente às disposições da Convenção de Roma[21].

[21] A Lei n.° 41/80, de 12 de Agosto, que aprovou regras de protecção contra a reprodução ilícita de fonogramas, não refere, de modo expresso, a radiodifusão. De todo o modo, era aí fixada a necessidade de autorização do produtor para a reprodução de fonogramas com vista à distribuição de cópias ao público e a distribuição em si – 2.°, *a*) e *c*).

10. *A reforma de Setembro de 1985*

I. Como foi referido, na sequência do descontentamento suscitado pelo Código do Direito de Autor de 1985, nos meios a especialidade, foi efectuada, nesse mesmo ano, uma reforma aprofundada do diploma.

II. Nos dois aspectos agora em causa, sucedeu, no essencial, o seguinte. Os artigos 183.°, 184.° e 190.°, acima transcritos, surgem renumerados como 178.°, 179.° e 184.°, respectivamente. No artigo 183.° – agora 178.° – as alterações foram de certa monta. Ficou com a redacção seguinte:

> Os artistas intérpretes ou executantes podem impedir:
>
> *a*) A radiodifusão ou a comunicação ao público, por qualquer meio, sem o seu consentimento, das prestações que tenham realizado, salvo quando se utilizem prestações já radiodifundidas ou já fixadas;
>
> *b*) A fixação, sem o seu consentimento, das prestações que não tenham sido fixadas;
>
> *c*) A reprodução, sem o seu consentimento, de fixação das suas prestações quando esta não tenha sido autorizada, quando a reprodução seja feita para fins diversos daqueles para os quais foi dado o consentimento ou quando a primeira fixação tenha sido feita ao abrigo do artigo 189.° e a respectiva reprodução vise fins diferentes dos previstos nesse artigo.

III. Nos restantes, as alterações foram de ordem formal: visaram aproximar a terminologia legal da do texto da Convenção de Roma.

11. *A reforma de 1991*

I. A Lei n.° 114/91, de 3 de Setembro, veio introduzir alterações no Código do Direito de Autor. Como razão próxima, este diploma tem a da adesão à Convenção de Roma, aprovada pela Resolução da Assembleia da República n.° 61/99, de 16 de Abril, e ratificada pelo Decreto do Presidente da República n.° 168/99, de 22 de Julho, ambos acima referidos.

II. Entre as alterações relevantes, cumpre sublinhar as do artigo 179.°/3 a 5 e as do artigo 184.°. Para os presentes propósitos, afigura-se útil a sua transcrição:

Artigo 179.°
Autorização para radiodifundir

(...)

3. A retransmissão e a nova transmissão não autorizadas de uma prestação dão aos artistas que nela intervêm o direito de receberem, no seu conjunto, 20% da remuneração primitivamente fixada.

4. A comercialização dá aos artistas o direito de receberem, no seu conjunto, 20% da quantia que o organismo de radiodifusão que fixou a prestação receber do adquirente.

5. O artista pode estipular com o organismo de radiodifusão condições diversas das referidas nos números anteriores, mas não renunciar aos direitos nela consignados.

Artigo 184.°
Autorização do produtor

1. Carecem de autorização do produtor do fonograma ou do videograma a reprodução e a distribuição ao público de cópias dos mesmos, bem como a respectiva importação ou exportação.

2. Carecem também de autorização do produtor do fonograma ou do videograma a difusão por qualquer meio e a execução pública dos mesmos.

3. Quando um fonograma ou videograma editado comercialmente, ou uma reprodução dos mesmos, for utilizado por qualquer forma de comunicação pública, o utilizador pagará ao produtor e aos artistas intérpretes ou executantes uma remuneração equitativa, que será dividida entre eles em partes iguais, salvo acordo em contrário.

4. Os produtores de fonogramas ou de videogramas têm a faculdade de fiscalização análoga à conferida nos n.ºs 1 e 2 do artigo 143.°.

III. Não terá havido um enorme cuidado formal nestas alterações, claramente aderentes à Convenção de Roma. Mas o essencial parece claro:

– especificou-se a necessidade de autorização para a radiodifusão;
– fixou-se uma remuneração equitativa para tal eventualidade, quando se trate de produtos "comerciais".

A necessidade de autorização para a radiodifusão resultava já, implicitamente, da lei anterior. Na verdade, não faz grande sentido exigir uma autorização para fazer cópias e permitir, *ad nutum*, uma radiodifusão, quando é sabido que o receptor pode fazer, nessa base, as cópias que entender, sem qualquer hipótese de controlo. Quanto à remuneração: sempre poderia ser fixada, aquando da autorização. A novidade é o reparti-la pelos intérpretes e pelo produtor.

IV. Em compensação, parece-nos claramente contrário à lógica global da reforma introduzida pela Lei n.° 114/91, de 3 de Setembro, a ideia de que a "edição comercial" de um fonograma ou videograma permite a livre radiodifusão, com dispensa de autorização.

O fonograma comercializado custa dinheiro a quem a ele queira aceder. Não se compreende porque facultá-lo *ad nutum* a quem o obtenha por radiodifusão (e que pode, de imediato, gravá-lo). Além disso e como já referimos, é totalmente legítimo editar comercialmente um fonograma (ou videograma) estipulando que a radiodifusão não é possível ou que depende de novo acordo.

12. *As reformas de 1997*

I. A quietude do Código do Direito de Autor teve pouca dura. Os Decretos-Leis n.° 332/97, de 27 de Novembro e n.° 334/97, da mesma data, introduziram novas alterações.

II. O Decreto-Lei n.° 332/97, de 27 de Novembro, veio introduzir regras sobre o aluguer e o comodato de obras ou seu suporte. Essas figuras foram também alargadas aos direitos conexos. Tratou-se de transpor a Directriz n.° 92/100, de 19 de Novembro[22].

III. O Decreto-Lei n.° 334/97, de 27 de Novembro, transpôs a Directriz n.° 93/98, de 29 de Outubro[23]. Desta feita, visou-se harmonizar o prazo de protecção dos direitos de autor e conexos.

13. *As reformas de 2004 e de 2006*

I. Seguiu-se, na série de alterações introduzidas no Código do Direito de Autor, a Lei n.° 50/2004, de 24 de Agosto. Esta Lei visou transpor a Directriz n.° 2001/29, de 22 de Maio, relativa à harmonização de certos aspectos do

[22] JOCE N. L 346, 61-66, de 27-Nov.-1992.
[23] JOCE N. L 290, 9-13, de 24-Nov.-1993.

direito de autor e dos direitos conexos na sociedade de informação[24]. Vamos reter o artigo 3.° dessa Directriz:

Artigo 3.°

Direito de comunicação de obras ao público, incluindo o direito de colocar à sua disposição outro material

1. Os Estados-Membros devem prever a favor dos autores o direito exclusivo de autorizar ou proibir qualquer comunicação ao público das suas obras, por fio ou sem fio, incluindo a sua colocação à disposição do público por forma a torná-las acessíveis a qualquer pessoa a partir do local e no momento por ela escolhido.

2. Os Estados-Membros devem prever que o direito exclusivo de autorização ou proibição de colocação à disposição do público, por fio ou sem fio, por forma a que seja acessível a qualquer pessoa a partir do local e no momento por ela escolhido, cabe:

a) Aos artistas intérpretes ou executantes, para as fixações das suas prestações;
b) Aos produtores de fonogramas, para os seus fonogramas;
c) Aos produtores de primeiras fixações de filmes, para o original e as cópias dos seus filmes; e
d) Aos organismos de radiodifusão, para as fixações das suas radiodifusões, independentemente de estas serem transmitidas por fio ou sem fio, incluindo por cabo ou satélite.

3. Os direitos referidos nos n.os 1 e 2 não se esgotam por qualquer acto de comunicação ao público ou de colocação à disposição do público, contemplado no presente artigo.

II. O artigo 5.° contém uma longa lista de excepções à regra do artigo 3.°. Não a transcrevemos, por ser muito extensa: mas todas elas se reduzem a transmissões ou reproduções efémeras, pedagógicas, científicas, noticiosas e sem fins lucrativos. Além disso, o preâmbulo da Directriz, auxiliar de interpretação, explica o alcance das excepções nos termos seguintes:

(32) A presente directiva prevê uma enumeração exaustiva das excepções e limitações ao direito de reprodução e ao direito de comunicação ao público. Algumas excepções só são aplicáveis ao direito de reprodução, quando adequado. Esta enumeração tem em devida consideração as diferentes tradições jurídicas dos Estados-Membros e destina-se simultaneamente a assegurar o funcionamento do mercado

[24] JOCE N. L 167, 10-19, de 22-Jun.-2001.

interno. Os Estados-Membros devem aplicar essas excepções e limitações de uma forma coerente, o que será apreciado quando for examinada futuramente a legislação de transposição.

III. A Lei n.° 50/2004, de 24 de Agosto, com estes significativos antecedentes, veio precisar as diversas situações em que são permitidas utilizações da obra, sem autorização do autor (75.°). O novo artigo 176.° contém melhores disposições.

Quanto ao artigo 178.°, temos a sublinhar, entre outras alterações, os seguintes números 2 e 3:

> 2. Sempre que um artista intérprete ou executante autorize a fixação da sua prestação para fins de radiodifusão a um produtor cinematográfico ou audiovisual ou videográfico, ou a um organismo de radiodifusão, considerar-se-á que transmitiu os seus direitos de radiodifusão e comunicação ao público, conservando o direito de auferir uma remuneração inalienável, equitativa e única, por todas as autorizações referidas no n.° 1, à excepção do direito previsto na alínea *d*) do número anterior. A gestão da remuneração equitativa única será exercida através de acordo colectivo celebrado entre os utilizadores e a entidade de gestão colectiva representativa da respectiva categoria, que se considera mandatada para gerir os direitos de todos os titulares dessa categoria, incluindo os que nela não se encontrem inscritos.
>
> 3. A remuneração inalienável e equitativa a fixar nos termos do número antecedente abrangerá igualmente a autorização para novas transmissões, a retransmissão e a comercialização de fixações obtidas para fins exclusivos de radiodifusão.

IV. Por seu turno, o artigo 184.° viu alterados os seus n.os 1 e 2, nos termos seguintes:

> 1. Carecem de autorização do produtor do fonograma ou do videograma a reprodução, directa ou indirecta, temporária ou permanente, por quaisquer meios e sob qualquer forma, no todo ou em parte, e a distribuição ao público de cópias dos mesmos, bem como a respectiva importação ou exportação.
>
> 2. Carecem também de autorização do produtor do fonograma ou do videograma a difusão por qualquer meio, a execução pública dos mesmos e a colocação à disposição do público, por fio ou sem fio, por forma que sejam acessíveis a qualquer pessoa a partir do local e no momento por ela escolhido.

V. Não antevemos nada que, nestas alterações, suscite, de perto ou de longe, a ideia de que alguma vez se tenha tornado possível radiodifundir um fonograma, fora das excepções legais previstas, sem autorização do produtor e dos intérpretes.

Pelo contrário: a interpretação conforme com a Directriz n.° 2001/29 inculca, precisamente, a ideia inversa.

VI. A Lei n.° 24/2006, de 30 de Junho, veio alterar o artigo 54.° do CDAC, relativamente ao direito de comparticipação do autor no preço obtido com cada venda da obra.

14. *A reforma de 2008*

I. Finalmente, chegamos à reforma adoptada pela Lei n.° 16/2008, de 1 de Abril. Esse diploma alterou, designadamente, o Código do Direito de Autor e o Código da Propriedade Industrial, republicando-os em anexo. Foi uma boa medida, uma vez que, no tocante sobretudo ao primeiro, proliferavam, desde 1985, os diplomas de alteração. Mas as modificações introduzidas foram simples: cifraram-se em oito artigos e no aditamento de mais treze artigos, relativos, estes, a questões processuais.

A reforma adveio da necessidade de transpor a Directriz n.° 2004/48, de 29 de Abril, relativa ao respeito dos direitos de propriedade industrial[25] justamente com preceitos relativos à prova.

II. A reforma de 2008 não alterou os preceitos relativos à radiodifusão de fonogramas. A manutenção dos dispositivos anteriores significa que, do ponto de vista do legislador, os textos eram claros e equilibrados.

III – A estrutura e a natureza do direito de autor

15. *Aspectos gerais; a evolução dos direitos de personalidade*

I. A determinação da estrutura e da natureza do direito (subjectivo) de autor, bem como a dos direitos conexos, é questão delicada. De acordo com a boa metodologia jurídica, ela deveria assentar na prévia determinação do regime aplicável[26]. Sucede, todavia, que o Código do Direito de Autor não

[25] JOCE N. L 157, 45-86, de 30-Abr.-2004.

[26] Entre nós: Oliveira Ascensão, *Direito de autor* cit., 646 ss. e 667 ss.; José Alberto Coelho Vieira, *A estrutura do Direito de autor no ordenamento jurídico português* (1992), especialmente 134 ss.;

vem dar corpo a nenhuma construção coerente. Ele foi fruto das circunstâncias, tendo evoluído ao sabor de instrumentos internacionais díspares e de diversas contingências ligadas a problemas concretos que, bem ou mal, se pretenderam solucionar. A presente rubrica visa chamar a atenção para a existência de valorações unitárias no Direito de autor. Muitas vezes os "dualismos" e os "pluralismos" advêm de se lidar com noções não-compreensivas de direitos subjectivos e de não se atinar na origem do problema.

II. O direito de autor arrancou da aplicação da ideia de propriedade às realidades imateriais. Essa concepção está, de certo modo, ainda subjacente ao artigo 1303.°, do Código Civil. Foi a pandectística alemã que, ao reservar a propriedade para as coisas corpóreas, obrigou a repensar o tema dos direitos de personalidade, inicialmente negados por Savigny[27].

Na fase final do pandectismo, os direitos de personalidade foram potenciados e enriquecidos pelo tratamento dogmático alcançado pelos direitos sobre bens imateriais, recém-conquistados para a Ciência do Direito. Trata-se de um aspecto que deve ser enfatizado: os direitos de personalidade desenvolveram-se apoiados na prática e nas necessidades de dar corpo aos vectores humanistas que, perante novas realidades animaram o Direito civil.

No tocante às manifestações "parcelares" que, na periferia, animaram os direitos de personalidade temos, em primeiro lugar, o tema das patentes. Mercê da rápida industrialização surgiu, em 1877, a Lei Alemã das Patentes. Visando explicar a tutela aí dispensada aos seus titulares, Carl Gareis introduz a ideia do "direito individual"[28]. Haveria, depois, um "direito individual geral"[29]:

> (...) a ordem jurídica reconhece a cada pessoa o direito de se realizar como indivíduo, de viver e de desenvolver e valorizar as suas forças.

Alberto de Sá e Mello, *Contrato de direito de autor/A autonomia contratual na formação do direito de autor* (2008), especialmente 71 ss.; no estrangeiro, com indicações, referimos Frédéric Pollaud-Dulian, *Le droit d'auteur* (2005), 30 ss., concluindo que a lei francesa consagra a concepção dualista (ob. cit., 45) e Christian Czychowski, em Friedrich Karl Fromm/Wilhelm Nordemann, *Urheberrecht/Kommentar*, 10.ª ed. (2008), § 11, Nr. 1 (269), explicando que a lei alemã recebe a teoria monista, de acordo com a doutrina dominante.

27 Friedrich Carl von Savigny, *System des heutigen römischen Rechts* 1 (1840), § 53 (335-338).

28 Carl Gareis, *Das Deutsche Patentgesetz vom 25. Mai 1877 erläutert*, cit. através da rec. de Paul Laband, ZHR 23 (1878), 621-624.

29 *Apud* Laband, *Das Deutsche Patentgesetz* cit., 621.

Neste "direito individual geral"[30] tem-se visto o "direito geral de personalidade" depois referido por alguns pandectistas e que floresceria, mais tarde, na sequência da 2.ª Guerra Mundial.

III. Paralelamente, Josef Kohler batia-se pelos direitos dos bens imateriais[31]. Eles não dariam lugar a uma "propriedade espiritual" e não se limitariam a possibilitar uma determinada defesa: pela positiva, facultariam a exploração económica de um bem imaterial[32]. Na base, todavia, Kohler acabaria por colocar o "direito individual", patente em ulterior escrito sobre o direito ao nome[33]. Segundo Kohler,

> O direito ao nome só pode ser bem apreendido como peça ou parte do direito individual. O nome como tal não é objecto do direito; o nome é caracterização tal como o monograma, como o pseudónimo; mas objecto do direito é a própria pessoa porquanto ela pode exigir que ninguém use alguma fórmula que provoque confusão, troca ou diminuição da pessoa, na exteriorização de actos[34].

Também a fotografia não poderia ser usada sem autorização do fotografado[35].

Kohler aprofundaria o seu pensamento a propósito dos direitos relativos a cartas-missivas[36]. Tratar-se-ia de um direito ao substrato geral[37], tendo o autor o direito exclusivo do seu aproveitamento económico e o de preservar a matéria em jogo.

O cultivo destes pontos dogmáticos era dobrado pela análise – sempre apoiada em institutos concretos – do papel dos princípios jurídicos na defesa das instituições e dos ideais[38]. O nome de KOHLER deve, assim, ser retido entre os primeiros dogmáticos dos direitos de personalidade[39]

[30] Ao qual, de resto, LABAND, *Das Deutsche Patentgesetz* cit., 622, não se mostra favorável.

[31] JOSEF KOHLER, *Das Autorrecht, eine zivilistische Abhandlung, zugleich ein Beitrag zur Lehre vom Eigenthum, vom Miteigenthum, vom Rechtsgeschäft und vom Individualrecht* I, JhJb XVIII (1879), 129-138 e II, JhJb XVIII (1879), 329-442 (478, com os três anexos), 129 e *passim*.

[32] J. KOHLER, *Das Autorrecht* cit., 130-131, 337 e 338.

[33] J. KOHLER, *Das Individualrecht als Namensrecht*, AbürglR V (1891), 77-110.

[34] J. KOHLER, *Das Individualrecht* cit., 77; quanto à possibilidade de o "eu" dispor da própria personalidade, KOHLER remete para o seu *Autorrecht*.

[35] J. KOHLER, *Das Individualrecht* cit., 89.

[36] J. KOHLER, *Das Recht an Briefen*, AbürglR 7 (1893), 94-149.

[37] J. KOHLER, *Das Recht an Briefen* cit., 94.

[38] J. KOHLER, *Die Ideale im Recht* V (1891), 161-265 (250 e *passim*).

[39] Cf. LEO BURCKAS, *Eigentumsrecht. Urheberrecht und Persönlichkeitsrecht an Briefen* (1907), 69.

IV. O progressivo domínio dogmático da "periferia" da personalidade permitiu o esforço de abstracção necessário para se alcançar a ideia de "bem de personalidade", base de qualquer dogmática coerente de direitos de personalidade.

Estes vêm, assim, a ser afirmados, na pandectística tardia, já sem dúvidas ou indecisões. Autores como Regelsberger[40] e Otto von Gierke[41] reportam-se aos direitos de personalidade como direitos subjectivos privados e não patrimoniais[42]. Todavia, o desenvolvimento era ainda escasso, de tal modo que o tema não logrou uma consagração geral no BGB[43].

16. *A negociabilidade limitada*

I. Já foi entendido que os direitos de personalidade seriam, por essência, *extra commercium*. Não é assim[44]. O artigo 81.°/1 admite, em termos genéricos, a limitação voluntária dos direitos de personalidade, desde que não se mostre atingida a ordem pública. Além disso, o artigo 79.°/1 refere, a propósito do direito à imagem, a hipótese de o retrato de uma pessoa ser "... lançado no comércio ...", termos esses que são repetidos no n.° 3 desse mesmo preceito. Também o direito ao nome admite negócios, no âmbito comercial.

II. Os direitos de personalidade representam, como quaisquer outros direitos subjectivos, posições de liberdade, reconhecidas ao seu beneficiário. Nessa qualidade, eles implicam disponibilidade.

As grandes restrições advêm da não-patrimonialidade de vários deles e da inerência de todos: o Direito poderá consentir em limitações graciosas e temporárias: mas não na sua troca por dinheiro ou numa alienação definitiva. Quanto à graciosidade, será o caso dos direitos do círculo biológico e do cír-

[40] Ferdinand Regelsberger, *Pandekten*, 1.° vol. (1893), § 50 (197-198); diz este Autor que as pessoas têm direitos ao próprio corpo e ao espírito, sem relação com coisas ou com outras pessoas.

[41] Otto von Gierke, *Deutsches Privatrecht* I (1895), § 81 (702 ss.); os direitos de personalidade são os que concedem ao seu sujeito o domínio sobre uma parcela da própria esfera de personalidade; tratar-se-ia de direitos subjectivos, reconhecidos por todos.

[42] Otto von Gierke, *Deutsches Privatrecht* cit., 1, 705-706.

[43] Cf. Bernhard Windscheid/Theodor Kipp, *Lehrbuch des Pandektenrechts* I (1906, reimp., 1984), 173 ss.. Quanto à luta pelos direitos de personalidade antes de 1900, cf. Jürgen Simon, *Das allgemeine Persönlichkeitsrecht und seine gewerblichen Erscheinungsformen/Ein Entwicklungsprozess* (1981), 169 ss..

[44] Cf. Karl-Nikolaus Peifer, *Individualität im Zivilrecht* (2001), 270 ss..

culo moral. Todavia, apenas caso a caso será possível formular um juízo definitivo. No tocante à temporalidade: o artigo 81.° fixa uma regra de livre revogabilidade, "... ainda que com obrigação de indemnizar os prejuízos causados às legítimas expectativas da outra parte". Em rigor, trata-se de denúncia e não de revogação, já que a figura procede em situações duradouras e não tem eficácia retroactiva. A indemnização deve ser cabal, tendo em conta as circunstâncias do caso. Ela não poderá ser agravada por cláusula penal compulsória, sob pena de se pôr em causa a livre "revogabilidade" (ou denunciabilidade); já uma cláusula penal que se limite a prever os danos e a inverter o ónus da sua prova[45] parece possível e conciliável com a negociabilidade limitada: denunciado o contrato limitador dos direitos de personalidade do interessado, presumir-se-ia que os "... prejuízos causados às legítimas expectativas da outra parte" seriam os emergentes da cláusula penal. O interessado, querendo e podendo, provaria que seriam inferiores, abrindo às partes a redução da cláusula.

A negociabilidade limitada serve interesses sérios; não pode ser fonte de chicanas e de falta de seriedade nas contratações.

III. Disseminadas na lei, podemos localizar diversas disposições que, traduzindo a referida "negociabilidade limitada", podem visar situações de personalidade ou situações mescladas com elementos de personalidade. Assim:

- a cessão de créditos é possível, entre outros aspectos, "... quando o crédito não esteja, pela própria natureza da prestação, ligado à pessoa do credor" – artigo 577.°/1;
- o credor não pode ser constrangido a receber a prestação de terceiro "... quando a substituição o prejudique" – artigo 767.°/2;
- a sanção pecuniária compulsória não é possível nas prestações de facto "... que exigem especiais qualidades científicas ou artísticas do obrigado" – 829.°-A;
- a execução de um contrato é possível, designadamente "... sempre que a isso não se oponha a natureza da obrigação assumida" – artigo 830.°/1;
- são absolutamente impenhoráveis as coisas ou direitos inalienáveis – 822.°, *a*), do Código de Processo Civil;
- não podem extinguir-se por compensação os créditos impenhoráveis, excepto entre si – 853.°/1, *b*), a interpretar restritivamente, de modo a não abranger os créditos absolutamente impenhoráveis.

[45] Cf., quanto a estas categorias, ANTÓNIO PINTO MONTEIRO, *Cláusula penal e indemnização* (1990), 282, 601 ss. e *passim*.

Podemos, daqui, retirar vectores de ordem geral. Assim, os direitos de personalidade que assumam natureza creditícia, mercê da negociabilidade limitada, não são cedíveis (sobretudo sem o consentimento do "devedor"), não podem ser efectivados por terceiros, não podem ser objecto de sanções pecuniárias compulsórias ou de execução específica, são impenhoráveis e não se extinguem por compensação. Outros vectores surgem em domínios especiais, com relevo para o Código de Trabalho.

IV. Mas sob todas estas regras, pode haver uma patrimonialidade latente que permita negociações. A essência pessoal não é prejudicada, como melhor iremos verificar.

17. *A relevância patrimonial dos danos morais*

I. O Direito tradicional, particularmente no Sul da Europa, demonstrava uma certa aversão pela patrimonialidade. Recordamos que, segundo as Ordenações, a prática do comércio era expressamente proibida aos clérigos, aos fidalgos e aos cavaleiros, (...) *porque não convém a suas dignidades* (...)[46]. Essa regra ilustra os preconceitos ancestrais contra o comércio. O Marquês de Pombal tentou remar contra um estado de coisas, que sempre prejudicou o País. Nesse sentido e como exemplo, determinou que quem entrasse para a Companhia Geral do Grão-Pará e Maranhão com 10.000 cruzados tinha vários privilégios, prosseguindo[47]:

> E o commercio, que nella se fizer na sobredita forma, não só não prejudicara à nobreza das pessoas que o fizerem, no caso em que a tenham herdado, mas antes pelo contrário será meio próprio para se alcançar a nobreza adquirida (...).

II. Estas singularidades prolongaram-se no Direito civil. No século XIX, não se conhecia a categoria de danos morais.

De facto, os artigos 2384.° a 2387.° do Código de Seabra dispunham sobre prejuízos ressarcíveis no caso de homicídio ou de ferimentos: só especificavam danos patrimoniais, abstraindo dos restantes. Os danos morais não seriam ressarcíveis, por falta de base legal. Além disso, veio sustentar-se que as obrigações

[46] *Ordenações Filipinas*, Liv. IV, Tít. XVI = ed. Gulbenkian, IV e V, 801. *Vide* o nosso *Manual de Direito comercial*, 2.ª ed. (2007), 80-81.

[47] *Vide* o nosso *Manual de Direito das sociedades* 1, 2.ª ed. (2007), 110.

insusceptíveis de avaliação pecuniária não poderiam, quando violadas, dar lugar a uma sanção[48]. Finalmente e nas palavras de Manuel de Andrade,

> O dinheiro e os danos morais são entidades absolutamente heterogéneas, não podendo, pois, existir qualquer equivalência entre elas. De resto, só numa concepção genericamente materialista da vida é que pode aceitar-se a ideia de saldar com dinheiro quaisquer valores morais sacrificados; de atribuir ao ofendido, no caso de danos morais, o direito de apresentar uma conta ao ofensor[49].

III. Estas asserções não são hoje admitidas. Desde logo surpreende que se venha invocar a intangibilidade da ofensa moral ... para a deixar sem protecção. A indemnização pode ter uma função ressarcitiva, apagando o dano: assim será, em princípio, nos danos patrimoniais. Mas pode, também, ter uma função compensatória: ainda que se saiba ser impossível suprimir determinado dano, é preferível arbitrar uma indemnização que, de certo modo, compense o mal feito, do que nada fazer.

Além disso, sabe-se, hoje, que a responsabilidade civil tem um papel punitivo: visa ressarcir o mal feito e desincentivar, quer junto do agente, quer junto de outros elementos da comunidade, a repetição das práticas prevaricadoras.

Deu-se uma evolução doutrinária e jurisprudencial que, aos poucos, veio a consagrar a ressarcibilidade de danos morais. Esta foi admitida perante leis especiais que a consentissem[50] e, esporadicamente, sob a invocação de preceitos constitucionais retirados da Constituição de 1933[51]. Todavia, a prática anterior ao Código Civil vigente procurava, sempre, acolher-se a leis especiais[52]. Uma viragem favorável ao ressarcimento de danos morais, independentemente de tais constrangimentos, ocorreria já próxima da mudança de códigos[53].

48 Luiz da Cunha Gonçalves, *Tratado de Direito civil*, 4 (1931), 343.

49 Manuel de Andrade, *Teoria geral das obrigações*, com a col. de Rui de Alarcão, 3.ª ed. (1966), 165. O próprio Andrade acabava, depois, por admitir a indemnização por danos morais, quando correspondesse a uma cláusula penal.

50 Tal o caso do artigo 34.° do Código de Processo Penal de 1927; cf. RCb 18-Nov.-1947 (Carlos Saavedra), BMJ 6 (1948), 252-257 (256-257) e STJ 13-Dez.-1947 (Tavares da Costa), BMJ 4 (1948), 110-113 (111-112).

51 STJ 20-Jul.-1951 (Raúl Duque), BMJ 26 (1951), 235-238 (237); em concreto, não foi, aí, arbitrada uma indemnização por, segundo o Supremo, não se terem especificado os danos.

52 STJ 22-Jul.-1952 (Campelo de Andrade), BMJ 32 (1952), 250-252, STJ 13-Mar.-1962 (Amílcar Ribeiro), BMJ 115 (1962), 429-432 (431), STJ 24-Abr.-1962 (Alfredo José da Fonseca), BMJ 116 (1962), 443-446 (444 e 445), STJ 22-Dez.-1964 (Albuquerque Rocha), BMJ 142 (1965), 332-337 (337) e STJ 19-Jan.-1965 (Gomes de Almeida), BMJ 143 (1965), 204-207 (207).

53 STJ 18-Nov.-1966 (Gonçalves Pereira), BMJ 161 (1966), 389-392 (391).

IV. Aquando da preparação do que viria a ser o Código Civil de 1966, o tema da ressarcibilidade dos danos morais foi aprofundado por Vaz Serra[54], que deu uma resposta positiva de princípio. Acabaria por, na parte agora em causa, formular a proposta seguinte[55]:

artigo 759.° (Satisfação do dano não patrimonial)

1. O dano não patrimonial é objecto de satisfação pecuniária quando seja suficientemente grave e merecedor de protecção jurídica. Tal acontece, em especial, nos casos de lesão de direitos de personalidade (...)

18. *Os direitos de personalidade patrimoniais*

I. A evolução acima apontada, quer na vertente dos direitos de personalidade, quer na da compensabilidade dos danos morais permite apontar a categoria geral dos direitos de personalidade patrimoniais. Essa categoria, ilustrada com o direito ao nome[56] e com o direito à imagem[57], explicaria a existência de direitos relativos a bens de personalidade susceptíveis de, no mercado, serem trocados por dinheiro ou, pelo menos, estilizados de forma economicamente relevante.

II. A patrimonialidade não é nenhuma degradação: antes um complemento de vivências humanas. O Direito não pode ignorar essa realidade, nem, muito menos, lamentar a espiritualidade perdida. Deve, antes, corrigir abusos e salvaguardar a dignidade relativa a bens que comportem a dimensão pessoal e patrimonial. Bastará um exemplo: não pagar o salário devido envolve um incumprimento pecuniário; mais grave do que isso: implica uma grave desconsideração pelo trabalho de um ser humano.

54 Adriano Vaz Serra, *Reparação do dano não patrimonial*, BMJ 83 (1958), 69-111 (106). Esta matéria pode ser comodamente confrontada em Jacinto Rodrigues Bastos, *Das obrigações em geral*, II (1972), 116 ss..

55 Adriano Vaz Serra, *Direito das obrigações*, BMJ 101 (1960), 15-408 (137).

56 *Vide* o nosso *Tratado de Direito civil*, I – *Parte geral*, tomo 3, *Pessoas*, 2.ª ed. (2007), 193 ss..

57 *Idem*, 233 ss..

19. *O direito de autor e os direitos conexos*

I. A evolução acima apontada é útil para melhor surpreender a natureza do direito de autor. As considerações obtidas são aplicáveis aos direitos conexos.

O direito subjectivo é uma posição vantajosa marcada pela liberdade. O beneficiário dispõe de uma permissão normativa de aproveitamento de um bem[58]. Mas por razões histórico-culturais que se projectam nas normas de hoje, essa permissão é conferida em termos compreensivos (por oposição a analíticos). Tomando o exemplo universal do direito de propriedade: ele implica a concessão de um conjunto infindo de possibilidades, totalmente variável consoante o objecto em jogo e as circunstâncias de cada caso.

II. A esta luz, compreende-se que a doutrina mais aprofundada defenda um monismo do direito de autor, sem preocupações de saber se se trata de "monismo pessoal" ou de "monismo patrimonial". O direito de autor confere, ao titular, uma tutela conjunta dos seus interesses espirituais e materiais[59]. De resto, sem bem pensarmos, ambos os aspectos estão interligados:

– o desrespeito pelo "direito moral" do autor atinge a sua capacidade de gerar riqueza;
– o postergar do "direito patrimonial" fere a dignidade da obra e do seu criador.

A doutrina mais recente complementa a concepção unitária assim exposta justamente com o reconhecimento dos direitos de personalidade patrimoniais[60].

III. Poder-se-ia contrapor que os regimes aplicáveis ao "direito moral" são diferentes dos do "direito patrimonial". Mas também isso sucede com o direito de propriedade: o denominado uso e fruição podem ser concedidos a outras pessoas, em termos variáveis sem que, por isso, se introduzam elementos de dualidade no direito real máximo.

[58] *Vide* o nosso *Tratado de Direito civil*, I – *Parte geral*, tomo 1, 3.ª ed. (2005, reimp., 2009), 311 ss. e 311 ss..

[59] Gernot Schulze, em Thomas Dreier/Gernot Schulze, *Urheberrechtsgesetz*, 3.ª ed. (2008), § 11, Nr. 2 (204); Winfried Bullinger, em Artur-Axel Wandtke/Winfried Bullinger, *Praxiskom-mentar zum Urheberrecht*, 3.ª ed. (2009), § 11, Nr. 1 e 2 (219-220); Christian Czychowski, em Nordemann/Nordemann, *Urheberrecht*, 10.ª ed. cit., 269, já referido.

[60] Manfred Rehbinder, *Urheberrecht*, 16.ª ed. cit., 17.

O monismo tem, de resto, vindo a ser reconhecido como a melhor via técnica de explicar os esquemas vigentes[61]. Exceptua-se o caso francês, onde o dualismo se mantém activo. Mas essa posição não pode deixar de ser aproximada da fraqueza doutrinária que os direitos de personalidade têm acusado, em França[62].

IV. A interligação entre os aspectos morais e patrimoniais dos direitos de autor, numa síntese de princípio, é aplicável, com as necessárias adaptações, aos direitos conexos. Rejeitando a ancestral (e nociva) tendência para desconsiderar a comerciabilidade: o reconhecimento dessa síntese não é nenhuma despromoção para a espiritualidade das criações.

Ocorre, aqui, afastar a minoração do direito do produtor, por ser uma (mera) empresa. Embora seja claro que o direito do produtor tem uma dimensão patrimonial evidente, devemos admitir que não lhe são indiferentes os aspectos "morais" envolvidos. O produtor, ao fixar uma obra, envolve o seu bom nome e acolhe a dimensão "moral" do autor e do intérprete. A tutela da integridade da obra protege, também, o produtor; a sua paternidade representa, para ele, um bem inestimável. Até por razões pedagógicas, o Direito não pode "condenar" as entidades produtivas a um anátema.

V. Em suma: os direitos sobre bens imateriais traduzem uma síntese frutuosa, entre as dimensões "moral" e "patrimonial". Tal síntese previne contra cortes na realidade, que mesmo quando necessários para efeitos de análise, devem ser superados pela ideia do conjunto.

IV – **Os parâmetros axiológicos da radiodifusão**

20. ***Aspectos gerais***

I. A radiodifusão pode ser inserida na disciplina jurídica da comunicação social (*Medienrecht*). Há, aí, múltiplos vectores a considerar[63]:

[61] Na Suíça, onde o dualismo fez alguma carreira mercê da influência francesa – *vide* MANFRED REHBINDER/ADRIANO VIGANÒ, *Urheberrecht*, 3.ª ed. (2008), 77-78 – surge hoje – cf. DENIS BARRELET/WILLI EGLOFF, *Urheberrecht*, 3.ª ed. (2008), 212 – o monismo.

[62] *Vide* o nosso *Tratado* I/3, 2.ª ed. cit., 55 ss..

[63] Veja-se o teor geral da obra de FRANK FECHNER, *Medienrecht*, 7.ª ed. (2006), XXX + 437 pp..

– princípios constitucionais, incluindo os princípios da democracia, do Estado de Direito, do Estado social, da Cultura e da integração europeia;
– direitos fundamentais, com relevo para a liberdade de opinião, a liberdade de informação e a liberdade artística;
– direitos básicos, como a livre iniciativa económica, a propriedade privada e o direito de livre escolha do trabalho;
– o Direito de personalidade;
– os direitos de autor e direitos conexos.

II. Algumas destas posições podem encontrar-se em conflito. Caberá, no caso concreto, ao intérprete aplicador resolver o problema, com recurso, se necessário, às regras sobre a colisão de direitos[64].

21. *A tutela dos agentes*

I. Na radiodifusão encontramos, subjacente, uma especial colaboração entre diversos agentes. Estando em causa uma canção, por exemplo, temos de lidar, como foi parcialmente antecipado na introdução, com o autor da música, com o autor da letra, com a orquestra, com o intérprete, com o produtor e com o radiodifusor. Os autores da música e da letra têm, cada um deles, direitos de autor próprios; a orquestra, o intérprete e o produtor, direitos conexos.

II. As tutelas envolvidas assumem unitárias, mas distintas vertentes pessoais e patrimoniais. Como foi sustentado, elas são interdependentes. Mesmo quando certos aspectos possam ser alienados, mantém-se a ligação entre eles, de tal modo que o desrespeito por um envolve a fraqueza do outro.

22. *A produção e a "comercialidade"*

I. O produtor fixa a obra: um passo necessário, na generalidade das situações de radiodifusão. Em termos técnico-jurídicos, essa actividade é, à partida, "comercial"[65]:

[64] Temos em mente, de modo especial, o conflito sempre latente entre o direito à honra e a liberdade de informação; *vide* o nosso *Tratado* cit., I/3, 2.ª ed., 185 ss..
[65] *Vide*, quanto aos actos de comércio, o nosso *Manual de Direito comercial* cit., 2.ª ed., 187 ss..

- em sentido subjectivo, por ser levada a cabo por sociedades comerciais (a grande maioria dos casos) ou por comerciantes ou industriais, nessa qualidade;
- em sentido objectivo, por estar especialmente regulada em leis comerciais.

II. Este aspecto não deve ser exagerado. O Direito de autor surge hoje dominado por instrumentos internacionais. Estes estão pensados para funcionar em países que não conhecem a contraposição entre o Direito civil e o Direito comercial[66]. Além disso, o próprio Direito de autor tem natureza civil.

Estamos, todavia, conscientes que o acto de produção visa o aproveitamento material da obra: pelo autor e pelos demais agentes, incluindo o produtor.

III. A obra fixada é reproduzida (em regra) e lançada no mercado: por exemplo, através de disco ou de "cd". Pergunta-se: fará sentido, a partir daqui, impor uma radiodifusão livre, compensada (quando muito) com uma retribuição "equitativa"?

No limite, bastaria que uma empresa de radiodifusão adquirisse um único disco ou "cd" e o radiodifundisse em contínuo para que ninguém comprasse nenhum exemplar. E mesmo uma radiodifusão mais moderada poderia impedir vendas da obra: os ouvintes interessados poderiam gravar a emissão, dispensando quaisquer aquisições.

IV. Poderemos ponderar que o risco das quebras nas vendas, por via da radiodifusão, sempre poderia ser compensado pela publicidade que esta sempre acarreta. Admitimos, por isso, que nos limites constitucionais, o legislador histórico possa optar por uma de mais soluções. Os instrumentos internacionais acima examinados visam dar protecções mínimas aos agentes. Para além dessas, as diversas leis nacionais podem optar.

Importante é, todavia, o sublinhar que a produção com fitos comerciais, absolutamente dominante, não deve ser desconsiderada. A eventualidade de ser proibida a radiodifusão de obra fixada é frequentíssima, como foi dito: bastará confrontar as etiquetas dos *cd's vídeo*. Apenas uma lei expressa poderia dispor de outro modo.

[66] Tal o caso da Inglaterra – *vide* o nosso *Manual de Direito comercial* cit., 2.ª ed., 72 ss. – e, em menor grau, os da Suíça e da Itália.

V – A interpretação do artigo 184.°

23. *Os "direitos" de reprodução e de comunicação*

I. Os elementos obtidos permitem, agora, interpretar mais cabal e fundadamente o artigo 184.°. Desde logo, todo ele é dominado pela epígrafe "autorização do produtor".

Vamos recordar os seus dois primeiros números, na redacção dada pela Lei n.° 50/2004, de 24 de Agosto:

> 1. Carecem de autorização do produtor do fonograma ou do videograma a reprodução, directa ou indirecta, temporária ou permanente, por quaisquer meios e sob qualquer forma, no todo ou em parte, e a distribuição ao público de cópias dos mesmos, bem como a respectiva importação ou exportação.
>
> 2. Carecem também de autorização do produtor do fonograma ou do videograma a difusão por qualquer meio, a execução pública dos mesmos e a colocação à disposição do público, por fio ou sem fio, por forma que sejam acessíveis a qualquer pessoa a partir do local e no momento por ela escolhido.

Esses dispositivos completaram os que advinham da anterior redacção dada pela Lei n.° 114/91, de 3 de Setembro.

II. Os dois números em causa advêm dos artigos 2.° e 3.° da Directriz n.° 2001/29, de 22 de Maio[67]: o primeiro relativo à reprodução e o segundo, à comunicação ao público. Deixam claro que quer a reprodução, em qualquer das suas modalidades, quer a difusão, também por qualquer das vias possíveis, carecem de autorização do produtor.

III. A exigência de autorização para a radiodifusão, por parte do produtor, resulta directamente da ideia da protecção dos fonogramas. Como temos vindo a enfocar, tal protecção seria letra morta quando fosse permitida uma radiodifusão não autorizada.

E não se trata, simplesmente, de assegurar ao produtor a possibilidade de recuperar o investimento feito, se possível com lucro: a dimensão pessoal do direito está em causa. Quer o autor, quer o intérprete, quer o produtor, podem ter razões legítimas para limitar a circulação da obra.

[67] *Vide* MANUEL LOPES ROCHA/HENRIQUE CARREIRO, *Guia da Lei do Direito de autor na sociedade de informação* (2005), 57.

24. *A remuneração equitativa*

I. E com isto chegamos ao nosso já conhecido artigo 184.°/3, que reproduzimos para facilidade de análise:

> Quando um fonograma ou videograma editado comercialmente, ou uma reprodução dos mesmos, for utilizado por qualquer forma de comunicação pública, o utilizador pagará ao produtor e aos artistas intérpretes ou executantes uma remuneração equitativa, que será dividida entre eles em partes iguais, salvo acordo em contrário.

Este preceito foi retirado do artigo 8.°/2 da Directriz n.° 92/100, de 19 de Novembro, que dispõe:

> Os Estados-membros deverão prever um direito tendente a garantir o pagamento de uma remuneração equitativa e única pelos utilizadores que usem fonogramas publicados com fins comerciais ou suas reproduções em emissões radiodifundidas por ondas radioeléctricas ou em qualquer tipo de comunicação ao público, bem como garantir a partilha de tal remuneração pelos artistas intérpretes ou executantes e pelos produtores de fonogramas assim utilizados.

II. Interessa desfazer, desde já, um grave equívoco: a Directriz n.° 92/100 não estabelece qualquer "licença legal". O artigo 8.°/1 faz depender a radiodifusão de autorização dos artistas intérpretes. O que se passa é tão-só: aquando da produção, o produtor acorda com o artista intérprete se sim ou não a radiodifusão é possível. Normalmente, não o será, salvo (uma) autorização, que o produtor poderá dar em nome e por conta do artista se, para tal, tiver poderes.

A preocupação comunitária não foi a de dispensar a (óbvia) necessidade de uma específica autorização para radiodifusão: foi, antes, a de assegurar a "remuneração equitativa" e a sua repartição. A ideia foi retomada pela Directriz n.° 2001/29 que, no seu artigo 5.°/2, *e*), chega a (só) permitir

> (...) reproduções de transmissões radiofónicas, por instituições sociais com objectivos não comerciais, tais como hospitais ou prisões, desde que os titulares dos direitos recebam uma compensação justa.

III. A Directriz refere "fonogramas publicados com fins comerciais", isto é, que visem o lucro. Neste sentido deve ser entendida a expressão "editado comercialmente": esta, tomada à letra, absorveria todo o universo dos fonogramas.

IV. Isto dito: o artigo 184.°/3 deve ser lido depois dos números 1 e 2. As autorizações previstas nestes dois preceitos são sempre necessárias; só depois fará sentido ponderar a "remuneração equitativa". A radiodifusão proibida é ilícita, não podendo ser legitimada por qualquer remuneração.

Como temos vindo a retomar: não haveria qualquer protecção de fonograma caso este pudesse ser pura e simplesmente radiodifundido. O próprio artigo 185.°/1, quando fixa, como condição de protecção, a menção, nas cópias autorizadas, do símbolo "P", perderia o sentido: protecção contra o quê se a cópia puder ser radiodifundida sem autorização?

Voltamos a sublinhar: estão em jogo não só os aspectos patrimoniais como, também, os pessoais ou de personalidade.

25. *Aspectos complementares*

I. O Direito português comporta uma solução clara, totalmente de acordo com os instrumentos comunitários e internacionais. A possibilidade de uma radiodifusão não-autorizada, apenas assente na subsequente "remuneração equitativa", teria ainda consequências não excogitáveis, para as quais a Ordem Jurídica nacional não tem solução. Por exemplo, bastará imaginar:

- que uma empresa de radiodifusão, invocando as dificuldades práticas em fixar a remuneração equitativa, decide nada pagar: pode radiodifundir tudo sem limites?
- que uma empresa, no limiar da insolvência, decida não pagar: pode radiodifundir de graça?

Parece-nos claro que a hipótese de uma "licença legal" só opera com uma instância de controlo que, pelo menos, sancione o incumprimento da empresa de radiodifusão, com a revogação de tal "licença". Além disso, o pagamento efectivo deve ser assegurado.

II. A solução aqui patente poderá parecer uma originalidade portuguesa. A Lei alemã do Direito de autor confere, quer ao autor (§ 78/2, 1) quer ao produtor de fonogramas (§ 86) uma pretensão de remuneração equitativa (*angemessene Vergütung*) quando exista uma difusão pública autorizada[68]. Ora a "autorização" ou "legitimação" pode advir da mera edição autorizada da obra:

[68] Mareile Büscher, em Wandtke/Bullinger, *Praxiskommentar*, 3.ª ed. cit., § 78, Nr. 15 ss. (1157 ss.) e Martin Schaefer, *idem*, § 86, Nr. 1 ss. (1205 ss.). Mareile Büscher enfatiza a emissão feita *de modo autorizado*.

uma disposição fixada por lei expressa[69], mas que o Direito português vigente desconhece.

Todavia, os organismos de gestão colectiva alemães são activos e eficientes. As "remunerações equitativas" são efectivamente calculadas, de modo adaptado ao aproveitamento das obras e são pagas. Transpor, sem cuidados nem precauções legais e administrativas, tal esquema para o espaço português seria inviável. E, de todo o modo: sempre exigiria lei expressa.

[69] MARTIN SCHAEFER, em FROM/NORDEMANN, *Urheberrecht*, 10.ª ed. cit., § 78, Nr. 7 ss. (1265 ss.); DREIER/SCHULZE, *Urheberrechtsgesetz*, 3.ª ed. cit., § 78, Nr. 11 (1107).

*O papel dos tribunais na protecção dos direitos fundamentais dos cidadãos**

PROF. DOUTOR JOSÉ DE MELO ALEXANDRINO

Cumprimentando-a, na sua qualidade de Presidente desta sessão comemorativa, permita-me, Veneranda Conselheira Luzia Sebastião, que na sua pessoa, na do Venerando Conselheiro Presidente e na dos demais Venerandos Conselheiros do Tribunal Constitucional, dirija uma dupla saudação ao Tribunal Constitucional de Angola, pelo seu segundo aniversário e pela iniciativa desta Conferência Comemorativa, à qual a Faculdade de Direito da Universidade de Lisboa teve a honra de se poder associar, agradecendo vivamente o amável convite e a rara oportunidade de participar num acontecimento tão emblemático.

Dirijo também uma calorosa saudação à Faculdade de Direito da Universidade Agostinho Neto, na pessoa do seu muito ilustre Decano, o Professor Doutor Raúl Araújo, Faculdade à qual tenho sempre um enorme prazer em regressar.

Saúdo de forma muito especial, na pessoa dos Senhores magistrados e também dos Senhores advogados aqui presentes, todos os demais tribunais angolanos, e a todos os seus actuais e futuros servidores, sabendo bem como a Justiça é uma deusa difícil de servir.

Saúdo ainda cordialmente todos os presentes e todos os Angolanos, pela sua nova Constituição, em especial, pela "visão de esperança" que a mesma encerra no que respeita à vontade de liberdade e ao empenho na protecção efectiva dos direitos fundamentais da pessoa humana.

SUMÁRIO: *1. Introdução. 2. Nota sobre o sentido histórico do papel dos tribunais na protecção dos direitos fundamentais. 3. Os tribunais perante as normas de direitos fundamentais: 3.1. Os tribunais e a aplicabilidade directa das normas de direitos, liberdades e garan-*

* Texto da palestra proferida na "Conferência Alusiva ao 2.° Aniversário do Tribunal Constitucional de Angola", organizada pelo Tribunal Constitucional de Angola e pelo Instituto de Cooperação Jurídica da Faculdade de Direito da Universidade de Lisboa, em 5 de Agosto de 2010, na Faculdade de Direito da Universidade Agostinho Neto, em Luanda.

tias; 3.2. A vinculação dos tribunais às normas de direitos, liberdades e garantias. 4. Os mecanismos jurisdicionais de protecção dos direitos fundamentais: 4.1. Mecanismos internos; 4.2. Mecanismos internacionais.

1. Introdução

Em matéria de direitos fundamentais, a Constituição da República de Angola de 2010 insere-se plenamente no marco do Estado constitucional ocidental[1], seguindo a matriz dos grandes textos e acolhendo e ampliando o legado que recebeu da Lei Constitucional de 1992[2]. As provas de que assim é são inúmeras[3].

(i) Desde logo, o lugar e o papel destacados que no texto da Constituição são reconhecidos ao princípio da dignidade da pessoa humana [preâmbulo e artigos 1.°, 7.°, 31.°, n.° 2, 32.°, n.° 2, 36.°, n.° 3, 89.°, n.° 1, 223.°, n.° 2, 236.°, alínea *a*)];

(ii) Em segundo lugar, a precedência da dignidade da pessoa humana sobre a vontade popular (artigo 1.°), a precedência da pessoa sobre o Estado, a precedência dos direitos fundamentais sobre a organização dos poderes do Estado, a precedência dos direitos, liberdades e garantias e dos direitos económicos, sociais e culturais sobre a organização económica (sistemática dos títulos II, III e IV da Constituição)[4];

(iii) O especial papel concedido aos instrumentos internacionais relativos aos direitos humanos, determinando que os tribunais os devem aplicar oficiosamente (artigo 26.°, n.° 3), e em geral a abertura ao Direito internacional;

[1] Sobre os elementos essenciais deste conceito, Peter Häberle, «Novos horizontes e novos desafios do constitucionalismo», in *Anuário Português de Direito Constitucional*, vol.V (2006), 38 ss. [33-62]; José de Melo Alexandrino, *Direitos Fundamentais – Introdução Geral*, Estoril, 2007, 14, nota 13.

[2] Sobre a *marca* deste texto no constitucionalismo angolano, José de Melo Alexandrino, «Reforma constitucional – lições do constitucionalismo português», in *Estudos em Homenagem ao Prof. Doutor Martim de Albuquerque*, Coimbra, 2010, 10-11, nota 8 [9-35].

[3] Neste sentido, Jorge Miranda, *A Constituição de Angola de 2010*, separata de *O Direito*, ano 142.° (2010), 20, 22, 33; Onofre dos Santos, *Alguns desafios da nova Constituição de Angola* (2010), acessível em *http://www.fd.ul.pt/LinkClick.aspx?fileticket=Gtil6UqJkVg%3d&tabid=331*, 14 ss.

[4] Jorge Miranda, *A Constituição de Angola...*, 19.

(iv) A especial preocupação com a sistematização das garantias dos direitos fundamentais e com a defesa dos direitos fundamentais (artigos 56.° e seguintes e 192.° e seguintes);

(v) Enfim, um generoso e bem estruturado catálogo de direitos fundamentais, aberto a articulações entre os direitos de liberdade e os direitos sociais (artigo 27.°), mas não deixando, prudentemente – o que demonstra uma clara preocupação com a *força normativa da Constituição*[5] –, de dizer que, relativamente a estes, "o Estado deve adoptar as iniciativas legislativas e outras medidas adequadas à concretização progressiva e efectiva, de acordo com os recursos disponíveis" (artigo 28.°, n.° 2)[6].

No entanto, neste ensejo, teremos de desviar-nos da parte substantiva da Constituição, para nos centrarmos no papel dos tribunais[7]: (i) começando com uma breve nota histórica, (ii) avançaremos para a análise da importância do disposto no artigo 28.°, n.° 1, da Constituição, (iii) para terminarmos com o arrolamento dos principais mecanismos de protecção dos direitos fundamentais no ordenamento angolano, com destaque para o recurso extraordinário de inconstitucionalidade e para os demais mecanismos de fiscalização da constitucionalidade de normas.

2. **Nota sobre o sentido histórico do papel dos tribunais na protecção dos direitos fundamentais**

O papel dos tribunais na protecção dos direitos fundamentais está desde logo associado às origens dos direitos fundamentais e à origem do Estado cons-

[5] Sobre o conceito, KONRAD HESSE, *Die normative Kraft der Verfassung* (1959), trad. de Gilmar Ferreira Mendes, *A Força Normativa da Constituição*, Porto Alegre, 1991.

[6] O que, de forma alguma, converte os direitos sociais em meras "promessas constitucionais" (de algum modo neste sentido, ONOFRE DOS SANTOS, *Alguns desafios...*, 15; diversamente, insistindo na revalorização técnico-jurídica dos direitos sociais como direitos fundamentais, JORGE REIS NOVAIS, *Direitos Sociais – Teoria jurídica dos direitos sociais enquanto direitos fundamentais*, Coimbra, 2010; Id., «Constituição e Serviço Nacional de Saúde», in *Direitos Fundamentais & Justiça*, ano 4, n.° 11, Abr./Jun. 2010, 85-109).

[7] Para um exercício similar realizado no Brasil por um jurista português, FERNANDO ALVES CORREIA, «Os direitos fundamentais e a sua protecção jurisdicional», in *Boletim da Faculdade de Direito*, vol. 79.° (2003), 63-96.

titucional[8]: por um lado, há muito se desenvolveu a ideia de que o primeiro direito fundamental tenha sido histórica e materialmente o *habeas corpus* (isto é, a garantia proporcionada pela decisão de um tribunal contra a prisão arbitrária, em defesa da liberdade física da pessoa)[9]; por outro lado, e consequentemente, «o gozo efectivo deste direito só estará objectivamente assegurado havendo um órgão estadual capaz de garantir a aplicação imparcial da lei existente ao caso concreto, mediante processo jurídico regular. Esse órgão só pode ser um tribunal independente, vinculado apenas a um critério normativo de decisão previamente estabelecido e insusceptível de ser alterado em função do caso concreto»[10].

É assim visível que esse primeiro direito fundamental (*Ur-Grundrecht*) surge com o simultâneo reconhecimento da separação de poderes e da independência do poder judicial e que se vislumbra, logo nesse instante fundador de finais do século XVII na Inglaterra, que «os direitos fundamentais só têm real eficácia se houver um órgão do Estado capaz de os sobrepor aos actos lesivos de outros órgãos»[11].

Ora, esse papel dos tribunais viria a alcançar um patamar mais elevado a partir do momento em que, em certos ordenamentos, os juízes passaram a poder declarar nulas as leis que contrariassem a Constituição, donde decorreram duas extraordinárias consequências: a primeira foi a de que o poder legislativo, o poder executivo e o poder judicial passaram a estar em pé de igualdade[12]; a segunda foi a de que o poder judicial não podia continuar a ser concebido, como pretendia Montesquieu, como um poder nulo[13].

O terceiro momento na caminhada da relação entre os direitos fundamentais e o poder judicial dá-se com a criação dos Tribunais Constitucionais e com a progressiva transformação destes em "tribunais *dos direitos fundamentais*"[14].

[8] Nuno Piçarra, *A separação de poderes como doutrina e como princípio constitucional*, Coimbra, 1989, 191 ss., a quem acompanharemos de perto no texto.

[9] Nuno Piçarra, *A separação de poderes...*, 194.

[10] Nuno Piçarra, *A separação de poderes...*, 194.

[11] Nuno Piçarra, *A separação de poderes...*, 195.

[12] Nuno Piçarra, *A separação de poderes...*, 205.

[13] Nuno Piçarra, *A separação de poderes...*, 204.

[14] Para um panorama geral, Catarina Santos Botelho, *A Tutela Directa dos Direitos Fundamentais – Avanços e recuos na dinâmica garantística das justiças constitucional, administrativa e internacional*, Coimbra, 2010.

3. Os tribunais perante as normas de direitos fundamentais

O verdadeiro valor (jurídico e social) dos direitos fundamentais traduz-se numa palavra: *efectividade* (ou seja, realização e protecção efectiva dos bens e interesses básicos da pessoa humana, ao nível da existência, da autonomia e do poder). Ora, se esta efectividade, de facto, em primeira linha, tem de estar articulada com um conjunto de *pressupostos reais* (os chamados pressupostos dos direitos fundamentais)[15], ela depende em larga medida da existência, do prestígio social efectivo e do bom funcionamento de um sistema jurisdicional capaz de fazer garantir aquele valor.

De acordo com a Constituição da República de Angola (abreviadamente, CRA), compete aos tribunais assegurar a defesa dos direitos e interesses legalmente protegidos dos cidadãos (artigo 174.°, n.° 2), cabendo-lhes igualmente garantir e assegurar a observância da Constituição (artigo 177.°, n.° 1).

O poder judicial aparece-nos desta feita na CRA como verdadeiro guardião da Constituição e como sistema especialmente colocado ao serviço da defesa de direitos fundamentais – na realidade, sejam quais forem os pressupostos dos direitos fundamentais. E quem diz dos direitos fundamentais, diz também dos direitos humanos (ou seja, dos direitos básicos da pessoa humana reconhecidos em normas de Direito internacional)[16].

Ora, antes de arrolar os mecanismos jurisdicionais ao dispor dos cidadãos para a protecção dos direitos fundamentais (e dos direitos humanos) no Direito angolano, há uma faceta prévia na qual pretendo concentrar-me particularmente, que é a que resulta da força jurídica das próprias normas de direitos, liberdades e garantias[17], que se reparte em duas ideias: (i) a ideia de *aplicabilidade directa* das normas; e (ii) a ideia de *vinculação das entidades públicas*.

Uma e outra estão *agora* expressamente consagradas no artigo 28.°, n.° 1, da CRA, nos termos do qual "os preceitos constitucionais respeitantes aos direitos, liberdades e garantias são directamente aplicáveis e vinculam todas as entidades públicas e privadas". Trata-se, na verdade, de um *salto extraordinário* da Constituição de 2010 relativamente à Lei Constitucional de 1992[18], cuja relevância não poderia deixar de ser, hoje e aqui, assinalada.

[15] Sobre o conceito e a relevância dos pressupostos dos direitos fundamentais, JOSÉ DE MELO ALEXANDRINO, *A estruturação do sistema de direitos, liberdades e garantias na Constituição portuguesa*, vol. I – *Raízes e contexto*, Coimbra, 2006, 92 ss.

[16] Sobre a distinção entre direitos fundamentais e direitos humanos, MELO ALEXANDRINO, *Direitos Fundamentais*..., 33 ss.

[17] E dos direitos fundamentais de natureza análoga (cf. artigo 27.° da CRA).

[18] Notando justamente o facto, ONOFRE DOS SANTOS, *Alguns desafios*..., 19-20.

3.1. *Os tribunais e a aplicabilidade directa das normas de direitos, liberdades e garantias*

3.1.1. Como primeira ideia, a aplicabilidade directa significa que as normas de direitos, liberdades e garantias (ou seja, as normas enunciadas nos artigos 30.° a 75.° da CRA)[19] vinculam juridicamente o Estado (tanto o legislador e o juiz como o poder executivo)[20], podendo ser invocadas directamente pelos cidadãos contra o Estado[21].

Uma segunda ideia é esta: se houver uma lei reguladora de um determinado direito, liberdade e garantia (como a lei de imprensa, a lei reguladora do direito de reunião, a lei eleitoral, a lei do contencioso administrativo ou qualquer outra) e se a lei ofender esse direito, da aplicabilidade directa decorre aquilo que podemos designar como um *triplo efeito*[22]:

(i) Essa lei não pode ser aplicada pelo juiz e pelo tribunal na parte em que ofenda o direito, liberdade e garantia;
(ii) Abre-se a possibilidade de anulação da própria lei pelo Tribunal Constitucional;
(iii) Todos os poderes do Estado, mas muito em particular os tribunais, têm o dever de aplicar essa lei em conformidade com os direitos, liberdades e garantias (ou seja, devem afastar as interpretações da lei que se mostrem contrárias à Constituição, escolhendo aquela interpretação que não ponha em causa a norma constitucional)[23].

Tendo em conta a competência que a Constituição reconhece aos tribunais de exame e de fiscalização (controlo) da constitucionalidade, a aplicabili-

19 Ainda que as designações pareçam por vezes hesitantes, é a expressão "direitos, liberdades e garantias" que na CRA traduz uma verdadeira categoria constitucional, à luz do carácter estruturante das disposições que lhe correspondem [artigos 22.°, n.os 1 e 2, 25.°, n.° 1, 27.°, 29.°, n.° 5, 57.°, 58.°, 192.°, n.° 1, e 236.°, alínea *e*)].

20 Como se diz expressamente no artigo 2.°, n.° 2, da CRA.

21 Na moderna doutrina portuguesa, tem-se dito que os direitos fundamentais são "trunfos contra o Estado" (sobre o sentido e alcance desta metáfora, Melo Alexandrino, *Direitos Fundamentais*..., 24 s.; com uma pretensão mais abrangente, Jorge Reis Novais, *Direitos Fundamentais: Trunfos contra a maioria*, Coimbra, 2006).

22 Implicitamente, José Carlos Vieira de Andrade, *Os direitos fundamentais na Constituição Portuguesa de 1976*, 4.ª ed., Coimbra, 2009, 195.

23 Sobre o entendimento da vinculação estrita dos juízes à interpretação conforme, na jurisprudência constitucional e ordinária italiana, Massimo Luciani, «Costituzionalismo irenico e costituzionalismo polemico», in *Anuário Português de Direito Constitucional*, vol. V (2006), 91, nota 87 [63-94].

dade directa significa que eles *podem* então, se for esse o caso, *aplicar a Constituição directamente* (contra a lei, em vez da lei ou só na parte em que a lei não ofender a Constituição).

De facto, embora os tribunais devam obediência à lei (artigo 174.°, n.° 1, da CRA) e vigore além disso uma presunção de constitucionalidade das leis, se um juiz concluir que uma determinada lei ofende normas de direitos, liberdades e garantias, a aplicabilidade directa fornece uma *indicação clara* de que nesse caso a vinculação à Constituição deve prevalecer sobre a vinculação à lei, impondo-se portanto a não aplicação da lei (*desaplicação*)[24].

Numa situação desse tipo, o juiz deve resolver o caso como se essa lei não existisse, interpretando a norma constitucional como *direito aplicável* à causa. Além disso, o juiz deve conhecer da inconstitucionalidade *oficiosamente* (tal como deve também oficiosamente servir-se do Direito internacional dos direitos humanos)[25].

E o juiz também deve saber que se desaplicar a lei, da sentença final que proferir[26] cabe um recurso para o Tribunal Constitucional [artigo 180.°, n.° 2, alínea *d*), da CRA], órgão ao qual compete a última palavra[27].

3.1.2. E que dizer quando não existir uma lei que dê plena exequibilidade ao direito, liberdade e garantia?

Neste caso, os tribunais têm o *poder/dever de aplicarem* as normas de direitos, liberdades e garantias *directamente*, dispondo para o efeito de uma autorização para concretizarem o direito por via interpretativa (e de colmatarem a eventual lacuna). Segundo a doutrina, o juiz é uma entidade adequada não só para *determinar o sentido de conceitos indeterminados* (como "atentado à dignidade", "integridade moral", "controlo sobre o próprio corpo", etc.), mas também, mesmo sem lei, para decidir e *resolver os conflitos* entre direitos, liberdades e garantias ou entre direitos e outros interesses que lhe sejam trazidos: num caso como no outro, o juiz tem acesso directo à norma constitucional e está obrigado pelos efeitos vinculativos da norma de direito, liberdade e garantia.

[24] Ainda que, ao contrário do que sucede na Constituição portuguesa (artigo 204.°) ou na Constituição cabo-verdiana (artigo 210.°, n.° 3), a CRA não tenha explicitado expressamente o dever geral de desaplicação.

[25] Artigo 26.°, n.° 3, da CRA (tal como já decorria também do artigo 21.°, n.° 3, da Lei Constitucional de 1992).

[26] Artigo 36.°, n.° 3, da Lei orgânica n.° 3/08, de 17 de Junho (LOPC).

[27] Onofre dos Santos, *Alguns desafios...*, 15.

Em termos práticos, eu diria que o juiz tem de passar a conviver com a Constituição pelo menos tanto como convive com o Código de Processo Civil ou o Código Penal: a Constituição tem de passar a ser um instrumento de trabalho quotidiano do juiz, porque a este foi dada uma indicação precisa de que tem acesso directo a ela! E só ele dispõe dessa prerrogativa qualificada de acesso à Constituição ao ponto de poder afastar a lei para dar preferência à norma constitucional!

3.1.3. Todavia, temos de reconhecer que há alguns direitos, liberdades e garantias[28] a que o juiz sozinho não pode conceder plena efectivação, na medida em que são direitos que precisam necessariamente de regulação, de organização, de procedimentos e de mecanismos institucionais: direitos processuais, direito de sufrágio, protecção de dados, direito de antena, entre outros, são disso exemplo. O juiz não pode, por exemplo, ser ele a definir as regras do processamento do recurso contencioso contra regulamentos ou ser ele a promover, em nome da tutela judicial efectiva, o alargamento do recurso extraordinário de inconstitucionalidade a actos políticos ou às próprias leis – trata-se aí já não de uma atribuição do juiz, mas sim de uma prerrogativa do legislador democrático (ou seja, do Parlamento). Em todos estes casos, torna-se por isso imprescindível que seja a lei a regular esses domínios, tendo o legislador um dever de produzir essa legislação e de organizar os demais meios necessários ao exercício dos direitos.

3.2. *A vinculação dos tribunais às normas de direitos, liberdades e garantias*

Mas os tribunais, constituindo órgão de soberania[29], são entidades públicas para efeitos da segunda regra de que fala o artigo 28.°, n.° 1, da CRA (a de que os preceitos constitucionais respeitantes aos direitos, liberdades e garantias *vinculam todas as entidades públicas*).

3.2.1. A este respeito, podemos começar por dizer que o princípio da vinculação das entidades públicas incide sobre os tribunais de múltiplas formas:

[28] O mesmo sucede com múltiplos deveres de protecção associados a direitos e com a generalidade dos direitos económicos, sociais e culturais (neste caso, a respeito do seu conteúdo principal).

[29] Pensamos que não deixa de ter significado o facto de a CRA se referir aos tribunais não como "órgãos de soberania", mas como "órgão de soberania" (artigo 174.°, n.° 1, da CRA).

(i) Desde logo, por via do *princípio da constitucionalidade* (artigo 226.° da CRA);

(ii) Depois, por via da *ênfase* na ideia de vinculação do Estado e das demais entidades públicas aos direitos, liberdades e garantias [artigos 2.°, n.° 2, 21.°, alínea *b*), 28.°, n.° 1, e 56.° da CRA];

(iii) Em terceiro lugar, por ter sido confiado aos tribunais um específico encargo de defesa dos direitos (artigos 29.°, 177.°, n.° 1, da CRA);

(iv) E ainda pelo facto de também a eles ter sido confiada a protecção jurisdicional dos direitos humanos, quer porque o Direito internacional endossou aos tribunais internos essa tarefa na esfera territorial do Estado, quer porque a CRA consagrou expressamente essa articulação (artigo 26.°, n.° 3).

Como é óbvio, o sentido primário desta vinculação é ainda o de uma proibição: os tribunais estão proibidos de praticar actos que violem os direitos, liberdades e garantias e estão obrigados a pautar a sua actividade e o desenvolvimento dos processos judiciais pelo respeito e protecção estrita desses direitos[30] (os direitos também são *trunfos* contra o juiz – e daí justamente a justificação da possibilidade de um *amparo* constitucional contra os actos dos juízes que incorram em violação desses direitos).

Por outro lado, parece claro que a vinculação dos tribunais pelos direitos, liberdades e garantias constitui uma expressão marcante do *dever de protecção* que incumbe ao Estado relativamente à efectivação dos direitos[31].

3.2.2. Em segundo lugar, a CRA confere uma significativa atenção às garantias dos direitos (a tal ponto de autonomizar uma secção própria)[32], preocupação também visível no que diz respeito às instituições essenciais à justiça, nomeadamente à defesa dos cidadãos[33].

[30] Sobre isto, talvez possamos citar aqui dois preceitos da Ley Orgánica del Poder Judicial espanhola (lei orgânica n.° 6/85, de 1 de Julho), a começar pelo seu artigo 7.°, n.° 1: "os direitos e liberdades reconhecidos no Capítulo segundo do Título I da Constituição vinculam na sua integridade todos os juízes e tribunais e estão garantidos sob a tutela efectiva dos mesmos"; por seu lado, diz o artigo 5.°, n.° 1: "A Constituição é a norma suprema do ordenamento jurídico e vincula todos os juízes e tribunais, os quais interpretarão e aplicarão as leis e os regulamentos segundo os preceitos constitucionais (...)".

[31] Massimo Luciani, «Costituzionalismo irenico...», 88; Vieira de Andrade, *Os direitos fundamentais...*, 228.

[32] Artigos 56.° e seguintes da CRA.

[33] Artigos 192.° e seguintes e 230.°, alínea *f*), da CRA.

Penso que este desenvolvimento dado pela CRA às garantias fundamentais processuais não só tem raízes no constitucionalismo clássico como corresponde a uma tendência moderna de valorização dessas dimensões.

Por seu lado, alguns dos direitos impendem de forma muito especial sobre os tribunais, sobre o serviço de justiça e o poder judicial como um todo: é o caso do direito a uma decisão em prazo razoável e mediante processo equitativo (artigo 29.°, n.° 4) ou do direito a um julgamento justo e célere (artigo 72.°)[34]; é o caso de direitos em que uma eventual ingerência só pode ser determinada ou autorizada por decisão judicial (artigo 34.°, n.° 2, da CRA, por exemplo) ou de direitos especiais de protecção exercidos perante um tribunal (*habeas corpus*, *habeas data*, acção popular, acção de responsabilidade civil contra o Estado, recurso de inconstitucionalidade[35], recurso contencioso).

Também nunca é de mais lembrar que é nesta zona da capacidade de prestação do sistema judicial que se situa talvez a maior dificuldade de efectivação dos direitos, liberdades e garantias (o *espinho* do jardim dos direitos)[36], pelo menos a julgar pela jurisprudência do Tribunal Europeu dos Direitos do Homem[37] – aqui nos encontramos, uma vez mais, com os pressupostos dos direitos fundamentais.

3.2.3. Em terceiro lugar, os tribunais, e muito em especial o Tribunal Constitucional, receberam o *especial encargo de defender a Constituição*, fiscalizando o cumprimento das suas normas, competindo-lhes aqui particularmente:

(i) Interpretar o direito ordinário *em conformidade com os direitos, fundamentais* (excluindo as interpretações que com eles se não harmonizem);
(ii) *Não aplicar as normas* jurídicas que tenham por *inconstitucionais*, devendo controlar com especial atenção o cumprimento dos requisitos aplicáveis às "leis restritivas" e a todo o tipo de "intervenções restritivas"[38], nomeadamente por via do princípio da proporcionalidade (artigo 57.° da CRA), do princípio da igualdade (artigo 23.° da CRA) e do princípio da proibição do arbítrio (artigo 2.° da CRA);

[34] Notando a inovação e admitindo, em caso de inacção, a emergência de uma violação (impugnável) de um direito fundamental à justiça, Onofre dos Santos, *Alguns desafios...*, 25.

[35] Respectivamente, artigos 68.°, 69.°, 74.°, 75.°, 180.°, n.° 2, alíneas *d*) e *e*), da CRA.

[36] Mario Patrono, *I diritti dell'uomo nel paese d'Europa: conquiste e nuove minacce nel passagio da un millenio all'altro*, Pádua, 2000, 106 ss.

[37] Para uma consulta dos respectivos dados estatísticos actualizados, *http://www.echr.coe.int/ECHR/FR/Header/Reports+and+Statistics/Statistics/Statistical+information+by+year/*.

[38] Melo Alexandrino, *Direitos Fundamentais...*, 115 s.

(iii) Na resolução de conflitos entre direitos ou entre direitos e outros interesses ou valores, os tribunais têm o dever de avaliar devidamente a *natureza* e a *importância* dos direitos fundamentais envolvidos e de apreciar devidamente os demais factores atendíveis (artigo 36.°, n.° 1, da Constituição da África do Sul);

(iv) Sempre que tal se mostrar necessário para a interpretação ou aplicação da lei ou para a resolução de conflitos, os tribunais angolanos devem lançar mão das normas de Direito internacional de direitos humanos, segundo a directriz do artigo 26.°, n.os 2 e 3, da CRA.

3.2.4. Por fim, o Tribunal Constitucional encontra-se numa posição destacada para ser considerado o "tribunal dos direitos fundamentais", quer por via dos seus poderes no âmbito da fiscalização abstracta (e também no controlo de actos do processo eleitoral e político-partidário), quer por via da fiscalização concreta (no designado recurso ordinário de inconstitucionalidade), quer sobretudo por via do recurso extraordinário de inconstitucionalidade[39].

Deve dizer-se que a *centralidade* do Tribunal Constitucional Angolano é aliás muito mais reforçada do que, por exemplo, a do seu congénere português: (i) pelo maior equilíbrio e legitimidade na sua composição; (ii) pelo facto de as suas decisões não poderem ser postas em causa pelo Parlamento em sede de fiscalização preventiva; (iii) pelo alargamento da legitimidade no âmbito da fiscalização sucessiva abstracta aos grupos parlamentares e à Ordem dos Advogados; (iv) pela maior abertura (expressa e implícita) ao exercício de poderes de conformação normativa; (v) pela atribuição ao Tribunal Constitucional nas leis de 2008 de poderes para sindicar a constitucionalidade de actos administrativos e de decisões judiciais violadoras de direitos, liberdades e garantias (ou de princípios, como admito que sejam o da dignidade da pessoa humana ou o da igualdade)[40]; (vi) enfim, pela expressa consagração de um mecanismo de acesso virtualmente directo ao Tribunal Constitucional.

4. **Os mecanismos jurisdicionais de protecção dos direitos fundamentais**

Se o Direito está ao serviço da pessoa, não se podia entender que o ordenamento jurídico de uma comunidade não estivesse ao serviço da tutela dos

[39] Onofre dos Santos, *Alguns desafios...*, 22-23.

[40] A fórmula utilizada no artigo 49.° da LOPC não é isenta de dúvidas (como de algum modo transparece já em algumas decisões do Tribunal Constitucional).

direitos fundamentais da pessoa. Na realidade, deveria algures estar escrita a regra segundo a qual "a todo o direito fundamental corresponde uma tutela adequada".

De algum modo é esse o sentido do princípio enunciado no artigo 29.°, n.° 1, da CRA, quando nos diz que "a todos é assegurado o acesso ao direito e aos tribunais para defesa dos seus direitos e interesses legalmente protegidos".

Porém, e como de certo modo já vimos, trata-se da afirmação de um direito geral de protecção que não dispensa uma configuração pelo legislador dos mecanismos que efectivamente o concretizem; de outro modo, mal se entenderiam as disposições dos n.os 4 e 5 desse mesmo artigo ou do artigo 72.° da CRA.

Portanto, o mais conveniente parece ser a investigação dos principais mecanismos de protecção dos direitos fundamentais (também ditos *remédios*)[41] no ordenamento jurídico angolano.

Numa sistematização muito geral, esses mecanismos podem ser internos ou internacionais; por sua vez, os mecanismos internos podem ser (i) *remédios especialmente dirigidos contra violações* de direitos fundamentais, (ii) *mecanismos gerais* de protecção e (iii) *mecanismos específicos* para a protecção de um determinado direito fundamental.

4.1. ***Mecanismos internos***

4.1.1. O ordenamento angolano dispõe de um remédio próprio destinado à reparação de violações de direitos, liberdades e garantias (e direitos análogos) cometidas por decisões judiciais ou por actos administrativos: trata-se do *recurso extraordinário de inconstitucionalidade* (regulado nos artigos 49.° e seguintes da Lei Orgânica do Processo Constitucional)[42].

É um mecanismo que se aproxima da queixa constitucional alemã e do recurso de amparo existente um pouco por toda a América Latina ou na Espanha. Não existe em Portugal. Mas precisamente por isso, e para realçar a importância desse remédio angolano, vou trazer aqui o essencial dos argumentos a

[41] Vieira de Andrade, *Os direitos fundamentais...*, 344 ss.

[42] Veja-se, como decisão de partida, o Acórdão n.° 106/2009, in *Jurisprudência do Tribunal Constitucional – Colectânea de Acórdãos 2008/2009 e Legislação Fundamental*, vol. I, Luanda, 2009, 521 ss.; numa linha de aprofundamento jurisprudencial, veja-se o Acórdão n.° 118/2010, de 11 de Maio, acessível em *http://www.tribunalconstitucional.ao/InnerContent.aspx?IDM=23&IDLang=1.*

que recentemente recorri na defesa da introdução em Portugal de um mecanismo desse tipo[43].

Numa perspectiva da *sociologia política*, o acesso, ainda que remoto e extraordinário, à instância máxima da justiça constitucional significa a adopção de uma postura política antropologicamente amiga da dinamização processual dos direitos fundamentais[44]. Mais: tendo em conta que, no sistema de comunicação entre o Estado e o cidadão, são ainda o exercício do direito de voto e a reclamação judicial de direitos as formas paradigmáticas de comunicação do cidadão com o Estado[45], em múltiplos casos de violação de direitos fundamentais, apenas o Tribunal Constitucional poderá estar num plano funcional e institucionalmente adequado para relevar e aferir a natureza dessa chamada de atenção.

Em segundo lugar, na perspectiva *moral* e *jurídico-constitucional*, parece evidente a necessidade de uma articulação adequada entre a componente material da Constituição (os valores aí recebidos[46] e os direitos que deles são concretização), o princípio geral da tutela jurisdicional efectiva[47] e a garantia de um elevado nível de efectividade jurídica dos direitos fundamentais. Ora, em casos de violação (e não de mera inconstitucionalidade de normas) de direitos fundamentalíssimos, atenta a gravidade da ilicitude e a importância do plano normativo em que a mesma ocorre, é natural que em derradeira instância o julgamento desses casos seja entregue a um [novo] Tribunal do Areópago[48].

Ainda na perspectiva do *prestígio das instituições do Estado*, não parece conveniente que, por falta de mecanismos desse tipo, a concessão de amparo a direitos e liberdades fundamentais deva ser deferida para a instância interna-

[43] José de Melo Alexandrino, «Sim ou não ao recurso de amparo?», in Julgar, n.° 11 (2010) 41-49, texto que nesta parte se acompanha de perto.

[44] J. J. Gomes Canotilho, «Teoria da Constituição de 1976: desenvolvimento ou revisionismo constitucional» (1989), in *Brancosos e Interconstitucionalidade – Itinerários dos discursos sobre a historicidade constitucional*, Coimbra, 2006, 89 [39-100].

[45] António Hespanha, «Lei e Justiça: história e prospectiva de um paradigma», in *Justiça e Litigiosidade: história e prospectiva*, Lisboa, 1993, 55, nota 31 [7-58].

[46] A pensar sobretudo na *referência* divinizada da dignidade da pessoa humana (neste sentido, José de Melo Alexandrino, «Perfil constitucional da dignidade da pessoa humana: um esboço traçado a partir da variedade de concepções», in *Estudos em Honra do Professor Doutor José de Oliveira Ascensão*, vol. I, Coimbra, 2008, 505 ss. [481-511]).

[47] Por último, sobre o âmbito deste princípio geral, Paulo Otero, *Direito Constitucional Português*, vol. I – *Identidade constitucional*, Coimbra, 2010, 94 ss.

[48] Não deixa de ser similar o alcance do tribunal instituído por Atena para julgar o crime de Orestes (cf. Ésquilo, *Euménides*, vv. 470-490, 570-575, 680-710, in *Oresteia: Agamémnon, Coéforas, Euménides*, trad. de Manuel de Oliveira Pulquério, Lisboa, Edições 70, 2008, 209, 212 e 220).

cional[49], com a dupla consequência (1) da menorização do sistema interno de protecção e (2) do aumento da frequência das condenações do Estado pelos tribunais internacionais de direitos humanos.

Em quarto lugar, na perspectiva do *Direito comparado*, há agora três outras observações a reter: (1) a primeira é a de que, desde que foi instituído o amparo[50] (na Constituição mexicana de 1917)[51], a tendência aponta no sentido da existência de algum mecanismo de acesso do particular ao Tribunal Constitucional para a protecção de pelo menos certos direitos e liberdades fundamentais – neste sentido, há mais de três dezenas de países (da Europa, da América Latina, da Ásia e da África[52]) que possuem esses mecanismos; (2) a segunda é a de que essa evolução se faz sentir inclusivamente no plano internacional (com o acesso directo ao Tribunal Europeu dos Direitos do Homem e uma similar evolução junto do Tribunal Interamericano dos Direitos do Homem e do Tribunal Africano dos Direitos do Homem e dos Povos[53]); (3) a terceira para assinalar o facto de a própria França ter enfim cedido à introdu-

[49] Jorge Reis Novais, *Direitos Fundamentais...*, 12; José de Melo Alexandrino, *A estruturação do sistema de direitos, liberdades e garantias na Constituição portuguesa*, vol. II, Coimbra, 2006, 486.

[50] Cujas raízes remotas se encontram tanto no desenvolvimento histórico das garantias do *habeas corpus* inglês e peninsular, como nas "cartas de segurança" das Ordenações Afonsinas e nas "seguranças reais" das Ordenações Manuelinas e Filipinas.

[51] Seguiram-se-lhe, até meados do século XX, designadamente, a Espanha, com o amparo (1931), o Brasil, com o mandado de segurança (1934), a Suíça, com o recurso constitucional (1943), a Costa Rica, com o recurso de amparo (1949), a República Federal da Alemanha, com a queixa constitucional (1951).

Em especial, sobre a evolução do amparo no universo da lusofonia, J. J. Gomes Canotilho, «As palavras e os homens: reflexões sobre a Declaração Conjunta e a institucionalização do recurso de amparo de direitos e liberdades na ordem jurídica de Macau», in *Boletim da Faculdade de Direito*, vol. 70 (1994), 107-131; Paulo Cardinal, «La institución del recurso de amparo de los derechos fundamentales y la juslusofonia – los casos de Macau y Cabo Verde», in Héctor Fix-Zamudio/Eduardo Ferrer Mac-Gregor (coords.), *El Recurso de Amparo en el Mundo*, México, 2006, 891-941; Id., «Continuity and autonomy – Leading principles shaping the fundamental rights constitutional system in the Macao Special Administrative Region», in Eduardo Ferrer Mac-Gregor/Arturo Zaldívar Lelo de Larrea (coords.), *La Ciencia del Derecho Procesal Constitucional*, tomo IV – *Derechos Fundamentales y Tutela Constitucional*, México, 2008, 226 ss. [169-231].

[52] De que constituem exemplo Angola, com o seu recurso extraordinário de inconstitucionalidade, e Cabo Verde, com o seu recurso de amparo.

[53] Cuja primeira sentença, proferida em 15 de Dezembro de 2009, se ocupou precisamente de um problema que envolvia a discussão sobre o acesso dos particulares ao Tribunal (*Michelot Yogogombaye* v. *The Republic of Senegal*, disponível em *http://www.african-court.org/fr/affaires/derniers-arrets-et-jugements/*).

ção da questão de constitucionalidade e precisamente nos casos de violação de direitos e liberdades garantidos pela Constituição[54].

Ainda na perspectiva da *ciência do Direito constitucional*, a inexistência de um mecanismo de amparo constitucional tem um triplo efeito dogmático negativo: (1) por um lado, torna irrelevante a distinção básica entre norma, direito e posição, confundindo esses diversos níveis[55]; (2) por outro lado, desvaloriza totalmente o plano absolutamente inafastável da violação (ou afectação ilegítima)[56] do conteúdo de um direito fundamental ou de uma posição de direito fundamental; (3) por fim, raramente o Tribunal Constitucional se ocupa com a tarefa de se debruçar sobre o âmbito de protecção de cada direito fundamental e sobre o tipo de afectações de que o mesmo é passível (é isso que na realidade fazem todas as jurisdições de amparo, sejam as internas ou as internacionais, e é essa a debilidade dos sistemas desprovidos de amparo, perante a instância internacional).

Por último, olhando ao ordenamento português, se tem sido relevado o peso do argumento social[57], na medida em que o recurso de constitucionalidade efectivamente praticado aumenta a desprotecção das pessoas socialmente mais desfavorecidas, não deixam de merecer atenção o argumento da insegurança jurídica, bem como a tripla incapacidade (1) de uma protecção especial dos direitos e liberdades fundamentais, (2) da indução de um qualquer efeito educativo[58] e (3) de uma contribuição efectiva para o aperfeiçoamento da capacidade de prestação do sistema de justiça como um todo.

Reiterada esta defesa do recurso extraordinário de inconstitucionalidade, tal não significa que a conformação desse mecanismo não se afigure merecedora de ajustamentos. Mas isso é algo que os constitucionalistas e os órgãos de soberania angolanos estão em condições de promover com sabedoria. O mais premente, todavia, parece ser a tomada de consciência pelos cidadãos e sobre-

[54] Artigo 61.°, n.° 1, da Constituição francesa (após a lei de revisão de 23 de Julho de 2008) e lei orgânica n.° 1523, de 10 de Dezembro de 2009 (entrada em vigor a 1 de Março de 2010).

[55] MELO ALEXANDRINO, *Direitos Fundamentais*..., 23 ss.

[56] Sobre a relevância do conceito neste plano, MELO ALEXANDRINO, *Direitos Fundamentais*..., 103 ss.

[57] PAULO MOTA PINTO, «Reflexões sobre a jurisdição constitucional e direitos fundamentais nos 30 anos da Constituição da República Portuguesa», in *Themis*, edição especial (2006), 189 [201-216].

[58] Já neste sentido, na linha do que há quatro décadas vêm insistindo vozes como as de Peter Häberle, JOSÉ DE MELO ALEXANDRINO, «Il sistema portoghese dei diritti e delle libertà fondamentali: zone franche nella tutela giurisdizionale», in *Diritto Pubblico Comparato ed Europeo* (2003), I, 283 [272-284]; Id., *A estruturação do sistema*..., II, 491.

tudo pelos advogados da existência desta extraordinária ferramenta de protecção dos direitos, liberdades e garantias[59].

4.1.2. Passando agora aos *mecanismos gerais*, são eles os meios de protecção do contencioso administrativo e os meios de protecção subjacentes à fiscalização da constitucionalidade de normas: (i) o *contencioso administrativo* tem a sua regulação definida na Lei n.° 2/94, de 14 de Janeiro, e no Decreto-Lei n.° 4-A/96, de 5 de Abril[60], permitindo obter uma tutela considerada relativamente limitada (e, em diversos aspectos, até suspeita de inconstitucionalidade)[61]; em todo o caso, os actos administrativos definitivos e executórios feridos de ilegalidade por lesão de direitos fundamentais podem ser impugnados ao abrigo dessa legislação; (ii) quanto aos mecanismos de *fiscalização da constitucionalidade de normas*, uma vez exceptuada a fiscalização preventiva, todas as demais modalidades de fiscalização apresentam virtualidades na tutela dos direitos fundamentais dos cidadãos.

Limitar-me-ei a destacar alguns breves tópicos relativamente a cada uma das modalidades de controlo normativo da constitucionalidade.

a) Quanto à *fiscalização sucessiva abstracta* (artigos 230.° e 231.° da CRA), importa talvez dizer que se trata do mecanismo mais poderoso de intervenção do Tribunal Constitucional contra actos do poder legislativo, uma vez que a decisão de inconstitucionalidade daí resultante não só destrói a norma declarada inconstitucional como destrói retroactivamente todos os efeitos por ela produzidos (salvo as sentenças transitadas em julgado). Mais: a decisão impede o legislador de reeditar uma norma com o mesmo teor. O Tribunal Constitucional funciona aqui como um verdadeiro legislador negativo[62], projectando-se o resultado da sua decisão tanto no presente, como no passado e no futuro.
O segundo tópico é este: os cidadãos têm acesso indirecto à fiscalização sucessiva abstracta através de entidades com legitimidade para tal, que

59 Neste sentido também, Onofre dos Santos, *Alguns desafios...*, 23.

60 Para uma visão geral, Cremildo Paca, *Direito do Contencioso Administrativo Angolano*, Coimbra, 2008; Carlos Feijó/Cremildo Paca, *A justiça administrativa Angolana*, Luanda, 2008; Marcy Cláudio Lopes, *O princípio da tutela geral efectiva no contencioso administrativo de mera legalidade – O caso angolano*, relatório académico [inédito], Luanda, 2009, 5 ss.

61 Por último, Marcy Lopes, *O princípio da tutela...*, 25 ss.

62 Sobre o sentido da ideia, Carlos Blanco de Morais, *Justiça Constitucional*, tomo II – *O contencioso constitucional português entre o modelo misto e a tentação do sistema de reenvio*, Coimbra, 2005, 246 ss.

podem actuar em seu nome, em especial o Provedor de Justiça, a Ordem dos Advogados de Angola e o Procurador-Geral da República; basta, para o efeito, que apresentem petições a esses órgãos, para que estes, dentro da sua margem de apreciação, decidam ou não avançar com os correspondentes pedidos.

b) Quanto à *fiscalização da inconstitucionalidade por omissão* (artigo 232.° da CRA), ela tem por objecto omissões legislativas, que se projectam sobretudo em matérias de direitos, económicos, sociais e culturais. Trata-se de um mecanismo mais débil, que no final conduz a uma espécie de *sentença apelativa*, em que o Tribunal Constitucional dará conta da omissão legislativa à Assembleia Nacional, indicando-lhe um prazo razoável para a supressão da lacuna ou inacção[63].

c) Finalmente, quanto à *fiscalização concreta* [artigo 180.°, n.° 2, alíneas *d*) e *e*), da CRA], que surge na lei de processo nas vestes de "recurso ordinário de inconstitucionalidade"[64], há a registar pelo menos as seguintes notas:

(i) Trata-se em regra, no Direito comparado, de um mecanismo muito utilizado pelos particulares na defesa dos seus direitos fundamentais[65], que têm na CRA o direito fundamental análogo de suscitar a questão da constitucionalidade de uma norma durante qualquer processo em que sejam parte;

(ii) Embora no recurso do particular a fiscalização tenha uma feição mista (subjectiva e objectiva), quando intervenha o Ministério Público[66] a fiscalização tem um cunho essencialmente objectivo, podendo o recurso ser obrigatório para esta entidade (artigo 21.°, n.° 3, da LOTC);

(iii) Esse recurso tem por objecto a *constitucionalidade de uma norma* que o juiz aplicou na sentença ou a que recusou aplicação, estando o Tribunal Constitucional cingido a apreciar apenas essa norma, sendo-lhe por conseguinte vedado apreciar a decisão recorrida;

[63] Artigo 35.° da LOPC (a previsão da fixação de um prazo feita nesse preceito da lei orgânica não se afigura ilegítima, uma vez que a sua finalidade exclusiva ainda é a defesa e o cumprimento da Constituição, sem parecer beliscar o postulado da correcção funcional).

[64] Artigos 36.° e seguintes da LOPC.

[65] A julgar pelo número de espécies processuais entradas, tudo aponta, no entanto, a que no ordenamento angolano esse lugar venha a ser ocupado, como na Alemanha e na Espanha, pelo recurso extraordinário de inconstitucionalidade.

[66] E ainda nos recursos a que se referem as alíneas *a*), *c*), *d*) e *e*) do artigo 36.° da LOPC.

(iv) No caso de o recurso obter provimento, o processo baixa ao tribunal de onde proveio, para que o juiz do processo principal reforme a sentença em conformidade com o julgamento do Tribunal Constitucional (artigo 47.°, n.° 2, da LOPC).

4.1.3. Por fim, além desses dois mecanismos gerais, o Direito angolano conhece ainda alguns meios processuais próprios *(remédios)* especificamente dirigidos à tutela de determinados direitos fundamentais: o *habeas corpus* (relativamente ao direito à liberdade física e à segurança pessoal), o *habeas data* (relativamente às garantias em matéria de tratamento de dados pessoais) e também mecanismos em sede de contencioso eleitoral e dos partidos políticos (relativamente a um conjunto de direitos de participação política).

4.2. *Mecanismos internacionais*

Tendo Angola ratificado a Carta Africana de Direitos do Homem e dos Povos, instrumento que dispõe desde 2006 da assistência de um tribunal (o Tribunal Africano dos Direitos do Homem e dos Povos)[67], dispõem ainda os cidadãos, e naturalmente também os estrangeiros e apátridas, desse importante nível suplementar de protecção.

Uma pessoa sob a jurisdição do Estado angolano que alegue a violação de um dos direitos protegidos na Carta Africana (ou em outros tratados de direitos humanos), pode, uma vez esgotados os recursos internos, apresentar uma queixa ao Tribunal Africano dos Direitos do Homem e dos Povos, caso o Estado angolano tenha expressamente admitido a possibilidade da queixa individual[68]. Na hipótese de essa declaração não ter sido feita, o interessado poderá sempre apresentar uma comunicação à Comissão Africana de Direitos do Homem e dos Povos, com base na referida violação[69].

Esta interacção e "cooperação estratégica" entre os mecanismos internos e os mecanismos externos de protecção é, segundo me parece, verdadeiramente

[67] Criado pelo Protocolo à Carta Africana de Direitos do Homem e dos Povos de 1998, entrado em vigor em 24 de Janeiro de 2004.

[68] Artigos 5.°, n.° 3, e 36.°, n.° 4, do Protocolo à Carta Africana de Direitos do Homem e dos Povos de 1998.

[69] Por último, sobre os mecanismos de protecção a este nível, MARCOLINO MOCO, *Direitos Humanos e seus Mecanismos de Protecção – As particularidades do sistema africano*, Coimbra, 2010, 215 ss.

querida tanto pelo Direito internacional como pela nova Constituição da República de Angola.

Espera-se agora que essa *vontade* de direitos fundamentais e de direitos humanos também seja querida e amparada na prática[70] pelos juristas angolanos e pelos tribunais angolanos. Na realidade, é isso que hoje aqui celebramos, no 2.° Aniversário do Tribunal Constitucional de Angola.

O meu muito obrigado pela vossa benevolência!

[70] Onofre dos Santos, *Alguns desafios...*, 14.

Bens culturais: posse não vale título?

PROF. DOUTOR JOSÉ LUÍS BONIFÁCIO RAMOS

§ 1.° **Razão de ordem**

A regulação do contrato de compra e venda inclui uma parte dedicada ao estudo do regime geral e outra parte vocacionada a identificar as diferentes modalidades de compra e venda que, por causa de diversas especificidades, implicam a correlativa autonomização. Por isso, além da noção de compra e venda, da formação e dos efeitos do contrato, das vicissitudes típicas, designadamente a venda de bens alheios ou a venda de coisas defeituosas, encontramos a enumeração de diversas modalidades de compra e venda. Desde a venda de bens futuros, a venda de bens de titularidade incerta, a venda com reserva de propriedade, a venda a prestações, a venda-locação, a venda a retro, a venda de bens de consumo até à venda de animais, o rol tem aumentado sucessivamente.

Em nossa opinião, a essas modalidades deve adicionar-se uma outra: a venda de bens culturais. Além de se tratar de um conjunto especial de bens – os bens culturais – o respectivo regime jurídico encontra-se sujeito a tais particularismos e especificidades que justificam a autonomização perante o regime-regra e as modalidades de compra e venda, comummente enunciadas pela doutrina, apoiada em mais argumentos do que algumas das modalidades tradicionais. Além disso, a autonomização da compra e venda de bens culturais nem consiste, sequer, numa novidade, já que, de quando em vez, lhe tem sido feita referência, merecendo, por isso mesmo, algum tratamento dogmático[1].

Pela nossa parte, sem prejuízo de entendermos que a modalidade de compra e venda de bens culturais justifica um estudo de maior fôlego, propomos abordar um aspecto do regime de compra e venda de bens culturais móveis conexo com a alienação, a restituição e a reivindicação do bem, aquando da perda ou roubo e consequente aquisição por terceiro de boa fé. Pretendemos estudar os efeitos da posterior alienação após um desapossamento não voluntário, bem como o confronto de interesses do anterior titular, por contraposição com as pretensões do terceiro adquirente de boa fé.

Assim, de modo a compreender a especificidade do regime aquisitivo de bens culturais móveis, mais do que procurar as concretizações dos princípios da consensualidade e da causalidade, impõe-se destacar os diferentes modelos de protecção da titularidade que condicionam os diferentes regimes de compra e venda de bens culturais móveis, ao procurar conciliar as pretensões do proprietário e as do comprador de boa fé.

§ 2.° Os modelos de protecção da titularidade de uma coisa móvel

Em vez de enunciar regimes jurídicos destinados a proteger a titularidade de coisas móveis, através de restrições ou limitações de transmissão, pretendemos esclarecer o que se deve entender por modelos de titularidade aquisitiva para, num segundo momento, procurar saber o modelo em que se insere o regime jurídico português ou se, diversamente, ele justifica a constituição de um modelo autónomo de titularidade aquisitiva de um bem cultural móvel.

Sem procurar promover uma teoria geral de modelos aquisitivos, constatamos existir uma tensão entre as pretensões do adquirente e as do titular, revelando, por vezes, uma nítida prevalência dos interesses de um em detrimento dos interesses de outro ou, noutros casos, uma tentativa, nem sempre conseguida, de equilíbrio entre pretensões diametralmente opostas. A esse propósito,

[1] Cf. Cornélia Werr, *Besitz und Handel von Kunstwerken*, 1978, 15 ss.; José Luis Alvarez, *La Transmissión de Obras de Arte*, 1975, 9 ss.; Quentin Byrne-Sutton, *Le Trafic International des Biens Culturels Sous l'Angle de Leur Revendication par l' État d' Origine*, Zurique, 1988, 25 ss.; António Ferrer Correia, *A Venda Internacional de Objectos de Arte*, 1994, 7 ss.; Yolanda Sainz de Baranda, *La Compraventa de Obras de Arte: Problemas de Derecho Privado*, 2010, 115 ss..

verificamos que a necessidade de regular eventuais conflitos suscitados por aquelas contraditórias tensões motivou, nuns casos, a protecção da titularidade e, consequentemente, a reivindicação, em consequência do extravio ou do roubo da coisa, e noutros casos, a protecção do terceiro adquirente de boa fé.

Daí que, com o objectivo de avaliar as semelhanças e diferenças que aquelas contraditórias tensões provocaram nos diversos regimes jurídicos, decidimos agrupá-los em modelos aquisitivos, de acordo com critérios de identidade ou semelhança. Assim, autonomizamos os seguintes modelos: na aquisição do Direito romano, o justo título; na aquisição no Direito germânico, *Hand wahre Hand*; a posse vale título e a presunção de titularidade.

2.1. ***O justo título***

A protecção de titularidade assumiu acrescida importância no Direito Romano pois a transmissão de uma coisa corpórea encontrava-se sujeita a restrições, de modo a impedir a subsequente apropriação sem correspondente permissão ou aquiescência do titular. Daí que se tivesse especial cuidado em acautelar as consequências aquisitivas de um furto e subsequente compra por terceiro de boa fé.

Embora se torne difícil caracterizar o furto na Lei das XII Tábuas, avaliando a escassez e a imprecisão de fontes[2], parece que nessa altura o furto já não conduzia à aquisição directa ou indirecta de uma coisa corpórea[3]. Subsequentemente, no período clássico, procurando continuar a acautelar as pretensões do legítimo proprietário, reforçou-se a determinação que impedia a transferência da titularidade da coisa sem consentimento do proprietário[4]. Nestes termos, a posse do subadquirente devia fundar-se num acto conforme ao Direito, num justo título, pelo que uma *res furtiva*, por si só ou acompanhada de usucapião, não podia justificar qualquer pretensão aquisitiva[5].

[2] Sobre esta questão, cf. PAUL HUVELIN, *Études sur le Furtum dans le Très Ancien Droit Romain*, Vol. I, Lyon, 1915, 16 ss..

[3] "*Quod ergo vulgo dicitur furtivarum rerum et vi possessarum usucapionem per legem XII tabularum prohibitam esse* (…)" Cf. GAIUS, *Institutas*, II, 49.

[4] Trata-se da ilustrativa regra atribuída a ULPIANO: "*Nemo plus iuris ad alium transferre potest, quam ipse haberet*". Cf. D., 50, 17, 54.

[5] Cf. CONTARDO FERRINI, "Appunti sulla Teoria del Furto in Diritto Romano nei suoi Rapporti colla Teoria del Possesso" in *Archivio Giuridico*, n.° 47, 1891, 423 ss.; JOSÉ CAEIRO DA MATTA, *Do Furto: Esboço Historico e Jurídico*, 1906, 70 ss..

Justiniano manteve, no essencial, as regras anteriores alargando os prazos de usucapião[6], admitindo, no entanto, a prescrição extraordinária, *praescriptio longissimi temporis*, com prazo mais longo de trinta anos que até podia incidir sobre bens objecto de furto, desde que, posteriormente a tal ocorrência, um outro sujeito tivesse adquirido os bens de boa fé[7]. Aliás, a boa fé, necessária para usucapir, assentava na convicção do possuidor de que adquiria, de igual modo, a titularidade correspondente[8].

Mas ao enfatizar a protecção de titularidade, desvalorizam-se as pretensões do terceiro de boa fé que tenha adquirido de um não titular. Assim, porque as pretensões do terceiro só eram reconhecidas em casos extremamente limitados, compreende-se a afirmação daqueles que entendiam ser extremamente rara uma aquisição a *non domino* no Direito romano[9]. Aliás, de modo mais radical, outros até concluiram que a aquisição da titularidade por um não titular era completamente estranha ao próprio Direito Romano[10].

2.2. *Hand wahre Hand*

O Direito germânico distinguiu o regime aquisitivo de bens imóveis do regime aquisitivo de bens móveis, atribuindo grande importância aos primeiros, em detrimento dos segundos, entendidos como bens de menor importância e de menor valor.

Partindo deste pressuposto, ao enfatizar-se a necessidade de privilegiar a paz social, de evitar potenciais conflitos sobre a titularidade de bens móveis, atribuiu-se relevância jurídica à *Gewere*, situação de particular equivalência

[6] Variaram entre dez e vinte anos para as coisas imóveis e fixaram-se em três anos para as coisas móveis. Cf. Cod. Just, 7, 31, 1.

[7] Quanto à justificação da prescrição extraordinária, cf. PIETRO BONFANTE, *Corso di Diritto Romano*, Vol. II, *La Proprietà*, 1928, 272 ss.; PAUL GIRARD, *Manuel Élémentaire de Droit Romain*, 5.ª ed., 1911, 313.

[8] Cf. VAN WETTER, *Pandectes Concernant l'Histoire du Droit Romain et la Legislation de Justinien*, 1902, 47-8.

[9] Limitada aos casos de usucapião que, como se sabe, não significa a transferência da titularidade mas permite que um terceiro adquira a coisa, de modo originário, em virtude do decurso do tempo. Cf. RUDOLF SOHM, *Institutionen. Geschichte und System des römischen Privatrecht*, 16.ª ed., 1920, 393; LUIGI MENGONI, *Gli Acquisti "A Non Domino"*, 1968, 33 ss..

[10] Cf. MAX KASER, *Römisches Privatrecht*, 1992, trad. port., 147.

com a simples detenção[11]. Assim, se o titular confiar a coisa a alguém de sua confiança[12], se o investir na *Gewere*, que ao possuir aparência de titularidade afirmava a titularidade da coisa móvel a favor do sujeito detentor, isso bastava para presumir a correspondente titularidade[13]. Posteriormente, se uma outra alienação se realizasse, tenderia a privilegiar-se a paz social, não se permitindo a restituição da coisa alienada, de modo indevido, por um procurador infiel. Apenas se reagia em casos mais graves de furto ou de roubo, dado representarem rupturas na ordem estabelecida[14], ao contrário de outras situações susceptíveis de abalar a confiança estabelecida entre duas pessoas que já se conheciam e que, mais tarde, se poderiam solucionar a contento de ambas as partes[15].

Com o desenvolvimento do comércio marítimo e terrestre, vulgarizou-se a relevância conferida pela detenção de coisa móvel, representada pela regra *Hand wahre Hand* ou *Hand muss Hand wahren* que assentava na ideia segundo a qual os bens móveis não mereciam inerência nem sequela em situações de mera aparência de titularidade. Daí que, nos estatutos de algumas cidades[16] e no pró-

[11] Não havia *animus* na *Gewere* germânica pelo que podia ser qualificada como simples detenção, uma vez que equivalia, praticamente, ao *corpus*. Cf. Wilhelm Albrecht, *Die Gewere als Grundlage des älteren deutschen Sachenrechts*, 1828, 19 ss.; Paul Rehme, *Deutsche Rechtsgeschichte*, Vol. I, 1931, 401 ss.; Guilherme Braga da Cruz, *A Posse de Ano e Dia no Direito Hispânico Medieval*, 1949, 10 ss..

[12] A pessoa de confiança podia desempenhar um leque vasto de funções, desde o locatário, ao depositário, ao mandatário ou ao operário encarregado de uma reparação. Cf. Andreas Heusler, *Institutionen*, Vol. II, 9-10.

[13] Cf. Eugen Huber, *Die Bedeutung der Gewere im deutschen Sachenrecht*, 1894, 48 ss.; Claudius von Schwerin, *Grundzüge des deutschen Privatrechts*, 2.ª ed., 1928, 97 ss.. Este ponto mereceu discordância de grande parte da doutrina francesa quando, ao estudar o Direito germânico antigo, acentua a necessidade de existência de posse sobre a coisa à qual se atribuía titularidade. Cf. E. Jobbé-Duval, *Revendication des Meubles en Droit Français*, 1880, 85 ss.; Abdel-Fattah Abdel-Baki, *Du Role de la Possession en Matière Mobilière*, 1943, 52-3.

[14] Representava uma clara ruptura da ordem pública e, simultaneamente, da paz doméstica, uma vez que eram actuações susceptíveis de abalar a fechada sociedade tribal. De modo a acautelar eventuais consequências nefastas, com o objectivo de exercer vingança, aceitou-se o pedido de restituição da coisa, de modo a restaurar alguma paz social. Cf. Heinrich Brunner, *Deutsche Rechtsgeschichte*, Vol. II, 1892, 495 ss.; Alfred Schultze, "Publizität und Gewährschaft im deutschen Fahrnisrecht" in Jher. Jahrb., n.° 49, 1905, 172-3.

[15] Cf. Gaston Carlin, *Niemand kann auf einen andern mehrRecht übertragen als er selbst hat*, 1882, 43; Ulrich von Lübtow, "Hand wahre Hand" in *Festchrift der juristichen Fakultät der Freien Universität Berlim zum 41. Deutschen Juristentag*, 1955, 184.

[16] No estatuto de Freiburgo de 1120, procurou-se determinar quando se estava em presença de um objecto oriundo de roubo. Por isso, se alguém jurar que adquiriu a coisa de boa fé, seria considerado seu legítimo proprietário. Aliás, a determinado passo, o estatuto refira o seguinte: "*Nemo*

prio *Sachsenspiegel*[17], tivessem sido consagradas regras no sentido de facilitar a prova de que a coisa não havia sido objecto de furto e, além disso, de modo a declarar a impossibilidade de reivindicar bens móveis de um terceiro, em caso de os bens terem sido entregues a outrem, de forma voluntária, que, por alguma razão, os alienou ao terceiro. Considerava-se justo e adequado que o titular pudesse suportar o risco de actuação de um sujeito de sua confiança que havia colocado a coisa no comércio permitindo a terceiro de boa fé adquirir a posse e a titularidade correspondente[18]. Ora quando os bens móveis não tivessem sido perdidos ou roubados, a aquisição da posse por terceiro podia implicar a aquisição da titularidade, dado que o anterior titular não podia reivindicar os bens, independentemente de o possuidor se encontrar de boa ou de má fé. Aliás, mesmo a acção do titular desapossado por roubo nem era sequer totalmente protegida, uma vez que se encontrava limitada pela venda em mercado público, situação em que o titular só poderia reaver o bem caso pagasse o preço correspondente à quantia dispendida pelo terceiro adquirente.

Mais tarde excluiu-se a reivindicação de coisa objecto de furto, de roubo ou de despojo de guerra, desde que tivesse sido apossada por outrem, pelo prazo de um ano e um dia[19]. Estas alterações condicionadas pelo desenvolvimento do mercado privilegiaram a aquisição subsequente e a segurança das

rem sibi quoquomodo sublatam vindicare potest, nisi juramento probaverit sibi furto vel preda ablatam. Si autem herus in cuius potestate invenitur, dixerit se in publico foro pro non furato vel predato ab ignoto sibi emisse, cuius etiam domum ignoret, et hoc juramento confirmaverit, nullam penam subibit" Cf. *Deutsches Stadrechte des Mittelalters*, Vol. II, 1852.

17 Numa passagem do Sachsenspiegel parece clara a regra segundo a qual o sujeito que empresta ou que confia uma coisa a outrem, não pode pedir a restituição a terceiro que, por sua vez, a adquiriu, onerosamente, de algum daqueles detentores. Efectivamente, o diploma prescreve o seguinte: "*Svelk man enen anderen liet oder sat perde, oder en kleid, oder jenegerhande varende have -to svelker wis he die ut von sinen geweren let mit sime willen- verkoft sie die, die sie in geweren hevet, oder versat he sie, oder verspelet he sie, oder wert sie ime verstolen oder afgerovet: jene die sie verlegen, oder versat hevet, die ne mach dar nene vorderunge up hebben, ane uppe den deme he sie leich oder versatte* (...)". Cf. *Deutschenspiegel und Augsburger Sachsenspiegel*, 1933, II, 60, § 1.°.

18 Tratava-se da justificação referida por ALFRED SCHULTZE, "Publizität..." in op. cit., 167 ss..

19 O Estatuto da cidade-Estado de Hamburgo de 1270 referia o seguinte: "*So welk man deine anderer ienet syn perd oftecleet ofte welkerhande gut dat sy, unde to welker wis he dat ute sinen weren let mit syneme willen, unde verkoft it degene de it denne in sinnen weren hevet, ofte verspelet he't, ofte wert it eme gestolen ofte afgevoret, de gene de it erst vorleghen ofte versat hevet* (...) Cf. o cap. VII, § 9 in *Die ältesten Stadt- Schiff- u. Landrechte Hamburg's*. De modo semelhante, outras cidades portuárias seguiram aquelak orientação Cf, a título de exemplo, o artigo 123.° do Estatuto de Riga de 1270, in *Die Quellen des Regischen Stadtrechts bis zum Jahre 1673*, Riga, 1876. e o artigo 98.° do Estatuto de Bremen de 1303., in *Gesetzbücher der freien Stadt Bremen*, 1771.

trocas comerciais procuram proteger as pretensões do terceiro adquirente, em detrimento da tentativa de erradicação do roubo numa sociedade fechada, de características tribais[20].

Após a recepção do Direito Romano, as regras atinentes ao *Hand wahre Hand* sofreram mais alterações significativas. Embora mantendo a protecção do terceiro adquirente, permitiu-se a reivindicação em caso de roubo ou de perda da coisa. Se esta coexistência entre regras romanísticas e germânicas foi evidente, durante o século XVII, nos estatutos de algumas cidades[21], o ALR do século seguinte, consagrou o conjunto de regras jurídicas que melhor promoveu a coexistência e a interpenetração entre os dois modelos. Se, por um lado, o ALR adoptou a regra da reivindicação[22], por outro, reconhecia-lhe importantes excepções pois a reivindicação não era admitida perante a compra e venda de terceiro de boa fé efectuada junto de comerciante membro de corporação, do Fisco ou mesmo num leilão público[23]. Além disso, os efeitos da reivindicação junto de terceiro adquirente aparecia atenuada pelo direito a um reembolso do preço pago, desde tivesse adquirido a coisa de um comerciante que, exactamente por causa do exercício da sua profissão, não tivesse levantado suspeita daquela venda ilegal[24].

2.3. *A posse vale título*

A influência da regra germânica *Hand wahre Hand*, na versão *meubles n'ont pas de suite*, afirmou-se em França, tanto no designado *pays de droit coutumier*

20 Cf. Otto von Gierke, *Deutsches Privatrecht*, Vol II, 188 ss.; Hans Planitz, *Grundzüge des deutschen Privatrechts*, 3.ª ed., 1949, 121 ss.; Eugen Huber, *System und Geschichte des schweizerischen Privatrechts*, Vol. IV, 1893, 58 ss.;

21 O Estatuto de Lüneburg de 1679 foi paradigmático ao pretender reagir em face das regras germânicas tradicionais e, sobretudo, ao acolher uma orientação de índole romanística, pretendendo acautelar direitos do proprietário, mesmo em caso de alienação de uma coisa confiada a um comodatário ou depositário. Temos o seguinte. "*Liehe jemand dem andern sein Pferd, Kleid, Silbergeschirr, Hausrath oder dergleichen, und derjenige dem es also geliehen ware, verkaufte, verpfändete, verschenkte, verspielete oder verbrächte solches in andere Wege- so soll der Eigenthum daran seinem Herrn unverrückt bleiben, sondern demselben frey stehen, ob er sein gut von demjenigen bei dem ers antrifft wieder fodern, oder den Entlehner derowegen belangen wollte*" Cf. Tit 14.

22 Cf. a parte I, 15, § 17 e seguintes do ALR.

23 Cf. a parte I, 15, § 42 e 43 do ALR

24 Cf. a parte I, 15, § 25 e 26 do ALR.

como no *pays de droit écrit*[25]. Mesmo após a recepção do Direito Romano, com a inevitável preponderância da reivindicação de bens móveis, subsistiram, em diversos costumes[26], traços do modelo que se passou a designar *possession vaut titre* – posse vale título –, nomeadamente a propósito do bem sujeito a garantia real[27].

Posteriormente, porque a preponderância da reivindicação colocava entraves ao comércio de bens móveis, os juízes do Châtelet de Paris tentaram combinar, nas suas decisões, as tendências contraditórias da reivindicação e a necessidade de promover a segurança do comércio jurídico[28]. Bourjon, aproveitando a orientação jurisprudencial do Châtelet, acentuou a importância da regra da posse vale título para a aquisição de bens móveis, de modo a proteger o adquirente e, de um modo geral, a segurança das transacções[29]. Por isso, para provar a titularidade não era necessário um título, propriamente dito, bastava possuir a coisa móvel, já que a situação possessória operava, de acordo com as exigências de ordem pública, independentemente do lapso de tempo decorrido, como verdadeiro título[30]. No entanto, apesar desta orientação dominante, Bourjon aceitou excepções, especialmente no caso de bens roubados[31], desde que não

[25] Sobre este aspecto, cf. JACQUES ELLUL, *Histoire des Institutions de l'Époque Franque à la Révolution*, 5.ª ed., 1967, 7 ss.; WALTER MERK, *Die Entwicklung der Fahrnisverfolgung im französischen Recht*, 1915, 97 ss.; E. JOBBÉ-DUVAL, *Étude...* op. cit., 81 ss.; ABDEL-FATTAH ABDEL-BAKI, *Du Role...* op. cit., 60 ss..

[26] No costume do condado da Borgonha de 1459 a regra estava consagrada, de modo expresso, nos seguintes termos: "*Meubles pris sur debteurs par justice à la requête des créanciers, et qui sont mis hors de la puisance d'iceux debteurs, ou qui sont baillés en gage par iceux debteurs auxdits créanciers sans fraude, n'ont pas de suite*". Cf. cap. 17, in *Coutumes de Bourgogne et coutumes du duché de Bourgogne*, Dijon, 1742. No costume de Bourges, refere-se, de modo expresso, que a acção de reivindicação romana é inaplicável nos respectivos tribunais. Cf. ABDEL-FATTAH ABDEL-BAKI, *Du Role...* op. cit., 62.

[27] Neste aspecto, até o Costume de Paris do século XVI consagrou a regra "meubles n'ont pas de suite par hypothèque, quand ils sont hors de la possession du detteur". Cf. GEORGES RIPERT e JEAN BOULANGER, *Traité de Droit Civil d'Après le Traité de Planiol*, Vol. II, 1957, 977.

[28] Para MAURICE ROCHE-AGUSSOL, o Tribunal de Chatelêt tentou afastar-se de uma reivindicação sem limites que ameaçava ensombrar o comércio do século XVIII. Cf. *Étude sur la Conservation des Droits Mobiliers*, 1901, 41.

[29] Cf. FRANÇOIS BOURJON, *Le Droit Commun de la France et la Coutume de Paris*, Tomo I, 1747, 911 ss..

[30] A prescrição aquisitiva não era sequer considerada, pois a simples posse assumia a natureza de um título perfeito, de um princípio que resolvia todas e quaisquer dificuldades suscitadas pelo silêncio do costume. Cf. FRANÇOIS BOURJON, *Le Droit...* op. cit., 924 ss..

[31] Cf. FRANÇOIS BOURJON, *Le Droit...* op. cit., Vol II, 560 ss.. Esta excepção que contraria a jurisprudência do Chatelet, enfrenta as críticas de alguma doutrina, designadamente de Pieter

tivessem sido adquiridos em leilão ou num mercado público, sob pena de o sujeito reivindicante reembolsar o terceiro da quantia monetária entregue, no caso de pretender reivindicar o bem[32]. Valin, seguindo de perto as orientações de Bourjon, estudou as consequências do regime da posse vale título de coisas móveis objecto de alienação, por contraste com o regime das coisas colocadas em depósito, à guarda de alguém[33].

Ao procurar adoptar soluções jurisprudenciais e doutrinárias do seu tempo, o Código Civil francês acabou por consagrar, de modo expresso, o modelo da posse vale título[34], assumindo a necessidade de promover o comércio jurídico, a transmissibilidade de bens móveis e o desvalor de uma ampla reivindicação mobiliária[35]. Aceitou a reivindicação no prazo de três anos quanto

van Bemmelen que acusa Bourjon de desvirtuar a orientação do Chatelêt que promoveu a máxima da posse vale título sem qualquer restrição ou excepção. *Le Système de la Propriété Mobiliére*, 1887, 381. De modo mais compreensivo, Abdel-Fattah Abdel-Baki reconheceu que, enquanto num passado mais longínquo toda a reivindicação se encontrava interditada porque a teoria dos direitos reais era confusa, no tempo de Bourjon constatou-se a necessidade de o comércio ser protegido pelo que eram aceites restrições em nome da ordem pública. Cf. *Du Role*... op. cit., 94 ss..

[32] Abdel-Fattah Abdel-Baki critica tal solução, afirmando não se compreender a diferença entre a compra em feira ou mercado público, onde se aceita a reivindicação contra um pagamento, e a recusa de reivindicação se o bem foi comprado a um comerciante, devidamente reconhecido. Cf. *Du Role*... op. cit., 101.

[33] Nesta perspectiva, René-Josué Valin qualificou de roubo o acto do depositário que dispôs de coisas que lhe haviam sido confiadas. Além disso, o depositário não tinha o direito de perseguir a coisa que, por alguma razão, ficou fora do seu alcance e, por isso, acabou por sair da sua esfera jurídica. Cf. *Nouveau Commentaire de La Coutume de la Rochelle et du Pays d'Aunis*, 1772, 240.

[34] O artigo 2279.° determina o seguinte: "*En fait de meubles, la possession vaut titre.*"

[35] Trata-se do fundamento principal adiantado por Marcel Planiol que busca ensinamentos da história jurídica francesa. Assim, a natureza dos bens móveis configura uma solução que privilegia a regra comercial da circulação, da transmissão, em detrimento da regra de conservação de bens. Seriam, portanto, os interesses de protecção da confiança nas transacções de coisas móveis que prevaleceriam sobre os interesses particulares de um proprietário desapossado, que, por isso, poderia justificar uma acção de restituição ou de reivindicação. Cf. *Traité Élémentaire de Droit Civil*, Tomo I, 3.ª ed., 1946, 1110-1. Aceitando o mesmo fundamento, Louis Tournesac sublinha que os móveis são objectos que circulam com grande rapidez, pelo que a multiplicidade de transacções não permite celebrar um acordo escrito por ocasião de cada uma das transferências de titularidade e, por causa disso, tais transferências tornam extremamente difícil, a partir de um determinado período de tempo, esclarecer a série de alienações de um determinado bem. Por isso, a única certeza, num determinado momento é que um sujeito é o seu detentor, permitindo sustentar, através da presunção, de que o detentor é seu possuidor. Cf. *Application Pratique de la Maxime "En Fait de Meubles Possession Vaut Titre"*, 1913, 38-9.

a coisas perdidas ou furtadas[36] e ainda no que respeita a coisas adquiridas em feira, mercado, leilão ou junto de comerciante, desde que se reembolsasse do preço o terceiro adquirente[37]. Além disso, apesar do silêncio dos artigos 2279.° e 2280.°, tendo em conta o teor do artigo 1141.°, era pressuposto de nova aquisição[38], além do apossamento, a boa fé do adquirente[39].

A posse vale título também foi consagrada noutros Códigos Civis, designadamente nos Códigos italianos, suíços[40], alemão e espanhol. Efectivamente

[36] A segunda parte do artigo 2279.° determina o seguinte: "(...) *celui qui a perdu ou auquel il a été volé une chose peut la revendiquer pendant trois ans* (...)". Como sublinha Pieter van Bemmelen, a propriedade cessa, mesmo nos casos excepcionados, após o prazo de três anos. Cf. *Le Système*... op. cit., 401.

[37] O artigo 2280.° estipula, a determinado passo, que: "(...)*le propriétaire originaire ne peut se la faire rendre qu' en remboursant au possessseur le prix qu' elle lui a coûté*".

[38] Alguns autores negaram a autonomia deste modo aquisitivo. Defenderam que os bens móveis eram submetidos a prescrição aquisitiva, em situação semelhante aos bens imóveis, com a seguinte particularidade: no caso dos bens móveis a prescrição era automática, não estava sujeita a prazo. Cf. C. DEMOLOMBE, *Cours de Droit Civil*, Vol, IX, 561-2.; VICTOR MARCADÉ, *Explication Théorique et Pratique du Code Civil*, Vol. II, 1873, 349 ss.. Ao contrário, outros assumiram tratar-se de um modo aquisitivo autónomo. Assim, para Poincaré, o artigo 2279.° representou autonomia face à prescrição, embora não consagre um verdadeiro modo de aquisição da propriedade mas uma presunção *juris et de jure*, tendo em conta os ensinamentos de Bourjon e o silêncio dos artigos 711.° e seguintes do Código Civil. *Du Droit de Suite dans la Propriété Mobilière, l'Ancien Droit et le Code Civil*, 1883, 150 ss.. Diversamente, Pieter van Bemmelen entendeu que a diferença entre a presunção absoluta e um autónomo modo de aquisição, conferido pela posse, significava uma diferença meramente teórica, assumindo-se, portanto, como verdadeira aquisição. Cf. *Le Système*... op. cit., 408. Louis Tournesac foi um pouco mais longe ao defender que o artigo 2279.° configurava uma aquisição *ex-lege*. Cf. *Application*... op. cit., 153 ss..

[39] Grande parte da doutrina vem insistido na exigência deste pressuposto. Por isso, Marcel Planiol, ao comentar as ideias de Bourjon sobre a segurança do comércio que justificavam a posse vale título, considerou que a segurança não podia ser invocada em proveito do possuidor que tivesse agido conscientemente, de modo a prejudicar outrem. Cf. *Traité*... op. cit., 1112-3. Em sentido semelhante, cf. PHILIPPE MALAURIE, LAURENT AYNÈS, *Cours de Droit Civil*, 1990, 159; CHRISTIAN ATIAS, *Droit Civil: Les Biens*, 2.ª ed., 1991, 190; CHRISTIAN LARROUMET, *Droit Civil: Biens*, 2.ª ed., 1988, 610-1; GABRIEL MARTY, PIERRE RAYNAUD, *Droit Civil: Les Biens*, 2.ª ed., 1980, 494; JEAN CARBONNIER, *Droit Civil: Les Biens*, ... 287. Ao contrário, sustentando que o artigo 2279.° protegia o possuidor contra a reivindicação do proprietário, independentemente de boa ou má fé, cf. POINCARÉ, *Du Droit*... op. cit., 185 ss.; PIETER VAN BEMMELEN, *Le Système*... op. cit., 418.

[40] Cf. os artigos 205.° e 206.° do Código Federal das Obrigações de 1881 e o artigo 933.° do Código Civil de 1907.

todos consagraram, com naturais variações, de maior ou de menor grau[41], idêntico modelo aquisitivo, cujo intuito era o de proteger pretensões do terceiro de boa fé.

Sobre os dois Códigos italianos, cumpre sublinhar que o de 1865, apesar de ter recebido assinalável influência do Código francês, introduziu, de modo expresso, o requisito da boa fé[42]. O Código de 1942 não alude, por sua vez, a coisas roubadas ou perdidas[43], consagrando ampla tutela do terceiro adquirente de boa fé[44], dado que a boa fé se afirma, por si só, como causa legítima de aquisição[45]. Convém sublinhar, no entanto, que a causa aquisitiva se restringe ao terceiro adquirente a título oneroso, excluindo-se correlativamente da posse

[41] Decidimos integrar num mesmo modelo alguns regimes jurídicos que protegem mais o possuidor de boa fé do que outros que apresentam restrições a essa protecção, adoptando, assim, uma orientação doutrinária abrangente que tem merecido alguns apoios doutrinários relevantes. Indicamos, entre outros, RAYMOND SALEILLES, *De la Possession des Meubles*, 1907, 67 ss.; FRANÇOIS GUISAN, *La Protection de l'Acquéreur de Bonne Foi en Matière Mobilière*, 1970, 21 ss.. Diversamente, outras interpretações apresentam sistemáticas distintas. Nesta perspectiva, Jean Georges Sauveplanne, quando convidado a efectuar um estudo comparativo da protecção do adquirente de boa fé, não só propôs três outros grupos, como a propósito do modelo, onde integrou os regimes jurídicos francês, alemão, suíço, austríaco e holandês, o considerou intermédio entre dois outros modelos radicais. De um lado, aquele que era baseado na lógica de manutenção dos direitos do proprietário originário, vg. os regimes jurídicos inglês e espanhol, e, do outro, o modelo que protegia o adquirente de boa fé sem distinguir o modo de perda do bem móvel por parte do proprietário originário, v.g. os regimes jurídicos italiano e sueco. Cf. *La Protection de l'Acquereur de Bonne Foi d'Objects Mobiliers Corporels – Rapport Comparatif*, Vol. I, 1961, 4 ss..

[42] O artigo 707.° prescreve o seguinte: (...) *il possesso produce a favore dei terzi di buona fede l' effetto stesso del titolo* (...). Além disso, há que ter em conta os artigos 708.° e 709.°, no que respeita à restrição relativa a coisas perdidas e furtadas, bem como o regime de compra e venda em feira, mercado, leilão ou comerciante.

[43] Cf. os artigos 1153.° e seguintes.

[44] Segundo alguns, isso consiste num verdadeiro princípio de protecção do terceiro de boa fé, assente na ideia de modernidade que implica o anonimato das trocas e a necessidade de ultrapassar a difícil distinção entre coisas confiadas a outrem e aquelas que o não foram. Cf. LUDOVICO BARASSI, *Diritti Reali e Possessò*, Vol. II, 1952, 462 ss.. A este propósito, G. Segré e A. Montel sublinharam a dificuldade de traçar a delimitação entre perda voluntária e perda involuntária e, por outro lado, sublinharam que a delimitação já havia sido abolida em sede de títulos ao portador. Cf. *Il Possesso*, 1956, 233 ss..

[45] Nestes termos, Massimo Bianca sublinha que a boa fé permite que o alienante surja legitimado a alienar como verdadeiro titular, seu representante ou depositário, enquanto que a boa fé do adquirente é presumida, como sucede, de um modo geral, com o possuidor de uma coisa. Por isso, só a consciência da proveniência ilegítima afasta a posse vale título, embora permita a aplicação das regras da usucapião. Cf. *Diritto Civile – La Proprietà*, 1999, 794 ss..

vale título, tanto a doação[46], como a sucessão *mortis causa*[47]. Além disso, a doutrina suscita fundadas dúvidas quanto a saber se uma dupla alienação e consequente aplicação da regra do artigo 1155.° ainda se insere no âmbito do modelo da posse vale título[48].

O Código Federal das Obrigações suíço prescreve que o terceiro adquire a propriedade, no momento da aquisição, se estiver de boa fé[49], ao passo que o Código Civil determina que o adquirente deve ser mantido na aquisição de coisa móvel, se estiver de boa fé, mesmo que o autor da transferência não tenha dado autorização para qualquer transferência de titularidade[50]. Porém, em caso de perda, roubo ou privação da coisa sem a correspondente vontade do titular, pode ser pedida a restituição durante o prazo de cinco anos, à excepção de coisas adquiridas em leilões públicos, mercado ou a comerciante, que só podem ser reivindicadas mediante o pagamento do preço entregue pelo adquirente de boa fé[51]. Realmente a boa fé é apreciada de modo muito favorável ao adquirente, pois se ele conhecer a proveniência ilegítima da coisa e acreditar, por erro, que o vendedor se tornou seu titular, designadamente por usucapião, continua, mesmo assim, a ser considerado comprador de boa fé. No entanto, de um

[46] Cf. RODOLFO SACCO, *Il Possesso*, 2.ª ed., 2000, 383.

[47] Neste caso, como se trata de uma posse a continuar nos sucessores, ela terá a caracterização, quanto à boa fé, daquela que correspondia à posse do *de cuius*. Como explica Luigi Mengoni, só poderá haver posse vale título se o de cuius estiver de boa fé, de nada valendo que apenas os herdeiros estejam de boa fé. Cf. *Gli Acquisti a Non Domino*, 2.ª ed., 1968, 213 ss..

[48] Luigi Mengoni é a favor. Cf. *Gli Acquisti*... op. cit., 220-1. Diversamente, Francesco Messineo contraria tais argumentos, tentando demonstrar que as diferenças entre os artigos 1153.° e 1155.° não permitem integrar o preceito no modelo da posse vale título. Assim, além do artigo 1155.° não consagrar a aquisição *a non domino* por pressupor que o alienante seja proprietário do bem alienado, o título representa a verdadeira causa de aquisição e a posse de boa fé desempenha a função limitada de um requisito de preferência. Cf. "Sulla Natura Dell'Acquisto Di Bene Mobile Ex Art. 1155 Cod. Civ." in *Studi in Onore di Antonio Cicu*, 1951, 523 ss..

[49] A determinado passo, o artigo 205.° determina o seguinte: "(...) *l'acquéreur de bonne foi devient propriétaire de la chose* (...)".

[50] As prescrições do Código Civil Suíço ainda são mais claras. Assim, o artigo 933.° estipula o seguinte: "*L'acquéreur de bonne foi auquel une chose mobilière est transférée à titre de propriété ou d'autre droit réel par celui auquel elle avait été confiée, doit être maintenu dans son acquisition, même si l'auteur du transfert n'avait pas l'autorisation de l'opérer*» e o artigo 714.° determina, num excerto, que "(...) *Celui qui, étant de bonne foi, est mis à titre de propriétaire en possession d'un meuble en acquiert la propriété, même si l'auteur du transfert n'avait pas qualité pour l'opérer* (...)".

[51] Nos termos do n.° 2 do artigo 934.° do Código Civil suíço, o direito ao pagamento subsiste mesmo quando o bem, adquirido naquelas circunstâncias, é, por sua vez, revendido a outrem. Cf. E. STARK, *Commentaires du Code Civil Suisse*, 2.ª ed., Vol. IV, 1984, 383.

modo geral, este circunstancialismo deve ser apreciado em sede judicial, já que a lei não permitiu, por si só, concretizar a boa fé[52].

Embora o BGB adopte o sistema do modo, exigindo para efectivar a transferência da titularidade, não apenas o contrato de compra e venda, mas o contrato real abstracto (*Einigung*) e a entrega do bem, cumpre reconhecer que, em caso de invalidade contratual, se houver posterior alienação a terceiro de boa fé, o Código procura proteger o terceiro adquirente. Por isso, a entrega permite que o sujeito se torne titular de uma coisa móvel[53], desde que esteja de boa fé, desconhecendo, portanto, que o alienante não é seu titular[54]. Assim, a boa fé constitui um dos requisitos que, juntamente com a entrega da coisa, permite a aquisição da titularidade por terceiro. Todavia, se a coisa for roubada ou perdida, pode exigir-se a restituição mesmo de possuidor de boa fé[55], valorizando-se, assim, os interesses do proprietário que, ao invés, não é protegido quando a sua actuação justificar a entrega da coisa a terceiro[56]. Ainda em caso de roubo ou de extravio, suscita-se a questão de saber se terceiro de boa fé, que haja adquirido posteriormente, pode ser prejudicado, de modo a proteger as pre-

[52] Esta opinião foi sustentada por Darius Weber, *Das Publizitätsprinzip im schweizerischen Recht der beweglichen Sachen*, 1959, 51 ss..

[53] "(...) *wird der Erwerber auch dann Eigenthümer, wenn die Sache nicht dem Veräusserer gehört* (...). Cf. § 932.° do BGB.

[54] São requisitos justificativos de uma boa fé objectiva. Nesta perspectiva, Jean Sauveplanne refere que a legitimidade aquisitiva do adquirente assenta na ausência de dolo ou de culpa grave, actuação particularmente incompatível com a diligência normal, tendo em conta as circunstâncias. Assim, embora não se imponha um dever geral de verificação, quando as circunstâncias do caso suscitem sérias dúvidas, o sujeito não está de boa fé se não procurou esclarecer aquelas dúvidas. Cf. *La Protection*... op. cit., 56-7. Compreende-se que se deva afastar da aquisição de boa fé, um engano sobre os poderes de disposição do alienante, como sucede na venda através de representante, na qual deve ser feita prova do mandato ou da qualidade do representante. Algo diverso sucede na compra e venda comercial, através de um representante ou de um comissionista. Cf. Carl Crome, *System des deutschen bürgerlichen Rechts*, Vol. III, 1905, § 382.

[55] Cf. os §§ 935.° e 1007.° do BGB.

[56] Era esta a posição defendida por alguma doutrina. Cf. Otto von Gierke, *Bedeutung des Fahrnisbesitzes für streitiges Recht nach dem Bürgerlichen Gesetzbuch für das Deutsche Reich*, 1897, 46 ss.; Harm Westermann, "Die Gundlagen des Gutglaubensschutzes", in *JUS*, 1963, 7-8. Como refere Michael Franz, a aquisição da coisa por um não titular deve ser admitida quando o proprietário teve alguma responsabilidade numa subsequente aparência jurídica. Cf. *Zivilrechtliche Probleme des Kulturgüteraustausches*, 1996, 64-5. No que respeita à interpretação daquele preceito a propósito dos bens culturais, Anette Hipp defende que o § 935 abrange, pelo menos, as seguintes situações: o bem cultural roubado; o proprietário envia um bem para restauro que é desviado; a empregada do comerciante de arte apropria-se do bem. Cf. *Schutz von Kulturgütern in Deutschland*, 2000, 156.

tensões do anterior titular. Efectivamente, mesmo havendo um furto, o possuidor de boa fé encontra-se protegido pela aquisição a título de direito de propriedade, representando o furto um vício relativo[57], que não evita uma posterior aquisição de boa fé.

A propósito, suscita-se outra questão que se prende directamente com o objecto do estudo. A de saber se a compra em leilão, sempre em hasta pública[58], permite a um terceiro adquirir ou se deve exigir-se o requisito da boa fé. Apesar de se poder sustentar, em nome da protecção do comércio jurídico, a protecção de qualquer terceiro, parece mais adequado entender que o licitante de má fé não deve ser beneficiado pelo leilão, sob pena de privilegiar alguém que sabia do extravio da coisa e, assim, prejudicar ainda mais o proprietário que não teve responsabilidade naquele extravio[59]. Este entendimento parece ser mais coerente com a ideia de boa fé mais restritiva do que a prefigurada noutros Códigos, designadamente no suíço, pois o BGB exige que o possuidor assuma especiais cuidados, sob pena de haver negligência grosseira e, por isso, não poder ser considerado possuidor de boa fé[60].

Se o Código Civil espanhol determina que a posse de bens móveis adquirida de boa fé equivale a um título[61], poderia julgar-se, numa primeira leitura que se trata de um Código onde o modelo da posse vale título se encontra claramente consagrado. Porém, existem plúrimas e contraditórias interpretações[62], embora nos pareça haver mais razões para o integrar no modelo da posse vale título do que o contrário.

[57] Expressão utilizada por RAYMOND SALEILLES, *De La Possession des Meubles*, 1907, 137. A propósito, Anette Hipp defende que a excepção do § 935 não se aplica quando o restaurador vende o bem cultural a um terceiro ou quando um director de museu vende a outrem o bem que lhe havia sido confiado. Cf. *Schutz*... op. cit., 156.

[58] No caso da hasta pública aplica-se o § 383.° do BGB, não o § 935.°.

[59] Neste sentido, cf. HORST-HEINRICH JAKOBS e WERNER SCHUBERT, *Sachenrecht*, Vol. III, 1985, 608 ss.. Anette Hipp vai mais longe ao sustentar não ser possível a compra em boa fé de bens culturais roubados. Cf. *Schutz*... op. cit., 157.

[60] Tendo em conta o preceituado mais rígido do § 932.°, o terceiro adquirente tem de ser zeloso na aquisição da coisa, de modo a ser considerado de boa fé e, por causa disso, poder adquirir a coisa. Cf. HERMANN EICHLER, *Institutionen des Sachenrechts*, Vol. I, 1957, 160-1; HARRY WESTERMANN, *Sachenrecht: Ein Lehrbuch*, 7.ª ed., 1998, 233-4. De todo o modo, como sublinha Michael Franz, o adquirente de coisa vendida em leilão público merece maior protecção do que num outro negócio aquisitivo. Cf. *Zivilrechtliche*... op. cit., 107.

[61] Cf. o artigo 464.° do Código espanhol.

[62] Indicam-se divergentes orientações interpretativas do preceito legal supra-citado. A propósito, António Hernandez Gil procede a uma síntese, distinguindo três diferentes correntes doutriná-

Porque o modelo da posse vale título não privilegia a posição do proprietário do bem móvel, nem lhe assegura uma eficaz protecção jurídica, preferindo fazer sobressair a segurança jurídica do subadquirente de boa fé, compreende-se o amplo debate entretanto havido. Assim, se por um lado, a posse vale título tem sido objecto de severas críticas[63], também é verdade que lhe têm sido apontadas inegáveis vantagens, v.g. a promoção da paz social[64], a necessidade de adequar a reivindicação com a segurança do comércio jurídico.

rias. A primeira, a progressiva, entende que a equivalência da posse ao título confere ao adquirente a propriedade *ex lege*, mesmo que ele careça de poder de disposição, produzindo-se a aquisição *a non domino*, excluindo a reivindicação pelo anterior titular. A segunda, a interpretação conservadora, defende que a equivalência da posse de boa fé e do título consiste numa regra estritamente possessória que configura uma presunção, com efeitos na usucapião, pelo que só por causa de tal equivalência pode haver uma aquisição *a non domino*. Para a terceira o artigo 464.° trata, não tanto da aquisição *non domino*, mas da reivindicação mobiliária. Por isso, mediante a boa fé equivalente ao título e a prova de que a coisa foi perdida ou furtada, pode justificar-se a recuperação. Cf. *La Posesión*, 1980, 571 ss.. Juan Vallet de Goytisolo também refere diversas orientações interpretativas do artigo 464.°. Cf. "De Nuevo sobre la Posesión de Bienes Meubles" in *Anuário de Derecho Civil*, Tomo XXXIII, Fasc, 2, 1980, 243 ss.. O mesmo sucede com PEDRO IBAÑEZ, "… De Domínio?" in *Anuário de Derecho Civil*, Tomo XXXVI, Fasc. 1, 1883, 109 ss.. A divergência de interpretações sobre o alcance da protecção do comprador de boa fé no Direito espanhol é tal que Jean Sauveplanne o aproxima, não do regime jurídico francês ou alemão, mas da própria *Common Law*. Cf. *La Protection…* op. cit., 13-4. De modo inverso, Alfonso-Luis Caravaca reconduz a solução espanhola ao artigo 1153.° do Código Civil italiano. Cf. "Private International Law and the UNIDROIT Convention of 24 th June 1995 on Stolen or Illegally Exported Cultural Objects" in *Festschrift für Erik Jayme*, Vol. I, 2004, 88.

63 Peters critica o sacrifício imposto ao proprietário da coisa móvel, objectando que tal sacrifício nem sempre se afigura justificado em nome de uma tutela de tráfego jurídico. Cf. *Der Entzug des Eigentums na beweglichen Sachen durch gutgläubigen Erwerb*, 1991, 25 ss..

64 Na origem da protecção da *Gewere* germânica teria estado a ideia de que o roubo era algo exterior ao grupo, à tribo, algo originário do exterior. Por isso, o roubo representaria a ruptura, a violação da paz social, ao contrário de outras situações de desapossamento, justificando o pedido de restituição. Assim, o regime de posse vale título permitia a restituição de coisas roubadas, pois que o roubo indignava a sociedade, havendo que repor a paz social. Ao passo que a validação de outras situações de aquisição possessória por terceiro de boa fé, não originaram estas roturas, justificando o reconhecimento, justamente em nome da promoção da paz social. Cf. FRIEDRICH KRUSE, *Eigentumsrecht*, Vol. II, 1935, 1570 ss.; HERMANN EICHLER, *Die Rechtslehre vom Vertrauen*, 1950, 91 ss..

2.4. *A presunção ilidível*

Se o modelo da posse vale título atribui a titularidade por causa da aquisição possessória, autonomizamos ainda outro modelo que radica na posse, não como causa aquisitiva mas como presunção de titularidade de natureza ilidível ou *juris tantum*. Assim, o exercício possessório não corresponde necessariamente a uma titularidade, como no modelo da posse vale título. Aqui, a posse, ao funcionar como presunção ilidível, não confere automaticamente a titularidade, uma vez que a presunção pode ser afastada pela reivindicação do verdadeiro titular, mesmo que, entretanto, a coisa já tenha sido alienada a terceiro de boa fé. Portanto, a pretensão do titular prevalece sobre os interesses do possuidor e mesmo sobre os do terceiro adquirente de boa fé.

Efectivamente, ao estudar o regime possessório do Código Civil português, concluímos tratar-se de um exemplo paradigmático do modelo da presunção ilidível, pois que o artigo 1268.° determina que o possuidor goza da presunção de titularidade do direito, excepto se existir a favor de outrem presunção fundada em registo anterior ao início da posse. Ou seja, a protecção possessória não funciona, em qualquer caso, desde que preenchidos determinados requisitos, como no modelo anterior. Neste caso, a posse e a correlativa presunção de titularidade resultante da verificação de determinados requisitos, pode ser simplesmente afastada em consequência da prova da titularidade de outrem, desde que fundada em registo anterior.

Como agora estudamos as coisas móveis não sujeitas a registo, o afastamento da presunção conferida pela situação possessória ainda se revela mais facilitada, dada a ausência de anterior registo da coisa. Aliás, nem se diga que o afastamento da presunção só funciona para as coisas móveis sujeitas a registo, pois o artigo 1268.° determina que, em caso de haver registo a favor de outrem, nem funciona sequer uma presunção mas o registo. No caso de não haver registo, ou porque se trata de coisa móvel não sujeita a registo ou porque se trata de coisa móvel não registada, a presunção de titularidade do direito pode ser ilidida por outrem que demonstre, por diversos meios, a titularidade da coisa.

Além disso, mesmo quanto aos bens registáveis, devemos reconhecer que essa qualidade não implica que a titularidade não se presuma por meio de um exercício possessório. Basta que a posse, da qual decorra a presunção de titularidade, seja posse titulada. Neste caso, funcionaria a presunção do n.° 2 do artigo 1254.° pelo que se o título for anterior ao registo, a posse titulada ganharia relevância e supremacia, em detrimento da presunção fundada no registo[65]. Portanto, julgamos ser esta a interpretação mais correcta pois afigura-se congruente com outros preceitos legais, designadamente o artigo 1278.°, do qual se infere não haver reivindicação quando o autor, que pede a entrega da coisa, é possuidor e não proprietário ou do artigo 1311.° que não determina a restrição do exercício de reivindicação por parte do titular perante situações de posse ou detenção.

Uma vez esclarecidas estas questões, aceitamos que a presunção ilidível assume importância e que o possuidor pode ser considerado, em diversos casos, o verdadeiro titular da coisa móvel. Bem sabendo que o Direito Português preferiu a tradição romanística[66], percebe-se porque admite a reivindicação mas, simultaneamente, porque rejeita o modelo da posse vale título[67], antes atentamente avaliado pela doutrina portuguesa da segunda metade do século[68].

Todavia, somos da opinião de que o Código consagrou algo diverso – o modelo da presunção ilidível – distinto tanto do modelo do justo título como do da posse vale título. Efectivamente esta presunção apresenta diferenças importantes do modelo do justo título porque se o Código procura atribuir a titularidade ao possuidor, tal atribuição não deriva do exercício possessório mas da ausência de reivindicação pelo titular[69]. Além disso, não se exige a boa fé do

[65] Pires de Lima e Antunes Varela defendem que a presunção dada pelo registo perde a sua relevância em benefício da posse titulada. Cf. *Código Civil Anotado*, Vol. III, 2.ª ed., 1987, 35.

[66] Menezes Cordeiro considera que o Código Civil português de 1966 cedeu ao peso da tradição. Cf. *A Posse: Perspectivas Dogmáticas Actuais*, 1997, 122.

[67] Carvalho Fernandes considera que a posse vale título não se coaduna com o que os artigos 1301.°, 892.° e 894.° do Código Civil consagram a propósito da compra e venda. *Lições de Direitos Reais*, 3.ª ed., 1999, 93. Ainda num sentido de recusa no Direito português da posse vale título, por causa do regime prescrito no Código, cf. RUI PINTO DUARTE, *Curso de Direitos Reais*, 2002, 147; JOSÉ ALBERTO VIEIRA, *Direitos Reais*, 2008, 527; LUÍS MENEZES LEITÃO, *Direitos Reais*, 2009, 152.

[68] A esse propósito, destaca-se o estudo de Adriano Vaz Serra que reconhece, a propósito dos trabalhos preparatórios do futuro Código, não só a necessidade de introduzir uma defesa mais eficaz para terceiros de boa fé, mas também a dificuldade de compatibilizar as restrições ou excepções susceptíveis de proteger o anterior titular da coisa móvel. Em sua opinião, a posse vale título devia ser assumida como verdadeiro princípio jurídico que, ao procurar proteger os interesses do adquirente de boa fé e os interesses da economia pública, não devia ser excepcionada por circunstâncias que evitariam a aquisição daquele adquirente. Nesses termos, considerava mais adequada a orientação consagrada no Código Civil italiano em que, por ausência de excepção, o possuidor de boa fé era protegido mesmo que a coisa tivesse sido roubada ou perdida. Cf. "Realização Coactiva da Prestação (Execução) (Regime Civil)" in *BMJ*, n.° 73, 1958, 151 ss..

[69] Ao contrário, Menezes Cordeiro apesar de reconhecer que o nosso direito não consagra o princípio da posse vale título, considera que a excepção consagrada no artigo 1281.°, n.° 2, ao

possuidor, nem se excepcionam situações de correspondência entre posse e titularidade para situações em que a coisa não tenha sido roubada ou furtada.

Outro aspecto que concorre para justificar a autonomia deste modelo reside na interpretação do regime relativo à aquisição junto de comerciante. Efectivamente, a interpretação do artigo 1301.°, sob epígrafe aquisição a comerciante, reforça a ideia de que o Direito português não consagra a posse vale título[70]. Além disso, o artigo 1301.° labora num equívoco. Se no Código não existe uma automática aquisição de titularidade, em virtude do exercício da posse, a subsistência do preceito apenas pode ser explicada pelo peso de uma tradição atávica, pois tem como desiderato acautelar situações que não ocorreram[71]. Tal faria sentido ao ressalvar, além da ocorrência de furto ou de perda da coisa, de modo a evitar a imediata aquisição por efeito da posse vale título[72], a possibilidade de a coisa ter sido adquirida por terceiro numa feira ou mercado público. Ou seja, por outras palavras, o artigo 1301.° seria coerente num regime que tivesse adoptado o modelo de posse vale título, mas carece de sentido num regime como o português que dele se afasta, de modo significativo.

Aliás, convém sublinhar que o artigo 2279.° do Code Civil serviu de inspiração às prescrições do Direito português, em sede de aquisição de coisas móveis a comerciante, no que respeita ao Código Civil de 1867. Basta atentar no seu artigo 534.°[73]. Porém, se o artigo 1301.° do actual Código surge na

não permitir intentar a acção de restituição possessória contra terceiros possuidores de boa fé, representa uma aproximação clara a uma presunção inilidível a favor daquele possuidor. Cf. *Direitos Reais*, Vol. I, 1979, 403-4.

[70] Rui Pinto Duarte sustenta que o artigo 1301.° e o registo enunciativo desempenham a função de protecção da confiança que noutros Direitos tem sido assumida pela regra da posse vale título. Cf. *Curso de Direitos Reais*, 2002, 148. Carvalho Fernandes também é contrário à ideia de posse vale título no Direito português. Cf. *Lições de Direitos Reais*, 1999, 93.

[71] Pires de Lima e Antunes Varela afirmam que só por força da tradição se pode compreender a inclusão deste preceito no capítulo relativo à usucapião, uma vez que não se trata, verdadeiramente, de uma aquisição possessória mas, ao contrário, de regulamentar um caso em que ela não se constitui. Cf. *Código* op. cit., 83.

[72] O artigo 2279.° do Code determina, ao lado da consagração do modelo da posse vale título para os bens móveis, a possibilidade de o anterior titular reivindicar o bem, no prazo de três anos, no caso de roubo ou de perda involuntária do bem móvel.

[73] A esse propósito, Cunha Gonçalves compara pormenorizadamente os artigos 2279.° do Code e 534.° do Código de Seabra procurando demonstrar, não apenas a similitude das prescrições legais, mas a ideia de que o preceito do Código francês serviu de fonte principal ao Código português. Cf. *Tratado de Direito Civil em Comentário ao Código Civil Português*, Vol. III, 1930, 707 ss..

sequência daquele preceito do Código de Seabra, numa perspectiva estritamente conservadora do que já se prescrevia, não se cuidou, no entanto, da mudança de orientação relativa à aquisição possessória, pelo que a consequência só pode ser a que acima se enunciou: o preceito deixa de ter conteúdo útil por causa da mudança do paradigma subjacente.

§ 3.° **Os regimes de excepção**

Encontramos prescrições legais que determinam a inaplicabilidade dos supra-citados preceitos legais, característicos dos modelos acima descritos, designadamente da posse vale título, a diversos conjuntos de bens móveis, configurando regimes de excepção ao regime regra. Tais determinações radicam no pressuposto desprotector do terceiro de boa fé quando esteja em causa a compra e venda de determinadas categorias de bens móveis, considerados bens submetidos a um regime diferente, tendo em conta a sua natureza particular ou o seu inestimável valor.

No que respeita à natureza particular, devem salientar-se os bens inalienáveis, também designados por *res extra-commercium*, e os bens do domínio público. Tanto uns como outros são regulados por regimes jurídicos especiais com o intuito de, justamente, proteger a respectiva titularidade pelo que se entende que os modelos aquisitivos mais favoráveis ao terceiro adquirente, designadamente o modelo da posse vale título, lhe são inaplicáveis.

Esta problemática surgiu, sobretudo, na doutrina francesa que, depois de ultrapassar a polémica de saber se os bens móveis podiam ser bens dominiais, considerou que os bens do domínio público não podiam ser afectados pela aplicação de um regime atinente a um modelo favorável ao adquirente, o modelo da posse vale título[74]. Em Itália, convém sublinhar que, depois da distinção entre o domínio público e o património inalienável do Estado, os bens móveis integram esta última categoria, obviando-se assim, por via legislativa, à integração da aquisição de bens dominiais no modelo da posse vale título.

Quanto aos bens de especial valor, também se tem defendido, embora por outros motivos, que não se deve promover nova aquisição sem consentimento

[74] Por isso, Marcel Planiol defendeu a inaplicabilidade da posse vale título aos bens móveis do domínio público, designadamente aos objectos artísticos dos museus e aos manuscritos das bibliotecas. *Traité*... op. cit., 1104

ou anuência do anterior titular. Assim, deve recusar-se a aquisição de titularidade, fundada na protecção possessória, de um terceiro de boa fé. Por isso, de modo a evitar tais pretensões aquisitivas, determinou-se que os bens de especial valor fossem inscritos em registos públicos. Nuns casos, o próprio Código Civil exclui a aquisição, de modo expresso[75], pelo que a boa fé do possuidor só assume relevância perante a subsequente aquisição por usucapião, nunca por intermédio da posse vale título[76]. Noutros casos, tendo em conta o especial valor do bem, foram colocadas marcas distintivas no sentido de o identificar[77] ou, de modo a acautelar um eventual desaparecimento, defendeu-se a criação de um sistema de publicidade de situações de furto e de roubo que permitisse acautelar a correspondente aquisição por terceiro de boa fé[78].

§ 4.° **Os bens culturais e a alteração de paradigma**

4.1. ***Razão de ordem***

Se alguns dos modelos referidos privilegiaram o comércio jurídico, o apossamento e a transferência da titularidade de uma coisa móvel, o aparecimento de uma nova categoria de bens, os bens culturais, acompanhada do reconhecimento crescente da sua importância e valor intrínseco, justificaram a necessidade de uma autonomização dogmática perante o indiferenciado conjunto de coisas móveis onde se integrava.

Aliás, aquela autonomização começou a ser avaliada ainda antes do aparecimento da designação *bem cultural*, pois percebia-se a necessidade de excepcionar os efeitos do modelo da posse vale título, além das consabidas excepções relativas aos bens dominiais e de especial valor, em face de bens móveis com particular especificidade de natureza histórica, artística ou arqueológica.

Ora, o emergir dos bens culturais, enquanto categoria autónoma, e o consequente reforço dos regimes de protecção trouxeram naturais consequências

[75] "*Le disposizioni degli articoli precedenti non si applicano (...) ai mobili iscritti in pubblici registri*" Cf. o artigo 1156.° do Código Civil italiano.

[76] Cf. Massimo Bianca, *Diritto Civile*, Vol. VI, *La Proprietà*, 1999, 800-1.

[77] Maurice Roche-Agussol refere a inscrição de marcas de fábrica ou a gravação de números com o intuito de permitir a posterior identificação do bem. Cf. *Étude...* op. cit., 322-3.

[78] Maurice Roche-Agussol defende que, nestes casos, existe uma presunção de má fé. Cf. *Étude...* op. cit., 323-4.

para os modelos aquisitivos mais favoráveis às pretensões do adquirente de boa fé. A celeridade, a ausência de restrições na transmissão e, sobretudo, a protecção terceiro de boa fé após a venda de bens alheios, em detrimento do direito de reivindicação do titular, começaram a ser entendidas como sérias ameaças à subsistência da herança cultural de um Estado, tendo em conta a exportação de bens para fora das fronteiras nacionais, em consequência de vendas ilícitas ou até de furtos e subsequentes alienações a possuidores de boa fé.

Com o reconhecimento da herança cultural, do especial valor dos bens culturais, não se podia continuar a identificar o conjunto de bens móveis corpóreos, de modo indiferenciado e, sobretudo, a submetê-lo ao mesmo regime jurídico. Como sabiamente escreveu Pierre Lalive, os bens culturais não podiam continuar a ser regulados por regras que se aplicavam a objectos tão díspares como um automóvel, uma câmara fotográfica ou uma porção de batatas[79]. Assim, se relativamente a estes bens devia privilegiar-se a segurança do comércio jurídico, a rapidez das transacções, a aparência de titularidade fundada na posse da coisa, no que dizia respeito aos bens culturais justificava-se a aplicação de um outro regime apoiado na mudança de paradigma, de modo a acentuar novos valores e diferentes pressupostos, no sentido de promover a preservação do bem, de proteger a sua identidade e correspondente titularidade, de determinar, em consequência disso, a restituição em caso de venda ou exportação ilegal.

A mudança de paradigma justifica alterações no regime jurídico aplicável, de modo a restringir o comércio de bens culturais, uma vez que se reconhecia, consistentemente, que tais restrições tinham implicações na respectiva transmissão, tanto a nível interno, como a nível internacional[80]. Por isso, aceitaram-se regras e outras directrizes que procuraram contrariar a tendência de crescente equivalência entre o apossamento e a titularidade, através da adopção de importantes restrições, em sede de transferência e exportação de bens culturais.

[79] Cf. Pierre Lalive d'Epinay, "Une Avancée du Droit International: La Convention de Rome d'UNIDROIT sur les Biens Culturels Volés ou Illicitement Exportés" in *Uniform Law Review*, n.° 1, 1996, 44.

[80] Cf. Kurt Siehr, "Kunstraub und das internationale Recht" in *Revue Suisse de Jurisprudence*, n.° 77, 1981, 190; Quentin Byrne-Sutton, *Le Trafic International des Biens Culturels Sous l'Angle de Leur Revendication par l' État d'Origine: Aspects de Droit International Privé*, 1988, 35 ss.; Alfredo La Grotteria, *I Transferimenti Onerosi dei Beni Culturali nell'Ordinamento Italiano e Comunitario*, Milão, 1998, 17 ss.; Erik Jayme, "Anknüpfungsmaximen für den Kulturgüterschutz im Internationalen Privatrecht" in *Études de Droit International en l'Honneur de Pierre Lalive*, 1993, 717-8.

Aceitando, naturalmente, a distinção entre bens culturais móveis e imóveis, cumpre clarificar, desde já, o que se deva entender por bem cultural, de modo a compreender, num segundo momento, o regime restritivo aplicável. Depois veremos se os efeitos dos modelos aquisitivos descritos, designadamente o da posse vale título, apresentam consequências nocivas para a especial protecção dos bens culturais.

4.2. *O bem cultural móvel*

Devemos assentar, em primeiro lugar, na ideia de que os bens culturais são coisas corpóreas pelo que, naturalmente, podem ser objecto de apossamento e de apropriação, uma vez que não pertencem ao conjunto de coisas fora do comércio. Tal apossamento ou apropriação abrange tanto bens imóveis como bens móveis já que o conjunto dos bens culturais não pode limitar-se aos bens imóveis, designadamente palácios e monumentos, mas deve abranger bens móveis de relevante interesse cultural, nomeadamente quadros a óleo, pastel ou outras técnicas artísticas, esculturas, jóias, mobiliário, cerâmica, objectos arqueológicos.

Em segundo lugar, os bens culturais móveis não podem ser restringidos a bens culturais em propriedade pública, nem a bens culturais integrantes no domínio público. São ainda bens culturais diversos outros objectos com inegável valor histórico, artístico ou arqueológico que se encontrem na posse ou na titularidade de pessoas privadas singulares ou colectivas.

Se estes pressupostos iniciais merecem algum consenso, a dissensão instala-se ao procurar formular uma noção, ainda que perfunctória, de bem cultural, pois deparamos com orientações muito diversas, como já o demonstramos num outro estudo[81]. A propósito, sublinharemos apenas duas orientações distintas – uma procura restringir o âmbito dos bens culturais aos bens objecto de classificação ou em vias de classificação, outra reconhece que o bem cultural não pode ser limitado pelos efeitos da decisão administrativa de natureza classificatória.

Defendendo a orientação restritiva, Sérvulo Correia entende fazer sentido, no que respeita a conceitos indeterminados, caso do bem cultural pois utiliza expressões valorativas, atribuir à Administração margem de livre decisão, de modo a conferir, por meio de classificação, um carácter jurídico a bem deter-

[81] Cf. J.L. Bonifácio Ramos, *O Achamento de Bens Culturais Subaquáticos*, 2008, 339 ss..

minado[82]. Por isso, o acto de classificação assume-se como acto constitutivo[83], pois a funcionalidade deve ser objecto de escolha que as integra em categorias submetidos a regimes determinados a promover o desempenho de uma função legal[84].

Seguindo de perto esta orientação doutrinária, Miguel Nogueira de Brito ao entender o património cultural como forma de sintetizar o conjunto de bens culturais que uma dada ordem jurídica visa proteger[85], concorda com a perspectiva constitutiva do acto de classificação, sustentando que tal perspectiva, além de comprovar o valor cultural inestimável do bem, o sujeita a um regime jurídico especial[86]. No entanto, se nos parece compreensível a sujeição do bem a um regime especial, temos as maiores dúvidas sobre dicotomia entre bem cultural e património cultural, onde se estrutura tal construção restritiva[87].

Além disso, a perspectiva dual que confronta o *património cultural* e o *bem cultural* não obteve, em nossa opinião, qualquer acolhimento no Direito positivo português. Se a anterior Lei de Bases, a Lei n.° 13/85, não distinguia o bem cultural do património cultural, caracterizando o bem cultural de modo mais amplo do que o objecto de classificação, uma vez que entendia por bens classificados, aqueles que por causa do relevante valor cultural deviam merecer especial protecção[88], a lei actual continua a perspectivar o bem cultural como

[82] Cada sujeito pode ter a sua própria opinião sobre se um determinado bem móvel possui ou não um valor histórico ou artístico. Todavia, será a autoridade administrativa com competência para se pronunciar sobre a questão que permite superar a divergência de valorações pessoais. Cf. Sérvulo Correia, "Procedimento de Classificação de Bens Culturais" in *Direito do Património Cultural,* 1996, 338-9.

[83] Acto constitutivo porque a decisão administrativa atribui a qualidade de bem cultural a uma determinada coisa que antes a não possuía. Cf. Sérvulo Correia, "Procedimento..." in op. cit., 339.

[84] Cf. Sérvulo Correia, "Procedimento..." in op. cit., 340.

[85] Cf. Miguel Nogueira de Brito, "Sobre a Legislação do Património Cultural" in *Revista Jurídica da AAFDL,* n.° 11 e 12, 1989, 165.

[86] Cf. Miguel Nogueira de Brito, "O Procedimento de Classificação de Bens Culturais", inédito, 2010, 11 ss..

[87] A distinção merece apoio de José Melo Alexandrino, "Conceito de Bem Cultural, in *http://icjp.pt/system/files/O%20conceito%20de%20bem%20cultural_0*, 8; Diferentemente, Casalta Nabais identifica as expressões *bem cultural* e *património cultural*, preferindo adoptar a segunda designação em detrimento da primeira. Cf. *Introdução ao Direito do Património Cultural,* 2004, 10-1. JL Bonifácio Ramos também equipara o bem cultural e o património cultural. Porém, prefere utilizar a locução *bem* em vez da expressão *património*. Cf. *O Achamento*... op. cit., 353-4.

[88] Cf. o artigo 10.° da Lei n.° 13/85.

categoria inegavelmente mais ampla do que bens classificados[89], indiferenciando bem cultural e património cultural. Efectivamente, porque caracteriza o bem cultural como testemunho de valor de civilização ou de cultura, portador de um interesse cultural relevante e, por isso, objecto de especial protecção ou valorização, não autonomiza a noção de património cultural nem pretende significar que o respectivo âmbito de protecção se restringe a bens culturais classificados ou em vias de classificação.

Diferentemente, assumindo o bem cultural não limitado ao universo de bens classificados, Vieira de Andrade propõe outro caminho de modo a o encarar numa perspectiva tão abrangente quanto possível e um regime protector vocacionado para os bens culturais classificados[90]. Tal regime protector que incidiria sobre os bens objecto de titularidade, tanto pública como privada[91], ao estar dependente do acto de classificação para efectivar a protecção, configurada como um seu regime especial, não coloca tantas dificuldades hermenêuticas como a orientação anterior.

Carla Amado Gomes, embora declare que o acto de classificação assume natureza constitutiva[92], afirma depois que a classificação procura individualizar um regime de protecção e de valorização específico relativamente a determinado bem, tendo em conta o seu interesse cultural[93]. Seguidamente, ao reconhecer a pluralidade de manifestações culturais e, apesar de entender a classificação como filtro de selecção para memória futura[94], não parece afastar os bens culturais não classificados do conjunto de manifestações culturais, em suma, do âmbito dos bens culturais.

Entendemos a classificação como aspecto conexo com o registo de bens culturais que, só por si, demonstra como aquele regime não pode esgotar o conjunto dos bens culturais. Ora, quando se indicam três níveis de registo e se inclui a classificação como um dos níveis, a par da identificação e da qualificação[95], isso representa o propósito não constitutivo que resulta dos respectivos

[89] Classificação é o acto final do procedimento administrativo que determina que certo bem possui um inestimável valor cultural. Cf. o n.º 1 do artigo 18.º da Lei n.º 107/2001.

[90] Cf. José Carlos Vieira de Andrade, "Rapport Portugais" in *La Protection des Biens Culturels (Journées Polonaises)*, Vol. XL, 1989, 473 ss..

[91] Idem, 474-5.

[92] Cf. "Desclassificação e Desqualificação do Património Cultural: Ideias Avulsas" in *Textos Dispersos de Direito do Património Cultural e de Direito do Urbanismo*, 2008, 93; "O Dano Cultural: Pistas para a Decifração de um Enigma" in *Scientia Iuridica*, n.º 59, 2010, 34-5.

[93] Cf. "Desclassificação..." in op. cit., 77.

[94] Cf. "Desclassificação..." in op. cit., 78.

[95] Cf. Relatório Intercalar da Proposta de Lei de Bases do Património Cultural, 16.

trabalhos preparatórios. Assim, a classificação parece representar o nível mais elevado de protecção num conjunto mais vasto de bens culturais vocacionados a um registo. Além disso, se existe procedimento administrativo destinado a avaliar se um bem possui inestimável valor cultural, reconhecendo que o valor respeita ao testemunho simbólico, histórico ou religioso, à importância científica ou à valia estética, técnica ou material[96], não parece admissível pretender que o universo dos bens culturais se esgota nos bens classificados ou, sequer, nos bens registáveis.

Acresce que o registo de classificação apresenta três categorias: os bens de interesse nacional, os bens de interesse público e os bens de interesse municipal. Se os bens de interesse municipal assumem um reconhecimento de âmbito municipal, os bens de interesse público e os bens de interesse nacional, um âmbito estadual, tendo em conta o n.° 5 do artigo 15.°, isso não permite solidificar qualquer conclusão de natureza constitutiva.

Os bens de interesse nacional assumem a designação de tesouros nacionais[97], cujos critérios de classificação são explicitados no Decreto n.° 19/2006 de 18 de Julho. Este diploma, além de procurar evitar um dano irreparável para o património cultural, devido à perda ou degradação do bem[98], considera bens de interesse nacional aqueles que apresentem referência internacional, com valor patrimonial de excepção, susceptíveis de integrar um regime de protecção; os bens de autor estrangeiro, que, pela exemplaridade ou raridade em território nacional, bem como pelo valor de referência patrimonial, se imponha cometer a protecção ao Estado Português; os bens sobre os quais a produção de conhecimento signifique um marco que assegure a transmissão de uma herança cultural visando o enriquecimento de sucessivas gerações e a fruição e a democratização da Cultura; os bens sobre os quais devam recair restrições severas de circulação devido à exemplaridade única, raridade, valor testemunhal de cultura ou civilização, relevância patrimonial e qualidade artística no contexto de uma época e estado de conservação que tornem imprescindível a permanência em condições ambientais e de segurança específicas e adequadas[99].

O Decreto n.° 19/2006 declara como bens de interesse nacional, bens culturais móveis sob tutela do Instituto Português dos Museus, de entre os quais se destacam quadros, peças de ourivesaria e de cerâmica, coches e carruagens,

[96] Cf. o artigo 17.° da Lei n.° 107/2001, de 8 de Setembro.

[97] Cf. o n.° 3 do artigo 15.° da Lei n.° 107/2001.

[98] Cf. o artigo 17.° da Lei n.° 10772001.

[99] Cf. as alíneas *b*), *c*), *d*) e *e*) do Decreto n.° 19/2006, de 18 de Julho.

instrumentos musicais, mobiliário, iluminuras, têxteis e bens arqueológicos, nomeadamente ourivesaria e joalharia arcaica, pré-romana e romana, escultura, artefactos ideotécnicos, numismática, instrumentos e utensílios, sigilografia e epigrafia[100]. Porém, tal enumeração não esgota o universo de bens culturais pois é inegável a existência de outros bens que nem o próprio legislador alguma vez procurou excluir do âmbito dos bens culturais. Basta pensar em bens inventariados[101], bens não classificados, já que o inventário inclui, além de bens classificados, os que mereçam inventariação, exactamente por serem bens culturais, de acordo com os números 1, 3 e 5 do artigo 2.° e o n.° 1 do artigo 14.° da Lei de Bases[102].

Embora o inventário admita os bens independentemente da titularidade pública ou privada[103], ele tem duas partes distintas, o inventário de bens públicos, relativo aos bens de propriedade do Estado e de outras pessoas colectivas públicas, e o inventário de bens particulares, de pessoas colectivas privadas e de pessoas singulares[104]. Portanto, os bens particulares não classificados podem vir a ser inventariados se obtiverem acordo dos respectivos titulares, a menos que a inventariação tenha sido considerada imprescindível, através de Despacho fundamentado de competência do membro do Governo central ou regional responsável pela área da Cultura[105].

Se a Lei n.° 107/2001 restringe o regime de exportação, importação e comércio de bens classificados ou em vias de classificação, de acordo com os artigos 64.° e seguintes, o própria diploma reconhece a necessidade de aprovar legislação de desenvolvimento de modo a regular a compra, venda e comércio de antiguidades e de outros bens culturais móveis[106]. Naquele preceito o legislador não só reconhece, de modo expresso, que o universo de bens culturais se afigura mais vasto do que o âmbito de bens classificados ou em vias de classificação, como admite ainda a natureza particular dos bens culturais e a necessidade de aprovar um regime jurídico que acautele as especificidades da respectiva compra e venda.

100 Cf. o artigo 2.° e o Anexo do Decreto n.° 19/2006.

101 Inventariação é o levantamento sistemático, actualizado e tendencialmente exaustivo dos bens culturais existentes a nível nacional, com vista à respectiva fundamentação. Cf. o n.° 1 do artigo 19.° da Lei n.° 107/2001.

102 Cf. o n.° 3 do artigo 19.°.

103 Cf. o n.° 2 do artigo 19.°.

104 Cf. o n.° 4 do artigo 19.°.

105 Cf. o n.° 5 do artigo 19.°.

106 Cf. o n.° 7 do artigo 69.°.

Se o Direito interno não estipula a orientação constitutiva, as Convenções Internacionais, relativas a bens culturais móveis de que o Estado Português é parte, sobretudo a Convenção da UNESCO sobre Medidas a Adoptar para Proibir e Impedir a Importação, a Exportação e a Transferência Ilícita da Propriedade de Bens Culturais, adoptada em Paris, a 14 de Novembro de 1970[107], e a Convenção do UNIDROIT relativa a Bens Culturais Roubados ou Ilicitamente Exportados, aprovada em Roma em 24 de Junho de 1995[108], reforçam aquele entendimento.

Assim, a Convenção da UNESCO não contém uma definição autónoma de bem cultural. De acordo com o artigo 1.°, são bens culturais os bens a que cada Estado reconhece importância arqueológica, pré-histórica, histórica, literária, artística ou científica, de acordo com as categorias mencionadas no mesmo preceito[109]. Porém, apesar da respectiva extensão, englobando categorias de bens tão diversas como colecções de exemplares raros da zoologia e da botânica, antiguidades e objectos arqueológicos, selos, arquivos e objectos de mobiliário, a Convenção remete o encargo da definição de bem cultural para os Estados signatários, permitindo a subsistência de várias definições nacionais que a Convenção reconhece, desde que integrem as categorias enunciadas no supra-citado artigo 1.°.

Porque as categorias de bens não representam um critério unificador, porque as diferentes noções nacionais e a variabilidade dos respectivos ordenamentos colocam dificuldades de interpretação, subsiste a questão da uniformização conceptual, já que a remissão para a legislação nacional, evidencia múltiplas diferenças e contradições, assentes em métodos ou princípios de definição distintos, v.g. o método da enumeração, o método da classificação e o método das categorias que, como se sabe, assentam em pressupostos diferentes.

[107] A Convenção da Unesco foi ratificada por Portugal em 1985, pelo Decreto n.° 26/85, de 26 de Julho, e o instrumento de ratificação foi depositado, junto do Director-Geral da UNESCO, em 9 de Dezembro de 1985.

[108] A Convenção do UNIDROIT foi aprovada para ratificação pela resolução da Assembleia da República n.° 34/2000 e ratificada pelo Decreto n.° 22/2000, de 4 de Abril. O instrumento de ratificação foi depositado em 19 de Julho de 2002.

[109] Isso pode constatar-se por confronto com outras Convenções, designadamente a Convenção para a Protecção dos Bens Culturais em Caso de Conflito Armado, adoptada em Haia em 14 de Maio de 1954 e ratificada por Portugal em 30 de Março de 2000.

Assumindo a necessidade de superar a ineficácia[110] e o insucesso[111] da Convenção da UNESCO, foi encomendado o texto de nova Convenção ao Instituto para a Unificação do Direito Internacional Privado (UNIDROIT). Tal encomenda esteve na origem do projecto de Convenção sobre o Retorno Internacional de Bens Culturais Roubados ou Ilicitamente Exportados aprovado em Paris, em 1995, durante uma Conferência Diplomática.

Na Convenção UNIDROIT a noção de bem cultural não é remetida para o Direito interno dos Estados, via adoptada pela Convenção da UNESCO, clara defensora de um nacionalismo cultural[112]. A Convenção UNIDROIT ao determinar, no seu artigo 2.°, que os bens culturais são aqueles que, por motivos religiosos ou profanos, possuem importante valor arqueológico, pré-histórico, literário, artístico ou científico, se integrem numa das categorias constantes do Anexo à Convenção, adopta uma noção própria, distinta das noções legais dos diversos Estados-membros. Por isso, independentemente das orien-

[110] Quando a Convenção da UNESCO só proíbe a importação de bens roubados de um museu que estejam registados no inventário da instituição, está a excluir os bens roubados a particulares e os bens culturais não inventariados. Cf. STEFANO RODOTÀ, "Les Aspects de Droit Civil de la Protection Internationale des Biens Culturels" in *XIII Colloque de Droit Européen*, 1983, 12; QUENTIN BYRNE-SUTTON, *Le Trafic International des Biens Culturels sous l' Angle de Leur Revendication par l' État d' Origine*, 1988, 219-20.

[111] Segundo Pierre Lalive, o insucesso da Convenção da Unesco fundava-se nas seguintes razões: exprimia um desequilíbrio, favorecendo as pretensões dos Estados exportadores de bens culturais, face às pretensões dos Estados importadores; por causa da natureza multidisciplinar da problemática, era necessário ultrapassar o terreno das proclamações de intenção do Direito Internacional Público e proceder a sérias reflexões em sede de Direito Privado e de Direito Internacional Privado. Cf. "Sur le Retour..." in op. cit., 287 ss.. Similarmente, quanto à preponderância de interesses dos países exportadores ao consagrarem acções de restituição imprescritíveis e o correspondente efeito dissuasor para a respectiva ratificação pelos países importadores. Cf. GERTE REICHELT, "International..." in op. cit., 139. Em sentido próximo, cf. MANLIO FRIGO, *La Protezione dei Beni Culturali nel Diritto Internazionale*, 1986, 206. Segundo Marques dos Santos, a Convenção não resolvia os problemas suscitados pelo roubo, furto ou exportação ilícita, na medida em que contempla apenas os bens que integram as colecções de museus ou de monumentos públicos, atendendo a aspectos de direito público sem considerar as questões que se colocam no plano do direito privado em matéria de protecção internacional de bens culturais. Cf. "Projecto de Convenção do UNIDROIT sobre a Restituição Internacional dos Bens Culturais Roubados ou Ilicitamente Exportados" in *Estudos de Direito Internacional Privado e de Direito Processual Civil Internacional*, 1998, 223.

[112] Para John Merrymann a Convenção da UNESCO de 1970 era promotora do nacionalismo cultural, por contraste com a Convenção de Haia, promotora do internacionalismo cultural. A fundamentação de tal orientação fica justamente a dever-se à importância dada por uma Convenção a normas de índole nacional. Cf. "Two Ways of Thinking About Cultural Property" in *American Journal of International Law*, n.° 80, 1986, 842 ss..

tações nacionais, desde que um bem determinado revele importante valor de natureza arqueológica, pré-histórica, literária, artística ou científica e integre uma das categorias do Anexo, pode ser considerado bem cultural.

Representa importante evolução qualitativa, ao ultrapassar o problema anterior, ao promover uma noção uniforme de bem cultural[113], em contraste com o espírito menos ambicioso da Convenção da UNESCO[114]. Ao não se remeter para o Direito interno dos Estados, ao se adoptar uma noção própria de bem cultural, não se depende de qualquer acto de classificação ou de registo. Aliás, a noção adoptada ignora e desvaloriza o facto de um determinado bem se encontrar registado ou classificado, num determinado Estado-membro[115]. Será relevante, não a importância de um determinado bem cultural no Estado de origem[116], mas o seu enquadramento perante os requisitos ou elementos[117] conceptuais da Convenção.

Se a Convenção UNIDROIT contribui para desfazer o nó górdio da noção de bem cultural espartilhada pela anterior variabilidade de soluções do

[113] O estudo subscrito por Gerte Reichelt, solicitado pelo UNIDROIT, era muito claro nesse aspecto. Referia que cada país possuía a sua própria noção legal e que as diversas Convenções Internacionais não tinham ainda conseguido promover qualquer uniformização. Cf. "La Protection Internationale des Biens Culturels" in UNIDROIT, Étude LXX, Doc. 4, 18.

[114] Georges Droz acentua o contraste entre o espírito e a letra da noção da Convenção UNIDROIT. Assim, enquanto o respectivo teor era muito semelhante ao consagrado na Convenção da UNESCO de 1970, o espírito apresentava novidade, ao evitar que os Estados membros pudessem determinar o que entendiam por bem cultural. Cf. "La Convention..." in op. cit., 250.

[115] Frédéric-Edouard Klein defende exactamente esta opinião, afirmando que a Convenção UNIDROIT pretende ignorar o que um serviço oficial de um determinado Estado contratante decida sobre a classificação ou registo de um determinado bem cultural. Cf. "En relisant la Convention UNIDROIT du 24 juin 1995 sur les biens culturels volés ou illicitement exportés: Réflexions et suggestions" in *Revue de Droit Suisse*, n.° 118, 1999, 266.

[116] Kurt Siehr afirma que para a Convenção UNIDROIT não interessa que os bens culturais tenham sido qualificados como tesouros nacionais, no Estado de origem, nem sequer que se trate de um quadro de Picasso ou a Mona Lisa de Leonardo, uma vez que a Convenção parte dos seus próprios pressupostos conceptuais, a importância cultural e a qualificação, nos termos das categorias indicadas no Anexo à Convenção . Cf. "The Protection of Cultural Property: The 1995 UNIDROIT Convention and the EEC Instruments of 1992/93 Compared" in *Uniform Law Review*, n.° 2, 1998, 673-4.

[117] Alfonso Luis Caravaca destaca os seguintes elementos na definição de bem cultural proposta pelo UNIDROIT: o elemento finalístico, nos termos do qual os bens assumem importância para a Arqueologia, Pré-História, História, Literatura, Arte e Ciência; o elemento substantivo, de acordo com o qual o objecto só é considerado bem cultural se estiverem presentes razões de ordem secular ou religiosa. Cf. "Private..." in op. cit., 93.

Direito interno, limitada pela classificação ou por outra espécie de registo, tendo em conta a legislação nacional, há que reconhecer que nenhum dos modelos de definição caracteriza, de modo adequado, o bem cultural[118]. Se a Convenção UNIDROIT contribui para rejeitar o método da classificação ou do registo, e apesar de adoptar uma combinação entre o método da enumeração, uma vez que enumera os bens que devem ser considerados bens culturais, e o método das categorias, incluindo uma descrição genérica ou abstracta do bem cultural, ao referir a importância do valor arqueológico, pré-histórico, literário, artístico ou científico de um determinado objecto, nem todas as questões ficam solucionadas. Daí que, apesar das vantagens das soluções mistas[119], cumpre reconhecer que o contributo daquelas soluções continuam a suscitar problemas[120], sobretudo quando se pretende unificar diferentes regimes jurídicos[121].

Todavia, porque o objecto do estudo não procura esgotar a problemática do bem cultural móvel, precisamos de avançar, de modo a obter respostas às questões antes colocadas, v.g. se o regime jurídico dos bens culturais excepciona ou afasta a aplicabilidade do modelo da posse vale título ou se, de modo diverso, convive com aquele modelo aquisitivo.

4.3. *A protecção especial dos bens culturais classificados e inventariados*

Os bens culturais estão sujeitos a regimes particulares de protecção quando se integram no património arqueológico, arquivístico, audiovisual, bibliográfico, fonográfico, fotográfico, electrónico ou industrial, sem prejuízo da aplica-

[118] Sobre a incompletude das soluções propostas pelos diversos métodos de definição dos bens culturais, método da enumeração, método da classificação e método das categorias, Cf. J.L. Bonifácio Ramos, *O Achamento*... op. cit., 409 ss..

[119] Cf. Gerte Reichelt, "La Protection International des Biens Culturels" in *Uniform Law Review*, 1985, n.° 1, 68 ss..

[120] Cf. Astrid Müller-Katzenburg, *Internationale Standards im Kulturgüterverkehr und ihre Bedeutung für das Sach- und Kollionsrecht*, 1995, 138-9.

[121] Tendo apreciado a questão a propósito da Convenção UNIDROIT, Joannis Voulgaris sublinha, no que respeita à conciliação do método de definição, as dificuldades suscitadas pelas diferenças das listas de bens culturais de cada um dos países membros, ou a amplitude da noção consagrada no texto da Convenção, tendo em conta a interpretação do texto junto das instâncias jurisdicionais dos diversos Estados membros. Cf. "Les Principaux Problèmes Soulevés Par L'Unification Du Droit Régissant Les Biens Culturels" in *Uniform Law Review*, n.° 1, 2003, 545 ss..

ção de normas comuns a todos os patrimónios supra-referidos que ainda se distinguem entre as disposições aplicáveis a bens classificados e as disposições próprias dos bens inventariados.

Quanto aos bens classificados, além da comunicação de situações de perigo[122], existe o dever de prévia informação da transmissão *inter vivos* e a notificação da transmissão *mortis causa*, efectuada pelo cabeça de casal até três meses após a abertura da sucessão[123]. Em caso de venda ou dação em pagamento, o Estado, as Regiões Autónomas e os municípios gozam de um direito de preferência legal, nos termos dos artigos 416.° a 418.° e 1410.° do Código Civil, com as necessárias adaptações[124]. De referir que a doutrina questiona a natureza jurídica deste tipo de preferência, assumindo tratar-se de uma aquisição coerciva, radicalmente distinta da essencialidade do verdadeiro direito de preferência[125].

Além disso, existem outras regras de cariz protector, nomeadamente em sede de localização, depósito e conservação de bens culturais. Assim, deve ser comunicado ao serviço competente, a mudança de lugar ou outra circunstância que afecte a guarda do bem, sem prejuízo da existência de acordo com a Administração, no sentido da cedência em depósito[126], sem prejuízo de, em caso de risco sério de degradação ou dispersão, poder haver transferência forçada para depósito, junto de bibliotecas, arquivos ou museus[127]. Se a transferência pretender ultrapassar as fronteiras nacionais, são aplicáveis as regras relativas à exportação e expedição de bens culturais, pelo que a saída de território nacional de bens classificados como bens de interesse nacional, é interdita[128], a não ser que tenha sido autorizada por Despacho do membro do Governo competente na área da Cultura, no que respeita a exportação e expedição temporária, e pelo Conselho de Ministros, a título excepcional, para efeito de per-

122 Cf. o artigo 32.°.

123 Cf. o artigo 36.°.

124 Cf. os n.os 1 e 2 do artigo 37.°.

125 Mauro Loosli considera que o exercício do direito de preferência por parte do Estado não corresponde ao instituto de compra e venda de direito privado mas consiste numa competência de soberania estadual com o intuito de realização de interesses públicos, pelo que se aproxima de uma expropriação em sentido amplo. Cf. *Kulturgüterschutz in Italien: Rechtliche Grundlagen und Instrumente; Handel und Verkehr*, 1996, 100. Em sentido semelhante, Alibrandi e Ferri, *I Beni Culturali e Ambientali*, 3.ª ed., 1995, 430 ss.; Antonio Mansi, *La Tutela dei Beni Culturali*, 1993, 290 ss..

126 Cf. o n.° 1 do artigo 58.

127 Cf. o n.° 2 do artigo 58.°.

128 Cf. o n.° 1 do artigo 65.°.

muta definitiva com ouros bens localizados no estrangeiro e que revistam excepcional interesse para o património cultural português[129].

De sublinhar ainda o preceito relativo ao comércio e à restituição de bens culturais pertencentes ao património de outro Estado, o artigo 69.°, que declara, em condições de reciprocidade, a nulidade das transacções daqueles bens, ocorridas em território português, em violação da respectiva lei de protecção. Quanto à restituição daqueles bens culturais, ela obedece às regras de Direito Comunitário ou de Direito Internacional que vinculem o Estado Português[130]

Portanto e em síntese, se a transmissão e a circulação de bens móveis é, de um modo geral livre, constatamos que, em sede de bens culturais, existem diversas restrições relativas não apenas à exportação de bens mas, inclusivamente, em sede da própria transmissão *inter vivos* ou *mortis causa*.

4.4. *Os bens culturais não classificados ou inventariados*

Se reconhecemos os bens culturais não classificados ou inventariados, recusando a teoria constitutiva, há que saber se esses bens culturais são objecto de alguma protecção ou excepção relativamente ao regime regra. Ou seja, por outras palavras, cumpre indagar se o regime aquisitivo que decorre da consagração de um modelo favorável ao terceiro adquirente, designadamente o modelo da posse vale título ou da presunção ilidível se lhes aplica. Assim há que indagar se existe um outro regime de excepção ou se, ao invés, se regula pelo regime regra que decorre da concretização daqueles modelos, no que à aquisição de coisas móveis diz respeito. Por exemplo, quanto ao Direito português, coloca-se a questão de saber se se aplica a presunção de titularidade do artigo 1268.° a um possuidor de determinado bem cultural.

E que dizer dos Regulamentos e das Directivas Comunitárias relativas aos bens culturais? Não suscitam alterações no regime geral de compra e venda e no modelo de presunção de titularidade de bens culturais não classificados? Será que tais Convenções e Regulamentos apenas se aplicam aos bens culturais classificados?

[129] Cf. os n.os 2 e 3 do artigo 65.°.

[130] Cf. o n.° 2 do artigo 69.°.

4.5. *A Convenção da UNESCO*

A Convenção da UNESCO indica a importação, exportação e a transferência ilícita da propriedade de bens culturais como causas de empobrecimento do património cultural[131]. Por isso, promove o comprometimento dos Estados no sentido de combater tais actos, tanto numa óptica repressiva, promovendo a recuperação de bens extraviados e ajudando a efectuar as reparações exigíveis, como de modo preventivo, com a aprovação de normas atinentes à protecção de bens culturais.

Para atingir esses objectivos, são enunciadas diversas medidas da competência dos Estados, designadamente as seguintes: aprovar legislação adequada a proteger o património cultural, a reprimir importações, exportações e transferências ilícitas de propriedade; manter actualizada a lista de bens culturais cuja exportação constitua empobrecimento do património cultural; promover o desenvolvimento de instituições necessárias à conservação e valorização de bens culturais; publicitar o eventual desaparecimento de bens culturais[132]. Os Estados devem ainda tomar medidas necessárias para impedir a aquisição por museus e outras instituições similares de bens culturais procedentes de outro Estado Parte que tenham sido exportados ilicitamente; proibir a importação de bens culturais roubados de um museu, de um monumento público civil ou religioso ou de uma instituição similar; bem como tomar medidas apropriadas para confiscar e restituir, a pedido do Estado de origem, o bem roubado ou exportado ilegalmente, após a entrada em vigor da Convenção, desde que o Estado requerente indemnize o terceiro adquirente de boa fé[133].

Como refere Siehr, as normas da Convenção não são dirigidas à protecção de bens culturais próprios dos Estados membros que se situem no respectivo território mas procuram promover a protecção de bens culturais, furtados ou ilegalmente exportados, que se localizem noutro Estado ao qual cabe restituir o bem, contra o recebimento de indemnização[134]. Daí a afirmação de que o principal objectivo da Convenção é o de conferir legitimidade internacional a regras de Direito público adoptadas pelo Direito interno de um

[131] Cf. o artigo 2.°.

[132] Cf. o artigo 5.°.

[133] Cf. o artigo 7.°.

[134] Cf. KURT SIEHR, "Die Umsetzung des UNESCO-Übereinkommens von 1970 in Deutschland aus der Sicht der Wissenschaft" in *Kulturgüterschutz-Künstlerschutz*, coord. por Matthias Weller, Nicolai Kemle, Peter Lynen, 2009, 79.

Estado[135]. Aliás, a Convenção não contém uma regra relativa à restituição de bens culturais exportados ilicitamente, mas determinações de modo a promover a restituição de bens culturais roubados de um museu ou de um monumento público, civil ou religioso[136], admitindo a reivindicação, de acordo com a legislação interna de cada Estado[137] e promovendo um nacionalismo cultural[138] a que o direito do Estado de localização do bem não se pode opor[139].

4.6. *A Convenção UNIDROIT*

A Convenção UNIDROIT aplica-se a pedidos de carácter internacional relativos à restituição de bens culturais roubados e ao retorno de bens retirados do território de um Estado, em violação das regras sobre exportação de

[135] François Rigaux coloca a hipótese do reconhecimento das regras de Direito público por parte de Estados que nem sequer ratificaram a Convenção da UNESCO. Cf. "Le Commerce des oeuvres d' art dans le Marché Commun" in *Études de Droit International en L' Honneur de Pierre Lalive*, 1993, 737.

[136] Pierre Lalive d'Epinay, ao analisar a alínea *b*) do artigo 7.° da Convenção, considera que o respectivo âmbito de aplicação se afigura muito limitado, ao procurar apenas promover a restituição de bens roubados de museus ou de instituições análogas. Cf. "Une Avancée..." in op. cit., 48.

[137] Ridha Fraoua sublinha que o pedido de restituição deve ser compatível com o Direito interno do Estado requerente, tendo em conta as regras do Estado onde o bem se localiza, uma vez que a reivindicação não tem sido objecto do Direito internacional. Cf. *Le Trafic Illicite des Biens Culturels et Leur Restitution*, 1985, 139. A propósito, Jean-François Poli sublinha que a Convenção procura restringir as diferenças das legislações nacionais, embora reconheça que podem subsistir constrangimentos, a nível nacional, susceptíveis de impedir a restituição do bem cultural. *La Protection des Biens Culturels Meubles*, 1996, 373. De modo semelhante, Quentin Byrne-Sutton reconhece que a Convenção não afasta os constrangimentos nacionais para a restituição do bem cultural, pelo que o método mais adequado para proteger o património dos Estados deve ser o de unificar regras obrigatórias e directamente aplicáveis. *Le Trafic International des Biens Culturels sous l'Angle de Leur Revendication par l' Etat d' Origine*, 1988, 217.

[138] Trata-se da opinião de John Merrymann que, ao comparar a Convenção de Haia de 1954 com a Convenção da UNESCO de 1970, conclui que esta última Convenção se integra na corrente mais conservadora do nacionalismo cultural que enfatiza a perspectiva de retenção e de protecção de bens culturais. "Tho Ways of Thinking About Cultural Property" in *American Journal of International Law*, in n.° 80, 1986, 846.

[139] Sobre este aspecto, Kurt Siehr recorda a sentença do caso De Contessini onde o tribunal entendeu não poder contrariar o direito nacional aplicável e que as obrigações de restituição dos Estados contratantes não eram *self executing*. "Kulturgüter als res extra commercium im internationalen Rechtsverkehr" in *Festchrift für Reinhold Trinkner zum. 65. Geburstag*, 1995, 717.

bens culturais[140]. Porém, além daqueles pedidos não possuírem efeitos retroactivos[141], são perspectivados de modo diferenciado, pela respectiva natureza jurídica. Se, no que respeita ao roubo internacional de bens culturais, parte da Convenção assume a natureza de lei uniforme, no que respeita à exportação ilegal, à violação de regras de direito público de protecção do património cultural, consiste, ao invés, numa Convenção de cooperação judiciária e administrativa.

Daí as diferenças a propósito da devolução de bens. No que respeita à restituição de bens culturais roubados ou objecto de escavação ilícita, o possuidor é obrigado a devolvê-los[142], recebendo uma indemnização[143], se não souber ou se não dever saber de modo razoável, que o bem era roubado, tendo agido com diligência, de acordo com as circunstâncias da aquisição[144] e a avaliação dos indícios de uma suspeita de ilicitude[145].

140 Cf. os artigos 1.° e 10.° da Convenção.

141 Tendo em conta a não retroactividade, Marina Schneider sublinha a oposição de ratificação por parte de alguns Estados, bem como o facto de a Convenção não promover um verdadeiro retorno ou restituição de bens roubados ou transferidos de modo ilegal, ao longo dos tempos, mas, apenas, procurar reduzir o tráfego ilícito de bens culturais. Cf. "La Convention d' Unidroit sur les biens culturels: état de mise en oeuvre" in *Revue de Droit Uniforme*, n.° 3, 1997, 507. Em sentido semelhante, Maher El Wahed, apesar de reconhecer a importância de declarações contidas no preâmbulo da Convenção, entende que a não resolução da questão relativa a objectos furtados ou extraviados, antes da entrada em vigor da própria Convenção, suscita sérias reservas a diversos Estados. "The 1995 UNIDROIT Convention on Stolen or Illegally Exported Cultural Objects: A View from Egypt" in *Revue de Droit Uniforme*, n.° 8, 2003, 538-9.

142 Cf. os n.os 1 e 2 do artigo 3.°.

143 Irini Stamatoudi interessa-se sobremaneira por este aspecto, sublinhando que o valor da indemnização varia de acordo com as sensibilidades dos Estados. No entanto, apesar de tal variação, reconhece que os Estados importadores são mais receptivos a uma indemnização de montante avultado, do que os Estados exportadores, mais preocupados com a restituição do bem, e, por isso, muito mais restritivos na fixação de montantes indemnizatórios. Cf. "Restitution of Stolen and Illegaly Exported Cultural Objects under the UNIDROIT Convention" in *Legal Convergence In The Enlarged Europe Of The New Millennium*, cood., por Paul Torremans, 130-1.

144 Quanto às circunstâncias de aquisição, além do preço e de alguns outros requisitos, deve acentuar-se a qualidade das partes. Isso tem a ver com o facto de se tratar de profissionais ou, pelo contrário, de consumidores que confiaram num comerciante ou até noutro particular. Cf. Georges Droz, "La Convention..." in op. cit., 254. No caso de se tratar de um sujeito que recebera o bem cultural a título de empréstimo, não terá direito a indemnização mas pode, como reconhece Sabine Boos, fazer ressarcir-se perante o emprestador. Cf. *Kulturgut als Gegenstand des grenzüberschreitenden Leihverkehrs*, 2006, 89.

145 Anette Hipp enuncia um rol de indícios, onde inclui o valor pago, as características das partes, a existência de lista com indicação de bens roubados e a consulta por parte do comprador. Cf. *Schutz...* op. cit., 204.

Nestes termos, cumpre evidenciar traços caracterizadores do regime e correlativa natureza jurídica. Em primeiro lugar, a indemnização insere-se no direito ao pagamento e na procura do equilíbrio entre o direito interno de Estados que desconhecem a aquisição de boa fé, e os Estados que dão relevância a tal aquisição[146], de modo a promover a restituição do bem cultural roubado. Deve ser notada a prevalência da ideia restritiva de desapossamento[147], uma vez que existe a obrigação de devolução em caso de roubo ou de escavação ilegal, mas não se contemplam outras situações relevantes – a perda, o extravio, a compra em leilão – que fundamentam, de igual modo, o apossamento de outrem.

Em segundo lugar, a exigência de cuidado do adquirente aquando da aquisição, ao ter de consultar registos públicos e privados, de modo a certificar-se de que o bem não foi objecto de furto, comporta um encargo excessivo que privilegia a tutela do anterior titular, por contraste com a protecção devida a um adquirente diligente[148] de um bem exportado ilegalmente. Daí a constata-

[146] Como referiu Gerte Reichelt, a consagração do direito ao pagamento não se encontra ligada, necessariamente, à protecção do adquirente de boa fé porque existem países, como a Itália, que atribui protecção ampla ao adquirente de boa fé *a non domino* sem que consagre um direito de pagamento de indemnização. Cf. "La Protection..." in op. cit., 27. Aliás, a questão do pagamento de uma indemnização constitui um sério entrave para alguns países aderirem à Convenção, dado considerarem injusto que o Estado tenha de comprar um objecto que lhe pertence por direito próprio. Cf. Maher El Wahed, "The 1995 UNIDROIT..." in op. cit., 539-40.

[147] De qualquer modo, Kurt Siehr sublinha que a Convenção não explicita se o desapossamento respeita a alguém que assume, de igual modo, a titularidade do bem ou se, diversamente, contempla a posse, não a titularidade. Cf. "The Protection of Cultural Property: The 1995 UNIDROIT Convention and the EEC Instruments of 1992/93 Compared" in *Uniform Law Review*, n.° 2, 1998, 675-6.

[148] Andrea Jaeger recorda não existir um registo mundial e facilmente acessível de bens culturais roubados. Embora haja instituições com listas de bens, designadamente a Interpol e a Lloyd's bem como esparsas referências a furtos, em revistas da especialidade, coloca-se a questão de saber se é exigível ao comprador consultar todas as fontes, de modo a poder demonstrar diligência. Ao contrário, quanto ao comprador de bem ilegalmente exportado bastaria que não soubesse ou não devesse razoavelmente saber que a exportação havia sido ilegal Cf. *Internationaler Kulturgüterschutz: Rechtslage, Rechtspraxis, Rechtsentwicklung*, 1993, 154-55. De modo mais extremado, Anette Hipp considera que a avaliação da diligência do adquirente é de tal modo elevada que uma indemnização justa só pode ser decidida, favoravelmente, em casos extremamente raros. *Schutz von Kulturgütern in Deutschland*, 2000, 205 No que respeita à Convenção UNIDROIT e às implicações no registo da Interpol, cf. Laurent Grosse, Jean Pierre Jouanny, "La Protection du Patrimoine Culturel en Vertu des Instruments de L UNESCO (1970) et d' UNIDROIT (1995): La Position d'Interpol" in *Revue de Droit Uniforme*, n.° 8, 2003, 575 ss..

ção de que o desequilíbrio entre as pretensões do proprietário e as do adquirente de boa fé resida na necessidade de promover a restituição do bem, mesmo que, para atingir tal objectivo, se tenha remetido a indemnização do possuidor de boa fé para plano secundário[149].

Finalmente, sublinhe-se o fim da imprescritibilidade de determinados bens culturais, tendo em conta a protecção do estatuto da propriedade pública. Efectivamente são admitidos prazos de prescrição mais ou menos longos[150], mas, ao invés, não se aceita a imprescritibilidade, por mais importantes que sejam para o Estado de origem. Além disso, a restituição implica o reconhecimento do acto de *jus imperii* que, de um modo geral, não tem acontecido.

Portanto, apesar das inovações da Convenção, existem ainda importantes aspectos por solucionar, a propósito dos bens roubados ou furtados. Assim, não consagra um regime de compra em boa fé, não promove a unificação da aquisição de bens culturais por comprador de boa fé, permitindo a subsistência dos diferentes regimes jurídicos nacionais[151]. Além disso, a Convenção não promove, sempre e em qualquer caso, a restituição de bens roubados mas se ocorrer um transporte de um Estado para outro, antes da compra em boa fé. Porém, no caso de roubo e consequente venda a comprador de boa fé, ocorrida no mesmo país onde teve lugar o roubo e, só depois disso, ocorrer uma transferência do bem cultural para outro Estado, a Convenção UNIDROIT deixa de ser aplicável[152].

Quanto à devolução de bens culturais ilegalmente exportados, sublinhe-se a entreajuda judiciária e administrativa, de modo a respeitar as normas internas de protecção do património cultural de um Estado, por outros signatários da Convenção. Por causa disso, um Estado contratante pode pedir ao

[149] Nesta perspectiva, Jean-Sylvestre Bergé alude a uma hierarquia de prioridades que procura promover a restituição do bem cultural, em detrimento dos interesses do possuidor de boa fé, tanto mais que certos Estados, como a França, pretenderam recusar o reconhecimento da indemnização a favor do possuidor de boa fé. "La Convention d'Unidroit sur les Biens Culturels: Remarques sur la Dynamique des Sources en Droit International" in *Journal du Droit International*, 2000, 231.

[150] Cf. o artigo 3.°.

[151] Kerstin Odendahl coloca especial ênfase neste aspecto, considerando que o falhanço deveu-se à especial resistência de diversos Estados importadores de bens culturais. Cf. *Kulturgüterschutz: Entwicklung, Struktur und Dogmatik eines ebenenübergreifenden Normensystems*, 2005, 178. Acentuando ainda a subsistência dos diferentes regimes jurídicos nacionais, cf. Astrid Müller-Katzenburg, *Internationale*... op. cit., 102; Anette Hipp, *Schutz*... op. cit., 202-3.

[152] Cf. Anette Hipp, *Schutz*... op. cit., 203.

Tribunal ou à autoridade administrativa de outro Estado que ordene o retorno do bem cultural ilicitamente exportado[153]. Todavia, o pedido de retorno não pode ser fundamentado na exclusiva violação de normas internas de exportação, nem sequer numa exportação ilegal[154], mas deve ser motivado em lesão significativa de interesses prescritos na Convenção[155].

Além disso, existe um tratamento diferenciado entre objectos roubados e objectos exportados ilegalmente[156]. Assim, no caso de devolução ou retorno de bens culturais ilegalmente exportados, a titularidade pode não sofrer qualquer alteração. Preenchido um requisito para solicitar o retorno, porque estava em causa a infracção de normas de exportação, pode suceder que o sujeito adquirente, após exportação ilícita, ao ter de devolver ao país de origem, possa manter a titularidade ou até transferi-la para outra pessoa, por si escolhida, que resida no Estado reclamante, desde que tal seja permitido pelo Estado de origem[157]. Tais dispositivos não invalidam que o Estado requerente de uma devolução ou retorno preveja, na sua legislação interna, o confisco de bem ilicitamente exportado e, como tal, não autorize a subsistência da titularidade. Neste e noutros casos, designadamente quando o possuidor, que o tenha adquirido após exportação, deixe de ter interesse em manter a titularidade, tendo em conta o iminente retorno ao Estado de origem, o possuidor tem direito a receber uma indemnização equitativa desde que, no momento da aquisição, não saiba nem deva razoavelmente saber, que o bem havia sido ilicitamente exportado[158].

Portanto, se compararmos os requisitos de boa fé na exportação ilegal com os requisitos relativos à restituição de bens roubados, constatamos que estes últimos colocam o possuidor numa posição de prudência e de cautela menos

153 Cf. o n.° 1 do artigo 5.° da Convenção.

154 Para a Convenção, o bem cultural é exportado ainda ilicitamente quando a saída tenha sido autorizada, de modo temporário, para fins de exposição, investigação ou restauração e não tenha sido devolvido em conformidade com tal autorização, nos termos do n.° 2 do artigo 5.°.

155 Cf. o n.° 3 do artigo 5.°.

156 Este tratamento não mereceu acolhimento unânime. Assim, Irini Stamatoudi critica a diferença de regime entre bens objecto de furto, de roubo e os bens exportados ilegalmente. Considera totalmente inaceitável prescrever consequências mais gravosas para o furto ou para o roubo. Em sua opinião, pode estar em causa bens idênticos, afectados de modo muito semelhante, devido à violação de normas legais de protecção, em consequência de furto ou de exportação ilegal. "Restitution..." in op. cit., 134-5.

157 Cf. o n.° 3 do artigo 6.°.

158 Cf. o artigo 6.°.

exigente e, por isso, mais favorável[159] do que a situação anterior, em que o possuidor podia adquirir um bem que não havia sido roubado, mas alienado em violação de normas de exportação pelo legítimo proprietário.

Além de normas de prescrição exigindo que os pedidos de retorno sejam apresentados no prazo de três anos, a contar do conhecimento do Estado requerente[160], prevê-se a exclusão da obrigação de retorno em caso de alteração da legislação relativa à exportação de bens culturais, se houver exportação em vida do seu criador ou se ocorrer no período de 50 anos após a sua morte[161]. Deve ainda referir-se a admissão de regras mais favoráveis em matéria de restituição ou retorno de bens culturais roubados ou ilicitamente exportados[162], que justifica a restituição, sem entrega de indemnização ao adquirente de boa fé[163].

4.7. *As consequências no Direito Interno*

A ratificação das Convenções da UNESCO e do UNIDROIT provocaram consequências inegáveis para o Direito interno dos Estados signatários. Veremos, de seguida, os efeitos de tal ratificação bem como a sua indirecta influência no Direito Comunitário.

Quanto a este último aspecto, deve citar-se o Regulamento n.° 116/2009, relativo à Exportação de Bens Culturais[164] e a Directiva n.° 93/7 sobre a Res-

[159] Expressão usada por Georges Droz ao sublinhar as diferenças entre as circunstâncias atinentes à exportação ilícita, por contraste com as circunstâncias próprias do roubo. Acrescenta ainda o seguinte: quando o roubo é conhecido, se o bem for valioso, o proprietário avisa a polícia, a sua seguradora e os mercados são alertados, pelo que as informações podem ficar acessíveis a um eventual comprador Ao passo que na exportação ilícita, o proprietário age com grande discrição, de modo a evitar os ditames do Estado de origem, pelo que se afigura difícil acompanhar todas e quaisquer vicissitudes das colecções privadas. Por isso, se afirma que o adquirente é submetido a uma diligência menos exigente. Cf. "La Convention..." in op. cit., 263.

[160] Cf. o n.° 5 do artigo 5.°.

[161] Cf. o n.° 1 do artigo 7.°.

[162] Cf. o n.° 1 do artigo 9.°.

[163] Para Georges Droz a regra relativa às disposições mais favoráveis não impede que alguns Estados continuem a favorecer o proprietário, quando um pedido de restituição é apresentado no seu território. Desse modo, se um bem roubado em França for encontrado nos Estados Unidos, local da propositura da acção, a legislação americana, favorável ao proprietário francês, permite a restituição, sem indemnização do americano adquirente de boa fé. Cf. "La Convention..." in op. cit., 269.

[164] O Regulamento (CE) n.° 116/2009 do Conselho de 18 de Dezembro de 2008 ao codificar e revogar o Regulamento (CEE) n.° 3911/92 do Conselho de 9 de Dezembro de 1992,

tituição de Bens Culturais que tenham saído ilicitamente do Território de um Estado Membro[165]. Assim, se o Regulamento procura assegurar um controlo uniforme de exportação em fronteiras exteriores, através de uma licença emitida pela autoridade competente do Estado Membro em cujo território se encontra o bem cultural, em 1 de Janeiro de 1993 ou após aquela data[166], a Directiva visa instituir um sistema de restituição de bens culturais que tenham ilicitamente saído do território, após 1 de Janeiro de 1993, em violação do Regulamento ou da legislação interna do Estado Membro[167].

Os citados instrumentos comunitários não distinguem bens culturais roubados e não roubados, nem promovem a restituição de todos os bens objecto de furto ou roubo, mas apenas aqueles que integrem as categorias mencionadas na Directiva. Como tais categorias não correspondem ao universo dos bens culturais e, além disso, não integram a maioria dos bens culturais oriundos de colecções privadas composta por bens não inventariados nem classificados[168], a regulamentação continua a ser parcial. Todavia, a pretensão da Directiva e do Regulamento nunca foi a de harmonizar disposições sobre a protecção de bens culturais dos diversos Estados-membros, uma vez que o Regulamento dispõe sobre um procedimento de devolução uniforme para um determinado núcleo de bens culturais e a Directiva regulamenta o procedimento de autorização para exportação em Estados terceiros, de um conjunto de bens culturais nacionais[169].

Sem prejuízo de zonas de coincidência entre as supra citadas normas da União Europeia e da Convenção UNIDROIT, que motivaram diversas preocupações no sentido da respectiva desconexão[170], cumpre reconhecer que,

encontra-se sujeito à mesma linha de orientação do anterior que foi influenciado, de um modo geral, pelo Direito internacional dos bens culturais.

165 A Directiva n.° 93/7/CEE do Conselho de 15 de Março de 1993 foi alterada pela Directiva n.° 96/100 CE do Parlamento Europeu e do Conselho, de 17 de Fevereiro de 1997 e pela Directiva n.° 2001/38/CE do Parlamento Europeu e do Conselho de 5 de Junho de 2001.

166 Cf. o artigo 2.°.

167 Cf. os artigos 1.°, 2.° e 13.° da Directiva.

168 Trata-se da opinião de Daphné Voudouri, "Circulation et Protection des Biens Culturels dans l'Europe Sans Frontières" in *Révue de Droit Public et de la Science Politique*, n.° 2, 1994, 518.

169 Anette Hipp recorda que o Regulamento não assume nenhuma regulamentação definitiva, face ao conceito de bem cultural e perante os regimes vigentes nos diversos Estados. Apenas os convida a observar determinados princípios. No que respeita à Directiva, sublinha não haver espaço para uma política comercial autónoma dos Estados membros. Cf. *Schutz*... op. cit., 336.

170 Tendo em conta as preocupações expressas por diversos Estados, acerca das relações entre as normas comunitárias e a futura Convenção UNIDROIT, teria sido aprovado o n.° 3 do artigo

além do processo de europeização cultural se encontrar no início[171], o âmbito da Convenção UNIDROIT se afigura mais vasto, pois não partilha os limites ou constrangimentos impostos pela Directiva[172].

Além disso, existem outras diferenças entre as Convenções da UNESCO e do UNIDROIT e o Direito Comunitário que se devem reter. Assim, a Convenção da UNESCO não pretende ser directamente aplicável, mas constituir uma Convenção-quadro[173] com determinações dirigidas aos Estados contratantes, deixando ampla margem para os Estados aprovarem legislação interna adequada. Porque a Convenção não é directamente executável, os Estados podem tomar em consideração, apenas se assim o quiserem, as determinações da Convenção. Portanto, embora se reconheça a sua influência nos Estados, quanto à necessidade de proteger bens culturais[174], a Convenção pressupõe, além da subsequente ratificação, a aprovação de leis internas de execução[175], sob pena de insucesso no que respeita à implementação de medidas destinadas a evitar transferências ilícitas de propriedade.

De modo a implementar as orientações aí vertidas, alguns Estados quiseram transpor a Convenção da UNESCO para a ordem interna. No entanto, a metodologia utilizada não foi idêntica. Enquanto uns escolheram a via da cele-

13.° da Convenção, tendo em conta, nas palavras de Jean-Sylvestre Bergé, a ambiguidade do Direito Europeu, em sede de protecção de bens culturais. "La Convention..." in op. cit., 238 ss..

171 Kerstin Odendahl acentua este aspecto, sublinhando que o Direito da União Europeia é mais recente do que o Direito Internacional dos bens culturais, pelo que a competência cultural é de natureza meramente subsidiária. Assim, a União Europeia não pretende substituir os Estados membros em questões culturais. Cf. *Kulturgüterschutz...* op. cit., 234.

172 Kurt Siehr depois de proceder a uma cuidada comparação entre a Convenção UNIDROIT e a Directiva comunitária conclui existirem zonas onde só a Convenção se aplica, v.g. os objectos roubados que não foram ilegalmente exportados. Por outro lado, quanto às áreas de coincidência, a Convenção contém aspectos mais favoráveis ao retorno de bens culturais do que a Directiva. Cf. "The Protection..." in op. cit., 683.

173 Expressão utilizada por Georges Droz, "La Convention d' UNIDROIT sur le Retour International des Biens Culturels Volés ou Illicitement Exportés" in *Revue Critique de Droit International Privé*, n.° 86, 1997, 246.

174 Pierre Lalive enunciou algumas decisões jurisprudenciais que teriam sido influenciadas pela Convenção, designadamente o célebre caso Danusso, embora reconhecesse que a influência era indirecta, havendo longo caminho a percorrer. Cf. "Sur le Retour des Biens Culturels Illicitement Exportes" in *Nouveaux Itinéraires en Droit: Hommage à François Rigaux*, 1993, 286-7.

175 Esta posição resulta, de modo muito claro, do relatório que Ferrer Correia apresentou no plenário do Instituto de Direito Internacional, na sessão de Basileia de 1991. Ai se referia que a aplicação daqueles preceitos convencionais pelos órgãos dos Estados pressupunha a aprovação de leis de execução. Cf. *A Venda Internacional de Objectos de Arte*, Coimbra, 1994, 29.

bração de acordos bilaterais. de modo a proteger os seus bens e os bens de Estados com os quais tivessem celebrados acordos, outros transpuseram para a ordem interna as determinações da Convenção, sem as fazer depender de contrapartidas de qualquer natureza. Quanto à celebração de acordos bilaterais, a legislação dos Estados Unidos da América é um exemplo paradigmático, ao declarar proteger os bens culturais abrangidos por acordo celebrado com outro Estado[176]. No que respeita à segunda opção, transposição sem exigência de contrapartidas, indica-se a legislação alemã, aplicável de modo expresso, a bens culturais exportados do território de um Estado de forma ilegal, devendo o comprador de boa fé restituir os bens, exigindo indemnização ao Estado requerente[177].

Quanto à Convenção UNIDROIT, coloca-se a questão da uniformidade do Direito[178], pois procura promover um regime uno, em sede de furto e roubo de bens culturais. Nesta perspectiva, entende-se que o respectivo conteúdo pode aplicar-se ao Direito interno dos Estados, porque as normas assumem a natureza de direito material uniforme e, além disso, a própria Convenção determina a aplicabilidade directa[179]. Sendo certo que se encontram na doutrina posições no sentido de demonstrar que a Convenção não pode substituir o direito interno[180], também é verdade que muitos outros se inclinam no

[176] Trata-se da *Convention on Cultural Property Implemention Act* de 1983. Subsequentemente foram celebrados acordos bilaterais com Estados tão diversos como El Salvador, Guatemala, Honduras, Peru, Colômbia, Canadá, Cambodja, Mali, Itália e Chipre.

[177] Cf. o § 10.° da *Kulturgüterrückgabegesetz* (KultGüRückG) de 8 de Julho de 1999, alterada em 18 de Maio de 2007.

[178] Para um aprofundamento deste assunto, cf. STEFANIA BARIATI, *Interpretazione delle Convenzioni Internazionali di Diritto Uniforme*, 1986, 18 ss.; ULRICH DROBNIG, "The UNIDROIT Principles in the Conflict of Laws" in *Uniform Law Review*, n.° 2, 1998, 385 ss.; CHARALAMBOS PAMBOUKIS, "Droit International Privé Holistique: Droit Uniforme et Droit International Privé" in *Recueil des Cours*, 2007, 157 ss.; CAMILLA BAASCH-ANDERSEN, "Defining Uniformity in Law" in *Uniform Law Review*, 2007, 5 ss..

[179] Cf. "What is the difference between 1970 UNESCO Convention and 1995 UNIDROIT Convention?" In http://portal.unesco.org/culture/en/ev.php-URL_ID=36294&URL.

[180] Frédéric-Edouard Klein reage negativamente à aplicação directa, sublinhando que a própria Convenção UNIDROIT acomoda uma pluralidade de soluções, como se demonstra no preâmbulo, na interpretação dos trabalhos preparatórios e no artigo 9.°, quando determina a aplicação de regras mais favoráveis. Cf. "En relisant..." in op. cit., 270. Marilú Marletta aponta diversos aspectos do texto da Convenção UNIDROIT que não evitam a intervenção do direito interno dos Estados, designadamente no que respeita ao que se deva entender por expressões tão diversas como aquisição de boa fé ou aquisição *a non domino*. Além disso, a subsistência de um regime mais rigoroso, permitido pelo artigo 9.°, indica que as normas da Convenção podem ser afasta-

sentido de promover tal aplicabilidade[181]. Aliás, por causa da viabilidade desta orientação é que se assiste à recusa sistemática de ratificação por parte de Estados com importante património cultural trazido, no passado, para o seu território[182].

O direito material uniforme comporta importantes e inevitáveis consequências. Se a Convenção UNIDROIT promove a restituição do bem cultural, se existe aplicabilidade directa, pode constatar-se a correlativa adopção de um princípio inverso à posse vale título, um princípio que privilegia a restituição do bem, em detrimento da aquisição *ex novo*, por via da situação possessória. Sendo certo que a Convenção não tem a pretensão de reger toda a propriedade mobiliária, mas apenas os bens roubados ou ilicitamente exporta-

das por normas internas. Cf. *La Restituzione dei Beni Culturali*, 1997, 183 ss.; De modo semelhante, Jean-Sylvestre Bergé defende que a Convenção precisa o papel destinado às leis nacionais, mostrando, em diversos domínios, v.g. a prescrição, o processo aplicável em sede de restituição e retorno dos bens culturais, a necessidade de recurso às leis nacionais, como isso é importante. Cf. "La Convention..." in op. cit., 245-6. Marc-André Renold equipara a Convenção UNIDROIT à Directiva Comunitária afirmando prosseguirem idênticos objectivos. Assim, enquanto a Convenção procura proceder a unificação mundial, a Directiva visa uma unificação regional. Cf. "Interaction entre l'Intégration Régionale et l' Harmonisation Mondiale: Quelques Réflexions à Propôs des Biens Culturels" in *Uniform Law Review*, n.° 1, 2003, 583.

181 Kurt Siehr defende que a Convenção UNIDROIT é um instrumento "self-executing" cujas determinações podem ser aplicadas, sem posterior implementação da legislação interna de um Estado. Cf. "A Special Regime for Cultural Objects in Europe" in *Uniform Law Review*, n.° 1, 2003, 562. De modo semelhante, quantos aos efeitos da Convenção UNIDROIT, cf. Marc-André Renold, "Interaction entre l'integration régionale et l'harmonisation mondiale: quelques réflexions à propôs des biens culturels" in *Uniform Law Review*, n.° 1, 2003, 581 ss.. Noutra perspectiva, Lyndell Prott sustenta que a Convenção UNIDROIT permite que um proprietário possa reivindicar, directamente, no tribunal de outro Estado, o bem cultural que lhe havia sido roubado. Cf. "Unesco and Unidroit: A Partnership against Trafficking an Cultural Objects" in *Uniform Law Review*, n.° 1, 1996, 69-70. Joannis Voulgaris defende que a Convenção UNIDROIT não visa proteger apenas os interesses dos Estados, mas permite proteger os particulares roubados ou espoliados que podem, sem apoio do Estado e contrariamente à Convenção de 1970, requerer directamente a restituição de bens culturais. Cf. "Les Principaux Problèmes Soulevés Par L'Unification du Droit Régissant Les Biens Culturels" in *Uniform Law Review*, n.° 1, 2003, 544. Partilhando um ponto de vista semelhante sobre a possibilidade do particular requerer a restituição de um bem cultural roubado, cf. Guido Carducci, "Complementarité entre les Conventions de l'UNESCO de 1970 et d'UNIDROIT de 1995 sur Les Biens Culturels" in *Uniform Law Review*, 2006, 99.

182 Joannis Voulgaris indica o caso da Grécia, que se recusa a ratificar a Convenção UNIDROIT pois discorda de diversos aspectos, designadamente da recusa de devolução das peças de mármore do Parténon, à guarda do Museu Britânico, nem da omissão deste e de outros assuntos na Convenção. "Les Principaux..." in op. cit., 549-50.

dos, defende-se, no entanto, que aquele regime protector representa um regime derrogatório das normas do Código Civil relativas a aquisição de bens móveis.

Bem sabemos que esta orientação não tem merecido consenso, na sua amplitude nem no respectivo alcance. Uns defendem a existência de um paralelismo com regimes que excepcionam da posse vale título os bens roubados, ainda que adquiridos por terceiro de boa fé[183], outros equiparam tal regime à excepção sobre bens dominiais[184]: Uma terceira via admite que o alcance seja mais vasto. Neste sentido, defende-se a necessidade de avaliar a boa fé do adquirente, com maior rigor ou até recusar, pura e simplesmente, a protecção do adquirente de boa fé. Aceitando este pressuposto, Marco Comporti defende que a aplicação do artigo 1153.° do Código Civil italiano, relativo à posse vale título, deve ser afastada do regime dos bens culturais, uma vez que se lhes deve atribuir um estatuto unitário, de modo a promover a sua efectiva protecção[185]. Comporti sustenta, noutro estudo, que a entrada em vigor e consequente ratificação italiana da Convenção UNIDROIT representa a adopção de um novo princípio de circulação de bens culturais que justifica, por si só, a superação do regime da posse vale título consagrado no Código Civil italiano[186].

Depois deste percurso, cumpre indagar se tal raciocínio apresenta consistência para ser defendido noutros regimes jurídicos que adoptaram o modelo da posse vale título, embora sem a radicalidade do Direito italiano. Efectivamente, apesar de termos integrado o Direito francês, o Direito alemão e o Direito Espanhol no modelo da posse vale título, temos de reconhecer que nenhum deles apresenta a radicalidade do Direito italiano, ao conferir máxima protecção ao terceiro adquirente de boa fé. De qualquer modo, tendo em conta

[183] Pierre Lalive d' Epinay defende que a solução contida na Convenção UNIDROIT não significa, verdadeiramente, a adopção da regra romanística "*nemo dat quod non habet*", adoptada, mais tarde, pelos países da Common Law. Significa antes algo de similar a regimes que, apesar de integrarem o modelo da posse vale título, consagram uma excepção dirigida a bens objecto de roubo ou furto. "Une Avancée..." in op. cit., 50.

[184] Cf. JEAN-SYLVESTRE BERGÉ, "Convention..." op. cit., 250.

[185] Acentuando o aspecto da infungibilidade dos bens culturais, apoiando-se no afastamento do artigo 1153.°, tendo em conta a exclusão permitida pelo artigo 1156.°, sustenta a necessidade de o legislador promover a circulação lícita de bens culturais. Por isso, considera não ser admissível conceber transacções de bens culturais assentes no mero apossamento de um bem por terceiro de boa fé. Cf. "Per Una Diversa Lettura Dell'Art. 1153 Cod. Civ. A Tutela Dei Beni Culturali" in *Scritti in Onore di Luigi Mengoni*, 1995, 416 ss..

[186] Cf. MARCO COMPORTI, "Il Codice Civile Italiano e la Convenzione UNIDROIT" in *Protezione Internazionale del Patrimonio Culturale: Interessi Nazionali e Difesa del Patrimonio Comune della Cultura*, coord. por Francesco Francioni, Angela Del Vecchio e Paolo De Caterini, 2000, 160-161.

a solução adoptada ao procurar aproximar aspectos dos diversos dos regimes aquisitivos, na prossecução da protecção do bem cultural, entendemos que aquele raciocínio é aplicável aos países que, adoptando o modelo aquisitivo da posse vale título, ratificaram a Convenção UNIDROIT.

Suscita-se ainda a questão de saber, no que respeita a bens culturais na titularidade do Estado, os denominados bens públicos, se existe um regime especial em sede de devolução do bem, após compra em boa fé. Julgamos dever recusar a ideia. Devia ser o vendedor a avisar o comprador que se tratava de um bem público, embora o comprador tivesse de agir com especial cuidado na aquisição do bem[187]. A esse propósito, suscita-se a questão de saber se a Directiva Comunitária pode bloquear o Direito nacional posterior e, assim, impedir maiores restrições à transmissibilidade, tendo justamente em conta a afectação pública de bens culturais[188].

Em suma, embora a ratificação das Convenções supra citadas não signifique a adopção de um unívoco regime protector, tanto mais que as Convenções não promovem aquele objectivo, somos do entendimento de que a ratificação da Convenção UNIDROIT acarreta inegáveis consequências para os países que consagraram soluções mais favoráveis de protecção do terceiro de boa fé. Daí que nos surpreendamos com a reticência de países que ratificaram a Convenção, vg. a França ou a Espanha, no sentido de evitar promover o modelo aquisitivo da posse vale título.

Conclusões

Após justificar a autonomia de um regime de compra e venda de bens culturais e de destacar diversos modelos aquisitivos, designadamente o do justo título, *Hand wahre Hand*, posse vale título e presunção ilidível, estudámos os regimes de excepção, designadamente os dos bens dominiais e bens valiosos.

Posteriormente, entendemos os bens culturais móveis como objecto de apossamento ou de apropriação que, por isso, não se devem restringir a bens de titularidade pública ou a bens integrantes no domínio público. Devem

[187] Cf. Anette Hipp, *Schutz*… op. cit., 379. De modo semelhante, cf. Kerstin Odendahl, *Kulturgüterschutz*… op. cit., 317.

[188] Anette Hipp defende a desaplicação da lei nacional posterior, funcionando o efeito de bloqueio da Directiva, embora reconheça que a Directiva deixa alguma maleabilidade neste aspecto, tendo em conta o seu artigo 12.°. Cf. *Schutz*… op. cit., 379.

incluir bens de titularidade privada. Além disso, o universo dos bens culturais não se deve limitar aos bens classificados ou em vias de classificação mas abrange bens não classificados ou inventariados que cabem na noção ampla de bem cultural.

Além disso, entendemos que a Convenção UNIDROIT promove um modelo aquisitivo que privilegia a subsistência da titularidade, em detrimento das pretensões do adquirente de boa fé. Por isso, afasta-se, em muito, tanto do modelo da posse vale título como do modelo da presunção de titularidade. Daí que a ratificação da Convenção UNIDROIT por Estados que adoptaram o modelo da posse vale título ou da presunção de titularidade implica, necessariamente, no que respeita a bens culturais classificados ou não classificados, a derrogação dos respectivos regimes aquisitivos.

Uma brevíssima incursão pelos incidentes de qualificação da insolvência

DR. RUI ESTRELA DE OLIVEIRA

> *Ora o homem encontra realmente em si mesmo uma faculdade pela qual se distingue de todas as outras coisas, e até de si mesmo, na medida em que ele é afectado por objectos; essa faculdade é* a razão.
>
> Immanuel Kant, *Fundamentação da Metafísica dos Costumes.*

SUMÁRIO: *I – Introdução. II – Caracterização preliminar do incidente e primeiras questões. III – A tramitação processual: A) O incidente pleno de qualificação da insolvência; B) O incidente limitado de qualificação da insolvência. IV – A insolvência culposa: A) Âmbito subjectivo; B) Âmbito objectivo: 1. O comportamento doloso ou com culpa grave; 2. As presunções; 3. As sanções. V – A insolvência fortuita.*

I – **Introdução**

Encontra-se socialmente enraizada a ideia de que a personalidade colectiva, designadamente sob a forma de sociedades comerciais, é, amiúde, utilizada por pessoas individuais, na maioria dos casos por pessoas a ela ligadas, como sócios ou administradores, como um meio de ilegítimo aproveitamento pessoal em detrimento, quer dos interesses da pessoa colectiva, quer dos credores desta.

Os comportamentos de aproveitamento verificam-se de facto e aquela ideia socialmente enraizada não anda longe da verdade. Mas existem outros comportamentos que, tal como estes, maltratam as pessoas colectivas e dentro destas as empresas, nomeadamente, as que se formalizaram juridicamente como sociedades comerciais. Referimo-nos aos comportamentos de incúria, desleixo e negligência que, apesar de mais dificilmente detectáveis socialmente, não deixam de gerar, igualmente, danos relevantes, designadamente na economia.

Em face de uma ilícita situação de aproveitamento ou de negligência, geradora de danos ocorridos na esfera jurídica da sociedade ou dos credores, o ordenamento jurídico põe ao dispor dos interessados diversos meios, como, por exemplo, as acções a propor contra os administradores de sociedades comerciais previstas nos artigos 75.°, n.° 1 (acção da sociedade), 77.°, n.° 1 (acção social de sócio), 78.°, n.° 1 (acção de credor da sociedade) e n.° 2 (acção sub-rogatória de credor da sociedade), do Código das Sociedades Comerciais. Especificamente quanto aos interesses dos credores, para além da acção citada, da responsabilidade civil extracontratual e contratual (artigos 483.° e seguintes e 790.° e seguintes do Código Civil) e da impugnação pauliana (artigos 610.° e seguintes do mesmo diploma), os credores podem ainda valer-se da conceptualização doutrinal quanto à desconsideração da personalidade colectiva[1].

Na pior das hipóteses, no entanto, tal aproveitamento ou tal negligência pode conduzir, e muitas vezes conduz, à insolvência da empresa, ou seja, à impossibilidade de esta cumprir as suas obrigações vencidas.

A insolvência da empresa apresenta-se, do ponto de vista económico e social, como um facto especialmente danoso e se é certo que a sua produção ou agravação pode dever-se a uma multiplicidade de causas, mais certo será que quando a mesma se deve a uma actuação censurável dos seus titulares, estes devem ser responsabilizados.

Sensível a tal realidade e procurando evitar que abrir e fechar empresas colocadas em situação de insolvência continuasse a assumir contornos de *rotina empresarial* – com o inevitável lastro de dívidas a outras empresas e cidadãos que a empresa inviabilizada e abandonada deixa no seu lugar –, o legislador, através do Decreto-Lei n.° 53/2004 de 18 de Março, que procedeu à reforma do

[1] Anota-se o esforço da doutrina na conceptualização de instrumentos que permitam uma efectiva afirmação da justiça material em detrimento da justiça meramente formal, podendo salientar-se o problema da eventual desconsideração da personalidade colectiva como paradigmático, em face da inexistência de uma solução *desconsiderante* legal geral. Sobre o tema, cf., entre outros, Coutinho de Abreu, *Curso de Direito Comercial*, V. II, *Das Sociedades* (2.ª reimpressão da edição de 2002), 2003, 174 ss., Alexandre Soveral Martins, *Estudos de Direito das Sociedades*, AAVV, 8.ª ed., 2007, 105-108. No âmbito das sociedades por quotas unipessoais, propondo a extensão teleológica de uma solução *desconsiderante* legal pontual, cf. Ricardo A. S. Costa, *A Sociedade por Quotas Unipessoal no Direito Português*, 2002, especialmente, 677 ss. Sobre o recurso à desconsideração da personalidade colectiva no confronto com os demais meios apontados, cf. Maria de Fátima Ribeiro, in *Cadernos de Direito Privado*, n.° 27, Julho/Setembro, 2009, 35 ss.

processo de recuperação de empresas e falência, aprovando o Código da Insolvência e da Recuperação de Empresas (CIRE)[2-3], fixou o *objectivo* de obter "uma maior e mais eficaz responsabilização dos titulares de empresa e dos administradores de pessoas colectivas"[4]. Para tal, instituiu o regime dos *Incidentes de Qualificação da Insolvência*, regulado nos artigos 185.° a 191.° do novo código.

II – Caracterização preliminar do incidente e primeiras questões

1. Não tendo primado pela originalidade – o incidente surge por influência e, por vezes, decalcado da espanhola *Ley Concursal* de 9 de Julho de 2003[5] –, o legislador ainda assim inovou, introduzindo no processo de insolvência um *incidente processual típico obrigatório* destinado ao julgamento e eventual punição, mediante sanções civis, dos responsáveis pela ocorrência de insolvências culposas.

Os incidentes de qualificação da insolvência encontram-se regulados, como já foi referido, nos artigos 185.° a 191.° do Título VIII do Código da Insolvência e da Recuperação de Empresas, encontrando-se as normas contidas naqueles dispositivos distribuídas por três capítulos. O primeiro capítulo, com três artigos – 185.°, 186.° e 187.° –, versa sobre aquilo que o legislador designou por *disposições gerais* e que, por isso, conterá normas potencialmente aplicáveis, quer à tramitação processual prevista no segundo capítulo, designado por *incidente pleno de qualificação da insolvência* – artigos 188.°, 189.° e 190.° –, quer à tramitação processual prevista no terceiro, designado por *incidente limitado de qualificação da insolvência* – artigo 191.°. São três as sanções potencialmente aplicáveis: (i) a inabilitação do responsável; (ii) a interdição do responsável para o exercício do comércio, para a ocupação de qualquer cargo de titular de órgão de sociedade comercial ou civil, associação ou fundação privada de actividade económica, empresa pública ou cooperativa; e (iii) a perda de quaisquer créditos sobre a insolvência ou sobre a massa insolvente detidos

[2] Posteriormente alterado pelos Decretos-Lei n.os 200/2004, de 18 de Agosto, e 282/2007, de 7 de Agosto.

[3] E que revogou o Código dos Processos Especiais de Recuperação da Empresa e de Falência, aprovado pelo Decreto-Lei n.° 132/93 de 23 de Abril.

[4] In Preâmbulo do Decreto-Lei n.° 53/2004, de 18 de Março.

[5] Ley 22/2003, de 9 de Julio, Concursal – BOE num. 164 de Jueves, 10 Julio de 2003.

pelas pessoas afectadas pela qualificação e a sua condenação na restituição dos bens ou direitos já recebidos em pagamento desses créditos.

A forma como se encontra sistematizada a matéria permite estabelecer, desde logo, a distinção legal, de cariz processual, entre o *incidente pleno de qualificação da insolvência* e o *incidente limitado de qualificação da insolvência*. De cariz processual porque são essencialmente processuais os traços distintivos entre as referidas figuras, como adiante se verá.

Por outro lado, e perscrutando o texto da lei, logo o artigo 185.°, inserido no Capítulo I, nos diz que são dois os tipos de insolvência: a *culposa* e a *fortuita*. Os vários elementos definidores da insolvência culposa encontram-se previstos no artigo 186.°, onde, para além de uma previsão genérica e abstracta contida no n.° 1, se estabelece, nos n.os 2 e 3, um conjunto de presunções conducentes ao conceito de culpa definido naquele n.° 1. São duas as ideias que ressaltam de uma primeira leitura da norma em questão. Em primeiro lugar, a distinção entre a insolvência culposa e a insolvência fortuita assume um cariz nitidamente substantivo. Em segundo lugar, a insolvência deverá qualificar-se como fortuita quando, em face do disposto no artigo 186.°, não for possível qualificá-la como culposa.

A forma como as duas distinções se conjugam afigura-se cruzada, pois, quer estejamos perante o incidente pleno, quer perante o incidente limitado, a decisão poderá assumir qualquer um dos sentidos substantivos apontados – culposa ou fortuita.

2. De acordo com os artigos 185.° e 186.°, n.° 1 do CIRE, a insolvência é *culposa* ou *fortuita*, sendo culposa quando a situação tiver sido criada ou agravada em consequência da actuação, dolosa ou com culpa grave, do devedor, ou dos seus administradores, de direito ou de facto, nos três anos anteriores ao início do processo de insolvência.

Em termos de responsabilização dos titulares de empresas, o Código dos Processos Especiais de Recuperação da Empresa e de Falência (CPEREF) previa, por um lado, os termos processuais que deveriam ser observados pelo juiz logo que, no processo, houvesse conhecimento de factos que indiciassem a prática de algum dos crimes previstos e punidos nos artigos 227.° a 229.° do Código Penal – regulamentação da indiciação de infracção penal que subsiste no novo código (CIRE) nos artigos 297.° a 300.°. Por outro lado, o CPEREF sancionava automática e directamente *o próprio visado* pela declaração de falência, quer se tratasse de pessoa individual, quer de pessoa colectiva, nos termos do artigo 148.°, n.° 1, determinando a privação do *falido*, após a declaração de falência, da administração e do poder de disposição dos seus bens presentes ou futuros e a sua inibição para o exercício do comércio, incluindo a possibilidade de ocupação de qualquer cargo de titular de órgão de sociedade comercial ou civil, associação ou fundação privada de actividade económica, empresa pública ou cooperativa, sendo que neste último caso, e por força da alínea *d*), do n.° 1, do artigo 238.°, quando não tivesse sido instaurado procedimento criminal e o juiz reconhecesse que o devedor tinha agido no exercício da sua actividade com lisura e diligência normal, poderia tal inibição ser levantada por este no próprio processo de falência.

Quanto aos gerentes, administradores ou directores, ou gerentes ou administradores de facto, apenas poderiam ser inibidos nos termos descritos na verificação conjugada dos pressupostos previstos nos artigos 148.°, n.° 1, 126.°-A, n.° 2 e 126.°-B do código revogado, ou seja, se estes tivessem contribuído significativamente para a insolvência da sociedade através da prática dos factos descritos na lei (126.°-A do CPEREF) ou se fossem declarados civilmente responsáveis nos termos do Código das Sociedades Comerciais (126.°-B do CPEREF)[6]. Apesar de não se tornar necessária uma efectiva responsabilização do administrador ou gerente pelo passivo social nos termos do n.° 1 do artigo 126.°-A do CPEREF: os factos mencionados no n.° 2 da citada norma revogada funcionavam como pressupostos autónomos relativamente à inibição prevista no n.° 2 do artigo 148.°, podendo levar à inibição sem que houvesse uma efectiva responsabilização pelo passivo, pois esta estava dependente da iniciativa do Ministério Público ou de algum credor nesse sentido – cf. artigo 126.°-A, n.° 1 do CPEREF.

No entanto, podia entender-se, e era entendido na prática dos tribunais, que nada na lei obrigava o juiz a pronunciar-se sobre a questão da inibição dos gerentes e administradores prevista no artigo 148.°, n.° 2 do CPEREF no caso de se entender que inexistiam factos que permitissem tal subsunção e no caso de a questão não ter sido suscitada pelo Ministério Público ou por algum credor. Tal entendimento levou a que, na prática, a análise e enquadramento dos factos disponíveis no processo em face do disposto nos artigos 148.°, n.° 2 e 126.°-A, n.° 2 do CPEREF fosse subvalorizada e negligenciada. Se o juiz entendesse que inexistiam factos que permitissem tal subsunção e a questão não tivesse sido suscitada pelo Ministério Público ou por algum credor, a questão não era abordada.

[6] Cf., entre outros, os Acórdãos do Tribunal da Relação do Porto de 28.06.2001, de 21.12.2004 e de 06.06.2005, in *www.dgsi.pt*, relatados, respectivamente, por Leonel Serôdio, Emídio Costa e Pinto Ferreira.

A disciplina da qualificação da insolvência ao configurar o incidente como obrigatório, pois é instaurado oficiosamente, constituindo a *declaração de abertura do incidente*, de acordo com o artigo 36.°, alínea *i*) do CIRE, uma das declarações obrigatórias a emitir pelo juiz na sentença que declara a insolvência, vem determinar uma nova abordagem da questão, colocando o problema da repressão do responsável pela insolvência no centro do respectivo processo.

Para além do aspecto processual evidenciado, o legislador, como já se deixou perceber, eliminou a distinção, para efeitos sancionatórios, entre os visados pela declaração de insolvência e os administradores ou gerentes, de direito ou de facto. Agora todos eles estão sujeitos ao mesmo regime e, eliminando a aplicação directa e automática da sanção ao próprio devedor, como se encontrava previsto no n.° 1 do artigo 148.° do CPEREF, o legislador veio subordinar a aplicação de uma sanção inibitória a um nexo de imputação dos factos à conduta a título de dolo ou culpa grave[7].

3. Como traço geral, cumpre ainda mencionar a referência do legislador a acções conexas com a matéria factual que se discute nos incidentes em análise e ao valor que se deve atribuir à decisão de qualificação. A norma ínsita no

[7] Catarina Serra, in *As Novas Tendências do Direito Português da Insolvência – Comentário ao Regime dos Efeitos da Insolvência sobre o Devedor no Projecto de Código da Insolvência, Comunicações sobre o Anteprojecto do Código, Código da Insolvência e da Recuperação de Empresas*, 2004, 43, afirma que "este é um regime mais eficiente, porque o efeito produz-se *apenas quando se justifica* – consegue-se a isenção automática dos sujeitos sem culpa – e mais justo, porque o efeito justifica-se *sempre que existe culpa* do sujeito – acaba-se com a possibilidade de isenção dos sujeitos sem mérito. Restabelece-se, então, a correspondência entre o regime do efeito e a função sancionatória que sempre se lhe atribuiu". Concordamos com a valoração expendida pela autora, não se podendo, no entanto, concordar com a qualificação que a autora atribui à medida prevista no artigo 199.° do Código de Processo Penal, na nota 57, 43, da obra citada – *sanção penal avulsa para os arguidos em acção penal em geral*. O artigo 199.° do Código de Processo Penal, sob a epígrafe *suspensão do exercício de profissão, de função de actividade e de direitos*, prevê uma medida de coacção, a aplicar em processo penal, reunidos que se encontrem os pressupostos específicos e gerais previstos na lei. Como *medida de coacção* que é, caracteriza-se pelo pendor *coactivo* e *preventivo* e não *sancionatório*, nunca subsistindo para lá do trânsito em julgado da sentença. Aliás, é de notar que o artigo 65.°, n.° 2 do Código Penal dispõe que "a lei pode fazer corresponder a certos crimes a proibição do exercício de determinados direitos ou profissões". No entanto, o Código Penal não prevê qualquer *pena acessória*, de aplicação directa e necessária, para os arguidos que sejam condenados pela prática de um dos crimes previstos e punidos pelo disposto nos artigos 227.° (insolvência dolosa), 228.° (insolvência negligente) e 229.° (favorecimento de credores) – cf. *infra* o que se expõe sobre a interpretação dos artigos 66.°, n.° 2 e 100.° do Código Penal. Assim, pode afirmar-se que a lei penal não proíbe o exercício do comércio ou indústria como efeito directo e necessário da prática de um dos crimes apontados.

artigo 185.°, depois de qualificar substantivamente as insolvências, vem afirmar que "(...) a qualificação atribuída não é vinculativa para efeitos da decisão de causas penais, nem das acções a que se reportam os n.os 2 e 3 do artigo 82.°".

Pensamos que a disposição em causa deve ser interpretada com cautelas.

Em primeiro lugar, as ressalvas vêm afirmar, não o princípio da autonomia da decisão de qualificação de insolvência relativamente às acções referidas, mas a *autonomia destas acções* relativamente às decisões a proferir no incidente de qualificação. Em rigor, nenhum preceito impõe a autonomia do incidente relativamente a decisões proferidas em processo penal ou relativamente a decisões proferidas nas acções a que se referem os n.os 2 e 3 do artigo 82.°. Diga-se, aliás, que relativamente às decisões penais o CIRE pressupõe o seu aproveitamento quando preceitua, no artigo 300.°, n.° 1, que "deve ser remetida ao tribunal da insolvência certidão do despacho de pronúncia ou de não pronúncia, de acusação e de não acusação, da sentença e dos acórdãos proferidos no processo penal"[8]. Ou seja, o legislador atribui à *decisão/decisões* do incidente um determinado valor probatório. Daí que a autonomia tenha sido consagrada não no sentido *causas penais e acções do artigo 82.°, n.os 2 e 3 do CIRE → incidente de qualificação da insolvência*, mas no sentido *incidente de qualificação da insolvência → causas penais e acções do artigo 82.°, n.os 2 e 3 do CIRE.*

Em segundo lugar, consideramos que o legislador pretendeu atribuir à expressão *a qualificação não é vinculativa* um duplo sentido. Por um lado, um sentido *factual*, por outro lado, um sentido *jurídico-conclusivo*.

Assim, a *decisão factual* proferida no incidente não é vinculativa para o juiz da causa penal e para o juiz das acções previstas no artigo 82.°, n.os 2 e 3 do CIRE. No caso de ter havido uma decisão que tenha qualificado a insolvência como culposa, os factos dados por provados no incidente e que fundamentaram a decisão não têm naquelas outras causas e acções qualquer valor específico – o juiz destas acções está livre para considerar como não provados factos que no incidente foram dados por provados. No caso de a insolvência ter sido, no incidente, considerada fortuita, o juiz não fica impedido de considerar como provados factos que no incidente foram considerados como não provados ou que sobre os quais nem sequer incidiu qualquer decisão factual.

Quanto às causas penais, tendo em conta os princípios da oralidade e da imediação que enformam o processo penal e que surgem concretizados na necessidade, excepcionalmente contornável, de toda a prova ser produzida em sede de audiência de discussão e julgamento, e o princípio da livre apreciação

[8] Atente-se, no entanto, o que se expende no ponto 4., nota 15.

da prova, traduzido na ideia de que a prova é apreciada segundo as regras da experiência e a livre convicção da entidade competente – cf. artigo 127.° do Código de Processo Penal –, os factos dados por provados e os factos dados por não provados nos incidentes nunca poderiam ser dados por provados ou por não provados, automaticamente, no processo penal. Ou seja, quer os factos permitam ao tribunal criminal qualificar a insolvência como culposa, quer não permitam, quer a decisão proferida no incidente conclua pelo carácter culposo ou fortuito da insolvência, decorre dos princípios gerais do processo penal que o tribunal criminal não pode estar sujeito aos factos dados por provados no incidente. O princípio da presunção da inocência até ao trânsito em julgado da decisão penal condenatória, plasmado no artigo 32.°, n.° 2 da Constituição da República Portuguesa, não permitiria, quanto aos factos dados por provados, diversa interpretação. Por outro lado, a circunstância de não se terem dado por provados *factos* que permitam concluir pelo carácter culposo da insolvência – porque não foram considerados ou porque mereceram a resposta de não provados -não impede que o eventual responsável venha a ser condenado pela prática de um dos crimes previstos nos artigos 227.° (insolvência dolosa), 228.° (insolvência negligente) e 229.° (favorecimento de credores) do Código Penal.

Quanto às acções previstas no artigo 82.°, n.ºs 2 e 3 do CIRE, entendemos que o legislador também não quis vincular o juiz destas acções aos *factos* dados por provados ou dados por não provados no incidente de qualificação[9]. A razão prende-se com a diferença existente entre os pressupostos fundamentadores da responsabilidade civil, instituto convocado nas acções mencionadas no artigo 82.° do CIRE, e os pressupostos da qualificação da situação de insolvência, que condiciona a abordagem que o tribunal fará à matéria de facto considerada pertinente. Assim, e também aqui, a circunstância de não se terem dado por provados *factos* que permitam concluir pelo carácter culposo da insolvência não impede que o eventual responsável venha a ser condenado no pedido deduzido numa das acções previstas nos n.ºs 2 e 3 do artigo 82.° do CIRE.

Mas o juiz também não pode estar sujeito às *conclusões jurídicas*, designadamente, à qualificação atribuída – se culposa ou se fortuita. E neste ponto o carácter literal da norma afigura-se suficiente para se concluir neste sentido, a

[9] Repare-se que o legislador, na motivação preambular ao Decreto-Lei n.° 53/2004, de 18 de Março, que aprovou o Código da Insolvência e da Recuperação de Empresas, afirma, no ponto 40, no quinto parágrafo que "o incidente destina-se a apurar (*sem efeitos* quanto ao processo penal ou à *apreciação da responsabilidade civil*) se a insolvência é fortuita ou culposa (...)" (itálicos nossos).

não ser que se considerasse a questão a decidir no incidente, no tocante à causa penal referida na ressalva, como uma *questão prejudicial* da decisão penal.

É que o processo penal é *suficiente*, sendo o "lugar adequado ao conhecimento de *todas* as questões cuja solução se revele necessária à decisão a tomar"[10] – cf. artigo 7.°, n.° 1 do Código de Processo Penal. Apenas não será assim, surgindo então a excepção, "quando, para se conhecer da existência de um crime, for necessário julgar qualquer questão não penal que não possa ser convenientemente resolvida no processo penal", podendo, neste caso, "o tribunal suspender o processo para que se decida esta questão no tribunal competente" – cf. artigo 7.°, n.° 2 do Código de Processo Penal. Neste âmbito, tem-se entendido que tal sucede quando a questão a decidir seja *prejudicial* relativamente ao objecto de um concreto processo-crime, implicando o conhecimento de um elemento constitutivo do crime e, portanto, de um elemento que decida da condenação ou absolvição do arguido, e quando o tribunal verifique que a questão não pode ser convenientemente decidida no processo penal[11].

Perante este quadro, cremos que o legislador do novo código da insolvência pretendeu afirmar, de antemão, a *não prejudicialidade* da questão da qualificação relativamente ao processo penal, designadamente, quanto ao conhecimento da prática dos crimes previstos e punidos nos artigos 227.°, 228.° e 229.° do Código Penal. Interpretada a ressalva em causa no sentido exposto, fica o juiz penal *impedido* de suspender a prolação da decisão penal com fundamento na pendência de incidente da qualificação da insolvência, pois a questão a decidir neste incidente *não é prejudicial relativamente à decisão penal*. Tendo em conta que a decisão sobre a prejudicialidade da questão relativamente à decisão penal será decidida no processo penal, estamos perante uma norma especialmente dirigida ao juiz penal, aplicável no respectivo processo. Por outro lado, o Ministério Público não está impedido de iniciar o procedimento criminal antes do trânsito em julgado da decisão final do incidente, nem pode invocar o carácter *fortuito* da insolvência para arquivar ou não iniciar o competente procedimento – decisões que devem sempre ser tomadas ao abrigo do princípio da legalidade – cf. artigos 262.°, n.° 2 e 283.°, n.° 1 do Código de Processo Penal. Daí que, por este ponto de vista, também estamos perante uma norma especialmente dirigida ao titular do inquérito criminal, aplicável no respectivo processo e antes dele.

[10] Jorge de Figueiredo Dias, *Direito Processual Penal, Lições coligidas por Maria João Antunes*, 1988/89, 110.

[11] Neste sentido, Jorge de Figueiredo Dias, *Direito Processual Penal*, Lições coligidas por Maria João Antunes, 1988/89, 117.

No que toca às acções referidas no artigo em análise – artigo 185.º: "... nem das acções a que se reporta o n.º 2, do artigo 82.º..." –, também podemos admitir que o legislador quis, de antemão, afirmar a *não prejudicialidade* da questão da qualificação relativamente à decisão a proferir naquelas. A interpretação do disposto no artigo 279.º, n.º 1 do Código de Processo Civil[12], permite afirmar que é uma causa prejudicial "toda aquela cuja resolução constitui pressuposto necessário da decisão de mérito, quer esta necessidade resulte da configuração da causa de pedir, quer da arguição ou existência duma excepção, peremptória ou dilatória, quer ainda do objecto de incidentes em correlação lógica com o objecto do processo, e seja mais ou menos directa a relação que ocorra entre essa questão e a pretensão ou o *thema decidendum*"[13]. Porventura ciente do carácter genérico da norma constante do artigo 279.º, n.º 1, do Código de Processo Civil, e pretendendo obviar à tentação de se determinar a suspensão da instância com fundamento na pendência do incidente de qualificação, o legislador atalhou caminho e, com este enquadramento, afirmou a autonomia destas acções relativamente ao incidente de qualificação.

Mas uma outra razão se pode adiantar para justificar a interpretação proposta. Bem ou mal, a culpa do visado pelo incidente, quando afirmada pela sentença, pode ser obtida e ter como fundamento factos que fizeram actuar as presunções ilidíveis e inilidíveis, previstas nos n.os 2 e 3, do artigo 186.º do CIRE, incluindo-se aqui aquelas que impõem que se prescinda do nexo de causalidade entre o comportamento do responsável e a situação de insolvência. Ou seja, no incidente de qualificação estamos perante um conceito de culpa específico e cujos fundamentos não se reconduzem aos normais quadros da responsabilidade civil aquiliana, da responsabilidade civil contratual ou da responsabilidade civil dos administradores das sociedades comerciais perante a sociedade, os sócios e os credores. Por isso, importar a decisão de culpa proferida no incidente, que teve, por exemplo, como fundamento o facto-pressuposto da presunção prevista na alínea *i*), do n.º 2, do artigo 186.º do CIRE, para as acções previstas no artigo 82.º, n.º 2, do mesmo diploma, consubstanciaria uma contradição com os próprios pressupostos deste tipo de acções[14].

[12] É este o texto da norma: "o tribunal pode ordenar a suspensão quando a decisão da causa estiver dependente do julgamento de outra já proposta ou quando ocorrer outro motivo justificado".

[13] Cf. Acórdão do Tribunal da Relação do Porto de 14.02.2006, in *www.dgsi.pt*, Relator: Alziro Cardoso.

[14] Repare-se que na alínea *a*), do n.º 2, do artigo 82.º do CIRE, estão incluídas as acções judiciais de responsabilidade que recolhem o seu fundamento nos artigos 75.º, n.º 1 (acção da socie-

Concluindo e em resumo, pode afirmar-se que o artigo 185.° do CIRE consagra a autonomia das causas penais e das acções referidas no n.° 2 do artigo 82.° do mesmo diploma relativamente às decisões proferidas no incidente de qualificação. A autonomia concretiza-se na circunstância de a decisão factual proferida no incidente não vincular o juiz dessas causas e na inexistência de uma relação de prejudicialidade entre a qualificação jurídica decidida no incidente e essas mesmas causas.

4. Para além dela, pode afirmar-se existir uma relação de interconexão entre a *norma penal* e a *norma mercantil*, que se verifica não só relativamente ao incidente, mas também relativamente ao próprio processo de insolvência. Especificamente quanto ao incidente, pode referir-se a circunstância de a totalidade dos comportamentos tipificados nos artigos 227.°, 228.° e 229.° do Código Penal encontrarem guarida na definição geral de *insolvência culposa* acolhida no artigo 186.°, n.° 1 do CIRE. Quanto ao processo de insolvência em geral, pode referir-se a circunstância de a *declaração da situação de insolvência* contida na decisão prevista no artigo 28.° (36.°) do CIRE e eventualmente contida na decisão prevista no artigo 35.°, n.° 8 (36.°) do mesmo diploma constituir uma *condição objectiva de punibilidade* nos tipos legais de crimes contidos nos artigos 227.° (insolvência dolosa), 228.° (insolvência negligente) e 229.° (favorecimento de credores) do Código Penal[15]. Pelo que aqui já pode conceber-se, pelo menos em abstracto, a emergência de uma questão prejudicial não penal, prévia ao incidente propriamente dito, a ser suscitada no processo penal, nos termos do disposto no artigo 7.°, n.° 3 do Código de Processo Penal, e a ser decidida no processo de insolvência.

Ainda que se afigure, do ponto de vista prático, uma questão que dificilmente se colocará, no que aos crimes previstos nos artigos 227.°, 228.° e 229.° do Código Penal concerne[16], caberá perguntar sobre o *valor probatório* que a

dade), 77.°, n.° 1 (acção social de sócio), 78.°, n.° 2 (acção sub-rogatória de credor da sociedade), todos do Código das Sociedades Comerciais. Sobre a responsabilidade civil dos administradores, cf. J. M. Coutinho de Abreu, *Responsabilidade Civil dos Administradores de Sociedades*, IDET – Instituto de Direito das Empresas e do Trabalho, 2007, 59 ss.

[15] Cf., sobre a matéria, Pedro Caeiro, in *Comentário Conimbricense do Código Penal*, T. II, 1999, 402 ss., especialmente, 425 e 426.

[16] Constituindo a declaração da situação de insolvência uma condição objectiva de punibilidade, no que aos crimes indicados concerne, para que os factos em causa pudessem adquirir formalmente a condição de serem aproveitados no incidente de qualificação, a dedução, no processo penal, da acusação, a realização do julgamento e o trânsito em julgado da sentença (ou do acórdão do tribunal superior, em caso de recurso) teriam de ocorrer dentro do lapso de tempo que

sentença penal transitada em julgado terá no incidente de qualificação da insolvência, designadamente, quanto ao valor dos factos dados por provados na sentença penal condenatória e quanto ao valor dos factos dados por não provados na sentença absolutória, referentes a comportamentos, por acção ou por omissão, que caibam na definição geral de insolvência culposa prevista no artigo 186.°, n.° 1 do CIRE[17].

Os factos dados por provados em sentença penal condenatória de arguido a quem foi dada a oportunidade de contraditar a matéria da acusação, apresentando as suas razões de facto e de direito, deverão ser dados por provados no incidente se aquele for um dos visados pelo propósito final do incidente de qualificação[18]. Sublinhe-se que são os *factos* que estão aqui em causa e não qualquer consideração jurídica, designadamente, ao nível da culpa. As considerações jurídicas, a subsunção dos factos ao direito e respectivas conclusões de carácter jurídico são feitas e expendidas no incidente de qualificação de acordo com as noções e conceitos do próprio incidente de qualificação, afigurando-se incorrecto importar conceitos e noções do processo penal para o incidente de qualificação[19].

medeia entre a sentença que, no processo de insolvência, a declara e o fim da audiência de discussão e julgamento a realizar no incidente de qualificação. Tendo presente a natureza urgente do processo de insolvência, apesar de se poder configurar uma possibilidade teórica de tal aproveitamento poder acontecer, sem ocorrer a suspensão dos termos do incidente, não se afigura, contudo, provável, na maioria dos casos de contacto entre os dois diferentes processos.

17 O disposto no artigo 674.°-A do Código de Processo Civil não tem virtualidade para ser aplicado ao incidente de qualificação da insolvência. Os factos dados por provados em sede penal, na veste de presunções ilidíveis da respectiva existência, apenas poderiam ser opostos a *terceiros* relativamente ao processo penal e a construção pressuposta na norma não encontra qualquer reflexo na construção do incidente de qualificação da insolvência. Cf., sobre a matéria, Lebre de Freitas, A. Montalvão Machado e Rui Pinto, in *Código de Processo Civil Anotado*, V. II, 2001, 690-692.

18 Assim decidiram os Acórdãos do Supremo Tribunal de Justiça de 09.12.2004, in *www.dgsi.pt*, Relator: Bettencourt de Faria, e do Tribunal da Relação de Coimbra de 28.11.2006, in *www.dgsi.pt*, Relatora: Regina Rosa.

19 No Acórdão do Supremo Tribunal de Justiça de 23.01.2003, in *www.dgsi.pt*, relatado por Oliveira Barros, afirma-se, na esteira do ensinamento de Castanheira Neves (e citando os *Sumários de Processo Criminal*, 1968, pp.186, 195 e 196) que "a acção penal e a acção civil são reconhecida e decisivamente distintas nos seus pressupostos fundamentais. (...) Não há coincidência entre os pressupostos da culpa criminal e os pressupostos da pretensão de indemnização civil. Nomeadamente: (...) Nem o ilícito criminal se confunde com o ilícito civil, nem a culpa criminal se pode confundir com a culpa civil; subsistindo, sempre, a possibilidade de haver a responsabilidade civil onde esteja de todo ausente a responsabilidade criminal, como é o caso da responsabilidade objectiva, pelo simples risco". Ou, dizemos nós, como é o caso da responsabilidade pela insolvência, com fundamento em dolo ou culpa grave, nos termos do disposto no artigo 186.°, n.° 1 do CIRE.

E quanto aos valor dos factos dados por provados e dados por não provados na sentença penal absolutória? Suponhamos que o arguido, absolvido da prática de um crime de insolvência dolosa, previsto no artigo 227.° do Código Penal, vem a ser visado pelo incidente de qualificação. Neste caso, a situação deverá ser resolvida nos termos do disposto no artigo 674.°-B do Código de Processo Civil[20], *ex vi* artigo 17.° do CIRE, que consideramos aplicável na situação gerada pela interconexão que se estabelece entre a jurisdição penal e a jurisdição mercantil, com a interpretação que pela doutrina[21] e pela jurisprudência[22] tem vindo a ser dada à norma constante do n.° 1 do citado artigo. Assim, o segmento semântico *quaisquer acções de natureza civil* autoriza que a norma em causa seja aplicada pelo juiz que julga o incidente de qualificação. Mas apenas aos factos dados por provados. Não aos factos dados por não provados. A norma em causa dispõe que a absolvição tem de ter como fundamento a circunstância de o arguido não ter praticado os factos que lhe eram imputados. Ou seja, tem de haver uma resposta factual positiva e não negativa sobre o *não ter praticado*: se a sentença penal tiver absolvido o arguido com fundamento no princípio *in dubio pro reo* ou por não ter logrado recolher qualquer prova sobre os factos constantes da acusação, não se verificam os pressupostos de aplicação da norma em questão, inexistindo fundamento jurídico para fazer funcionar a presunção.

No entanto, o regime legal do incidente em causa não permite afirmar a questão penal como uma questão prejudicial da decisão a proferir no incidente de qualificação, os factos poderão ser aproveitados nos termos expostos, mas a qualificação de determinado comportamento como um comportamento cri-

[20] Preceitua este artigo, no n.° 1, que "a decisão penal, transitada em julgado, que haja absolvido o arguido com fundamento em não ter praticado os factos que lhe eram imputados, constitui, em quaisquer acções de natureza civil, simples presunção legal da inexistência desses factos ilidível mediante prova em contrário". O n.° 2 dispõe, por sua vez, que "a presunção referida no número anterior prevalece sobre quaisquer presunções de culpa estabelecidas na lei civil".

[21] Lebre de Freitas, A. Montalvão Machado e Rui Pinto, in *Código de Processo Civil Anotado*, V. II, 2001, 692-693. Estes autores, em anotação ao artigo citado, afirmam que "não provado o facto em processo penal, não se constitui a presunção do artigo 674.°-A e o autor da acção civil continua onerado com a prova dos factos constitutivos do seu direito. Pode, porém, a absolvição basear-se na prova dos factos impeditivos do efeito dos factos constitutivos que, de outro modo, levariam à condenação. Passa então a caber ao autor da acção civil o ónus de provar o contrário".

[22] Cf., entre outros, os Acórdãos do Supremo Tribunal de Justiça de 13.11.2003, de 10.02.2004 e de 25.03.2004, in *www.dgsi.pt*, relatados, respectivamente, por Oliveira Barros, Moreira Camilo e Araújo de Barros.

minoso não vem preencher qualquer pressuposto necessário à qualificação de uma insolvência como culposa: o artigo 186.°, n.° 1 não faz depender a qualificação da insolvência da prática de algum crime, especialmente daqueles que surgem previstos nos artigos 227.°, 228.° e 229.° do Código Penal. Havendo crime ou não havendo, poderá sempre haver uma insolvência culposa[23].

5. Cumpre, por fim, perguntar se fará sentido, em face da possibilidade de punir penalmente o responsável culposo pela insolvência, com o alargado recorte factual que os tipos objectivos dos crimes previstos e punidos nos artigos 227.°, 228.° e 229.° do Código Penal apresentam, instituir um regime punitivo sancionatório civil, mantendo assim uma dualidade de sistemas sancionatórios. Trata-se, pois, do problema da repressão do comportamento do responsável culposo pela insolvência.

A punição dos responsáveis culposos pela insolvência, mediante sanções civis, não deixa de suscitar perplexidades.

Como aqui tem sido referido, o direito penal prevê e pune a insolvência dolosa, no artigo 227.° do Código Penal, a insolvência negligente, no artigo 228.° deste código, e o favorecimento de credores, no artigo 229.° do mesmo diploma. Como também já foi referido, a totalidade dos comportamentos previstos nos tipos de crime em causa cabe, em abstracto, na noção geral de insolvência culposa prevista no artigo 186.°, n.° 1 do CIRE.

Apesar de existir alguma discussão doutrinal sobre qual o bem jurídico tutelado pelos tipos de crime em causa, é possível identificar dois bens ou interesses entre os quais as opiniões oscilam. São eles o *património* e o *interesse público da confiança nas relações comerciais*[24]. No incidente de qualificação da insolvência o legislador pretendeu tutelar, civilmente, e em primeiro lugar, *o interesse público da segurança e confiança do tráfego económico e comercial*, tutela que pode surpreender-se nas espécies de sanções constantes das alíneas *b*)[25] e *c*), do n.° 2, do artigo 189.° do CIRE. Em segundo lugar, a tutela do *património* não foi esquecida e surge tutelada através da sanção prevista na alínea *d*), do n.° 2, do

[23] Aliás, a circunstância processual/temporal referida na nota 16 vem demonstrar que a remissão do direito penal para o processo de insolvência, quanto à condição objectiva de punibilidade (declaração da situação de insolvência), e a natureza urgente do processo de insolvência retiram *espaço* e *tempo* para a emergência de uma questão prejudicial penal, reforçando, quanto a nós, o entendimento proposto no texto.

[24] Cf., neste sentido, Pedro Caeiro, in *Comentário Conimbricense do Código Penal*, T. II, 1999, 407-408.

[25] Ainda que com esta sanção se tutele de forma excessiva o *interesse* em causa – cf. *infra*, Título V.

artigo 189.° do mesmo diploma. Daí que, em termos genéricos, se possa afirmar que, quer no direito penal, quer no direito mercantil, especialmente no incidente de qualificação, procurou o legislador tutelar os mesmos bens ou interesses.

Existe, pois, uma dualidade de sistemas sancionatórios, mas não existe uma exacta sobreposição de sanções entre os dois sistemas.

Deixando de lado as penas principais aplicáveis aos tipos de crime previstos nos artigos 227.°, 228.° e 229.° do Código Penal, verifica-se que o legislador não consagrou a punição acessória directa dos crimes previstos nos artigos 227.°, 228.° e 229.° do Código Penal: o n.° 2 do artigo 66.° deste diploma não inclui, na melhor interpretação[26], as actividades de comércio ou indústria que não se possam subsumir ao conceito de *cargo*, visto este com uma forte ligação à realização do interesse público, não podendo deixar de ser vista a pena em causa, mesmo neste caso, com uma ligação à ideia de *demissão* prevista no n.° 1 do mesmo artigo. A norma prevista no n.° 2 do artigo 66.° do Código Penal tutela, pois, interesses distintos do *interesse público da segurança e confiança do tráfego económico e comercial* e no seu âmbito subjectivo só *residualmente* se poderão incluir, quer as pessoas visadas pela declaração de insolvência e/ou os administradores de direito ou de facto da pessoa visada, quer as pessoas pressupostas nos tipos legais de crime citados[27]. Pelo que, e neste caso, só residualmente é que haverá uma sobreposição, em abstracto, entre reacções criminais e sanções civis.

Por outro lado, o artigo 100.° do diploma citado, ao preceituar os termos de aplicação da medida de segurança aí prevista – interdição do exercício da respectiva actividade por um período de um a cinco anos –, apesar de apresentar como um dos seus pressupostos a condenação "por crime cometido com grave abuso de profissão, comércio ou indústria que exerça, ou com grosseira violação dos deveres inerentes", logo acrescenta que a interdição só será aplicável "quando, em face do facto praticado e da personalidade do agente, houver fundado receio de que possa vir a praticar outros factos da mesma espécie". Consequentemente, a aplicação da interdição em causa, para além do pressuposto formal – a condenação –, assenta, igualmente, num pressuposto material, que, determinando a inclusão da *interdição* no catálogo das medidas de segurança, exige que os factos revelem o "fundado receio de que, continuando

[26] Cf., neste sentido, JORGE DE FIGUEIREDO DIAS, *Direito Penal Português, As Consequências Jurídicas do Crime*, 1993, 173-174.

[27] Em face do raciocínio exposto, a excepção será constituída pelas profissões liberais – cf., neste sentido, JORGE DE FIGUEIREDO DIAS, *ob. cit.*, 174 –, quando declaradas insolventes.

o agente a exercer a profissão, venha a cometer factos da mesma espécie daquele(s) que serviu (serviram) como pressuposto formal da aplicação da medida"[28]. Quer dizer, está aqui presente a ideia de *perigosidade*, enquanto fundamento legitimador da aplicação de uma medida de segurança e com a finalidade de "obstar, no interesse da segurança da vida comunitária, à prática de factos ilícitos-típicos futuros através de uma actuação especial preventiva sobre o agente perigoso"[29]. Se é certo que, aplicada tal medida a uma condenação pela prática de um dos crimes previstos nos artigos 227.°, 228.° e 229.° do Código Penal, se tutela, igual mas indirectamente, o *interesse público da segurança e confiança do tráfego económico e comercial*, mais certo será que estamos perante distintos pressupostos de aplicação e distintas finalidades. Pela aplicação de uma medida de segurança pretende-se cumprir, por um lado, uma função de *segurança* e, por outro lado, uma função de *socialização*. Sublinhe-se que o legislador penal considerou que a interdição do exercício de uma actividade só faria sentido se demonstrado factualmente o requisito da *perigosidade*. Pela aplicação das sanções previstas no artigo 189.°, n.° 2 do CIRE pretende-se cumprir uma função de *punição* e uma função de *dissuasão*. Tão só. E é por isso que se pode dizer que o direito mercantil foi mais longe do que o direito penal.

Com efeito, as molduras das sanções previstas no artigo 189.°, n.° 2, alíneas *b*) e *c*) do Código da Insolvência e da Recuperação de Empresas – entre 2 e 10 anos – apresentam-se mais gravosas do que a própria moldura da medida de segurança constante do artigo 100.° do Código Penal – entre 1 e 5 anos.

E tal circunstância não pode deixar de merecer uma valoração negativa. Para além de indiciar um acentuado autismo do legislador mercantil relativamente ao direito penal em vigor, resultando numa incoerência sancionatória[30],

[28] Jorge de Figueiredo Dias, *Direito Penal Português, As Consequências Jurídicas do Crime*, 1993, 509.

[29] Jorge de Figueiredo Dias, *ob. cit.*, 424.

[30] Se a determinado administrador for aplicada a inibição prevista no artigo 189.°, n.° 2, alínea *c*) do Código da Insolvência e da Recuperação de Empresas, por um período de cinco anos, em sentença proferida e transitada em 2005 no âmbito de um incidente de qualificação da insolvência, e, pelos mesmos factos, o mesmo administrador for condenado, em processo penal, pela prática de um crime de insolvência dolosa (artigo 227.° do Código Penal), na medida de segurança prevista no artigo 100.° do Código Penal, designadamente, na interdição do exercício do comércio, por um período de três anos, em sentença penal proferida e transitada em 2006, o período correspondente à medida de segurança *esfuma-se* no período de cumprimento da sanção civil. Porque não existe qualquer mecanismo legal coordenador das duas sanções, estas não devem deixar de ser cumpridas de forma totalmente autónoma e após o trânsito em julgado de cada uma das decisões aplicadoras.

a própria aplicação cumulativa necessária da *inabilitação* e da *inibição*, sanções constantes das alíneas *b*) e *c*) do n.° 2 do artigo 189.° do CIRE, parece, em si mesma, *desproporcionadamente* gravosa[31-32-33].

III – A tramitação processual

O legislador, ao determinar que o juiz, na sentença que declara a situação de insolvência, igualmente declarará aberto o incidente de qualificação da insolvência, atribuindo-lhe carácter pleno ou limitado [artigo 36.°, alínea *i*) do CIRE], configurou uma excepção à regra vigente em processo civil, nos termos da qual a resolução de um litígio deve ser pedida pela parte interessada. É o juiz e não a parte que dá início ao incidente *sub judice*. As partes intervenientes são como que arrastadas para o incidente, sendo que umas são *convidadas* a nele participarem, outras tem o *dever* de nele intervir. O objectivo de obter uma maior e mais eficaz responsabilização dos titulares de empresa e dos administradores de pessoas colectivas – a matéria da responsabilidade pela insolvência é necessariamente conhecida – foi, deste modo, assumido de forma pedagógica.

Aberto o incidente, com excepção das situações previstas no artigo 187.° do CIRE[34], o juiz, apesar de só ter a correcta percepção do estado económico-financeiro do/a insolvente quando o administrador da insolvência junta ao processo o relatório previsto no artigo 155.° do CIRE, e o administrador pode fazê-lo até oito dias antes da data designada para a realização da assembleia de apreciação do relatório (artigos 72.° e seguintes e 156.° do CIRE), deve atribuir-lhe carácter pleno. Seguimos de perto, neste âmbito, o entendimento de Luís Carvalho Fernandes e João Labareda quando afirmam que "o legislador não estabelece directamente quando o incidente de qualificação da insolvên-

[31] Cf., sobre a matéria das sanções na qualificação da insolvência, as críticas de Rui Pinto Duarte, in *Revista Themis*, Edição Especial (*Novo Direito da Insolvência*), 2005, 143 a 150, que as apelida de *efeitos eventuais* da declaração da situação de insolvência.

[32] Cf., *infra*, o que se afirma sobre as sanções previstas, no caso de ser proferida uma decisão de qualificação culposa.

[33] Cf. *infra*, no entanto, a recente jurisprudência do Tribunal Constitucional sobre a matéria.

[34] Dispõe este artigo que "se o devedor insolvente houver já sido como tal declarado em processo anteriormente encerrado, o incidente de qualificação da insolvência só é aberto se o não tiver sido naquele processo em virtude da aprovação de um plano de pagamentos aos credores, ou for provado que a situação de insolvência não se manteve ininterruptamente desde a data da sentença de declaração anterior".

cia é pleno, nem fixa o critério da sua distinção, nem fixa o critério da sua distinção do incidente limitado. Todavia da articulação do preceito em anotação[35] com o artigo 191.° (...) resulta que o âmbito do incidente pleno se define por exclusão de partes. Infere-se, na verdade, do *corpo* do n.° 1 desse artigo que o incidente limitado só se aplica nos casos previstos nas normas nele especificamente indicadas; em todos os demais casos processa-se o incidente pleno"[36]. Ou seja, nos casos em que o juiz, logo de início, se apercebe que o património do devedor não é presumivelmente suficiente para a satisfação das custas do processo e das dívidas previsíveis da massa insolvente, não estando essa satisfação por outra forma garantida, o incidente é tramitado, logo, como incidente limitado – cf. artigos 191.° e 39.°, n.° 1, do CIRE. Nos casos em que, no decurso do processo, o administrador da insolvência verifica essa circunstância e comunica tal facto ao juiz, declarando este encerrado o processo de insolvência, o incidente, então a ser tramitado como incidente pleno, passa a ser tramitado como incidente limitado – cf. artigos 191.° e 232.°, n.° 5, do CIRE.

A) *O incidente pleno de qualificação da insolvência*

Previamente, e como chamada de atenção para o leitor, gostaríamos de sublinhar, em primeiro lugar, o teor da norma constante do n.° 7, do artigo 188.° do CIRE. Norma remissiva, é certo, mas de particular importância, pois é o regime para o qual o legislador remeteu a disciplina do presente incidente, que acentua as suas características de acutilante contraditoriedade e que determina a intervenção do juiz em três momentos fundamentais (elaboração do despacho saneador e da condensação, realização da audiência de julgamento e prolação da sentença).

Em segundo lugar, para o disposto no artigo 9.°, n.° 1, do CIRE – o incidente é classificado processualmente como um processo urgente.

Em terceiro lugar, para o disposto no artigo 17.° do CIRE – o processo de insolvência rege-se pelo Código de Processo Civil em tudo que não contrarie as disposições do presente código.

Estas três circunstâncias vão condicionar e influenciar as soluções processuais propostas para os aspectos mais controvertidos.

[35] Trata-se do artigo 188.°.

[36] In *Código da Insolvência e da Recuperação de Empresas Anotado*, reimpressão, 2009, 616.

As *alegações* são oferecidas por *qualquer interessado*, no prazo de quinze dias, contados da realização da assembleia de apreciação do relatório (artigo 188.°, n.° 1 do CIRE).

E integrarão necessariamente matéria de facto: os factos que o interessado julgar relevantes para a decisão de qualificação e que, em seu entender, se poderão subsumir às normas contidas no artigo 186.° do CIRE. Estes factos devem surgir alegados com um grau de concretização adequado ao exercício do direito de contraditar que é conferido aos restantes intervenientes, designadamente, aos visados pelo incidente. Daí que não repugne admitir que o juiz, em face de alegações não suficientemente concretizadas, possa convidar o interessado a concretizar em factos o *deficientemente* alegado[37], sob pena de não se poder considerar, em sede de selecção de matéria de facto (artigos 188.°, n.° 7 e 136.°, n.° 3 do CIRE), as alegações em causa como contendo matéria de facto relevante para a boa decisão da causa [artigos 17.° do CIRE, 264.°, 265.°, n.° 1 e 508.°, n.os 1, alínea *b*) e 3 do Código de Processo Civil][38]. Com efeito, a prolação de um despacho de aperfeiçoamento não contraria as disposições do CIRE (artigo 17.° deste diploma) e encontra justificação na necessidade do cumprimento do princípio do contraditório (artigo 3.° do Código de Processo Civil).

Em face do texto da norma ínsita no n.° 1 do artigo 188.° do CIRE, inclinamo-nos no sentido de considerar que as *alegações* se destinam à invocação de factos que, no entendimento dos interessados, conduzam à qualificação da insolvência como culposa. Se os interessados considerarem que os factos de que têm conhecimento conduzem à qualificação da insolvência como fortuita, não devem apresentar *alegações*. Isto não obsta, no entanto, a que o juiz aproveite os factos alegados pelos interessados, e que na respectiva tese jurídica fundamentam a qualificação como culposa, para fundamentar, na conjugação com outros factos ou com diferente entendimento de direito, uma qualificação fortuita da insolvência. Como se sabe, o juiz não está sujeito às alegações das par-

[37] Estamos perante uma *deficiente concretização* quando não é respeitada a distinção entre matéria de facto e de direito, quando são feitas afirmações de pendor conclusivo ou quando a versão apresentada suscita algumas dúvidas, não tornando, no entanto, ininteligível a posição assumida.

[38] "(...) Sendo embora dominado pela preocupação de satisfazer os interesses dos credores, que se traduz, normalmente, numa sequência de fases e actos de carácter executivo, o processo de insolvência encerra, todavia, na sua complexidade, fases e incidentes de estrutura declarativa. É o que, *v.g.*, sucede com (...) os incidentes de qualificação, regulados nos artigos 188.° e seguintes" – Luís A. Carvalho Fernandes e João Labareda, in *Código da Insolvência e da Recuperação de Empresas Anotado*, V. I, 2006, 119-120.

tes no que concerne à indagação, interpretação e aplicação das regras de direito (artigo 664.° do Código de Processo Civil). Se nenhum dos eventuais interessados apresentar *alegações*, o incidente prosseguirá, não se encontrando prevista qualquer consequência, uma vez que, como se verá, as peças processuais centrais do presente incidente são aquelas que o administrador da insolvência e que o Ministério Público estão obrigadas a apresentar.

Os *interessados* que podem alegar são todos aqueles que demonstrarem serem titulares de um *interesse legítimo* – daí ter o legislador escolhido a expressão *interessados*, e não outra com um âmbito de aplicação mais reduzido. É titular de um interesse legítimo, para efeitos de apresentação de *alegações* no presente incidente, toda a pessoa que se viu de alguma forma afectada juridicamente pela declaração da situação de insolvência, desde que essa afectação não tenha sido negada por decisão judicial. O conceito lato que adoptámos relativamente à delimitação do conceito de *interesse legítimo*, para efeitos de incidente de qualificação, tem presente o propósito do legislador de recolher a maior extensão de factualidade possível, através destes interessados, de modo a facultar ao administrador da insolvência e ao Ministério Público o retrato mais fiel possível do comportamento do devedor e/ou dos administradores. Este propósito surge concretizado na circunstância de a intervenção destes últimos ter lugar só depois da apresentação das *alegações* em análise.

São titulares de um interesse legítimo todos aqueles que têm legitimidade para apresentar o pedido de insolvência, nos termos do disposto nos artigos 18.° e 20.° do CIRE, incluindo-se aqui os responsáveis legais pelas dívidas do/a insolvente, os credores do devedor e o Ministério Público, e ainda aqueles que, não sendo credores, demonstrem na lógica do Código, designadamente, sob o ponto de vista patrimonial, terem interesse no sentido da decisão a proferir a final, seja a insolvência qualificada como fortuita, seja qualificada como culposa.

Assim, o Ministério Público poderá intervir no incidente na qualidade de representante das entidades cujos interesses lhe estão legalmente confiados [artigos 1.°, 3.°, n.° 1, alínea *a*) do Estatuto do Ministério Público e 20.°, n.° 1 do CIRE] e, nesta qualidade, alegará e responderá às oposições dos visados; deverá ainda intervir na qualidade de defensor do interesse público presente no incidente de qualificação da insolvência [artigos 1.°, 3.°, n.° 1, alínea *l*) do Estatuto do Ministério Público e 188.°, n.ºs 3 e 6 do CIRE] e, nessa qualidade, como veremos, apresentará parecer e responderá às oposições dos visados[39].

[39] Cf., neste sentido, Luís A. Carvalho Fernandes e João Labareda, *ob. cit.*, V. II, 2006, 20-21, autores que acompanhamos neste ponto.

Quanto aos credores, tendo em conta a noção expendida, têm legitimidade para apresentar *alegações*: (i) os titulares de créditos reconhecidos nos termos do artigo 129.° do CIRE; (ii) os titulares de créditos não reconhecidos, mas que tenham impugnado a lista de créditos reconhecidos apresentada pelo administrador de insolvência e ainda não tenham obtido decisão definitiva relativamente à impugnação, bem como os que tenham obtido decisão definitiva favorável (artigo 130.° do CIRE); e (iii) os titulares de créditos que manifestem o propósito de interpor a acção prevista no artigo 146.° do CIRE, se, no momento da apresentação das *alegações* ainda reunirem as condições previstas no artigo 146.°, n.° 2, alíneas *a*) e *b*) do CIRE, bem como aqueles que tenham obtido decisão definitiva favorável.

Quanto aos titulares de outros interesses legítimos, conseguimos surpreender, no próprio texto do código, (i) os titulares do direito à restituição e/ou à separação de bens que tenham deduzido a reclamação a que se referem os artigos 141.° e seguintes do CIRE, ou que, tendo interposto a referida reclamação, tenham já obtido uma sentença favorável à respectiva pretensão, e (ii) os titulares do direito à restituição e/ou à separação de bens que manifestem o propósito de interpor a acção prevista no artigo 146.° do CIRE, se, no momento da apresentação das *alegações* reunirem as condições necessárias para o efeito, bem como aqueles que tenham obtido uma decisão definitiva favorável. Também estes podem, no incidente pleno de qualificação da insolvência, apresentar *alegações*, por serem titulares de um indiscutível *interesse legítimo*.

Apresentadas as *alegações*, o apresentante passa a ser considerado *parte processual* e, como tal, deve ter personalidade judiciária, capacidade judiciária, legitimidade e deve fazer-se representar por advogado. Ou seja, devem estar preenchidos os pressupostos processuais relativamente às partes, tal e qual qualquer parte civil em processo declarativo civil (conforme o disposto nos artigos 17.° do CIRE, 5.° a 13.° e 21.° a 26.° do Código de Processo Civil, sendo que quanto à legitimidade deve ter-se em atenção o que *supra* se expôs quanto ao conceito de *interesse legítimo* e fazer as devidas adaptações).

Dentro dos quinze dias subsequentes ao termo do prazo imposto no n.° 1 do artigo 188.°, o administrador da insolvência deve apresentar um *parecer*, que, nos termos do n.° 2 do referido artigo, deve ser fundamentado e documentado. O parecer deve ter por objecto os "factos relevantes", deve ser proposta uma qualificação e, se a conclusão for no sentido da existência de culpa, deve identificar as pessoas que devem ser afectadas pela qualificação da insolvência como culposa.

Os quinze dias concedidos ao administrador da insolvência para apresentar o seu parecer devem contar-se a partir do termo do prazo previsto no n.° 1 e não a partir da apresentação das *alegações* do último interessado a fazê-lo[40].

A fundamentação do parecer deve incluir, necessariamente, a matéria de facto e a matéria de direito que permita ao administrador propor uma determinada qualificação. Quanto à matéria de facto, o administrador poderá e deverá *alegar*[41] não só factos que já sejam revelados pelo processo, em documentos, por exemplo, como também factos que dele não emanem de início. Refira-se que, quanto aos primeiros, e apesar de a decisão do juiz poder ser fundada em factos que não tenham sido alegados, conforme dispõe o artigo 11.° do CIRE, o administrador deve alegá-los, evitando, assim, um autónomo exercício do contraditório, que, inevitavelmente, tornará menos célere a tramitação do incidente. Para além disso, e tal como sucede em relação às alegações, e porque estamos perante um incidente de cariz essencialmente contraditório, os factos devem ser enunciados pelo administrador com um grau de concretização que permita o cabal exercício do contraditório. Daí que, também aqui e porque está em causa um princípio estruturante do processo civil, ao qual o presente incidente não pode ficar alheio, deve o juiz convidar o administrador a aperfeiçoar o seu parecer, concretizando os factos deficientemente alegados. Para tal deve-lhe conceder um prazo, necessariamente inferior aos quinze dias que lhe são concedidos pela disposição legal em causa, atenta a natureza urgente do incidente. *A necessidade de cumprimento do princípio do contraditório sobrepõe-se, aqui, à natureza urgente do incidente.*

Mas já não deve convidar o administrador a apresentar parecer quando não o tenha apresentado no prazo legal, nem deve tal parecer ser considerado se

[40] Acompanhamos os pertinentes e convincentes argumentos que Luís A. Carvalho Fernandes e João Labareda, *ob. cit.*, V.II, 2006, 21, tecem para justificar a solução que também é proposta no texto. Afirmam estes autores: "a circunstância de o administrador dever apresentar parecer, ainda quando não haja as alegações previstas no n.° 1, aponta para o segundo dos sentidos acima formulados" (contagem a partir do termo do prazo referido no n.° 1). Continuam os mesmos autores: "de resto, a opção pelo primeiro suscitaria uma dificuldade adicional, quando, havendo vários interessados a alegar, as alegações fossem apresentadas em momentos diferentes. Embora a solução razoável fosse então, uma vez que há um só parecer, a de o prazo começar a contar a partir do momento da apresentação da última, sempre ela conduziria a alguma incerteza. Para já não falar do encargo excessivo que daí resultaria para o administrador, de constante consulta do processo: por não estar previamente determinado quem vai intervir no incidente, sempre restaria a dúvida de saber se *certa* alegação seria a *última*".

[41] Apesar de o legislador ter optado pela expressão *parecer*, o que é certo é que os enunciados fácticos incluídos na fundamentação do seu parecer vão ser sujeitos a *contraditório* e a *selecção* nos termos do artigo 511.° do Código de Processo Civil – *não são factos assentes.*

apresentado fora desse prazo. Com efeito, e em primeiro lugar, "o processo de insolvência, incluindo todos os seus incidentes, apensos e recursos, tem carácter urgente e goza de precedência sobre o serviço ordinário do tribunal" (artigo 9.°, n.° 1 do CIRE). O legislador não deixou qualquer margem de manobra ao intérprete, designadamente, para que este ponderasse se as razões que determinam a urgência do processo principal estão presentes no incidente de qualificação. O legislador, expressamente, determinou que *todos* os incidentes têm carácter urgente. Ou seja, o legislador fez a ponderação e os resultados da sua ponderação estão expressamente referidos no texto legal, não se encontrando o intérprete, a nosso ver, autorizado a fazer distinta interpretação.

Em segundo lugar, quando chega o momento de apresentar o seu parecer, o administrador já se encontra em funções desde a prolação da sentença que declarou a situação de insolvência. Já recebeu as reclamações de créditos (artigo 128.° do CIRE), já apresentou na secretaria a relação de créditos reconhecidos e não reconhecidos (artigo 129.° do CIRE), já elaborou o relatório previsto no artigo 155.° do CIRE, já esteve presente na assembleia de apreciação do relatório (artigo 156.° do CIRE) e do processo poderão constar as *alegações* a que se refere o n.° 1 do artigo 188.° do CIRE. Em termos temporais e na pior das hipóteses, o administrador da insolvência, no momento da apresentação do parecer, encontrar-se-á no exercício das suas funções há mais de dois meses, e na melhor das hipóteses, há mais de três meses, sendo certo, no entanto, que estes lapsos de tempo poderão aumentar significativamente se a assembleia de apreciação do relatório se prolongar por mais de uma sessão. Ou seja, quando chega o momento de apresentação do parecer, o administrador encontra-se, em termos abstractos, em condições de o apresentar. Para tal deverá cumprir a sua função diligentemente, algo que o legislador pressupôs quando estabeleceu os prazos constantes do artigo 188.°, designadamente, o prazo de 15 dias contado desde o termo do prazo previsto no n.° 1 e que lhe é concedido.

Destarte, não se vislumbram argumentos decisivos para, em primeiro lugar, convidar o administrador a apresentar o parecer que devia ter apresentado dentro do prazo legal. A natureza urgente do incidente não se compadece com tais convites. Sempre se perguntaria: poderia fazer-se um só convite? E um segundo convite? E um terceiro? E que prazo é que seria concedido ao administrador? 10 dias? 15 dias? 5 dias? Por outro lado, também não se vislumbra qualquer argumento válido para considerar o parecer do administrador quando este seja apresentado fora do prazo legal. De igual modo, perguntar-se-ia: seria aceitável um atraso de 4 dias? E um atraso de 30 dias? E de 20 dias? Ficaria ao critério do juiz a determinação da *razoabilidade* do atraso? No fundo, derrogando o comando legal? Se assim fosse, transformar-se-ia um incidente que se quis urgente, num processo não urgente que se prolongaria no tempo e que só terminaria num momento em que o processo principal e os outros incidentes se encontrassem há muito findos.

Tais soluções – convite para apresentar o parecer e consideração do mesmo apesar de apresentado fora do prazo legal – também não encontram justificação na estrutura do incidente de qualificação.

Há uma nítida relação entre os aspectos substanciais, de direito probatório material, e a tramitação processual do incidente. O grande número de presunções estabelecidas nos números 2 e 3 do artigo 186.° vem facilitar a tarefa do administrador (e dos outros intervenientes) na formação do seu entendimento relativamente à qualificação a propor. Por causa disso, o legislador considerou que o prazo de 15 dias seria suficiente para que o administrador diligenciasse pela análise da factualidade. O que o legislador pretendeu foi que o administrador, que está ciente, desde que é notificado da nomeação, que vai ter de apresentar um parecer no incidente de qualificação, proceda às diligências necessárias e apresente o parecer no momento em que tem de o apresentar com a matéria que recolheu até ali. Não que desenvolva diligências sem prazo ou com um prazo determinado pelo juiz. Se o legislador assim o quisesse, tê-lo-ia dito.

Aliás, o legislador não escamoteou as contingências do presente incidente. Por isso, é que determinou a autonomia das acções previstas no artigo 82.° e das causas penais relativamente às decisões a proferir ou proferidas no presente incidente: se, relativamente ao carácter culposo, a autonomia se funda nas várias espécies de presunções que podem determinar aquele carácter, relativamente ao carácter fortuito funda-se igualmente na natureza urgente do incidente e na prévia assunção de que esta natureza poderá levar a deixar sem consideração, análise ou conhecimento, algum facto. Mas esta última circunstância não terá qualquer efeito nas outras causas, como já se expôs.

E se o administrador se dirigir ao juiz solicitando a prorrogação do prazo para apresentar o parecer? Essencialmente com base nas mesmas razões, deve ser tal pedido indeferido[42]. Acresce uma outra circunstância que redunda em argumento. O incidente de qualificação da insolvência regulamentado no CIRE foi grandemente influenciado pela *Ley Concursal* espanhola de 2003. Muitas soluções são copiadas, sendo que outras são adaptadas. Os n.ºs 2 e 3 do

[42] No âmbito da Ley Concursal espanhola e no sentido da impossibilidade de prorrogação do prazo concedido ao administrador para apresentar o *informe*, cf. José António García-Cruces, in *La Calificación del Concurso*, 2004, 82-83.

artigo 188.° do CIRE correspondem, com pequenas alterações, ao artigo 169.°, n.os 1 e 2 da *Ley Concursal* espanhola[43]. Nesse artigo da lei espanhola não se prevê qualquer prorrogação para o parecer da *administración concursal*, mas já se prevê a possibilidade de o *Ministerio Fiscal* beneficiar de uma prorrogação do prazo. Analisado o texto da norma espanhola, será legítimo concluir que o legislador espanhol não concedeu à *administración concursal* qualquer possibilidade de prorrogar o prazo de 15 dias que lhe concedeu para apresentar o *informe*[44].

[43] É este o texto da norma: "Artículo 169. Informe de la administración concursal y dictamen del Ministerio Fiscal. (...) 1. Dentro de los quince días siguientes al de expiración de los plazos para personación de los interesados, la administración concursal presentará al juez un informe razonado y documentado sobre los hechos relevantes para la calificación del concurso, con propuesta de resolución. Si propusiera la calificación del concurso como culpable, el informe expresará la identidad de las personas a las que deba afectar la calificación y la de las que hayan de ser consideradas cómplices, justificando la causa, así como la determinación de los daños y perjuicios que, en su caso, se hayan causado por las personas anteriores. (...) 2. Una vez unido el informe de la administración concursal, se dará traslado del contenido de la sección sexta al Ministerio Fiscal para que emita dictamen en el plazo de diez días. El juez, atendidas las circunstancias, podrá acordar la prórroga de dicho plazo por un máximo de diez días más. Si el Ministerio Fiscal no emitiera dictamen en ese plazo, seguirá su curso el proceso y se entenderá que no se opone a la propuesta de calificación. (...) 3. En los casos a que se refiere el apartado 2 del artículo 167, el informe de la administración concursal y, en su caso, el dictamen del Ministerio Fiscal se limitarán a determinar las causas del incumplimiento y si el concurso debe ser calificado como culpable".

[44] Enquanto que no direito português a peça processual em causa tem o nome de *parecer*, no direito espanhol tem a denominação de *informe*. De acordo com o *Dicionário de Espanhol-Português* da Porto Editora (Dicionários Editora), 2006, 742, os significados atribuídos à palavra de língua espanhola *informe* são, em língua portuguesa, de *informação*, *parecer* e *relatório*. Quanto à palavra *parecer* escreve-se que é a opinião de um especialista e quanto a *relatório* que é a *exposição* escrita e minuciosa relativa a um assunto. Estes dados e o momento em que a peça do administrador da insolvência é apresentada em juízo, peça que vai ser sujeita, no seu teor, ao contraditório e da qual devem constar factos suficientemente concretizados para poderem figurar na condensação, em sede de despacho saneador, leva-nos a apelidar de infeliz a escolha da expressão *parecer* pelo legislador português. Ao escolher tal expressão, veio o legislador complicar e dificultar a tramitação dos processos em tribunal, incutindo uma ideia errónea quanto aos contornos e objectivos de tal peça processual e influenciando, também erroneamente, quer alguma doutrina, quer alguma jurisprudência, obnubilando o momento em que a peça é apresentada – antes da elaboração do despacho saneador – e levando à incompreensão do incidente na sua globalidade processual – de cariz contraditório. Sublinhe-se que, após a realização da audiência de discussão e julgamento, os factos resultantes da actividade probatória poderão alterar radicalmente a tese factual do administrador e, eventualmente, transformando a sua qualificação jurídica num pormenor processual sem qualquer hipótese de acolhimento. Se o legislador *copiou* a lei espanhola, como parece que fez, deveria ter optado pela expressão *relatório*, com o sentido apontado, ou até pela palavra *informação*, e não por uma expressão que, pelo exposto, se afigura descabida.

Bastará fazer o contraponto do n.° 1 com o n.° 2 desse *artículo 167.*, designadamente, com a possibilidade de prorrogação concedida ao *Ministerio Fiscal.* Tendo a lei portuguesa, neste ponto, tido por fonte a lei espanhola, será acertado, a nosso ver, admitir que o legislador português, ciente da solução da lei espanhola, não quis importar tal solução para a nossa lei e não consagrou tal possibilidade de prorrogação – quer para o administrador de insolvência, quer para o Ministério Público. Este argumento, conjugado com os que *supra* se invocaram, parecem conduzir à impossibilidade de se prorrogarem os prazos previstos, quer no n.° 2, quer no n.° 3[45].

Perguntar-se-á então: qual a consequência processual da inexistência do parecer do administrador? Uma vez que o administrador nada disse no prazo legal, não existindo factos que possam ser levados aos *factos assentes* ou à *base instrutória*, a inexistência do parecer do administrador deve ser equiparada à hipótese de o administrador ter apresentado um parecer e ter proposto a qualificação da insolvência como fortuita. Em incidente *urgente*, de cariz *contraditório*, estando em causa a aplicação de pesadas sanções aos visados, pensamos que outra não pode ser a solução. Apesar de o administrador da insolvência ser um órgão desta, e, portanto, surgir no incidente, não propriamente como *parte processual*, mas de qualquer modo e eventualmente como *órgão acusador*, impede que o juiz dê uma valoração positiva ao seu silêncio.

É certo que o administrador, se não apresentar o parecer, violará um dos seus deveres funcionais fundamentais, enquanto órgão da insolvência, e justificará a sua destituição com justa causa, ao abrigo do disposto no artigo 56.° do

[45] Nos Acórdãos do Tribunal da Relação de Guimarães de 07.12.2006 (*CJ*, Ano XXXI, Tomo V/2006, Novembro/Dezembro, 291 ss.) e do Tribunal da Relação de Coimbra de 23.01.2008 (*CJ*, Ano XXXIII, Tomo I/2008, Janeiro/Fevereiro, 13 ss.) decidiu-se em sentido contrário ao do exposto no texto. Porém, os argumentos utilizados nos arestos em causa não nos convenceram. No primeiro dos acórdãos citados, não se retiraram as devidas consequências da natureza urgente do incidente, não se compreendeu a função da peça processual impropriamente denominada de *parecer*, atento o momento da sua junção ao processo e atento o carácter contraditório do incidente, e, de forma incorrecta, não se vislumbrou outra consequência para a intempestividade do parecer que não fosse o fim do incidente, a sua paralisação. Ao segundo dos arestos citados podem opor-se as mesmas críticas e uma mais. Este segundo aresto manifesta uma tese que não respeita integralmente o princípio pelo qual se afirma que o juiz não é parte interessada na causa. Em incidente urgente e contraditório, o juiz não tem de instar o administrador para que este apresente uma peça processual que vai ser sujeita ao contraditório. O intérprete deve buscar a solução que melhor se adeqúe ao propósito do incidente. Este foi oficiosamente aberto e o juiz pode fundamentar a sua decisão em factos não alegados pelas partes (artigo 11.° do CIRE), pelo que o incidente *não está dependente da apresentação formal do "parecer" do administrador da insolvência.* O incidente pode e deve prosseguir no caso de o parecer faltar ou ser apresentado intempestivamente.

CIRE, e subsequente substituição. Mas a consequência funcional da omissão não se confunde com a respectiva consequência processual. A omissão do administrador não se esgota nos aspectos funcionais da questão. Em face do seu carácter urgente, e do seu cariz contraditório, o incidente deve prosseguir os seus termos, seguindo o seu curso, não tendo qualquer sentido que se suspenda a tramitação para que o administrador seja substituído (obrigando à tramitação própria do incidente previsto no artigo 56.°, n.° 1 do CIRE, com a audição da comissão de credores, do devedor e do próprio administrador) para que o novo administrador – que não tem qualquer conhecimento do processo – apresente novo parecer. A aceitar-se esta visão das coisas, e uma vez que o novo administrador não tem qualquer conhecimento do processo, provavelmente ver-se-á obrigado a pedir ao juiz uma prorrogação do prazo que entretanto lhe foi necessariamente concedido, após a nomeação em substituição, para apresentar o parecer[46]. Ora, estamos em crer que o legislador não quis que todas estas diligências transformassem um incidente, que se quis de célere tramitação, num sinuoso e lento labirinto.

Quer o administrador da insolvência apresente o parecer, quer não apresente, o Ministério Público pronunciar-se-á apresentando, igualmente, parecer[47]. Tal resulta da conjugação do n.° 3 com os n.ºs 4 e 5 do artigo 188.° do CIRE. A posição do Ministério Público constará de um parecer e não dependerá do parecer do administrador da insolvência: autonomamente, o Ministério Público proporá uma qualificação para a insolvência. E no caso de existirem factos que permitam concluir pelo seu carácter culposo, deverá alegá-los

[46] E se o novo administrador, por uma razão ou por outra, também não apresentar o parecer? Instar-se-á para que o apresente? *Ad infinitum*?

[47] Consideramos que a escolha do termo *parecer* pelo legislador de 2004 se afigura infeliz. Tanto o administrador da insolvência como o Ministério Público, nos respectivos *pareceres*, deverão alegar factos, sendo certo que alguns deles não constarão ainda do processo principal ou dos seus apensos. Tais factos vão ser sujeitos ao contraditório, incluídos na base instrutória e sobre os mesmos vai incidir actividade probatória. Da forma que o incidente se encontra processualmente estruturado afigurava-se mais lógico que um parecer fosse emitido depois da resposta à matéria de facto e antes da prolação da sentença. Neste ponto, compreendemos as críticas de João Labareda quando afirma, in *Conhecer o Código da Insolvência e da Recuperação de Empresas*, Instituto de Direito das Empresas e do Trabalho, Miscelâneas, n.° 2, 2004. 17, que o legislador recorreu "ao uso de noções impróprias, cujo sentido comum é desvirtuado, e ao apelo a conceitos vagos e imprecisos, de difícil tradução e aplicação, principalmente quando falta o suporte de um trabalho anterior de exegese, que ajude a fixar os respectivos conteúdos e contornos". E, sublinhe-se, não deixa de demonstrar alguma confusão designar-se de *parecer* uma peça processual que é junta ao processo, que é contraditório, antes de proferido o despacho saneador e *antes de seleccionada a matéria relevante para a boa decisão da causa*.

com um grau de concretização que permita o efectivo exercício do direito de contraditar, devendo o juiz, por respeito a este princípio, convidar o Ministério Público a aperfeiçoar a factualidade deficientemente alegada no seu parecer, sob pena de os enunciados conclusivos e os enunciados descritores de matéria de direito não poderem figurar na selecção da matéria de facto considerada relevante para a boa decisão da causa. Poderá ainda impugnar os factos alegados pelo administrador ou pelos interessados. Se concordar, pode divergir destes na subsunção daqueles ao direito.

A posição processualmente autónoma do Ministério Público no incidente radica-se, não só no disposto neste artigo 188.°, mas também no constante dos artigos 1.° e 3.°, n.° 1, alínea *l*) do Estatuto do Ministério Público. Com efeito, é precisamente este diploma que afirma que compete especialmente ao Ministério Público intervir nos processos de falência e de insolvência e em todos os que envolvam interesse público. Ora, se o administrador surge no incidente de qualificação por razões que se ligam ao seu suposto natural *conhecimento da factualidade* que envolve a insolvência, o Ministério Público surge como o natural garante do *interesse público da segurança e confiança do tráfego económico e comercial*, que, como vimos, constitui o interesse que aqui se pretende, em primeira linha, tutelar. Com efeito, as funções do administrador, assumidas pelo legislador no artigo 55.°, n.° 1, do CIRE, ligam-se mais à primordial finalidade de liquidação do património do devedor[48], satisfazendo, na medida do possível, os credores, do que à tutela do interesse público referido.

Também o Ministério Público tem o *dever* de apresentar o parecer de qualificação. Um *dever* de importância acrescida, atento o interesse em causa. A violação de tal dever, omitindo o parecer ou apresentando-o fora de prazo, fará incorrer o magistrado em causa em eventual responsabilidade funcional. Em termos processuais, a omissão terá o valor equiparado ao do parecer que, apresentado tempestivamente, concluísse por uma qualificação fortuita da insolvência, pelas razões que se referiram aquando da consideração da não apresentação do parecer do administrador da insolvência[49]. Tendo em conta o específico interesse público que o Ministério Público visa proteger, não faria sentido que a sua posição se cingisse a uma *pronúncia* sobre o parecer do administrador que o sentido literal do n.° 3, do artigo 188.°, do CIRE, inculca. Felizmente, o n.° 5 do mesmo artigo vem dar indicações interpretativas preciosas[50] que, em

[48] Lapidarmente afirmada no artigo 1.° do CIRE.

[49] Em sentido contrário, LUÍS A. CARVALHO FERNANDES e JOÃO LABAREDA, *ob. cit.*, V. II, 2006, 22.

[50] Artigo 188.°, n.° 5, 2.ª parte: "(…) a notificação e as citações são acompanhadas dos *pareceres* do administrador da insolvência e do *Ministério Público* (…)" (itálicos nossos).

conjugação com o disposto nos referidos artigos 1.° e 3.°, n.° 1, alínea *l*) do Estatuto do Ministério Público, caracterizam o real papel do Ministério Público no incidente de qualificação da situação de insolvência. Por isso, é que também não faria sentido que a omissão da apresentação do parecer do Ministério Público fosse entendida como uma não oposição ao vertido no parecer do administrador da insolvência. Essa foi a solução da lei espanhola que o legislador português entendeu não copiar[51].

Nos termos do n.° 4 do artigo 188.°, do CIRE, "se tanto o administrador da insolvência como o Ministério Público propuserem a qualificação da insolvência como fortuita, o juiz profere de imediato decisão nesse sentido, a qual é insusceptível de recurso"[52].

Esta norma tem merecido críticas de vários quadrantes do mundo académico e judiciário. Luís de Menezes Leitão pronunciou-se sobre a norma afirmando que "parece-nos, no entanto, questionável a solução do n.° 4, uma vez que retira o poder jurisdicional ao tribunal, obrigando-o a seguir a posição conjunta do Ministério Público e do administrador de insolvência"[53]. Luís Carvalho Fernandes afirma que "a letra da lei não deixa aqui alternativa ao juiz. Dir-se-ia que o CIRE pressupõe que os pareceres não merecem reparo, solução que peca por excessiva. Não pode, na verdade, excluir-se a hipótese de eles não terem atribuído a devida relevância a factos constantes do processo de insolvência, alegados pelos interessados para qualificarem a insolvência como culposa. Suponha-se, por exemplo, que não foram atendidos factos que, por força da presunção inilidível do n.° 2 do art. 186.°, impõem a qualificação da insolvência como culposa"[54]. Este mesmo autor, juntamente com João Labareda, na intenção de avançar com uma solução para situações consideradas absurdas, entende que o juiz deve declarar a ilegalidade dos pareceres, do administrador e do Ministério Público, coincidentes na atribuição do carácter fortuito à insolvência, quando nos autos surgir "evidenciado qualquer dos factos

[51] Na Ley Concursal espanhola, de 2003, no *artículo 169., n.° 2*, preceitua-se uma solução diferente da adoptada pelo legislador do CIRE: "si el Ministério Fiscal no emitiera dictamen en esse plazo, seguirá su curso el proceso y se entenderá que no se opone a la propuesta da calificación".

[52] A norma em causa teve a sua fonte na norma constante do *artículo 170., n.° 1*, da *Ley Concursal* espanhola de 2003: "Si el informe de la administración concursal y el dictamen que, en su caso, hubiera emitido el Ministerio Fiscal coincidieran en calificar el concurso como fortuito, el juez, sin más trámites, ordenará el archivo de las actuaciones mediante auto, contra el que no cabrá recurso alguno".

[53] In *Código da Insolvência e da Recuperação de Empresas Anotado*, 2.ª ed., Almedina, 2005, 176 e in *Direito da Insolvência*, 2.ª ed., 2009, 275, nota 327.

[54] In *Revista Themis*, Edição Especial (*Novo Direito da Insolvência*), 2005, 90.

previstos nas alíneas" do n.° 2 do artigo 186.° – "quando no processo há elementos para ter como verificados os factos alegados para qualificar a insolvência como culposa"[55].

A norma constante do n.° 4 não deixa de suscitar perplexidades e parece que não pode deixar de se concluir que *o legislador disse mais do que aquilo que queria dizer.*

Vejamos porquê.

Em primeiro lugar, a norma é uma disposição que surge *contra a corrente processual* do incidente. Com efeito, o legislador preocupou-se em assegurar a um vasto conjunto de pessoas a legitimidade para intervirem no presente incidente. Com o conceito de *interessados* pretendeu-se que todas aquelas pessoas que demonstrassem ter tido um contacto relevante com o/a insolvente, ou um relevante interesse jurídico na decisão final do incidente, pudessem conformar o incidente com a alegação dos factos por eles julgados pertinentes. Por isso, afigura-se ilógico que, em momento posterior, se retire tal legitimidade e se prescinda de um pronunciamento por parte do juiz sobre os factos alegados pelos interessados[56]. Se um interessado alegar factualidade tendente ao preenchimento dos pressupostos da responsabilidade qualificadora, deverá o juiz ficar submetido às posições do administrador e do Ministério Público? Se o fizer, o comportamento judicial, ainda que, à primeira vista, autorizado pela letra da lei, consubstanciará uma clássica omissão de pronúncia. Admissível?

Em segundo lugar, a norma surge ao arrepio de um princípio estruturante do direito da insolvência.

No artigo 11.° do CIRE lê-se que "no processo de insolvência, embargos e incidente de qualificação de insolvência, a decisão do juiz pode ser fundada em factos que não tenham sido alegados pelas partes". Na epígrafe do artigo pode ler-se "princípio do inquisitório".

Suponhamos então que do processo de insolvência consta uma certidão do serviço de finanças competente na qual se declara que nos últimos dois anos a insolvente não apresentou as respectivas declarações de IRC, recusou-se a exibir a contabilidade e demais documentos legalmente exigíveis, tendo sido, por causa disso, realizada a avaliação indirecta da matéria tributável. Nenhum dos potenciais interessados apresentou alegações (188.°, n.° 1), os pareceres do administrador e do Ministério Público coincidiram na qualificação da insol-

[55] Luís A. Carvalho Fernandes e João Labareda, in *ob. cit.*, V. II, 2006, 22-23.

[56] Que, por exemplo, poderão revelar-se profundos conhecedores de factualidade pertinente por terem sido clientes da insolvente.

vência como fortuita, com fundamento na inexistência de factos que permitam qualificar a insolvência como culposa (188.°, n.ºs 2, 3 e 4). Será suportável, do ponto de vista da justiça do caso concreto, aplicar à situação a norma constante do artigo 188.°, n.° 4, do CIRE, com o seu sentido literal?

Em terceiro lugar, a norma não considera um princípio estruturante do direito processual civil.

Nos termos do disposto no artigo 664.° do Código de Processo Civil, "o juiz não está sujeito às alegações das partes no tocante à indagação, interpretação e aplicação das regras de direito (...)". Esta regra constitui um corolário do *princípio constitucional da legalidade do conteúdo da decisão* (*jura novit curia*). De acordo com os artigos 203.° e 204.° da Constituição da República Portuguesa, o princípio constitucional é directamente aplicável à situação e compele o intérprete a adequar a interpretação da legislação ordinária às normas constitucionais. Neste quadro, suponhamos que nenhum interessado apresenta alegações, suponhamos que o administrador apresenta o parecer no qual alega um conjunto de factos que, no seu entendimento, não permitem qualificar a insolvência como culposa. Qualificação que resulta, por exemplo, de um manifesto equivoco jurídico ou de uma não consideração de uma recente alteração legislativa. O Ministério Público concorda, tabelarmente, com a proposta do administrador. Privar-se-á o juiz de aplicar a lei substantiva?

A solução interpretativa deve, pois, ficar aquém do sentido literal da norma.

Em face deste quadro argumentativo, parece-nos que a norma em causa só poderá aplicar-se quando: (i) não houver interessados a apresentar alegações; (ii) os *pareceres* do administrador da insolvência e do Ministério Público, *com fundamento na inexistência de factos subsumíveis aos pressupostos da qualificação*, coincidirem na atribuição do carácter fortuito à insolvência; e (iii) do processo *não resultar a existência de factos* que, em primeira apreciação e ainda que sem a necessária posterior sujeição ao contraditório, permitam indiciar a responsabilidade de determinada pessoa na situação de insolvência do devedor.

Presumindo-se que o legislador é razoável (artigo 9.°, n.° 3 do Código Civil), tornando-se evidente que a norma ínsita no n.° 4 do artigo 188.° do CIRE surge desenquadrada, quer da estruturação que o legislador emprestou ao incidente, quer de um dos princípios vigentes em direito da insolvência e, ainda, de um dos princípios vigentes em direito processual civil, como corolário de um princípio constitucional, cremos que só através da interpretação proposta poderemos confinar a norma ao seu verdadeiro âmbito de aplicação. Uma interpretação que permitiria que a norma retornasse ao seu verdadeiro contexto, assumindo uma coerência jurídico-sistemática ao nível do instituto jurídico onde se insere e ao nível da unidade do ordenamento jurídico. Coerência que o seu mero sentido literal não lhe permite assumir[57-58].

Uma vez que a interpretação proposta assume que a letra da norma é claramente mais ampla do que o seu espírito, podemos qualificar o resultado obtido como uma *interpretação restritiva* do artigo 188.°, n.° 4, do CIRE.

Tendo presente a interpretação proposta, o cumprimento do disposto no artigo 188.°, n.° 5, ocorrerá nos seguintes casos:

a) Quando os pareceres do administrador da insolvência e o Ministério Público alegarem factos e concluírem pela qualificação culposa da insolvência;

b) Quando o administrador da insolvência ou o Ministério Público alegarem factos e concluírem pela qualificação culposa da insolvência;

c) Quando um dos interessados alegar factos tendentes a qualificar a insolvência como culposa, apesar de o administrador da insolvência e o Ministério Público considerarem que inexistem factos (incluindo os factos alegados pelo interessado) para qualificar a insolvência como culposa, qualificando-a como fortuita;

d) Quando algum interessado apresentar alegações e o administrador da insolvência e o Ministério Público nada disserem;

e) Quando do processo constarem elementos que, em primeira apreciação e ainda que sem a necessária posterior sujeição ao contraditório, permitam indiciar a responsabilidade de determinada pessoa na situação de insolvência do devedor, sem que do processo conste qualquer alegação de qualquer interessado e ainda que administrador e Ministério Público se tenham pronunciado pelo carácter fortuito da insolvência;

f) Quando, apesar de nenhum interessado ter apresentado alegações, o administrador de insolvência e o Ministério Público se tiverem pronunciado pela qualificação fortuita da insolvência com base em factos recolhidos e alegados e o juiz discordar da aplicação do direito aos factos feita por aqueles.

[57] Cremos que a quase integral cópia do texto do *artículo 170., n.° 1* da *Ley Concursal* espanhola para o artigo 188.°, n.° 4 do Código da Insolvência e da Recuperação de Empresas, sem qualquer consideração pelo ordenamento jurídico nacional e pelos princípios estruturantes que o enformam, constitui a razão da absoluta infelicidade do sentido literal da norma.

[58] Em face da posição que assumimos e da argumentação que a sustenta consideramos que a solução defendida por Luís A. Carvalho Fernandes e João Labareda (in *ob. cit.*,V. II, 2006, 22-23), no sentido de *declarar a ilegalidade dos pareceres* quando "quando no processo há elementos para ter como verificados os factos alegados para qualificar a insolvência como culposa" nos parece desadequada e desencontrada com o regime processual do incidente.

Cumprida a notificação prevista no artigo 188.°, n.° 5, do CIRE, dispõem os visados pelas alegações dos interessados, pelos pareceres do administrador e do Ministério Público, bem como os implicados pelos elementos constantes dos autos e que permitem indiciar a sua responsabilidade na situação de insolvência do devedor, do prazo de 15 dias para se *oporem*. No caso das situações descritas nas *supra* referidas alíneas *d*) e *e*), a notificação e as citações são acompanhadas, no caso da alínea *d*), do despacho do juiz justificativo do prosseguimento dos autos, que deve conter referências precisas aos elementos em causa, no caso da alínea *e*), para além dos pareceres do administrador e do Ministério Público, do despacho do juiz onde seja plasmado o entendimento jurídico discordante relativamente aos factos alegados. E no caso da alínea *c*) de cópia das alegações do(s) interessado(s).

Quid iuris se nenhum dos visados deduzir oposição aos factos alegados ou que lhes são imputados? Deveremos considerar como confessados os factos imputados aos visados que não se opuseram (cf. artigo 484.° do Código de Processo Civil, *ex vi* artigo 17.° do CIRE)?

Cremos que não.

A falta de oposição dos visados não tem como consequência a confissão ficta dos factos alegados previamente, uma vez que estamos perante uma relação jurídica controvertida de carácter indisponível. Com efeito, a inibição para o exercício do comércio e a inabilitação de algum dos visados no incidente só podem ser aplicadas nos termos do artigo 189.° do CIRE, através de decisão judicial, sendo, pois, ineficaz a vontade dos intervenientes para produzirem o efeito jurídico que pelo incidente se pretende obter. Consequentemente, mesmo na falta de oposição dos visados, na existência de factos que lhe sejam imputáveis e que fundamentem uma qualificação culposa da insolvência, deve prosseguir a tramitação do incidente, por força do disposto no artigo 485.°, alínea *c*), do Código de Processo Civil, *ex vi* artigo 17.° do CIRE, para prolação de despacho saneador, realização da audiência de julgamento e prolação de sentença.

O administrador da insolvência, o Ministério Público e qualquer interessado que assuma uma posição contrária à das oposições pode responder dentro dos 10 dias subsequentes ao termo do prazo referido no número anterior (artigo 188.°, n.° 6 do CIRE).

De acordo com o n.° 7, do artigo 188.°, "é aplicável às oposições e às respostas, bem como à tramitação ulterior do incidente da qualificação da insolvência, o disposto nos artigos 132.° a 139.°, com as devidas adaptações".

Desde já se pode afirmar que o disposto no artigo 133.° do CIRE não tem qualquer aplicabilidade ao incidente que aqui se cura, atenta a especificidade da situação que ali é regulada – exame das reclamações e dos documentos de escrituração do insolvente –, só compreensível no âmbito da tramitação do incidente de reclamação de créditos.

Uma importante adaptação a fazer-se à referida tramitação prende-se com a *tentativa de conciliação*, prevista no artigo 136.°, n.os 1 e 2 do CIRE. Tal tentativa de conciliação não poderá realizar-se nos incidentes de qualificação de insolvência, pois, constituindo a *transacção*, a celebrar entre as partes, o objectivo último da tentativa de conciliação a realizar no âmbito da reclamação de créditos, incidente para o qual a dita foi primeiramente pensada, no presente incidente de qualificação nada há para transigir, nem partes para *conciliar*. No incidente de qualificação da insolvência estamos perante interesses que se relacionam com o comportamento dos responsáveis da insolvente perante a declarada insolvência e que são tutelados por normas de carácter imperativo. Tais interesses, que, a serem violados, fundamentarão a aplicação de uma sanção civil aos responsáveis, estão excluídos do âmbito de disponibilidade das partes. Ou seja, estamos perante factos relativos a direitos acerca dos quais a vontade das partes é ineficaz ou para os constituir ou para os extinguir, ou para constituir ou extinguir uma situação equivalente à do seu exercício.

Também não vemos qualquer utilidade na aplicabilidade do disposto no artigo 135.° (*parecer da comissão de credores*) ao incidente de qualificação. No incidente, o conceito de *interessados* (artigo 188.°, n.° 1 do CIRE) inclui os credores, pelo que estes têm um momento privilegiado para se pronunciar. Admitir a apresentação de mais um parecer no incidente, para além de tornar menos célere um incidente que se quis urgente, representa uma duplicação de intervenções processuais, pelo que deve entender-se que o legislador não quis estender a emissão deste parecer ao incidente de qualificação.

Neste âmbito, e como última nota, pensamos que devemos chamar a atenção do leitor para a questão da apresentação da prova. Tal como determinado pelo legislador processual civil no que concerne às regras gerais dos incidentes da instância – cf. artigos 302.° e seguintes, do Código de Processo Civil, especialmente, artigo 303.°, n.° 1 –, no incidente de qualificação *todos* os meios de prova devem ser oferecidos com as oposições e as respostas, por força da remissão do artigo 188.°, n.° 7, para o disposto no artigo 134.°, n.° 1, e deste para o disposto no artigo 25.°, n.° 2, todos do CIRE. Não há, pois, lugar à apresentação dos requerimentos probatórios, após a notificação das partes da prolação do despacho saneador, tal como sucede nas acções comuns tramitadas sob a forma de processo ordinário ou sumário. No entanto, não vislumbramos na letra e no espírito da tramitação qualquer óbice a que o administrador da insolvência, o Ministério Público e os interessados que alegaram apresentem, logo nos pareceres e nas alegações, os meios de prova que entenderem e de que disponham, sendo certo, no entanto, que o poderão fazer nas respostas às oposições. Os visados pela qualificação é que deverão apresentar tais meios nas oposições que deduzam.

Foi intenção do legislador suprimir o prazo que seria concedido às partes, após a prolação do despacho saneador, para apresentarem a prova se à tramitação do incidente fosse aplicável subsidiariamente a tramitação do processo sumário ou ordinário de declaração.

B) *O incidente limitado de qualificação da insolvência*

O artigo 191.° do CIRE regula o incidente limitado de qualificação da insolvência. A tramitação regulada neste artigo é aplicável quando, no momento da prolação da sentença que declara a situação de insolvência, o juiz concluir que o património do devedor não é presumivelmente suficiente para a satisfação das custas do processo e das dívidas previsíveis da massa insolvente, não se encontrando o cumprimento das obrigações de outra forma garantido. É ainda aplicável esta tramitação nos casos previstos no artigo 232.° do CIRE: são os casos de *verificação superveniente* da insuficiência da massa insolvente para a satisfação das custas do processo e das restantes dívidas (cf. n.° 5 da mesma norma).

As diferenças na tramitação processual encontram-se previstas nas alíneas *a*) a *c*), do n.° 1, do artigo 191.°, do CIRE.

Quanto à alínea *a*), e uma vez que a mesma é dirigida à situação prevista no n.° 1, do artigo 39.°[59], será uma disposição de aplicação pouco frequente, tendo em conta que são pouco frequentes as situações em que o incidente é, desde logo, qualificado processualmente como limitado. De qualquer modo, se for esse o caso, trata-se de uma norma certeira do ponto de vista da celeridade processual.

As alíneas *b*) e *c*) do n.° 1 do mesmo artigo surgem como consequências naturais do encerramento do processo.

[59] Cf., neste sentido, Luís A. Carvalho Fernandes e João Labareda, *Código da Insolvência e da Recuperação de Empresas Anotado*, reimpressão, 2009, 628.

IV – A insolvência culposa

A) *Âmbito subjectivo*

Podem ser visados pelo incidente de qualificação da insolvência, sendo, então, os respectivos comportamentos sindicados do ponto de vista substantivo, o devedor, quando seja uma pessoa singular, ou os administradores de direito ou de facto do devedor, quando este seja uma pessoa colectiva ou uma entidade colectiva não personalizada[60].

Saber-se quem são os *administradores de direito* de determinada pessoa colectiva ou entidade colectiva não personalizada não oferece, em geral, grande dificuldade, pois a lei ou os estatutos, conforme os casos, fornecem indicações precisas. Já a determinação do *administrador de facto* pode levantar algumas dificuldades.

Segundo Coutinho de Abreu[61], é *administrador de facto* quem, sem título bastante, exerce, directa ou indirectamente e de modo autónomo (não subordinadamente), funções próprias de administrador de direito da sociedade.

Assim, é *administrador de facto* a pessoa que actua notoriamente como se fosse administrador de direito, mas sem título bastante. Cabem aqui os casos em que a designação da pessoa como administrador é nula, os casos em que o título, originariamente válido, caducou ou foi extinto e, ainda, os casos em que não existe qualquer título, válido ou inválido (*administradores de facto aparentes*).

É, também, *administrador de facto* a pessoa (por exemplo, o sócio dominante que não quer expor-se aos riscos do estatuto do administrador) que ostenta um estatuto diverso do de administrador – director-geral, gerente de comércio, procurador para a prática de determinada categoria de actos – mas desempenha funções de gestão com a autonomia própria dos administradores de direito (*administradores de facto ocultos sob outro título*).

É, ainda, *administrador de facto* a pessoa que, sem qualquer cargo de administração ou função profissional na sociedade, determina, habitualmente, a actuação dos administradores de direito. É o caso, por exemplo, da pessoa, sócio de determinada sociedade, declarada inibida para ocupar cargos societários (*administrador na sombra/shadow directors*).

60 Luís A. Carvalho Fernandes e João Labareda, *ob. cit.*, V. II, 2006, 14.

61 In *Responsabilidade Civil dos Administradores de Sociedades*, Instituto de Direito das Empresas e do Trabalho, Cadernos, n.° 5, 2007, 99. Adoptamos a categorização que este Autor expõe na obra citada a pp. 97, 98 e 99 e que expomos de seguida no texto.

Todas estas pessoas devem considerar-se administradores de facto e, como tal, podem e devem ser visadas pelo incidente de qualificação da insolvência.

B) *Âmbito objectivo*

1. *O comportamento doloso ou com culpa grave*

O *objecto da qualificação* é constituído pelo comportamento empresarial do devedor/a ou de um ou mais administradores ou gerentes, de direito ou de facto, do primeiro/a na produção ou agravamento do estado de insolvência da empresa.

O conceito de *insolvência culposa* encontra-se definido no artigo 186.°, n.° 1 do CIRE nos seguintes termos: "a insolvência é culposa quando a situação tiver sido criada ou agravada em consequência da actuação, dolosa ou com culpa grave, do devedor, ou dos seus administradores, de direito ou de facto, nos três anos anteriores ao início do processo de insolvência".

Da noção legal retira-se, em primeiro lugar, que a actuação do devedor ou dos seus administradores deve ser *apta* ou *idónea* à criação ou agravação da situação de insolvência. Ou seja, deve existir um *nexo de causalidade* entre a actuação – os factos cometidos ou omitidos – dos gerentes de facto ou de direito e aquela situação. Em segundo lugar, tais factos – cometidos ou omitidos – devem ter sido assumidos *dolosamente* ou com *culpa grave*. Mas não se resumem a estes dois os pressupostos da *insolvência culposa*.

São pressupostos da qualificação da insolvência como culposa para efeitos do disposto no artigo 186.° do CIRE:

- Uma acção ou omissão do devedor ou do administrador/gerente deste (o facto);
- Uma situação de insolvência judicialmente declarada por sentença transitada em julgado;
- A produção ou o agravamento daquele estado de insolvência;
- O estabelecimento de um nexo de causalidade entre a acção ou omissão do devedor ou dos seus administradores e a criação ou o agravamento daquele estado de insolvência;
- O carácter doloso ou gravemente culposo daquela acção ou omissão;
- Ter essa acção ou omissão ocorrido dentro dos três anos anteriores ao início do processo de insolvência.

A forma como se encontra redigida a norma constante do n.° 1, do artigo 186.°, permite incluir como comportamento relevante para efeitos de qualificação, quer uma acção positiva, um *facere*, quer uma omissão, um *non facere*. E na vida das empresas podem encontrar-se variadíssimos comportamentos omissivos que podem afectar o seu desempenho económico e, eventualmente, levá-las à situação de insolvência. Pense-se, por exemplo, nos casos em que determinado administrador que, não informado juridicamente, deixa de pagar as prestações referentes a um contrato de compra e venda a prestações de valiosa maquinaria, essencial à produtividade da empresa, para aplicar o dinheiro em incertos investimentos de curto prazo, mas negligenciando a contratualmente acordada reserva de propriedade, que permitiu à empresa vendedora resolver o contrato, recuperar a maquinaria e exigir elevadas penalizações financeiras, levando a uma paragem na produção pelo período de um mês, que foi determinante na situação de insolvência em que a empresa foi colocada.

O *nexo de causalidade* que, segundo a redacção do n.° 1 do artigo 186.°, deve existir entre a acção ou a omissão do devedor ou do administrador deste e a produção ou o agravamento de insolvência deve ser apreciado de acordo com a doutrina da causalidade adequada, na formulação negativa de Enneccerus-Lehmann, consagrada no nosso direito através do artigo 563.° do Código Civil[62]. Assim, a acção ou omissão que actuou económica e financeiramente como condição da situação de insolvência só deixará de ser considerada como a causa adequada daquela, se, dada a sua natureza, se mostrar de todo em todo indiferente para a verificação da situação de insolvência, só a tendo provocado em virtude de circunstâncias excepcionais, anormais ou extraordinárias que intercederam no caso. Assim, não será causa adequada da situação de insolvência de determinada empresa, apesar de consubstanciar a sua causa económica e financeira, o avultado investimento realizado na Geórgia, com recurso ao crédito bancário, em instalações e recursos humanos na área da extracção de petróleo, dois meses antes da invasão militar deste país pela Rússia em 2008 e que não permitiu a realização de qualquer retorno em face da destruição de todas aquelas infra-estruturas.

O nexo de imputação do resultado (situação de insolvência) à conduta do visado deve ser estabelecida a título de *dolo* ou de *culpa grave*. Ficam excluídas do conceito de insolvência culposa a *culpa leve* e a *culpa levíssima*[63-64].

62 Cf., por todos, João de Matos Antunes Varela, *Das Obrigações em Geral*, V. I, 7.ª ed., 1991, 876 ss.

63 A culpa será *levíssima* quando o agente tenha omitido os deveres de cuidado que só uma pes-

O *dolo*, enquanto conhecimento (elemento intelectual) e vontade (elemento volitivo ou emocional) de realização do facto em causa, pode assumir a forma de *directo*, *necessário* ou *eventual*. Existe dolo directo quando o agente representa ou prefigura no seu espírito determinado efeito da sua conduta e quer esse efeito como fim da sua actuação. Age como dolo necessário o agente que prevê o resultado ilícito, não tem a intenção de o produzir, mas prevendo-o como uma consequência certa, não apenas como possível, não se preocupa, contudo, que tal resultado venha a ocorrer, querendo-o para a hipótese. Existe dolo eventual quando o agente prevê o resultado, mas não tem a intenção de o produzir e não o prevê como uma consequência certa, mas apenas como possível, conformando-se, contudo, com tal eventualidade[65].

A *culpa grave*, normalmente equiparada à *culpa grosseira* ou *negligência grosseira*, pode ser definida como aquela com que age o agente que omite os deveres de cuidado que só uma pessoa especialmente descuidada, incauta e desleixada deixaria de respeitar.

Já se questionou, a propósito e no âmbito do conceito da *culpa/negligência*, a influência que a *business judgment rule* poderá ter tido na concepção da fórmula do n.° 1, do artigo 186.°, do CIRE[66].

A *business judgment rule* foi desenvolvida pela jurisprudência norte-americana no domínio da responsabilidade civil dos administradores para com a sociedade e, em síntese, determina que a avaliação e julgamento, de acordo com *critérios de razoabilidade*, da substância/mérito das decisões empresariais tomadas pelos administradores de empresas é subtraída aos tribunais. Estes sindicarão apenas as decisões empresariais com base em *critérios de racionalidade*: o administrador apenas será civilmente responsável quando a decisão empresarial for considerada *irracional*[67].

soa excepcionalmente diligente e prudente teria observado; será *leve* quando o agente deixar de observar os deveres de cuidado que uma pessoa normalmente diligente teria adoptado.

64 Cf., neste sentido, Maria Elisabete Gomes Ramos, *A Insolvência da Sociedade e a Responsabilização dos Administradores no Ordenamento Jurídico Português*, in *Revista Digital Prim@ Facie*, *http://www.ccj.ufpb.br/primafacie*, Ano 4, n.° 7, Jul./Dez., 2005, 23 ss. A mesma Autora propõe, na obra citada, uma explicação para o legislador ter deixado de fora do conceito de *insolvência culposa* a *culpa leve* e a *culpa levíssima* – cf. 25-27.

65 Para exemplos de adaptação dos conceitos gerais à conduta do visado pelo incidente de qualificação, cf. Maria Elisabete Gomes Ramos, *ob. cit.*, 23-24.

66 Cf. Maria Elisabete Gomes Ramos, *ob. cit.*, 25-27.

67 Cf. J. M. Coutinho de Abreu, in *Responsabilidade Civil dos Administradores de Sociedades*, Instituto de Direito das Empresas e do Trabalho, Cadernos, n.° 5, 2007, 36 ss. Segundo este Autor, "a regra da decisão empresarial só é aplicável se se verificarem determinados pressupostos ou

No nosso direito, a *business judgment rule* foi de *algum modo*[68] consagrada no artigo 72.°, n.° 2 do Código das Sociedades Comerciais. Foi estabelecida, portanto, no domínio da responsabilidade civil dos administradores para com a sociedade comercial. Estabelecendo-se no n.° 1 da mesma norma que "os gerentes ou administradores respondem para com a sociedade pelos danos a esta causados por actos ou omissões praticados com preterição dos deveres legais ou contratuais, salvo se provarem que procederam sem culpa", o n.° 2 vem afirmar que "a responsabilidade é excluída se alguma das pessoas referidas no número anterior provar que actuou em termos informados, livre de qualquer interesse pessoal e segundo critérios de racionalidade empresarial".

Em face do texto da lei pode afirmar-se que a disposição do n.° 2 veio facilitar a elisão da presunção estabelecida no n.° 1. Mas tal elisão só se produzirá se a violação prevista no n.° 1 ocorrer no âmbito do *dever legal geral de cuidado* – fica excluída a possibilidade de se elidir a presunção do n.° 1 se a violação ocorrer no âmbito do *dever legal geral de lealdade* ou se ocorrer a violação de algum dos *deveres legais específicos*[69].

Ora, em primeiro lugar, não cremos que a *business judgment rule* tenha influenciado subjectivamente o legislador do CIRE no que se refere à noção de *insolvência culposa* prevista no n.° 1, do artigo 186.°. O afastamento dos conceitos de *culpa leve* e de *culpa levíssima* liga-se mais à pragmática consideração do nível de formação do *administrador médio português* e à *relação dos comportamentos com a gravidade das sanções* previstas no artigo 189.°, alíneas *b*) e *c*), do que à presença de qualquer consideração acerca da protecção jurídica de decisões empresariais arriscadas e racionais, ainda que eventualmente irrazoáveis. Aliás,

condições. (...) a) É necessário que uma *decisão tenha sido tomada*. Uma decisão *de fazer algo ou de não fazer*, uma *escolha* entre várias possibilidades. A simples omissão, por ignorância ou por outros motivos, não beneficia da aplicação da regra. (...) b) Os administradores, bem como as pessoas próximas, *não* podem estar *em situação de conflito de interesses* com a sociedade relativamente ao objecto da decisão. (...) c) As *normas procedimentais da decisão têm de ser cumpridas*; a regra não se aplica se o administrador não se informa razoavelmente antes de decidir. (...) Por conseguinte, a *business judgment rule* não é aplicável quando as decisões contrariam o *dever de lealdade* ou *deveres específicos* legais, estatutários ou contratuais dos administradores: aqui não há *discricionariedade*, as decisões são *vinculadas*, os administradores têm de actuar no interesse da sociedade e cumprir os deveres especificados" – cf. pp. 37 e 38 e notas aí referidas. A *business judgement rule* tem, pois, o seu campo de aplicação no âmbito da violação dos deveres de cuidado.

68 Cf. J. M. Coutinho de Abreu, in *Responsabilidade Civil dos Administradores de Sociedades*, Instituto de Direito das Empresas e do Trabalho, Cadernos, n.° 5, 2007, 40-47.

69 Cf., neste sentido, J. M. Coutinho de Abreu, in *Responsabilidade Civil dos Administradores de Sociedades*, Instituto de Direito das Empresas e do Trabalho, Cadernos, n.° 5, 2007, 46-47.

como certamente já se constatou ao longo deste trabalho, a fonte do incidente de qualificação da insolvência é a *Ley Concursal* espanhola de 2003, sendo que o artigo 186.°, n.° 1 do CIRE foi praticamente decalcado do *artículo 164., n.° 1* da referida *Ley Concursal*. E quando o CIRE foi aprovado, em 2004, o n.° 2 do artigo 72.° do Código das Sociedades Comerciais ainda não tinha a redacção que aqui se transcreveu, aprovada que foi apenas pelo Decreto-Lei n.° 76-A/2006 de 29 de Março.

Por outro lado, a aplicação da *business judgment rule* nos termos em que está consagrada no nosso direito tem a virtualidade de afastar a *culpa* do administrador em causa: *toda* a *culpa*, não apenas a *culpa leve* ou a *culpa levíssima*, que estão afastadas dos pressupostos do artigo 186.° do CIRE. E parece que não se pode afastar a possibilidade de a violação do *dever legal geral de cuidado*, no âmbito do qual se aplica a *business judgment rule*, poder consubstanciar um comportamento imputável ao administrador a título de *culpa grave*.

A questão deve ser, a nosso ver, colocada de outro modo: em face da entrada em vigor da nova redacção do n.° 2 do artigo 72.° do Código das Sociedades Comerciais, não deverá o juiz, interpretando o artigo 186.°, n.° 1 do CIRE de acordo com a doutrina daquele n.° 2, afastar a *culpa* do administrador, logo também a *culpa grave*, se resultar demonstrado que este, na tomada da decisão *sub judice*, (i) actuou em termos informados, (ii) livre de qualquer interesse pessoal e (iii) segundo critérios de racionalidade empresarial?

A primeira dificuldade com que nos deparamos prende-se com a circunstância de a presunção prevista no artigo 72.°, n.° 1 do Código das Sociedades Comerciais não encontrar equivalência no regime substantivo do incidente de qualificação. Com efeito, neste regime as presunções de *culpa* (no caso *grave*) encontram-se previstas nas alíneas *a*) e *b*), do n.° 3, do artigo 186.°, do CIRE. Porém, as presunções em causa não dizem respeito ao *dever legal geral de cuidado*, mas a *deveres legais específicos*, previstos nos artigos 18.° e 19.° do CIRE e 65.°, n.ºs 1 e 5 do Código das Sociedades Comerciais, sendo, pois, insusceptíveis, de raiz, de ser elididas através da *business judgment rule*.

No entanto, e ainda assim, pensamos que o juiz do incidente de qualificação deve atender à doutrina do n.° 2 do artigo 72.° do Código das Sociedades Comerciais na apreciação do conceito de *culpa grave* pressuposto na noção de insolvência culposa do artigo 186.°, n.° 1, do CIRE. E isto por razões que se prendem com a unidade do sistema jurídico e com o princípio da uniformidade e coerência de julgados.

Neste sentido, pense-se na hipótese de a sociedade, ao abrigo do disposto no artigo 72.°, n.° 1 do Código das Sociedades Comerciais, ou o administrador da insolvência ao abrigo do artigo citado e do artigo 82.°, n.° 2, alínea *a*) do CIRE, interpor uma acção contra determinado administrador com fundamento em factualidade que, mais tarde, veio a provocar a insolvência da sociedade, e que se reconduz à violação de deveres de cuidado. Nessa acção, o administrador defendeu-se invocando factos subsumíveis no artigo 72.°, n.° 2 do Código das Sociedades Comerciais. Fez prova dos factos alegados e a sentença, afastando a culpa, julgou improcedente o pedido indemnizatório, considerando que não compete ao tribunal sindicar da razoabilidade da decisão do administrador, uma vez que este actuou em termos informados, não se encontrava em conflito de interesses com a sociedade autora e a sua decisão mostrou-se racional. Aberto o incidente de qualificação por apenso ao processo de insolvência da sociedade então demandante, não faria sentido que o administrador então réu, em face da mesma factualidade, não se pudesse defender invocando os factos que o vieram a absolver naquela acção, que a sentença proferida no incidente viesse arrogar-se da competência de sindicar a razoabilidade do comportamento empresarial em causa, viesse a qualificar a insolvência como culposa e a declarar o administrador em causa afectado pela decisão. E não faria sentido porque a lata redacção do artigo 186.°, n.° 1 permite incluir, como fundamento da qualificação da insolvência como culposa, a violação do *dever legal geral de cuidado*.

E ainda com base em outra razão.

O *dever legal geral de cuidado* é um dever que impende sobre o administrador e tem como objecto o comportamento deste em relação à sociedade e não em relação aos credores desta. Em relação a estes, os deveres são essencialmente contratuais, complementados com os *deveres legais específicos* de protecção dos credores que constam do Código das Sociedades Comerciais e do Código da Insolvência e da Recuperação de Empresas[70-71]. No entanto, estes deveres

[70] Por exemplo, as normas que provêem a conservação do capital social (artigos 31.° a 34.°, 220.°, n.° 2, 236.°, 317.°, n.° 4, 346.°, n.° 1, 513.° e 514.° do Código das Sociedades Comerciais), as normas que proíbem a subscrição de acções próprias (artigo 316.°, n.° 1 do CSC), bem como certas aquisições e detenções de acções próprias (artigos 317, n.° 2, e 323.° do Código das Sociedades Comerciais), a norma que delimita a capacidade jurídica das sociedades (artigo 6.° do Código das Sociedades Comerciais) e os deveres constantes dos artigos 18.° e 19.° do CIRE.

[71] Repare-se que, quanto ao *dever legal geral de lealdade*, a ponderação dos interesses dos credores apenas surge depois de atendidos os interesses da sociedade e dos sócios e se necessários à sustentabilidade da sociedade – cf. artigo 64.°, n.° 1, alínea *b*), do Código das Sociedades Comerciais: "deveres de lealdade, no interesse da sociedade, atendendo aos interesses de longo prazo dos sócios, e ponderando os interesses dos outros sujeitos relevantes para a sustentabilidade da sociedade, tais como os seus trabalhadores, clientes e credores".

legais específicos não podem ser *desculpados* pelo disposto no artigo 72.°, n.° 2, do Código das Sociedades Comerciais.

Com a declaração judicial de insolvência, o dever em causa não deixa de ser avaliado de acordo com os interesses da empresa. São estes interesses e não os interesses dos credores que, no âmbito do *dever legal geral de cuidado*, devem estar presentes na avaliação a efectuar ao comportamento do administrador no período que antecedeu a declaração judicial de insolvência, designadamente, no período de três anos que a antecedeu – cf. artigo 186.°, n.° 1, do CIRE. A conjugação do disposto no artigo 64.°, n.° 1, alínea *a*), do Código das Sociedades Comerciais, com o regime do CIRE, não nos permite distinta interpretação[72].

Pelo que, estando em causa, no incidente de qualificação, a violação do *dever legal geral de cuidado* – e não *deveres legais específicos* – e invocando os interessados, o administrador da insolvência e/ou o Ministério Público factos alegadamente demonstrativos da *culpa grave* do visado[73], poderá este defender-se invocando os factos subsumíveis no n.° 2 do artigo 72.° do Código das Sociedades Comerciais que, assumindo a natureza de factos *impeditivos* do direito que aqueles pretendem fazer valer, afastarão a imputação dessa factualidade a título de *culpa grave*[74].

2. *As presunções*

São dois os tipos de presunções constantes do artigo 186.°. No n.° 2 da norma citada prevêem-se presunções inilidíveis da *qualificação culposa da insol-*

[72] Como se afigura natural, em tempos de dificuldades, poderão surgir graves momentos de tensão entre a necessidade de actuar de acordo com o dever geral de cuidado e com o dever geral de lealdade, por um lado, e a necessidade de cumprir as obrigações contratuais e os referidos deveres legais específicos. Quando a tensão for insuportável, prevendo-se um inevitável cometimento de factos ilícitos, desaparecendo qualquer via de equilíbrio entre aqueles interesses conflituantes, a apresentação da sociedade à insolvência e a salvaguarda documental do administrador surgem como o único caminho possível.

[73] Entendemos que, aqui, não existe qualquer presunção de culpa, pelo que os interessados, o administrador da insolvência e o Ministério Público devem alegar *todos* os factos necessários à imputação do comportamento ao visado a título de culpa grave.

[74] No sentido de que "a *business judgment rule* se relaciona em permanente e subtil tensão com o dever de cuidado e diligência, e não com a ilicitude enquanto pressuposto da responsabilidade civil distinto e autónomo da culpa", cf. CALVÃO DA SILVA, *"Corporate Governance" – Responsabilidade Civil de Administradores Não Executivos, da Comissão de Auditoria e do Conselho Geral e de Supervisão*, in *Revista de Legislação e Jurisprudência*, Ano 136.°, n.° 3940, Setembro-Outubro de 2006, 31 ss.

vência. No n.° 3 prevêem-se presunções ilidíveis de *culpa grave*. Ali, a consequência, absoluta, determina *o sentido da decisão*; aqui a consequência, relativa, determina *o preenchimento de um dos pressupostos da qualificação*.

Primeiro, as do n.° 2. Esta norma consagra um *sistema de imputação semi-objectivo*, definindo *causas puramente objectivas* e *causas semi-objectivas* da insolvência culposa, para os casos de insolvência do devedor que não seja uma pessoa singular. Provados os factos pressupostos nas várias hipóteses normativas a insolvência tem-se, sempre, por culposa. *Provados esses factos*, não se admite prova em contrário (artigo 350.°, n.° 2, segunda parte, do Código Civil). Portanto, a discussão centrar-se-á, sempre, na redacção dessas previsões e na factualidade reclamada para o seu preenchimento.

Mas que factos serão esses?

Gera perplexidade a relação das várias alíneas do n.° 2 com a noção geral de insolvência culposa do n.° 1. Pode questionar-se se as várias alíneas deste número reclamam, para se admitir a sua consequência – a qualificação de insolvência culposa –, a existência de um *nexo de causalidade* entre os factos aí previstos e a produção e/ou o agravamento da situação de insolvência. A questão só pode resolver-se caso a caso, ou seja, alínea a alínea, pois como já referimos, atenta a estruturação do funcionamento das presunções, a interpretação deve ser feita dissecando-se a letra, o espírito e a específica teleologia das várias hipóteses normativas[75]. Sublinhe-se que neste número *não* estamos perante presunções que facilitam a prova de um dos *pressupostos da qualificação*, mas perante presunções que facilitam o próprio *sentido da decisão*.

Para este fim, a análise que empreenderemos das várias alíneas centrar-se-á no seu sentido literal, no seu sentido lógico, nos interesses que cada norma visa tutelar e na relação que é possível estabelecer entre tais sentidos e a noção geral do n.° 1, tendo por referência a conjugação dos ditames constitucionais decorrentes do princípio da proporcionalidade – cf. artigo 18.° da Constituição da República Portuguesa – e do princípio da tutela jurisdicional efectiva – cf. artigo 20.° daquele diploma maior.

Vejamos, em primeiro lugar, as causas semi-objectivas da insolvência culposa.

Na alínea *a*) escreve-se "destruído, danificado, inutilizado, ocultado, ou feito desaparecer, no todo ou em parte considerável, o património do devedor".

[75] No sentido de que o elenco de presunções deve ser apreciado, quanto à sua adequação e necessidade, individualmente, cf. Catarina Serra, in *A Falência no Quadro da Tutela Jurisdicional dos Direitos de Crédito, O Problema da Natureza do Processo de Liquidação Aplicável à Insolvência no Direito Português*, 2009, 373-374.

Consideramos que a expressão *no todo ou em parte considerável* exige que os interessados, administrador de insolvência e Ministério Público aleguem e provem, para além do mais, que tais acções foram a *causa adequada* da produção ou do agravamento da situação de insolvência.

Com efeito, se a expressão *no todo* parece não oferecer dúvidas de interpretação – e resultará, em princípio, facilitada a tarefa de provar o nexo de causalidade no caso da destruição de todo o património do devedor –, já a expressão *considerável*, oferece bastantes. O conceito é *aberto*, pelo que em face do mesmo, urge definir um critério que possa auxiliar o intérprete a determinar o sentido da expressão, uma vez que nada é quantificado – e nem o poderia ser.

O critério que se nos afigura adequado, do ponto de vista da disciplina substantiva do incidente, é aquele que qualifica de *considerável* a destruição, ocultação ou inutilização de património do devedor, quando estas acções forem a causa adequada do agravamento ou da produção do estado de insolvência verificado.

O recurso ao nexo de causalidade previsto no n.° 1 revela-se, assim, necessário, quer numa óptica lógico-racional, quer do ponto de vista da disciplina substantiva do incidente – a densificação é realizada por um conceito constante do n.° 1 da mesma norma, tendo em vista os fins do próprio incidente –, quer, ainda, do ponto de vista da proibição da indefesa, nos termos de uma tutela jurisdicional efectiva, decorrente do artigo 20.° da Constituição da República Portuguesa. Com efeito, não se compreenderia, de acordo com *a justa medida das coisas*, que a presunção funcionasse quando a destruição do património não agravasse ou não causasse a insolvência da empresa. Estaríamos, neste caso, a aplicar uma solução claramente desproporcional, em face do objectivo último do incidente[76].

[76] Também aqui somos compelidos a fazer uma interpretação constitucional da norma ordinária, relembrando que o Estado, por imposição constitucional, tem a obrigação de criar processos ou caminhos procedimentais que, na conjugação entre as *normas processuais*, as *normas substantivas* e *os fins e objectivos específicos da disciplina substantiva em causa*, mereçam o epíteto de justos. O *processo equitativo* mencionado no artigo 20.°, n.° 4, da Constituição da República Portuguesa, não coincide, exactamente com o conceito de *processo justo*. "Processo justo é o processo que respeita o quadro de garantias, direitos, princípios e subprincípios constitucionais em matéria de tutela jurisdicional, devendo, nomeadamente, estar previsto na lei, ter uma duração razoável, ser equitativo e assegurar uma tutela jurisdicional efectiva" – Catarina Serra in *A Falência no Quadro da Tutela Jurisdicional dos Direitos de Crédito, O Problema da Natureza do Processo de Liquidação Aplicável à Insolvência no Direito Português*, 2009, 374. No fundo, na ideia de *processo justo* colidem e entrelaçam-se relevantíssimas referências constitucionais, podendo concluir-se que, sendo ou não coincidente com o *processo equitativo* referido no citado artigo 20.°, n.° 4, o conceito resulta e vai

Consideramos, pois, que o *nexo causal* torna-se necessário à compreensão do facto-base da presunção, como critério densificador autónomo do conceito aberto utilizado pelo legislador, reclamando, por isso, factos que demonstrem essa específica relação de causalidade.

Neste caso, o visado poderá defender-se impugnando os factos alegados pelos interessados, administrador e Ministério Público – cabendo aqui a impugnação dos factos tendentes a demonstrar a relação de causalidade naturalística –, ou invocando, por exemplo, que não foi ele quem destruiu ou fez desaparecer os bens em causa, ou que estes não faziam parte do património do devedor, ou que a insolvência sempre se verificaria não obstante a destruição do património do devedor, já de si de ínfimo valor, em face do valor das obrigações a cumprir.

Na alínea *b*) escreve-se "criado ou agravado artificialmente passivos ou prejuízos, ou reduzido lucros, causando, nomeadamente, a celebração pelo deve-

buscar os seus fundamentos mais básicos à própria normatividade constitucional, sendo difícil não aceitar que o *processo justo* não seja um conceito materialmente constitucional. Como bem afirma Catarina Serra na mesma obra, o Estado deve criar *processos adequados*: "aquela adequação funcional não passa, simplesmente, pela regulação do processo na lei com observância de cada uma das garantias constitucionais isoladamente consideradas; obriga, sim, a uma consideração ponderada, que isole os objectivos pretendidos, identifique os meios necessários e avalie da proporcionalidade entre estes e aqueles e se traduza na previsão legal de processos apropriados ao fim a que são destinados, isto é, que não produzam efeitos nem insuficientes nem excessivos relativamente a ele" – 375. No Acórdão do Tribunal da Relação de Guimarães de 11.01.2007, relatado por Conceição Bucho e disponível em *www.dgsi.pt*, a questão foi colocada, relativamente às presunções do n.° 2, do artigo 186.°, do CIRE, do ponto de vista do n.° 1, do artigo 20.°, da Constituição e, citando o Acórdão do Tribunal Constitucional n.° 440/94, de 7 de Junho, afirmou-se que é no âmbito normativo deste artigo que se deve colocar "a proibição da indefesa que consiste na privação ou limitação do direito de defesa do particular perante os órgãos judiciais, junto dos quais se discutem questões que lhe dizem respeito. A violação do direito à tutela judicial efectiva, sob o ponto de vista de limitação do direito de defesa, verificar-se-á sobretudo quando a não observância de normas processuais ou de princípios gerais de processo acarreta a impossibilidade de o particular exercer o seu direito de alegar, daí resultando prejuízos para os seus interesses". Sem dúvida que o é, mas não só. Torna-se necessário ir um pouco mais longe em face da multiplicidade de situações processuais com que o particular se pode deparar. É por isso que só considerando os resultados de um específico regime processual, do ponto de vista da conjugação das *normas processuais* com as *normas substantivas* e destas duas com *os fins e objectivos específicos da disciplina substantiva em causa* é que poderemos saber se determinado regime global tutela jurisdicional e efectivamente o particular. No domínio das presunções em causa, só alcançaremos tal desiderato interpretando discriminadamente cada uma das alíneas dos n.ºs 2 e 3 do artigo 186.° do CIRE, não perdendo de vista os fins do incidente, a sua teleologia própria e o princípio constitucional da proporcionalidade.

dor de negócios ruinosos em seu proveito ou no de pessoas com eles especialmente relacionadas". Aqui, consideramos que a expressão *causando (...) negócios ruinosos* obriga os interessados, administrador de insolvência e Ministério Público a alegarem e provarem, para além do mais, que tais acções foram a *causa adequada* da produção ou do agravamento da situação de insolvência.

Com efeito, e tal como na alínea anterior, cumprirá perguntar quando é que os negócios são ruinosos. Quando não resultam num excedente? Ou num lucro? Talvez mais do que isso. Quando criam ou agravam a insolvência da empresa? Também aqui, o intérprete depara-se com um conceito não densificado – *negócio ruinoso*. E tal como propusemos para a alínea que antecede, consideramos que o *nexo causal* torna-se necessário à compreensão do facto-base da presunção, pelo que estamos perante um negócio ruinoso quando o *negócio* é a *causa adequada* da produção ou do agravamento da situação de insolvência. Aliás, consideramos a redacção desta alínea extremamente infeliz por relacionar, de forma não totalmente justificável, realidades como a criação artificial de prejuízos e a celebração de negócios ruinosos.

Processualmente, o visado poderá defender-se impugnando os factos alegados pelos interessados, administrador e Ministério Público – cabendo aqui a impugnação dos factos tendentes a demonstrar a relação de causalidade naturalística –, ou invocando, por exemplo, que não beneficiou com o negócio celebrado, apesar de o mesmo ter sido, de facto, *a causa*, e de direito, *adequado*, à produção da insolvência da empresa.

Na alínea *c*) escreve-se "comprado mercadorias a crédito, revendendo-as ou entregando-as em pagamento por preço sensivelmente inferior ao corrente, antes de satisfeita a obrigação". Aqui, *por imperativo lógico*, consideramos que os interessados, administrador de insolvência e Ministério Público devem alegar e provar que as acções em causa foram a causa adequada na produção e/ou agravamento da situação de insolvência. Com efeito, se, por exemplo, o comportamento em causa incidir sobre três sacos de batatas, com o valor unitário de € 15,00, em empresa de importação deste tubérculo perene, com uma facturação anual de € 300.000,00, não se está perante um comportamento gerador de uma situação de insolvência. Também nesta situação, o visado poderá defender-se impugnando os factos invocados.

Na alínea *d*) escreve-se "disposto dos bens do devedor em proveito pessoal ou de terceiros". Também aqui, *por imperativo lógico*, os factos imputados ao visado devem vir acompanhados de factualidade demonstrativa da existência de um nexo de causalidade entre os actos e a produção e/ou agravamento do estado de insolvência. Em empresa de compra e venda de automóveis em segunda mão, a cedência, sem qualquer contrapartida, de um cinzeiro de plástico, no valor de € 1,85, que se encontrava em cima da mesa da sala de recepção de clientes, poderá não produzir uma situação de insolvência a título de causa adequada.

Estas considerações aplicam-se, igualmente, às alíneas *e*) e *f*).

Assim, dispõe a alínea *e*) que considera-se sempre culposa a insolvência quando o visado tiver "exercido, a coberto da personalidade colectiva da empresa, se for o caso, uma actividade em proveito pessoal ou de terceiros e em prejuízo da empresa". No âmbito de um processo de insolvência, concretamente, em incidente onde se visa apurar as responsabilidades sobre a produção ou o agravamento do estado de insolvência, o *prejuízo* só pode ser aquele que conduziu à produção ou agravamento daquele estado. Se um administrador desviou clientes da sua empresa para, a título pessoal, negociar com estes, teremos de concluir que o acto em si, em face da clamorosa violação do dever legal geral de lealdade – cf. artigo 64.°, n.° 1, alínea *b*), do Código das Sociedades Comerciais –, é ilegal e, se eventualmente gerador de prejuízos, fundamentará as acções previstas nos artigos 75.°, 77.° e 78.° do Código das Sociedades Comerciais, sendo que durante o processo de insolvência essas acções surgem enquadradas legalmente pelo artigo 82.°, n.° 2, alínea *a*), do CIRE. Mas se a insolvência veio a verificar-se por causa distinta de tal desvio de clientes, não tendo sido a causa adequada de tal produção ou agravamento, não pode o administrador ser punido no âmbito do incidente por falta do nexo de causalidade que, uma vez mais, como um conceito necessário à compreensão do texto desta alínea, logo do facto-base da presunção, enquadrando teleologicamente a norma em questão no seio do incidente e do regime substantivo aplicável.

E na alínea *f*) determina-se que a insolvência é, sempre, culposa quando o visado tiver "feito do crédito ou dos bens do devedor uso contrário ao interesse deste, em proveito pessoal ou de terceiros, designadamente para favorecer outra empresa na qual tenham interesse directo ou indirecto". Dando-se por reproduzidas as considerações expendidas sobre a alínea *e*), apenas ilustraremos a posição defendida no texto com o seguinte exemplo: o sócio-gerente de uma sociedade por quotas, empresa têxtil vocacionada para a exportação, contrata com uma sociedade financeira, naquela qualidade e vinculando a sociedade, um aluguer de longa duração de um veículo de dois lugares, a diesel, que o destina à utilização de um seu filho estudante universitário que necessita do veículo para se fazer transportar entre a sua residência e a cidade onde agora reside. Cerca de dois anos depois, a empresa vem a entrar em estado de insolvência, em face da ausência de mercados e de encomendas, em consequência de uma crise internacional que se abateu sobre a indústria têxtil.

Por fim, na alínea *g*), escreve-se "prosseguido, no seu interesse pessoal ou de terceiro, uma exploração deficitária, não obstante saberem ou deverem saber que esta conduziria com grande probabilidade a uma situação de insolvência". Neste caso a letra da lei, toda ela, exige que os interessados, administrador de insolvência e Ministério Público aleguem e provem, para além do mais, que tais acções foram a *causa adequada* da produção ou do agravamento da situação de insolvência. Não é possível fazer funcionar a presunção sem que a exploração deficitária tenha sido a causa adequada da situação de insolvência.

Quanto às alíneas *h*) e *i*), estamos perante situações assaz distintas. Movemo-nos, aqui, no domínio das *causas puramente objectivas* da insolvência culposa[77].

Nestas duas alíneas, não está, em abstracto, pressuposto um nexo de causalidade entre o comportamento do visado e a produção e/ou agravamento da situação de insolvência. O que aqui está em causa é um comportamento do visado que impediu e/ou impede que se determine o valor da sua contribuição e responsabilidade na produção e/ou agravamento da situação de insolvência. Sendo assim, mostra-se justificado que aquele que impediu a descoberta da verdade material não beneficie mais do que o responsável que não impediu tal descoberta. Ou seja, estamos aqui perante *sanções quase directas*: deve ser sancionado quem impediu que se desenvolvesse uma normal discussão factual sobre os pressupostos da insolvência culposa. Destarte, e para fazer funcionar as presunções, apenas deve ser alegada e provada a literal factualidade com

[77] Aqui sim, podemos falar de *ficções legais*, mas não quanto às alíneas *a*) a *g*) do mesmo número. Cf. o Acórdão do Tribunal da Relação do Porto de 02.07.2009, in *www.datajuris.pt*, Relator: Evaristo Freitas Vieira: "o n.° 2 do artigo 186.° do CIRE, mais do que uma presunção legal, estabelece, a partir da verificação de qualquer das situações enumeradas nas suas várias alíneas, uma *ficção legal* que se traduz numa remissão implícita, irrefutável e absoluta, para a verificação da situação jurídica de insolvência culposa prevista no n.° 1 do mesmo normativo – este aresto acaba por decidir de forma acertada, de acordo com o entendimento que aqui defendemos. No entanto, só assim sucedeu porque as alíneas que estavam em causa eram as *h*) e *i*), do n.° 2, do artigo 186.°, do CIRE. Em relação a estas, por definição, não é possível estabelecer qualquer nexo de causalidade entre o facto aí previsto e a insolvência. Mas se a situação coubesse numa das outras alíneas já o resultado seria imprevisível, uma vez que este Acórdão faz uma interpretação indiscriminada e generalista da totalidade das alíneas em causa, quando são diversas as situações nelas pressupostas, e quando, por isso mesmo, merecem uma atenção discriminada. Tal entendimento jurisprudencial, sufragado ao arrepio da teleologia própria do instituto da insolvência culposa e do elemento lógico-racional da interpretação jurídica poderá conduzir, processualmente, a situações de verdadeira *indefesa*, e/ou, substancialmente, a situações de *injustiça*. Cf., ainda, sobre a necessidade de apreciação individual de cada uma das presunções, CATARINA SERRA, in *A Falência no Quadro da Tutela Jurisdicional dos Direitos de Crédito, O Problema da Natureza do Processo de Liquidação Aplicável à Insolvência no Direito Português*, 2009, 373-374.

virtualidade para preencher a hipótese normativa das alíneas, não sendo necessário invocar qualquer facto para preencher os pressupostos de insolvência culposa constantes da noção geral do n.° 1, designadamente, o *nexo de causalidade* entre tais comportamentos e a produção e/ou agravamento da situação de insolvência. Mas, por outro lado, também deve alertar-se para a circunstância de não ser qualquer factualidade que fará espoletar a decisão de *insolvência culposa* com fundamento nestas alíneas. No caso da alínea *h*), quando a lei utiliza a expressão *em termos substanciais*, quer dizer que a obrigação de manter a contabilidade organizada foi violada em termos tais que não é possível indicar, com segurança, a causa da insolvência e os seus responsáveis. Na alínea *i*), o raciocínio a tecer será similar ainda que apoiado na expressão *de forma reiterada*. Os deveres de colaboração e de apresentação foram de tal forma violados que não é possível indicar, com segurança, a causa da insolvência e os seus responsáveis.

O entendimento defendido no texto, com excepção dos resultados decorrentes da interpretação das alíneas *h*) e *i*) – causas puramente objectivas da qualificação culposa da insolvência –, considera que a prova do nexo de causalidade entre a conduta e a criação ou o agravamento do estado de insolvência é necessária para fazer actuar as presunções. A análise individualizada, ficcionando exemplos concretos, levou-nos a concluir ser esta a solução mais equilibrada do ponto de vista dos interesses tutelados pelo incidente e pelo instituto da insolvência culposa. Não se compreenderia que um administrador fosse alvo das pesadas sanções previstas no artigo 189.°, n.° 2, do CIRE, quando o seu acto ou comportamento foi, de todo em todo, estranho à produção ou agravamento do estado de insolvência da empresa. A não se entender assim, teríamos, sem justificação, punições civis directas que, para além de desproporcionais, suscitariam a questão da tutela jurisdicional efectiva tutelada constitucionalmente, quanto às alíneas *a*) a *g*), do n.° 2, do artigo 186.°, do CIRE[78].

[78] Em sentido contrário ao entendimento proposto no texto encontra-se a generalidade da doutrina. Luís de Menezes Leitão, in *Direito da Insolvência*, 2.ª ed., 2009, 272, afirma, ainda que sem avançar fundamentos, para além do sentido literal da norma, que "verificados alguns destes factos, o juiz terá assim que decidir necessariamente no sentido da qualificação da insolvência como culposa. A lei institui consequentemente no artigo 186.°, n.° 2, uma presunção *iuris et de iure*, quer da existência de culpa grave, quer do nexo de causalidade desse agravamento da situação de insolvência, não admitindo a produção de prova em sentido contrário". Maria do Rosário Epifânio, in *Manual de Direito da Insolvência*, 2009, 122, escreve que "para além da existência de uma conduta com dolo ou culpa grave, a lei exige ainda um nexo de causalidade (criação ou agravamento) entre essa conduta e a situação de insolvência. Porém, e porque esta apreciação pode revelar-se muito difícil, o legislador prevê um elenco de situações em que se presume ini-

Debrucemo-nos, agora, sobre as presunções constantes do n.° 3, ainda que perfunctoriamente, tendo em conta que, à primeira vista, são menores os problemas.

As presunções constantes do n.° 3 distinguem-se das do n.° 2, não só porque permitem que o visado no incidente, apresentando prova em contrário, as elida, mas também porque, como já foi referido, com o seu funcionamento apenas resulta demonstrado um dos pressupostos da noção geral prevista no n.° 1, a saber, a *culpa grave*. Assim, tem-se entendido que, apesar do funcionamento de uma destas presunções, a insolvência só será *culposa* se provada a fac-

lidivelmente que a insolvência é culposa (...)". No entanto, CATARINA SERRA, in *Cadernos de Direito Privado*, n.° 21, Janeiro/Março de 2008, 54 ss., em anotação ao Acórdão do Tribunal da Relação do Porto de 07.01.2008, sob o título *Decoctor ergo fraudator? – a insolvência culposa (esclarecimentos sobre um conceito a propósito de umas presunções)*, depois de afirmar que a interpretação proposta pela doutrina dominante é razoável, pergunta-se, levantando a ponta do véu, "mas continuará ela a valer depois de uma análise mais profunda, nomeadamente dos factos elencados?". Pergunta à qual respondemos, no essencial, negativamente, como se retira do texto. No direito espanhol, para o regime congénere, a questão é controvertida. JOSÉ ANTÓNIO GARCÍA-CRUCES, in *La Calificación del Concurso*, Thomson-Aranzadi, 2004, 40-41, considera que "sin embargo, y a reserva de cuanto pudiera afirmarse de la previsión del artículo 164, 2, 1.° LC, parece razonable concluir que esa relación de causalidad forma parte necesaria del supuesto de hecho que aparece considerado en cualquiera de las otras presunciones acogidas en esta norma. La razón es clara. En estos últimos supuestos viene a requerirse, como uno más de los hechos contemplados en cada caso, un resultado perjudicial derivado de la conducta considerada en la norma (falsedad e inexactitud documental grave, incumplimiento del convenio imputable al deudor común, alzamiento en perjuicio de los acreedores, disposiciones fraudulentas del patrimonio, simulación de la situación patrimonial). Si la calificación del concurso como culpable descansa en el dolo o culpa grave con que el deudor común – o, en su caso, sus administradores o liquidadores – ha participado en la causación o agravamiento del estado de insolvencia, al darse alguno de aquellos resultados se estará incidiendo sobre la misma gravedad de la insolvencia. Por ello, esta precisión pudiera tener también una consecuencia práctica importante, ya que el juicio de reproche al deudor común quedará excluido – y la presunción devendrá inaplicable – si el resultado exigido en cada caso resulta irrelevante, pues no se estará ocasionando o, en todo caso, empeorando el estado de insolvencia del deudor común. Así, una inexactitud documental de limitada transcendencia, el alzamiento no consumado o de limitadas consecuencias perjudiciales, entre otros muchos ejemplos, no conformarán el supuesto de hecho contemplado en las distintas presunciones recogidas en los diferentes apartados del artículo 164 LC". Mais peremptoriamente, afirmando que não se poderá aplicar a presunção se o resultado exigido em cada caso for irrisório, pois não se estará a gerar ou agravar o estado de insolvência, CARLOS ROMERO SANZ DE MADRID, in *Derecho Concursal*, 2005, 271. Em sentido contrário, e tal como alguma doutrina em Portugal, não discriminando as várias presunções e não atendendo às distintas especificidades factuais e causais de cada um dos enunciados, cf. JOSÉ MACHADO PLAZAS, in *El Concurso de Acreedores Culpable – Calificación y Responsabilidad Concursal*, Estudios de Derecho Concursal, 2006, 93-94.

tualidade com virtualidade para preencher os restantes pressupostos previstos no n.° 1[79]. Este entendimento parece ser o correcto se tivermos em vista a alínea *a*), do n.° 3. Com efeito, a manutenção no tráfego de uma empresa insolvente poderá implicar o agravamento da sua situação, pois se esta já não tem condições para cumprir as suas obrigações vencidas e continuar a obrigar-se financeiramente agravará o seu estado. No entanto, se a mesma estiver inactiva, tal não sucederá. É, pois, um problema de *causalidade*, o de se saber se o retardamento da apresentação à insolvência agravou o estado da empresa.

Já quanto à alínea *b*), deste n.° 3, parece que o legislador prescindiu uma vez mais da alegação e da prova do *nexo de causalidade* entre a conduta tipificada e a criação ou o agravamento do estado de insolvência. De facto, não se consegue vislumbrar que relação poderá existir, em termos de *causalidade*, entre o incumprimento de elaborar as contas anuais, no prazo legal, de as submeter à devida fiscalização e de as depositar na conservatória do registo comercial competente e a criação ou o agravamento do estado de insolvência. A conduta tipificada na alínea, a ocorrer, poderá constituir um *indício* de que algo corria mal para os lados da sociedade em causa, mas nunca poderemos subsumi-la à *causa* da produção ou do agravamento do estado de insolvência. Com efeito, o dever de relatar a gestão e apresentar contas destina-se a permitir a apreciação anual da situação da sociedade, insere-se no vasto *direito de informação societário* e tem como seu elemento essencial o relatório de gestão. A matéria que se relaciona mais intimamente com o disposto na alínea *b*), do n.° 3, do artigo 186.° do CIRE, encontra-se regulada nos artigos 65.° a 70.°-A do Código das Sociedades Comerciais. A sanção mais grave prevista neste diploma legal para o incumprimento das obrigações previstas no regime referido consta do artigo 143.°, alínea *a*), daquele diploma – instauração oficiosa de procedimento administrativo de *dissolução* da sociedade, pelo serviço de registo competente, reunidos que se encontrem os pressupostos na última norma citada.

Portanto, também aqui, e por definição, não é possível estabelecer uma relação de causalidade entre a conduta tipificada e a produção ou o agravamento da situação de insolvência[80]. Consequentemente, para pôr em funcio-

[79] Cf., neste sentido, Acórdão do Tribunal da Relação do Porto de 13.09.2007, in *www.dgsi.pt*, Relator: José Ferraz e Acórdão do Tribunal da Relação do Porto de 07.01.2008, Proc. 4886/07, Relatora: Anabela de Carvalho, in *Cadernos de Direito Privado*, n.° 21, Janeiro/Março de 2008, 54 ss.

[80] Conjugando tal circunstância com a especificidade, as características e os fins dos deveres que aqui estão em causa, levantam-se-nos dúvidas sobre a constitucionalidade de tal norma, com fundamento no artigo 18.°, n.° 2, da Constituição da República Portuguesa, quando conduza à aplicação de uma sanção.

namento a presunção, deve ser alegada e provada a factualidade tipificada nessa alínea *b*). O visado poderá defender-se impugnando tal factualidade, e, uma vez que a presunção incidente sobre a *culpa* é ilidível, alegar e provar factos que demonstrem que, apesar da verificação de tal factualidade, não teve culpa no incumprimento das obrigações referidas na norma. Ou que a sua culpa foi *leve* ou *levíssima*, não podendo ser qualificada como *grave*.

3. *As sanções*

No artigo 189.°, n.° 2 do CIRE, o legislador determinou que o juiz, na sentença que qualificar a insolvência como culposa, (i) decretará a inabilitação das pessoas afectadas por um período de dois a dez anos, (ii) declarará essas pessoas inibidas para o exercício do comércio durante um período de dois a dez anos, bem como para a ocupação de qualquer cargo de titular de órgão de sociedade comercial ou civil, associação ou fundação privada de actividade económica, empresa pública ou cooperativa e (iii) determinará a perda de quaisquer créditos sobre a insolvência ou sobre a massa insolvente detidos pelas pessoas afectadas pela qualificação e a sua condenação na restituição de bens ou direitos já recebidos em pagamento desses créditos.

Na sanção prevista na alínea *c*) – uma sanção *natural* no âmbito de um processo de insolvência, identificada que foi a causa e o responsável –, está, de forma impressiva, tutelado *o interesse público da segurança e confiança do tráfego económico e comercial*. Na sanção prevista na alínea *d*), está presente a tutela do *património dos credores*, tutela que se liga à finalidade primordial do processo de insolvência, a saber, *a liquidação do património do devedor insolvente e a repartição do produto obtido pelos credores*.

Já a sanção prevista na alínea *b*) é de difícil compreensão, quando dirigida aos administradores, de facto ou de direito, de uma sociedade.

O legislador foi claro: o responsável será *inabilitado*.

Coutinho de Abreu vem, no seu ensino, criticando a solução, afirmando que "os insolventes ou os seus administradores, ainda quando causem ou agravem culposamente a situação de insolvência, não sofrerão em geral daquela falta"[81] de características e faculdades que determina a incapacidade. E, quanto a nós, bem.

[81] In *Curso de Direito Comercial – Introdução, actos de comércio, empresas, sinais distintivos*, V. I, 5.ª ed., 2004, 125.

A *inabilitação* tem um significado definido e bem delimitado no nosso direito. A *inabilitação* é uma fonte de incapacidade do exercício de direitos, instituída e regulada no Código Civil nos artigos 152.° a 156.°. De acordo com o disposto no artigo 153.° daquele diploma, os *inabilitados* são assistidos por um curador a cuja autorização estão sujeitos *os actos de disposição de bens entre vivos* e *todos os que*, em atenção às circunstâncias de cada caso, forem especificados na sentença. A *administração* do património do inabilitado pode ser entregue pelo tribunal, no todo ou em parte, ao curador, regulando o artigo 154.° do Código Civil os termos dessa administração. Podemos, pois, dizer que, no regime geral, a inabilitação abrange, necessariamente, os bens próprios do inabilitado e que os actos de disposição desses bens entre vivos estão sempre sujeitos à autorização do curador[82].

Neste âmbito, o regime dos incidentes não nos diz muito. No artigo 189.°, n.° 2, alínea *b*), prevê-se genericamente a aplicação da inabilitação e no artigo 190.°, n.° 1, com a epígrafe *suprimento da inabilidade*, é determinado que o juiz, ouvidos os interessados, nomeia um curador para cada um dos inabilitados fixando os poderes que lhe competem.

Da conjugação das referidas normas do Código Civil com as citadas do CIRE parece poder concluir-se que o legislador remeteu a regulamentação essencial da inabilitação do responsável culpado pela insolvência para o Código Civil (artigos 152.° a 156.°).

Contra esta interpretação poder-se-ia argumentar que a remissão não é total, pois o juiz, ao fixar os poderes do curador, está, necessariamente, a definir o conteúdo da inabilitação. E se assim é, o juiz poderá não sujeitar à autorização do curador a transmissão de bens entre vivos, que no regime geral está sujeita, necessariamente, a autorização.

Não cremos que assim seja. Se assim fosse, a decisão prevista na alínea *b*), do n.° 2, do artigo 189.°, ficaria esvaziada de sentido quando o juiz não fixasse nenhum poder ao curador, por considerar, por exemplo, que no caso concreto não se justificava que o inabilitado fosse assistido para a celebração de actos de disposição ou de administração. Assim, ficaríamos apenas com uma declaração formal, sem qualquer conteúdo, na sentença de qualificação.

Por isso, consideramos que a amplitude dos poderes do curador pode ser fixada pelo juiz na sentença de qualificação quanto aos actos de mera administração e quanto aos actos de disposição, com excepção dos actos de dispo-

82 Cf. CARLOS ALBERTO DA MOTA PINTO, *Teoria Geral do Direito Civil*, 3.ª ed. actualizada, 1990, 235-239.

sição entre vivos. Estes terão sempre de se considerar como incluídos na inabilitação decretada na sentença do incidente de qualificação que decida pelo carácter culposo da insolvência, sob pena de o dever imposto ao juiz não passar de uma declaração formal, de intenção não concretizada.

Pois bem. Se assim é, como cremos que seja, consideramos que o legislador português bem mal andou, quando o comparamos com o legislador espanhol da *Ley Concursal* de 2003.

O regime do incidente de qualificação, praticamente decalcado desta lei espanhola, não permite que se compreenda, precisamente por isso, a coexistência da sanção de *inabilitação* com a sanção de *inibição*, constantes das alíneas *b*) e c).

É que no Anteprojecto de 2001 da *Ley Concursal* espanhola[83], no *artículo 171., n.° 2, 2.°*, escrevia-se que "la inhabilitación de las personas afectadas por la calificación para administrar los bienes proprios o ajenos durante un período de cinco a veinte años, así como para representar o administrar a cualquier persona durante el mismo período". Ora, o alcance da *inhabilitación* foi considerado excessivo, pois incluía não só não exercer o comércio, não administrar bens alheios ou representar qualquer pessoa durante a vigência da *inhabilitación*, mas também não administrar os seus próprios bens durante o mesmo período. Do anteprojecto para a *Ley Concursal* esse carácter excessivo foi corrigido e não incluiu a impossibilidade do afectado pela qualificação de administrar bens próprios – cf. *artículo 172., n.os 1 e 2* da *Ley Concursal*[84].

O que bem se compreende. A impossibilidade de o administrador afectado pela insolvência não poder administrar bens próprios é estranha e indiferente, quer à finalidade do processo de insolvência, quer, sobretudo, aos interesses tutelados pelo instituto da qualificação, quando está em causa o comportamento de um administrador adoptado no âmbito dos seus legais poderes de gestão. Tais interesses não justificam uma sanção de aplicação *necessária* e *automática* com o *conteúdo da inabilitação civil* – limitando os actos de disposição

[83] Cf. *Estudios sobre el Anteproyecto de Ley Concursal de 2001*, dirigido por R. Garcia Villaverde, A. Alonso Ureba e J. Pulgar Ezquerra (Universidad Rey Juan Carlos – Universidad de Almeria – Editorial Diles, S.L.), 2002, 317 a 493 (em apêndice documental), ou, revista *Derecho de los Negocios*, número 134, 86 a 164.

[84] A proibição de exercer o comércio consta, não directamente da *Ley Concursal*, mas indirectamente, mediante a aplicação aos casos de *inhabilitación* do disposto no *artículo 13., n.° 2* do *Código de Comercio* espanhol: "No podrán ejercer el comercio ni tener cargo ni intervención directa administrativa o económica en compañias mercantiles o industriales: (...) 2. Las personas que sean inhabilitadas conforme a la Ley Concursal mientras no haia concluido el período de inhabilitación fijado en la sentencia de calificación del concurso".

entre vivos de bens próprios, afectando substancialmente a sua capacidade civil, que se encontra tutelada constitucionalmente – cf. artigo 26.°, n.° 1, da Constituição da República Portuguesa. Porque o eventual comportamento ilícito do administrador incidiu sobre o património de um terceiro – a sociedade, agora insolvente. Estamos, pois, neste ponto, perante uma *sanção desenquadrada* dos interesses tutelados pelo instituto[85].

A interpretação do mesmo segmento normativo conduzirá a distintos resultados se considerarmos uma pessoa singular não comerciante e insolvente como a visada pelo incidente.

A insolvência de uma pessoa individual verifica-se quando esta se colocou em situação de não poder cumprir as suas obrigações vencidas. Em termos mais simples, quando se propôs gastar mais do que aquilo que podia ou quando as condições que lhe permitiam gastar se alteraram. Em determinados casos, a similitude com o *pródigo* parecerá evidente, quando se trata de pessoa individual não comerciante. Pelo que aqui, não se encontrando em causa *o interesse público da segurança e confiança do tráfego económico e comercial*, temos dúvidas sobre a pertinência das críticas que tecemos *supra* quando a situação de facto em causa afecte uma pessoa individual não comerciante. No entanto, sempre se poderá perguntar se se justificará abranger as pessoas individuais não comerciantes pelo instituto da qualificação, uma vez que o instituto da inabilitação propriamente dito existe para tutelar estes interesses. Justificar-se-á proceder a uma alteração do regime da inabilitação? A questão é controvertida.

Foi essa controvérsia que, entretanto, passou para o texto do Acórdão do Tribunal Constitucional n.° 173/2009, de 2 de Abril de 2009[86]. Com efeito, neste aresto, o Tribunal Constitucional declarou, com força obrigatória geral, a inconstitucionalidade do artigo 189.°, n.° 2, alínea *b*), do Código da Insolvência e da Recuperação da Empresa, aprovado pelo Decreto-Lei n.° 53/2004, de 18 de Março, por violação dos artigos 26.° e 18.°, n.° 2, da Constituição da República Portuguesa, na medida em que impõe que o juiz, na sentença que qualifique a insolvência como culposa, decrete a inabilitação do administrador da sociedade comercial declarada insolvente.

[85] O legislador português, apesar de inspirado em lei estrangeira, não indagou, de forma suficiente e cabal, os contornos e as condições jurídicas envolventes da lei inspiradora, ou seja, o ordenamento jurídico desta. O resultado traduziu-se, neste âmbito, num conjunto de paradoxos, contradições e desproporções que só mediante uma interpretação jurídica que recorra a todas as ferramentas jurídicas hermenêuticas que a lei geral põe à disposição do intérprete será possível corrigir. Em outros pontos, a desconsideração atingiu o próprio ordenamento jurídico português, como, aliás, já se apontou *supra* no texto.

[86] Publicado na 1.ª Série do Diário da República, n.° 85, de 4 de Maio de 2009.

Ora, as declarações de voto que constam do dito Acórdão fazem adivinhar que a discussão não se esgotou por aqui. Não sendo uma *brevíssima incursão* o local indicado para a enumeração dos argumentos a favor e contra uma declaração de inconstitucionalidade da norma em causa, quando incida sobre pessoas individuais não comerciantes, sempre se deixarão as perguntas: não se justificará, nos casos de insolvência de uma pessoa individual não comerciante, colocada no mais grave e elevado degrau da prodigalidade, a sua inabilitação por um período determinável dentro de uma moldura fixa e certa de dois a dez anos? Com uma garantia acrescida relativamente ao regime civil da inabilitação, uma vez que aqui o termo da incapacidade é incerto (cf. artigo 155.° do Código Civil)? Justificar-se-á a existência de dois regimes distintos quanto à inabilitação? É esta uma questão constitucional?

Tanto a *inabilitação* como a *inibição* podem ser aplicadas por um período, em abstracto, de dois a dez anos. A determinação do concreto período sancionatório far-se-á caso a caso, devendo o juiz atender aos vários contornos do caso, designadamente, se os factos foram cometidos com dolo ou com culpa grave, a gravidade dos factos em si, a postura do afectado ao longo do processo de insolvência, o valor total dos créditos reclamados e os prejuízos efectivos para os credores derivados de créditos não satisfeitos pela massa, os efeitos na economia a nível local, regional e nacional, etc..

V – A insolvência fortuita

Enquanto discorremos sobre a insolvência culposa, estávamos, de algum modo, a discorrer sobre o seu eventual carácter fortuito. Resta apenas relembrar que na insolvência fortuita cabem não só as insolvências às quais não foi possível atribuir o carácter culposo por não verificação de algum dos pressupostos constantes do n.° 1 do artigo 186.° do CIRE, mas também aquelas que, na verificação de todos aqueles pressupostos, não se logrou surpreender, na factualidade dada por provada, a final, um nexo de imputação do resultado à conduta a título de *culpa grave*, ainda que culpa tenha existido na sua forma de *leve* ou de *levíssima*.

As Côrtes Constitucionais e a dinâmica do poder

DR. HÉLIO SÍLVIO OURÉM CAMPOS*
www.ourem.cjb.net

RESUMO: A construção consciente da cidadania, em um Estado Democrático de Direito, como no caso do Brasil, exige a atenção voltada para os modelos que outros Estados Democráticos vêm aplicando. Não se trata de uma transposição acrítica do direito estrangeiro, mas, parece de boa cautela, não importar institutos jurídicos isoladamente, sem amparo em uma visão histórica e da dinâmica social do seu entorno. É, dentro desta perspectiva, que irá adiante a primeira parte destes estudos, mantendo, sob especial atenção, as Côrtes Constitucionais.

Palavras-Chave: Côrtes Constitucionais; poder; direito; Brasil.

ABSTRACT: The conscious construction of citizenship in a democratic state of law, such as Brazil, require the attention turned to the models that other democratic states are applying. It is not an uncritical transposition of foreign law, but seems in good care, not importing legal institutions alone, without support in a vision of historical and social dynamics of their environment. It is, within this perspective, that will forward the first of these studies, keeping, in mind the special, Constitutional Cortes.

Keywords: Constitutional Cortes; power; right; Brazil.

O "Caso Marbury". Em 1803, houve o famoso precedente "Marbury vs. Madison".

* Doutor e Mestre pela UFPE. Juiz Federal. Professor Titular em Direito Processual e Tributário da Universidade Católica do Estado de Pernambuco. Ex-Procurador Judicial do Município do Recife. Ex-Procurador do Estado de Pernambuco. Ex-Procurador Federal.

O juiz Marbury foi nomeado magistrado de um tribunal de distrito por John Adams, então presidente conservador dos EUA, em final de mandato, e derrotado pelo republicano Thomas Jefferson na luta pela Casa Branca.

Madison foi designado secretário de Estado de Thomas Jefferson, e não queria confirmar a referida nomeação.

Assim, Jefferson, buscando pressionar o juiz-presidente Marshall, apelou ao "poder dos estados" contra o "órgão não eleito e irresponsável" do judicial federal.

Foi, nestas circunstâncias, que o juiz-presidente Marshall estabeleceu um verdadeiro marco doutrinário sobre o princípio da constitucionalidade e as atividades de fiscalização da conformidade das normas inferiores perante a lei fundamental.

O juiz-presidente Marshall, em seu pronunciamento no caso, começou a dizer que a função primeira da Constituição é a de identificar os poderes do governo, enumerando-os ou limitando-os. Esta limitação para ser eficaz traz imanente a lógica da existência de uma lei superior, que se ergue acima das leis ordinárias. Logo, todos os atos inferiores colidentes com a lei fundamental estarão desrespeitando-a. Daí, a função de um tribunal seria a de esclarecer o alcance das normas, e aplicá-las aos casos concretos.

Assim, com base nos poderes deferidos aos juízes pela própria Constituição norte-americana (artigo 3.°, seção II, número I, e artigo 6.°, seções II e III), caberia ao Supremo Tribunal a revisão judicial de casos que implicassem em dúvidas instaladas entre a lei fundamental e as normas inferiores.

Note-se que, entre a derrota de John Adams, 1800, e o "Caso Marbury", em 1803, havia uma evidente contenda política, ao lado da questão jurídica.

A solução encontrada trouxe grandes repercussões históricas para a prática constitucional no mundo, mas não representava, necessariamente, uma idéia dominante.

Tanto não era bem assim que, no caso "Eaking vs. Raub", de 1825, o juiz estadual do Supremo da Pensilvânia, Gibson, pronunciava-se em direção oposta, afirmando que a magistratura federal não teria competência de *judicial review*; ou, então, esta referida competência deveria estender-se a todos os outros órgãos de soberania, que também juraram guardar a Constituição.

Outro mito sobre a doutrina de Marshall foi o de que possuiria a intenção de interpretar extensivamente a Constituição e de adotar meios de atualização analógica, permitindo-se, assim, aos juízes um papel excepcional de interferência política, pois, se as palavras pudessem ser, pela interpretação, reescritas, a atividade judicial em muito se aproximaria da atividade de legislar.

No entanto, o próprio Marshall, no precedente "Gibbons vs. Ogden", afirmou (cf. Rogério, 1993, p. 155):

> Os esclarecidos patriotas que construíram a nossa Constituição e o povo que a adoptou devem considerar-se como tendo empregue as palavras no seu sentido natural e como tendo querido dizer o que disseram (...) não conhecemos nenhuma regra para interpretar a Constituição, para além das que nos são dadas pela linguagem do instrumento.

Portanto, esta discussão que confere aos juízes um caráter excepcional de interferência política é algo bastante antigo, cabendo, por ora, recordar das duas vertentes que se instalaram no direito norte-americano. De um lado, os "atualistas", e, de outro, os "originalistas".

Entre os atualistas, são apresentados precedentes de reforço. Por exemplo, o caso "MsCullock vs. Marilândia", 1819. Aqui, os magistrados disseram que estavam a interpretar uma Constituição "que durará séculos", e que deveriam adaptá-la ao tempo que estava a passar.

Contrapondo-se a esta compreensão, afirmavam os originalistas ou literalistas que existiam as emendas à Constituição, e que se afastar da "intenção original" dos seus autores apenas seria permitido através de aditamentos, segundo o processo previsto no próprio texto da lei fundamental.

Mas os adaptacionistas, que defendem uma interpretação atualizada da Constituição, não se rendem, e afirmam que os juízes do Supremo só estariam realmente aplicando o texto constitucional, se puderem deduzir conseqüências para a atualidade.

Mas a guerra de argumentos continua, respondendo os originalistas que se os juízes são os guardas da Constituição, quem guardaria os guardas? Ou seja, também é preciso estabelecer limites contra o ativismo judicial.

Os atualistas, entretanto, advertem que é moroso o processo de reforma constitucional e de emenda (um sistema de bloqueios e atrasos na produção normativa, por vezes, corresponde à idéia federalista dos checks and balances), e atualizá-la, pela via da interpretação, seria uma forma de impedir que a lei fundamental passasse a ser um documento morto, onde não são encontradas respostas para as grandes questões nacionais.

Estejam os atualistas ou os originalistas com a razão, o fato é que o Supremo Tribunal norte-americano aparece com um papel de profundo realce diante das grandes polêmicas políticas dessa sociedade, passando pela proteção das liberdades individuais, pela consolidação da natureza jurídica dos poderes da União nos EEUU, pela fixação dos limites do mecanismo de *checks and balances*, por questões relativas a regimes econômicos durante a Grande depressão e o New Deal etc.

Neste diapasão, cabe a leitura atenta do artigo 3.°, Seção I, da Lei Fundamental norte-americana: "O poder judicial dos Estados Unidos será atribuído a um Supremo Tribunal e a tribunais inferiores que forem oportunamente definidos e estabelecidos pelo Congresso. Os juízes, tanto do Supremo como dos tribunais inferiores, *manter-se-ão nos seus cargos enquanto bem servirem* e receberão por períodos determinados uma remuneração pelos seus serviços, que não poderá ser reduzida durante a sua permanência no cargo."

Assim, a Constituição procurou manter a independência dos tribunais perante os poderes legislativo e executivo. Naturalmente, esta foi a palavra-chave: independência.

Logo, o tema central é o da independência e os mecanismos como ela poderia vir a ser atingida e mantida.

Daí, a afirmação de que os juízes seriam mantidos nos cargos "enquanto bem servirem". Conclui-se que são vitalícios, salvo se forem condenados por crime de responsabilidade. Protege-se os juízes tanto do presidente que os nomeou, quanto dos subseqüentes. O que se pretende é protegê-los das pressões quer venham do Congresso, ou de outras ordens.

É, por isto, que se registra a preocupação com a remuneração dos juízes, de modo que o Congresso não a reduza a níveis tão baixos que forcem os mesmos a pedir demissões.

Em todo o tempo, o assunto central é o da independência do órgão judicial, menos pelos juízes, e evidentemente em face das grandes questões nacionais e individuais da cidadania.

Relembrando, contudo, o artigo 78, do The Federalist, escrito por Alexander Hamilton, o que se pretende não é a superioridade do judiciário sobre o legislativo, mas que o poder do povo seja superior a ambos, e, daí, se a vontade do povo, declarada na Constituição, vier a ser afrontada pela vontade do legislador, é a vontade do povo, presente na lei básica, que deve prevalecer.

Certamente, esta perspectiva não precisaria conduzir ao chamado "governo dos juízes", mas à garantia da Constituição como norma fundamental.

Assim, se os poderes do Supremo são enormes, e os seus membros duráveis e persistentes, pois nunca se demitiriam, mesmo alguns dos chamados pais fundadores (*founding fathers*) desconfiavam do potencial carácter tirânico do indesejado surgimento de uma supermagistratura federal.

É, por isto, que o artigo 3.°, do Texto de 1787, embora deposite num "Supremo tribunal o poder judicial dos EUA", deixou ao Congresso competência para, por lei, organizar a restante estrutura dos tribunais federais.

Em suma, todo o sistema foi construído não para os juízes, mas para garantir a independência de modo que eles possam dizer a vontade do povo sem o medo das pressões políticas, econômicas ou de outras ordens.

Assim, do Caso "Marbury vs. Madison", para além de extrair a missão específica dos tribunais e a idéia da limitação dos poderes, avistando a Constituição como lei suprema, é preciso tomar em conta a idéia de limite dentro de um juízo de equilíbrio.

A destruição da presunção de constitucionalidade de uma lei, como tarefa excepcional que é, continua a lançar desafios de aprimoramento de controles, de modo a revitalizar permanentemente a idéia de limite, inclusive no que se refere à própria Suprema Côrte.

Esta é uma tarefa em permanente construção, que, ainda no século XXI, desenvolve-se, por exemplo, nas novas Constituições dos países do leste europeu.

Talvez por isto, cerca de 120 anos depois do caso "Marbury", transparece inegável a influência deste precedente na confecção da Constituição austríaca de 1920, embora existam diferenças claras, como no caso dos efeitos da decisão judicial.

O artigo 89, da Constituição austríaca assinalou que os tribunais ordinários não teriam faculdade para examinar a validade das leis devidamente promulgadas.

Mas criou um Tribunal especial: o Tribunal Constitucional (Verfassungsgerichtshof), que poderia examinar a validade de uma lei.

Eis a via do artigo 140, que permitia ao Tribunal decidir a petição do Governo Federal sobre a inconstitucionalidade das leis provinciais e a petição de um Governo provincial sobre a inconstitucionalidade das leis federais.

Além disto, pelo artigo 188, adicionado por emenda de 30.07.1925, também podendo analisar a validade de uma lei já publicada, ou um projeto de lei destinado a ser submetido à decisão de um corpo legislativo.

Foi a partir de 1929, por disposição expressa da Lei de Reformas da Constituição Federal, que se determinou que o Tribunal Constitucional deveria decidir sobre a inconstitucionalidade de leis federais ou de leis provinciais, mediante petição do Tribunal Supremo (Oberstergerichtshof) ou do Tribunal Supremo Administrativo (Verwaltungsgerichtshof), quando a lei de que se trate sirva como base de uma sentença a ser prolatada pelo Tribunal Supremo que fez a petição.

Lembre-se de que Hans Kelsen, em uma comunicação à sessão em 1928, do Instituto Internacional de Direito Público, sugeriu que seria conveniente permitir o exercício de tais faculdades a uma minoria derrotada do corpo legislativo que houvera aprovado uma lei inconstitucional.

Uma outra diferença entre o sistema austríaco e o norte-americano era a de que, no sistema austríaco, as questões constitucionais não seriam analisadas em um juízo de primeira instância, mas diretamente perante um tribunal de última instância.

Em outras palavras, a apreciação do conceito e do controle de constitucionalidade não é uma obra acabada, nem mesmo no que atine à estrutura, à organização e ao funcionamento dos muitos Tribunais Constitucionais que foram, na prática, ratificando a possibilidade do estabelecimento de limites para o poder, mediante a conferência de independência para os juízes.

São muitos os problemas que aí se avizinham.

A partir de agora, portanto, será feita a apresentação da organização e da estrutura de alguns Tribunais Constitucionais pelo mundo, pois se a consolidação destas idéias, há pouco expostas, ainda está se desenvolvendo, parece adequada uma análise de direito comparado.

Quanto ao Tribunal Constitucional português. A legislação que o rege começa a ser apontada na Lei n. 28, de 15 de novembro de 1982, que dispõe sobre a organização, funcionamento e processo do Tribunal Constitucional. Foi emanada da Assembléia da República, nos termos do artigo 244, da Lei Constitucional n. 1, de 30 de setembro de 1982.

Esta Lei vem sofrendo várias alterações, entre outras, a saber: a) normas constantes da versão original da Lei do Tribunal Constitucional, eliminadas pela alínea d, do artigo 3.°, da L. n. 85, de 7 de novembro de 1989. Entre os assuntos modificados, destacam-se as alterações na primeira designação dos juízes do Tribunal Constitucional e as providências orçamentárias relativas à execução da própria lei; b) a L. n. 13-A, de 26 de fevereiro de 1998, que traz alterações à Lei sobre a organização, funcionamento e processo do Tribunal Constitucional.

Desde já, observe-se a possibilidade constitucional de erigir reflexões de estrutura e de funcionamento dos Tribunais Constitucionais, não constituindo estes importantes temas clásulas pétreas ou núcleos inalteráveis dentro de um moderno constitucionalismo democrático e pluripartidário.

Aqui, dou destaque à Apresentação, no Plenário da Assembléia da República, da Proposta de Lei n. 130/II – organização, funcionamento e processo do Tribunal Constitucional, um texto inserido no *Diário da Assembléia da República*, 2.ª Legislatura, 2.ª Sessão Legislativa, 1.ª Série, n. 134, de 8 de outubro de 1982.

Na abertura dos trabalhos, o então Ministro para os Assuntos Parlamentares, Marcelo Rebelo de Sousa, afora saudar a Assembléia da República, registrou que a dita Assembléia ali se tratava de um "órgão de soberania que dispõe de competência exclusiva para exercer o poder de revisão constitucional, bem como para legislar sobre as matérias que se prendem com os domínios mais relevantes da estrutura do Estado e da sua organização política, econômica e social."

É, nesta índole de relevância, mas também de alterabilidade, que o constitucionalista Marcelo Rebelo de Sousa, professor catedrático da Universidade de Lisboa, iniciou com alguns registros históricos sobre a natureza dos Tribunais Constitucionais, e também sobre o modo como isto estava desenvolvendo-se até aquela época.

Vale à pena registrar o caminho europeu da aversão ao controle, passando pelo controle por órgãos estritamente políticos, pela influência de um direito norte-americano concreto até o próprio Tribunal Constitucional, que estava e continua, ainda, a moldar-se (Sousa, 1982, pp. 108/110) (Texto inserto no *Diário da Assembléia da República*, 2.ª Legislatura, 2.ª Sessão Legislativa, 1.ª Série, n.° 134, de 8 de outubro de 1982):

> Falar da evolução histórica dos sistemas orgânicos de fiscalização da constitucionalidade é falar da própria história do constitucionalismo moderno e contemporâneo. (...) O constitucionalismo moderno, nascido na Europa da matriz da Revolução Francesa, desconhecia ou era mesmo avesso a qualquer sistema de fiscalização da constitucionalidade das leis. De facto, uma das linhas constitucionais saídas da revolução de 1789 – a linha liberal – consagrava o parlamentarismo puro, a soberania parlamentar, o primado indiscutível da lei, como expressão genérica e abstracta da vontade colectiva. Daí que a geração das constituições liberais do século XX, ou excluíssem a fiscalização da constitucionalidade das leis ou a cometessem a órgãos essencialmente políticos, nomeadamente ao próprio Parlamento.
>
> (...)
>
> Na própria França, até 1946, apenas as Constituições do ano VIII e de 1852 previram a fiscalização da constitucionalidade, atribuindo-a a órgãos políticos (...)
>
> Mas da Revolução Francesa derivou também uma outra linha constitucional – de feição antiliberal – preconizando um sistema de governo convencional, de concentração de poderes.
>
> (...)
>
> Simplesmente, não é em qualquer das duas linhas referidas do constitucionalismo europeu que mergulha as suas raízes o sistema de fiscalização da constitucionalidade pelos tribunais. É na história norte-americana, e, mais concretamente, na prática constitucional seguida pelos Estados Unidos da América desde 1803.
>
> (...)
>
> Pouco a pouco, entre as duas grandes guerras, generaliza-se, na Europa, a fiscalização jurisdicional da constitucionalidade, sob a forma difusa, ou seja distri-

buída pelos diversos tribunais, muitas vezes cumulativamente com a clássica fiscalização pelo Parlamento. Foi o caso dos direitos suíço, norueguês, dinamarquês e grego, onde o controle jurisdicional se radicou mesmo sem disposição constitucional expressa.

Simultaneamente, entre 1920 e 1931, Tribunais Constitucionais surgiam na Áustria, na Checoslováquia e na Espanha. A 2.ª Grande Guerra veio acelerar o processo iniciado décadas antes. Estados onde subsistia a exclusão do controle da constitucionalidade das leis adoptaram a fiscalização pelo Parlamento ou sua emanação. Assim, a França em 1946. Estados em que tal garantia era competência predominante ou reservada de órgãos políticos acentuaram a componente jurisdicional, mesmo difusa.

Assim, a Itália, de 1948 a 1956. Estados que tinham experimentado a fiscalização jurisdicional difusa concentraram-na num só Tribunal – ou o Supremo Tribunal, como na Irlanda ou no Japão, ou num novo Tribunal Constitucional, para o efeito criado, como na Itália, na República Federal da Alemanha, em Chipre, na Turquia em 1961, na Grécia em 1968, e, mais recentemente, na vizinha Espanha.

Era uma fase histórica que começava. Depois da aversão do Estado liberal a qualquer fiscalização da constitucionalidade das leis; após a consagração deste controle com o advento do Estado social de direito, com a crise da lei em sentido material e com a relativização do parlamentarismo absoluto; passado o período de exclusiva garantia político-parlamentar da constitucionalidade das leis; ensaiada a fiscalização jurisdicional difusa de origem norte-americana – chegava-se à fiscalização tendencialmente concentrada ou pelo menos uniformizada pelo novo Tribunal Constitucional. Frutificara a semente Kelseniana da Constituição austríaca de 1920.

Claro que esta evolução só foi vivida em estados com regime político democrático e com pluralismo partidário. No chamado estado de legalidade socialista, o modelo inicial manteve-se, rigidamente, e não vingou, salvo excepções como Jugoslávia, a fiscalização jurisdicional autónoma da constitucionalidade das leis.

Assim, é de se considerar que, do ponto de vista histórico, os Tribunais Constitucionais são bastante recentes, e, dentro de um regime democrático que consagra um pluralismo partidário, é mesmo uma expectativa estudá-los e propor possibilidades de mudanças.

Quanto às fórmulas para a sua composição. Uma das mais usuais é a de cumular magistrados de carreira com personalidades políticas e jurídicas. A escolha, contudo, poderá ser decorrente de diversos órgãos governamentais, e não apenas do Poder Executivo, mesmo que com a argüição, ou mera homologação, do Poder Legislativo ou de uma sua fração.

Em verdade, a fórmula de escolha dos membros do Tribunal Constitucional está diretamente ligada ao problema da partidarização. Por isto, no processo de votação do Tribunal Constitucional português, levantou-se o tema de que seria difícil afirmar que um Governo seja apartidário, ou mesmo que a maioria que ampara o Governo nas suas votações seja apartidária.

Assim, se é um determinado Governo e uma determinada maioria parlamentar que escolhe os juízes de um Tribunal Constitucional; a partir da sua própria composição, o referido Tribunal terá dificuldades em revelar-se com garantias de apartidarismo.

Tornar transparente e aberto a reflexões das comunidades este embate é algo fundamental, é um direito fundamental de cidadania.

Para reduzir esta possibilidade de partidarização, há quem proponha um sistema de lista fechada, ao invés da votação separada de nomes específicos. Contra o sistema de lista, no processo de votação do Tribunal Constitucional português, avocou-se o "negócio consciente das forças partidárias", o que seria uma espécie do que se chamou de "almocismo".

Esplique-se melhor. Previamente, nos almoços dos dirigentes partidários, cozinharia-se a lista, e, depois, bastaria fazer funcionar a "máquina de votação" no Plenário. Assim, a lista quer numerada, ou por letra, conduziria à partidarização dos juízes do Tribunal Constitucional, cujos nomes não se submeteriam ao teste explícito do Plenário.

É de se notar, contudo, que, na formação das listas, poderia haver uma reserva proporcional por cada Partido. De fato, haveria a partidarização, mas esta não seria mascarada e monopolizada pela maioria que funda o Governo.

Insista-se: do tipo de eleição dos juízes do Tribunal Constitucional, em boa medida, dependerá as futuras decisões. Logo, quer se concorde com o sistema de lista, ou não, o que não se pode é desconhecer e analisar o processo eleitoral de escolha ou recrutamento.

Por isto, no procedimento de discussão para a instituição do Tribunal Constitucional português, chegou-se a se referir quanto ao tema sob o caráter de "questão passional da composição do Tribunal Constitucional".

Afirmava-se que a composição deste Tribunal precisaria dar uma mínima garantia de outorga de credibilidade, isenção e dignidade ao órgão, esfumando aos menores laivos de imparcialidade. Em outras palavras, não se poderia extrair um Tribunal com uma maioria serviente.

Não se tratava, apenas, de restrições de idade, de formação intelectual, de cidadania, de cumulação com outras atividades profissionais ou do estabelecimento de maiorias qualificadas para as votações dos temas centrais de Estado. Nem mesmo, tão somente, da criação de obstáculos processuais em cadeia, onde se joga com as desigualdades econômicas impedindo ou dificultando excessivamente o acesso ao Tribunal.

Era preciso evitar a idéia de um Tribunal em que o poder, quer econômico, quer político, tem sempre razão.

Para que se constituísse um verdadeiro progresso a criação de um Tribunal Constitucional seria preciso vencer a atitude de desconfiança decorrente da eleição destes juízes.

Não bastaria um período mínimo de licenciatura, quer dos próprios juízes, quer dos advogados que militam perante o Tribunal.

Dispondo o Tribunal sobre temas tão fundamentais ao Estado e à população, até mesmo seria de indagar sobre a oportunidade de, em um Tribunal com composição reduzida, permitir-se o julgamento em sessões ou câmaras, e não recolher todas elas para o plenário. Evitar-se-ia, assim, uma espécie de mini-Tribunal Constitucional ou um Tribunal Constitucional de via reduzida.

Ainda dentro do tema da despartidarização do corpo de juízes do Tribunal Constitucional, aparece como elemento central a vitaliciedade dos mesmos.

Sobre isto, demonstrou-se ter havido consenso quando da instituição do Tribunal Constitucional português.

Não seria saudável a vitaliciedade para estes juízes, nem mesmo para aqueles deputados que, aparentemente, pretendessem maleabilizar os mandatos.

O Deputado António Muniz fez registrar, quando indagava por esclarecimentos ao Ministro e Professor Marcelo Rebelo de Sousa: "Além de algumas críticas já aqui levantadas, queria transmitir ao Sr. Ministro algumas dúvidas que se me põem. "A primeira é o facto de os juízes não poderem ser reconduzidos consecutivamente mais do que uma vez. Eu sei que não se pode exigir, nem seria saudável, que estes cargos fossem vitalícios, mas atendendo à falta de técnicos especializados, e atendendo muitas vezes à possibilidade de esses mesmos técnicos não pretenderem aceitar a proposta de preenchimento do lugar constitucional ...".

Sobre a vitaliciedade, respondeu Marcelo Rebelo de Sousa: "Efectivamente penso que há boas razões para não se prolongar por mais de 12 anos o exercício de funções por juízes do Tribunal Constitucional, basta olhar para os mandatos dos órgãos de soberania que em certo caso são de alguma maneira objecto de intervenção do Tribunal Constitucional, nomeadamente o Presidente da República, e por outro lado "pela preocupação de não criar, através de um exercício longo de funções, um excessivo, não diria governo dos juízes, mas um excessivo emodorramento no funcionamento do Tribunal Constitucional".

Atualmente, o mandato é de 9 anos; e não renovável.

Mas, diante de todas estas discussões, cabe a referência da situação atual do Tribunal Constitucional português, quanto ao relevante tema da sua composição. A legislação é minudente, como se verá a seguir.

É a partir do artigo 12.° que se define a disciplina normativa sobre a composição e constituição do Tribunal:

1. O Tribunal Constitucional é composto por 13 juízes, sendo 10 designados pela Assembleia da República e 3 cooptados por estes.

2. Seis de entre os juízes designados pela Assembleia da República ou cooptados são obrigatoriamente escolhidos de entre juízes dos restantes tribunais e os demais de entre juristas.

Quanto aos requisitos de elegibilidade, vem o artigo 13.°:

1. Podem ser eleitos juízes do Tribunal Constitucional os cidadãos portugueses no pleno gozo dos seus direitos civis e políticos que sejam doutores, mestres ou licenciados em direito ou juízes dos restantes tribunais.

2. Para efeito do número anterior, só são considerados os doutoramentos, os mestrados e as licenciaturas por escola portuguesa ou oficialmente reconhecidos em Portugal.

Quanto às candidaturas, vem o artigo 14.°:

1. As candidaturas, devidamente instruídas com os elementos de prova da elegibilidade dos candidatos e respectivas declarações de aceitação de candidatura, são apresentadas em lista completa por um mínimo de 25 e um máximo de 50 Deputados, perante o Presidente da Assembleia da República, até cinco dias antes da reunião marcada para a eleição.

2. As listas propostas à eleição devem conter a indicação de candidatos em número igual ao dos mandatos vagos a preencher.

3. Nenhum Deputado pode subscrever mais de uma lista de candidatura.

4. Compete ao Presidente da Assembleia da República verificar os requisitos de elegibilidade dos candidatos e demais requisitos de admissibilidade das candidaturas, devendo notificar, em caso de obscuridade ou irregularidade, o primeiro subscritor para, no prazo de 2 dias, esclarecer as dúvidas ou suprir as deficiências.

5. Da decisão do Presidente cabe recurso para o Plenário da Assembleia da República.

Quanto à relação nominal dos candidatos, vem o artigo 15.°:

Até 2 dias antes da reunião marcada para a eleição, o Presidente da Assembleia da República organiza a relação nominal dos candidatos, a qual é publicada no Diário da Assembleia da República.

Quanto à votação, vem o artigo 16.°:

1. Os boletins de voto contêm todas as listas de candidatura apresentadas, inte-

grando cada uma delas os nomes de todos os candidatos por ordem alfabética, com identificação dos que são juízes dos restantes tribunais.

2. Ao lado de cada lista de candidatura figura um quadrado em branco destinado a ser assinalado com a escolha do eleitor.

3. Cada Deputado assinala com uma cruz o quadrado correspondente à lista de candidatura em que vota, não podendo votar em mais de uma lista, sob pena de inutilização do respectivo boletim.

4. Consideram-se eleitos os candidatos que obtiverem o voto de dois terços dos deputados presentes, desde que superior à maioria absoluta dos deputados em efectividade de funções.

5. A lista dos eleitos é publicada na 1.ª série-A do Diário da República, sob a forma de resolução da Assembleia da República, no dia seguinte ao da eleição.

Quanto à reunião para cooptação, vem o artigo 17.°:

1. Ocorrendo vagas de juízes cooptados, são as mesmas preenchidas pelos juízes eleitos pela Assembleia da República em reunião a realizar no prazo de 10 dias.

2. Cabe ao juiz mais idoso marcar o dia, hora e local da reunião e dirigir os trabalhos e ao mais novo servir de secretário.

3. Ocorrendo vagas de juízes eleitos pela Assembleia da República e de juízes cooptados, são aquelas preenchidas em primeiro lugar.

Quanto à relação nominal dos indigitados, vem o artigo 18.°:

1. Após discussão prévia, cada juiz eleito pela Assembleia da República indica em boletim, que introduz na urna, o nome de um juiz dos restantes tribunais ou de um jurista, devendo o presidente da reunião, findo o escrutínio, organizar a relação nominal dos indigitados.

2. A relação deve conter nomes em número igual ou superior ao das vagas a preencher, incluindo os de juízes dos restantes tribunais em número pelo menos suficiente para preenchimento da quota de lugares a estes reservada e ainda não completada, repetindo-se a operação as vezes necessárias para aquele efeito.

Quanto à votação e designação, vem o artigo 19.°:

1. A cada juiz cooptante é distribuído um boletim de voto do qual constem, por ordem alfabética, os nomes de todos os indigitados.

2. À frente de cada nome figura um quadrado em branco destinado a ser assinalado com a escolha do cooptante.

3. Cada cooptante assinala com uma cruz os quadrados correspondentes aos indigitados em que vota, não podendo votar num número de indigitados superior ao das vagas a preencher, nem num número de indigitados que não sejam juízes

dos restantes tribunais que afecte a quota de lugares a estes reservada, sob pena de inutilização do respectivo boletim.

4. Considera-se designado o indigitado que obtiver um mínimo de 7 votos na mesma votação e que aceitar a designação.

5. Se após 5 votações não tiverem sido preenchidas todas as vagas, organiza-se nova relação nominal para preenchimento das restantes, observando-se o disposto no artigo anterior e nos n.os 1 a 4 do presente artigo.

6. Feita a votação, o presidente da reunião comunica aos juízes que tiverem obtido o número de votos previstos no n.° 4 para que declarem por escrito, no prazo de 5 dias, se aceitam a designação.

7. Em caso de recusa, repete-se, para preenchimento da respectiva vaga, o processo previsto nos números e artigos anteriores.

8. A cooptação de cada indigitado só se considera definitiva depois de preenchidas todas as vagas.

9. A lista dos cooptados é publicada na 1.ª Série-A do Diário da República, sob a forma de declaração assinada pelo juiz que tiver dirigido a reunião, no dia seguinte ao da cooptação.

Quanto à posse e juramento, vem o artigo 20.°:

1. Os juízes do Tribunal Constitucional tomam posse perante o Presidente da República no prazo de 10 dias, a contar da data da publicação da respectiva eleição ou cooptação.

2. No acto de posse prestam o seguinte juramento: "*Juro por minha honra cumprir a Constituição da República Portuguesa e desempenhar fielmente as funções em que fico investido.*

Quanto ao período de exercício, vem o artigo 21.°:

1. Os juízes do Tribunal Constitucional são designados por "um período de nove anos", contados da data da posse, e cessam funções com a posse do juiz designado para ocupar o respectivo lugar.

2. "O mandato dos juízes do Tribunal Constitucional não é renovável".

3. Os juízes dos restantes tribunais designados para o Tribunal Constitucional que, durante o período de exercício, completem 70 anos mantêm-se em funções até ao termo do mandato.

Quanto à independência e à inamovibilidade, vem o artigo 22.°:

Os juízes do Tribunal Constitucional são independentes e inamovíveis, não podendo as suas funções cessar antes do termo do mandato para que forem designados, salvo nos casos previstos no artigo seguinte.

Quanto à cessação de funções, vem o artigo 23.°:

1. As funções dos juízes do Tribunal Constitucional cessam antes do termo do mandato quando se verifique qualquer das situações seguintes:

a) morte ou impossibilidade física permanente;

b) renúncia;

c) aceitação de lugar ou prática de acto legalmente incompatível com o exercício das suas funções;

d) demissão ou aposentação compulsiva, em consequência de processo disciplinar ou criminal.

2. A renúncia é declarada por escrito ao presidente do Tribunal, não dependendo de aceitação.

3. Compete ao Tribunal verificar a ocorrência de qualquer das situações previstas nas alíneas *a*), *c*) e *d*) do n.° 1, devendo a impossibilidade física permanente ser previamente comprovada por 2 peritos médicos designados também pelo Tribunal.

4. A cessação de funções em virtude do disposto no n. 1 é objecto de declaração que o presidente do Tribunal fará publicar na 1.ª Série-A do Diário da República.

Referências bibliográficas

AGUILÓ LUCÍA, Lluis. *et al.* – *El Tribunal Constitucional*. Vol. I. Instituto de Estúdios Fiscales.

BORGES, José Ferreira – *Princípios de Syntelologia: compreendendo em geral a Theoria do Tributo, e em particular observaçoens sobre a adminstração, e despezas de Portugal, em grande parte aplicáveis ao Brazil*. 2.ª ed. Lisboa: Typ da Sociedade Propagadora dos Conhecimentos Uteis, 1844.

CARDOSO DA COSTA, José Manuel M. – *Curso de Direito Fiscal*. 2.ª ed. atual. Coimbra: Almedina, 1972.

CHIAVARIO, Mario; GIORGIS, Andrea – *Códice della Giustistizia Costituzionale*. 2.ª ed. Milão: Dott. A. Giuffrè Editore, 2000.

CORDEIRO, António Menezes – *Da responsabilidade civil dos administradores das sociedades comerciais*. Lisboa: LEX, 1997.

COSTANZO, Pasquale – *L'organizzazione e il funzionamento della Corte Costituzionale*. Imperia: G. Giappichelli Editore – Torino, 1995.

FAIRÉN GUILLÉN, Victor. *et al* – *El Tribunal Constitucional*. Vol. II. Instituto de Estúdios Fiscales.

FAVEIRO, Vítor – *O Estatuto do Contribuinte – a pessoa do contribuinte no Estado Social de Direito*. Coimbra: Coimbra Editora, 2002.

GONZÁLES, Eusébio – Nuevos caminos en torno al viejo proposito de burlar la ley tributaria inconveniente. *In:* Estudos em homenagem ao professor doutor Pedro Soares Martinez. Vol. II. Lisboa: Almedina, 2000.

LEI DO TRIBUNAL CONSTITUCIONAL: organização, funcionamento e processo do Tribunal Constitucional. Coimbra: Coimbra Editora.

MAZZA, Mauro. *La Giustizia Constituzionale in Europa Orientale*. Vol. 94. Verona: CEDAM, 1999. ISBN 88-13-22446-X.

MENDES, Gilmar Ferreira – *O Apelo ao Legislador (appellentscheidung) na Práxis da Corte Constitucional Alemã*. Separata da Revista da Faculdade de Direito. Lisboa, 1992.

NABAIS, José Casalta – *Introdução ao Direito do Património Cultural*. Lisboa: Almedina, 2001.

ROGEIRO, Nuno. *Constituição dos EUA, anotada e seguida de Estudos sobre o sistema constitucional dos Estados Unidos*. Lisboa: Usis gradiva publicações Lda, 1993.

SOUSA, Marcelo Rebelo de – *Organização, Funcionamento e Processo do Tribunal Constitucional*. Anexo: proposta de lei – apresentação e debate – actas da comissão – votação e declarações de voto. Lisboa: Assembléia da República, 1984.

VASQUES, Sérgio. *O Princípio da Equivalência como critério de igualdade tributária*. Lisboa: Almedina, 2008.

XAVIER, Alberto Pinheiro. *Política Orçamental e Economia de Mercado: a experiência americana do após-guerra*. Lisboa, 1970.

Noções fundamentais sobre o dano existencial

DR. HIDEMBERG ALVES DA FROTA*

SUMÁRIO: *1. Conceito. 2. Os danos ao projeto de vida e à vida de relações. 3. Possíveis eventos que podem resultar em dano existencial. 4. Precedentes judiciais emblemáticos. Conclusão.*

RESUMO: Este artigo traz a lume o conceito e as espécies de dano existencial. Além disso, examina acontecimentos que podem redundar em dano existencial. E, por último, versa acerca de casos concretos judiciais nos quais se identificou a presença do dano existencial.

Palavras-chaves: dano existencial; dano ao projeto de vida; dano à vida de relações; noções basilares; precedentes judiciais.

ABSTRACT: This article brings to light the concept and modalities of existential damage. It also examines events that can result in existential damage. And, finally, analyzes judicial cases in which it was identified the presence of existential damage.

Key words: existential damage; damage to the project of life; damage to the relationship life; basic notions; judicial precedents.

* Advogado em Manaus-AM. Autor da obra "O princípio tridimensional da proporcionalidade no Direito Administrativo: um estudo à luz da Principiologia do Direito Constitucional e Administrativo, bem como da jurisprudência brasileira e estrangeira" (Rio de Janeiro: GZ, 2009, 286 p.).

Introdução

O presente estudo tem a finalidade de propiciar à comunidade jurídica aportes teóricos basilares acerca do dano existencial, a fim de franquear aos profissionais do Direito elementos precípuos, por meio dos quais possam compreender a essência de tal construção jurídica e, ao mesmo tempo, obtenham subsídios sobre quais seriam as circunstâncias em que o referido constructo se revelaria, eventualmente, aplicável, ao contrastarem o conceito de dano existencial e suas espécies com circunstâncias ilustrativas de sua ocorrência.

1. Conceito

O *dano existencial* constitui espécie de *dano imaterial* ou *não material* que acarreta à vítima, de modo *parcial* ou *total*, a *impossibilidade* de executar, dar prosseguimento ou reconstruir o seu *projeto de vida* (na dimensão familiar, afetivo-sexual, intelectual, artística, científica, desportiva, educacional ou profissional, dentre outras) e a dificuldade de retomar sua *vida de relação*[1] (de âmbito público ou privado, sobretudo na seara da convivência familiar, profissional ou social).

2. Os danos ao projeto de vida e à vida de relações

O dano existencial se subdivide no *dano ao projeto de vida* e no *dano à vida de relações*.

Em outras palavras, o *dano existencial* se alicerça em 2 (dois) eixos:

(*a*) De um lado, na ofensa ao *projeto de vida*, por meio do qual o indivíduo se volta à própria *autorrealização*[2] *integral*, ao direcionar sua *liberdade de escolha*

[1] "[...] o dano existencial, este ligado sobretudo à vida de relação, nomeadamente, familiar." Cf. Portugal. Tribunal da Relação do Porto. Acórdão de 28 de Setembro de 2009 (Processo n.º 518/06.1TTOAZ.P1). Relatora: Juíza Desembargadora Albertina Pereira. Porto, 31 de Março de 2009 (votação unânime). Disponível em: <http://www.dgsi.pt/jtrp.nsf/c3fb530030ea1c61802568d9005cd5bb/89f98413823bf7c4802576c600503c48?OpenDocument>. Acesso em: 06 ago. 2010.

[2] "A autorrealização é todo um lento e complexo processo de despertamento, desenvolvimento e amadurecimento psicológicos de todas as adormecidas potencialidades íntimas, que estão latentes no ser humano, como suas experiências e realizações ético-morais, estéticas, religiosas, artísti-

para proporcionar concretude, no contexto espaço-temporal em que se insere, às metas, objetivos e ideias que dão *sentido* à sua existência.

Por dano existencial (também chamado de dano ao projeto de vida ou *prejudice d'agrément* – perda da graça, do sentido) compreende-se toda lesão que compromete a liberdade de escolha e frustra o projeto de vida que a pessoa elaborou para sua realização como ser humano. Diz-se existencial exatamente porque o impacto gerado pelo dano provoca um vazio existencial na pessoa que perda a fonte de gratificação vital.

Por projeto de vida entenda-se o destino escolhido pela pessoa, o que decidiu fazer com a sua vida. O ser humano, por natureza, busca sempre extrair o máximo das suas potencialidades. Por isso, as pessoas permanentemente projetam o futuro e realizam escolhas no sentido de conduzir sua existência à realização do projeto de vida. O fato injusto que frustra esse destino (impede a sua plena realização) e obriga a pessoa a resignar-se com o seu futuro é chamado de dano existencial.[3]

O *dano ao projeto de vida* refere-se às alterações de caráter não pecuniária nas condições de existência, no curso normal da vida da vítima e de sua família. Representa o reconhecimento de que as violações de direitos humanos muitas vezes impedem a vítima de desenvolver suas aspirações e vocações, provocando uma série de frustrações dificilmente superadas com o decorrer do tempo. O dano ao projeto de vida atinge as expectativas de desenvolvimento pessoal, profissional e familiar da vítima, incidindo sobre suas liberdade de escolher o seu próprio destino. Constitui, portanto, uma ameaça ao sentido que a pessoa atribui à existência, ao sentido espiritual da vida.[4] (grifo da autora)

[...] Todos vivemos no tempo, que termina por nos consumir. Precisamente por vivermos no tempo, cada um busca divisar seu projeto de vida. O vocábulo "projeto" encerra em si toda uma dimensão temporal. O conceito de projeto de vida tem, assim, um valor essencialmente existencial, atendo à ideia de realização pessoal integral. É dizer, no marco da transitoriedade da vida, a cada um cabe proceder às opções que lhe parecem acertadas, no exercício da plena liberdade pes-

cas e culturais. Equivale esclarecer que é todo um esforço bem direcionado para a realização do *Eu* profundo e não da superficialidade das paixões do ego." Cf. Franco, Divaldo Pereira. *O despertar do espírito*: obra ditada pelo espírito de Joanna de Ângelis. 5. ed. Salvador: Leal, 2003, p. 19.

[3] Bebber, Júlio César. Danos extrapatrimoniais (*estético, biológico* e *existencial*) – breves considerações. *Revista LTr*: legislação do trabalho, São Paulo, v. 73, n. 1, jan. 2009, p. 28.

[4] Nunes, Raquel Portugal. Reparações no sistema interamericano de proteção dos direitos humanos. In: Oliveira, Márcio Luís de Oliveira (Org.). *O sistema interamericano de proteção dos direitos humanos*: interface com o Direito Constitucional Contemporâneo. Belo Horizonte: Del Rey, 2007. Cap. 9, p. 166.

soal, para alcançar a realização de seus ideais. A busca da realização do projeto de vida revela, pois, um alto valor existencial, capaz de dar sentido à vida de cada um. [...] É por isso que a brusca ruptura dessa busca, por fatores alheios causados pelo homem (como a violência, a injustiça, a discriminação), que alteram e destroem, de forma injusta e arbitrária, o projeto de vida de uma pessoa, reveste-se de particular gravidade, – e o Direito não pode se quedar indiferente a isso. A vida – ao menos a que conhecemos – é uma só, e tem um limite temporal, e a destruição do projeto de vida acarreta um dano quase sempre verdadeiramente irreparável, ou uma vez ou outra de difícil reparação.[5]

(*b*) E, de outra banda, no prejuízo à *vida de relação*[6], a qual diz respeito ao conjunto de *relações interpessoais*, nos mais diversos ambientes e contextos, que permite ao ser humano estabelecer a sua *história vivencial* e se *desenvolver* de forma ampla e saudável, ao comungar com seus pares a experiência humana, compartilhando pensamentos, sentimentos, emoções, hábitos, reflexões, aspirações, atividades e afinidades, e crescendo, por meio do contato contínuo (processo de diálogo e de dialética) em torno da diversidade de ideologias, opiniões, mentalidades, comportamentos, culturas e valores ínsita à humanidade.

[5] Cuida-se de tradução livre do trecho principal dos itens 3 a 4 do voto articulado pelo Juiz Augusto Cançado Trindade, no âmbito da Corte Interamericana de Direitos Humanos, no caso *Gutiérrez Soler versus Colombia*: "[...] 3. Todos vivimos en el tiempo, que termina por consumirnos. Precisamente por vivirnos en el tiempo, cada uno busca divisar su proyecto de vida. El vocablo 'proyecto' encierra en sí toda una dimensión temporal. El concepto de proyecto de vida tiene, así, un valor esencialmente existencial, ateniéndose a la idea de realización personal integral. Es decir, en el marco de la transitoriedad de la vida, a cada uno cabe proceder a las opciones que le parecen acertadas, en el ejercicio de plena libertad personal, para alcanzar la realización de sus ideales. La búsqueda de la realización del proyecto de vida desvenda, pues, un alto valor existencial, capaz de dar sentido a la vida de cada uno. 4. Es por eso que la brusca ruptura de esta búsqueda, por factores ajenos causados por el hombre (como la violencia, la injusticia, la discriminación), que alteran y destruyen de forma injusta y arbitraria el proyecto de vida de una persona, revístese de particular gravedad, – y el Derecho no puede quedarse indiferente a esto. La vida – al menos la que conocemos – es una sola, y tiene un límite temporal, y la destrucción del proyecto de vida acarrea un daño casi siempre verdaderamente irreparable, o una u otra vez difícilmente reparable." (grifo do autor) Cf. ORGANIZAÇÃO DOS ESTADOS AMERICANOS. Corte Interamericana de Derechos Humanos. Caso Gutiérrez Soler Vs. Colombia. Fondo, Reparaciones y Costas. Sentencia de 12 de septiembre de 2005. Serie C n.° 132. Voto razonado del Juez A.A. Cançado Trindade. Disponível em: <http://www.corteidh.or.cr/docs/casos/votos/vsc_cancado_132_esp.doc>. Acesso em: 09 abr. 2010.

[6] "[...] vida de relação: funções que põem o ser vivo em comunicação com o mundo exterior." Cf. DICIONÁRIO PRIBERAM DA LÍNGUA PORTUGUESA. Disponível em: <http://www.priberam.pt>. Acesso em: 07 abr. 2010.

O dano existencial representa, em medida mais ou menos relevante, uma alteração substancial nas relações familiares, sociais, culturais, afetivas, etc. Abrange todo acontecimento que incide, negativamente, sobre o complexo de afazeres da pessoa, sendo suscetível de repercutir-se, de maneira consistente – temporária ou permanentemente – sobre a sua existência.

[...] O dano existencial materializa-se como uma renúncia involuntária ás atividades cotidianas de qualquer gênero, em comprometimento das próprias esferas de desenvolvimento pessoal.

[...] O dano existencial pode atingir setores distintos: a) atividades biológicas de subsistência; b) relações afetivo-familiares; c) relações sociais; d) atividades culturais e religiosas; e) atividades recreativas e outras atividades realizadoras, porque qualquer pessoa tem o direito á serenidade familiar, à salubridade do ambiente, à tranquilidade no desenvolvimento das tarefas profissionais, ou de lazer, etc.

[...] É afetado pelo dano existencial aquele que é injustamente privado de sua liberdade, privação essa que pudesse [*sic*] ter ceifado a possibilidade de convívio familiar, durante alguns meses, tempo esse precioso, principalmente, considerando a eventualidade de um familiar próximo dessa pessoa estar doente, com risco de morte e, ainda, sem ter condições de compartilhar de confraternizações, de ir ao cinema, de participar de atividades religiosas, acadêmicas, etc.

[...] Os sacrifícios, as renúncias, a abnegação, a clausura, o exílio, o prejuízo do cotidiano, uma interação menos rica do lesado com as outras pessoas, coisas e interesses, provisórias ou definitivas, todos esses elementos constituem dano existencial.[7]

Não há projeto de vida sem a vida de relação: as pessoas humanas, como *seres-no-mundo-com-os-outros*[8] ou *seres coexistenciais*[9], precisam interagir umas com as outras, de modo que sejam concebidos, modelados, planejados, materializados, adaptados e readaptados os objetivos, as metas e as atividades que fornecem propósito às suas existências.

Como foi expresso, a coexistencialidade é um dos pressupostos existenciais do "projeto de vida". Embora o projeto seja uma decisão livre, só pode se realizar com a contribuição dos demais seres, no seio da sociedade. O "projeto de vida" se

[7] SOARES, Flaviana Rampazzo. *Responsabilidade civil por dano existencial*. Porto Alegre: Livraria do Advogado, 2009, p. 44, 46, 47.

[8] Expressão existencialista inspirada no pensamento do filósofo alemão Martin Heidegger (1889-1976) e adotada pela jusfilósofa Jeannette Antonios Maman, docente da Faculdade de Direito da Universidade de São Paulo. Cf. MAMAN, Jeannette Antonios. *Fenomenologia existencial do direito*: crítica do pensamento jurídico brasileiro. 2. ed. São Paulo: Quartir Latin, 2003, p. 84.

[9] Locução adotada no singular (*ser coexistencial*) por um dos pioneiros, na filosofia italiana, no estudo do existencialismo, Nicola Abbagnano (1901-1990). Cf. ABBAGNANO, Nicola. *Introdução ao existencialismo*. São Paulo: Martins, 2006, p. 28. (Coleção Dialética)

formula e decide para sua realização em sociedade, em companhia dos "outros". A constituição coexistencial do ser humano torna possível sua realização comunitária. Sem os outros não se poderia projetar.[10]

Tendo havido ou não ataque à integridade física ou psíquica, à esfera do patrimônio material (lucros cessantes ou danos emergentes[11]), à constituição biológica ou estética ou ao bem-estar psicológico da vítima, importa, do ponto de vista do dano existencial, que o ilícito tenha ocasionado ao *sujeito passivo* do dano a abusiva *privação* de componente significativo de seu *projeto de vida* e/ou *vida de relação.*

Salienta Guedes: "O dano existencial pode decorrer de atos ilícitos que não prejudicam a saúde nem o patrimônio da vítima, mas a impedem de continuar a desenvolver uma atividade que lhe dava prazer e realização pessoal."[12]

3. **Possíveis eventos que podem resultar em dano existencial**

Podem resultar em *dano existencial* incidentes cuja repercussão seja de tamanha magnitude a ponto de inviabilizar relacionamentos de cunho familiar, afe-

[10] Trata-se de tradução livre deste ensinamento doutrinário: "Como se ha expresado, la coexistencialidad es uno de los supuestos existenciales del "proyecto de vida". Si bien el proyecto es una decisión libre, sólo se puede realizar com la contribución de los demás seres en el seno de la sociedad. El "proyecto de vida" se formula y decide para su realización en sociedad, en compañía de los "otros". La consistencia coexistencial del ser humano hace posible su realización comunitaria. Sin ló "otros" no se podría proyectar." Cf. FERNÁNDEZ SESSAREGO, Carlos. Deslinde conceptual entre "daño a la persona", "daño al proyecto de vida" y "daño moral", p. 35. Disponível em: <http://www.pucp.edu.pe/dike/bibliotecadeautor_carlos_fernandez_cesareo/articulos/ba_fs_6.PDF>. Acesso em: 06 ago. 2010. Por meio do portal eletrônico *Diké*, a Pontifícia Universidade Católica do Peru homenageou o jusfilósofo peruano Carlos Fernández Sessarego (docente da plurissecular *Universidad Nacional Mayor de San Marcos* – UNMSN e nome de relevo nas pesquisas jurídicas hispano-americanas relacionadas ao *dano ao projeto de vida*), ao franquear aos usuários da Rede Mundial de Computadores trabalhos significativos de sua trajetória intelectual. Cf. PERU. Biblioteca de Autor de DIKE: selección de diez artículos del doctor Carlos Fernández Sessarego. Disponível em: <http://www.pucp.edu.pe/dike/?ba_fs.htm>. Acesso em: 10 abr. 2010.

[11] No campo dos danos *materiais*, os danos *emergentes* aludem "ao efetivo prejuízo experimentado pela vítima, ou seja, 'o que ela perdeu'", ao passo que os *lucros cessantes* dizem respeito "àquilo que a vítima deixou razoavelmente de lucrar por força do dano, ou seja, 'o que ela não ganhou'". Cf. GAGLIANO, Pablo Stolze; PAMPLONA FILHO, Rodolfo. *Novo curso de direito civil*: responsabilidade civil. 7.ª ed. São Paulo: Saraiva, 2009, v. 3, p. 41.

[12] GUEDES, Márcia Novaes. *Terror psicológico no trabalho*. 3.ª ed. São Paulo: LTr, 2008, p. 128.

tivo-sexual ou profissional (*dano à vida de relação*) e/ou fulminar metas e objetivos de importância vital à autorrealização (*dano ao projeto de vida*), resultando no esvaziamento da perspectiva de um presente e futuro minimamente gratificantes.

Possíveis situações caracterizadoras de dano existencial (rol meramente exemplificativo):

(*a*) A perda de um familiar[13] ou o abandono parental[14] em momento crucial do desenvolvimento da personalidade.

(*b*) O assédio sexual.

(*c*) O terror psicológico no ambiente de trabalho[15], no contexto escolar ou na intimidade familiar.

(*d*) A violência urbana ou rural.

(*e*) Atentados promovidos por organizações extremistas e o terrorismo de Estado.

(*i*) Prisões arbitrárias ou fruto de erro judiciário[16].

(*g*) Guerras civis, revoluções, golpes de Estado e conflitos armados multiétnicos e internacionais.

(*h*) Acidentes de trânsito[17] ou de trabalho[18].

[13] Portugal. Supremo Tribunal de Justiça. Acórdão de 3 de Junho de 2004 (Processo n.° 04B3527 – JSTJ000). Relator: Juiz Conselheiro Lucas Coelho. Lisboa, 3 de Junho de 2004. Disponível em: <http://www.dgsi.pt/jstj.nsf/0/22bbafa4ca2fadf080256ec20055bb19?OpenDocument>.

[14] Canezin, Claudete Carvalho. Da reparação do dano existencial ao filho decorrente do abandono paterno-filial. *Revista Brasileira de Direito de Família*, Belo Horizonte, v. 8, n.° 36, jun.-jul. 2006, p. 93-95.

[15] Guedes, Márcia Novaes. *Terror psicológico no trabalho*. 3.ª ed. São Paulo: LTr, 2008, p. 128-130.

[16] Soares, Flaviana Rampazzo. *Responsabilidade civil por dano existencial*. Porto Alegre: Livraria do Advogado, 2009, p. 84, 85.

[17] Ibid., p. 47 e 85. Nesse sentido: Portugal. Tribunal da Relação de Guimarães. Acórdão de 23 de Maio de 2004 (Processo n.° 1152/04-2). Relator: Juiz-Desembargador José M. C. Vieira e Cunha. Guimarães, 23 de Maio de 2004. Disponível em: <http://www.dgsi.pt/jtrg.nsf/c3fb530030ea1c61802568d9005cd5bb/05b2dd012966b8e180256ed7003dea47?OpenDocument>. Acesso em: 05 abr. 2010; Portugal. Tribunal da Relação do Porto. Acórdão de 31 de Março de 2009 (Processo n.° 3138/06.7TBMTS.P1). Relator: Juiz-Desembargador José Manuel Cabrita Vieira e Cunha. Porto, 31 de Março de 2009. Disponível em: <http://www.dgsi.pt/jtrp.nsf/c3fb530030ea1c61802568d9005cd5bb/7d5d7974a6af84cd802575af003ccbfd?OpenDocument>. Acesso em: 05 abr. 2010; Portugal. Tribunal da Relação do Porto. Trecho do item 4 da ementa e do item 4 do Capítulo V da fundamentação do Acórdão de 20 de Abril de 2010 (Processo n.° 5943/06.5TBVFR.P1). Relator: Juiz Desembargador José Manuel Cabrita Vieira e Cunha. Porto, 20 de Abril de 2010. Disponível em: <http://www.dgsi.pt/jtrp.nsf/c3fb530030ea

De acordo com as peculiaridades do caso concreto, tais acontecimentos podem ter o condão de impedir a prática de atos de suma importância para a *autorrealização pessoal* (a exemplo do exercício de um trabalho, uma profissão, um ofício, uma atividade ou uma ocupação, bem como da possibilidade de se estabelecerem ou manterem vínculos afetivos e de se fundar um núcleo familiar) e tornar facetas do cotidiano que, até então, pareciam triviais ou corriqueiras um momento de profunda angústia, tensão, dificuldade e frustração, como ir e vir, dirigir um automóvel, tomar um ônibus, manter relações sexuais com o marido ou a esposa, o companheiro ou a companheira, deixar os filhos no colégio, ler um livro, entabular uma tertúlia despretensiosa com amigos e parentes, andar na rua sem estar em estado de alerta ou entrar em um espaço fechado sem se sentir asfixiado.

4. **Precedentes judiciais emblemáticos**

Colhem-se do Poder Judiciário de Portugal[19] didáticos exemplos[20] do campo de incidência do dano existencial:

(*a*) Supremo Tribunal de Justiça (STJ). Acórdão de 18 de março de 2003 (Relator, Juiz Conselheiro Lucas Coelho). Reconheceu que a morte de genitor, devida a acidente de trânsito, quando a filha mais nova era recém-nascida, proporcionou "um dano existencial de relevo na personalidade moral da criança"[21].

1c61802568d9005cd 5bb/c73f871aa8d85f3880257729003caad3?OpenDocument>. Acesso em: 05 ago. 2010.

[18] Soares, Flaviana Rampazzo. Op. cit., p. 77, 88, 89.

[19] Em Portugal (Estado unitário), conforme a Constituição nacional de 1976 (artigo 210, n.° 4), a segunda instância do Poder Judiciário é exercida, em regra, pelos *Tribunais da Relação* (compostos por *Juízes Desembargadores*), denominação que, no Brasil, ao longo do Império, possuíam os atuais *Tribunais de Justiça* dos Estados-membos (então *Províncias*), período em que o Brasil tem era Estado unitário. Cf. Portugal. Constituição da República Portuguesa. VII Revisão Constitucional (2005). Disponível em: <http://www.parlamento.pt/Legislacao/Paginas/Constituicao-RepublicaPortuguesa.aspx>. Acesso em: 05 abr. 2010.

[20] Na citação de fragmentos de decisões judiciais portuguesas, manteve-se a ortografia do português europeu.

[21] Portugal. Supremo Tribunal de Justiça. Trechos do Item 4 da ementa e item 2 do Capítulo III da fundamentação Acórdão de 3 de Junho de 2004 (Processo n. 04B3527 – JSTJ000). Relator: Juiz-Conselheiro Lucas Coelho. Lisboa, 3 de Junho de 2004. Disponível em: <http://www.dgsi.pt/jstj.nsf/0/22bbafa4ca2fadf080256ec20055bb19?OpenDocument>. Acesso em: 06 abr. 2010.

(*b*) Tribunal da Relação de Guimarães (TRG). Acórdão de 23 de maio de 2004 (Relator, Juiz Desembargador José M. C. Vieira e Cunha). Vislumbrou *dano existencial e psíquico* decorrente de sequelas de acidente de trânsito do qual adveio, para o jovem vitimado (à época estudante de curso politécnico, estudo que não pôde prosseguir depois do acidente viário), a incapacidade laboral permanente estimada em 50% (cinquenta por cento). Sob o prisma do dano existencial e psíquico, o TRG constatou a dificuldade de o autor da ação judicial enfrentar o fato de que, após o sinistro, adquiriu expressiva incapacidade para protagonizar todos os aspectos da sua vida:

> [...] revelando os autos a incapacidade actual de completar qualquer formação e um fortíssimo dano existencial, que torna o Autor fortemente dependente de terceiros, designadamente de familiares próximos [...]
>
> [...] na vertente do dano existencial e psíquico (o dano da vida de relação, com base na dificuldade de "coping" do Autor, na dificuldade em lidar com a sua actual incapacidade, bem como o *id quod plerumque aciddit*: a dificuldade de realização do Autor, portador de grande incapacidade, em todas as vertentes das respectivas relações sociais, para futuro).
>
> [...] os autos patenteiam um sofrimento notório do Autor, acompanhado de um dano existencial e de relação (a incapacidade de exprimir a força vital orientada para a realização do eu e a incapacidade que para o Autor resultou de se tornar protagonista da sua própria existência – cf. M.ª Gloria Campi, in Molinari, op. cit., pg. 390) de que apenas tenuamente poderemos acompanhar as consequências futuras[22].

(*c*) Tribunal da Relação do Porto (TRP). Acórdão de 31 de março de 2009 (Relator, Juiz Desembargador José Maria Cabrita Vieira e Cunha). No tocante aos reflexos de acidente de trânsito sobre a integridade psíquica e existencial de mulher de meia-idade (empregada doméstica acometida de incapacidade geral para o trabalho de 25%), o TRP teceu considerações seguindo a linha de raciocínio esposada no supracitado precedente do TRG (ambos os julgados da relatoria do Juiz Desembargador Vieira e Cunha), ao atinar com os efeitos deletérios do sinistro para a esfera das relações interpessoais e o campo de atividades da vítima:

[22] PORTUGAL. Tribunal da Relação de Guimarães. Trechos do item V da ementa e do Capítulo III da fundamentação do Acórdão de 23 de Maio de 2004 (Processo n.° 1152/04-2). Relator: Juiz-Desembargador José M. C. Vieira e Cunha. Guimarães, 23 de Maio de 2004. Disponível em: <http://www.dgsi.pt/jtrg.nsf/c3fb530030ea1c61802568d9005cd5bb/05b2dd012966b8e180256ed7003dea47?OpenDocument>. Acesso em: 05 abr. 2010.

> [...] na vertente do dano existencial e psíquico (o dano da vida de relação e o dano da dificuldade de "coping", ou seja, da dificuldade em lidar com a sua actual incapacidade, bem como a dificuldade nas relações sociais, a incapacidade para o desempenho da actividade profissional de empregada doméstica que sempre desempenhou; o prejuízo sexual – fixável num grau 3 em 5)[23].

(*d*) Tribunal da Relação do Porto. Acórdão de 20 de abril de 2010 (novamente na qualidade de Relator, o Juiz Desembargador Vieira e Cunha). Consiste em caso judicial que ilustra como o dano existencial (também, *in casu*, decursivo de acidente de trânsito), mais do que afetar o projeto de vida da pessoa humana e seus círculos de relações intersubjetivas, faz com que atos tão intrínsecos à rotina pretérita da vítima se convertam, após a prática do ilícito, em tarefas árduas de executar:

> [...] o dano da vida de relação e o dano da dificuldade de "coping", ou seja, da dificuldade em lidar com a sua actual incapacidade, bem como a dificuldade nas relações sociais, *a incapacidade para o desempenho das actividades diárias, de cultivo ou agrícolas, de carpinteiro, ou outras, de utilidade permanente, e próprias do passadio de vida de qualquer cidadão e de qualquer estrato social, a dificuldade em realizar as tarefas tão simples de vestir, calçar ou tomar banho, em suma, o prejuízo de afirmação pessoal* [...].[24] (grifo nosso)

No âmbito da Corte Interamericana de Direitos Humanos (*Corte IDH*)[25], destaca-se, recorda Nunes[26], o caso *Benavides versus Peru*, julgado em 3 de dezembro de 2001.

23 PORTUGAL. Tribunal da Relação do Porto. Trecho do Capítulo III da fundamentação do Acórdão de 31 de Março de 2009 (Processo n.° 3138/06.7TBMTS.P1). Relator: Juiz Desembargador José Manuel Cabrita Vieira e Cunha. Porto, 31 de Março de 2009. Disponível em: <http://www.dgsi.pt/jtrp.nsf/c3fb530030ea1c61802568d9005cd5bb/7d5d7974a6af84cd802575af003ccbfd?OpenDocument>. Acesso em: 05 abr. 2010.

24 PORTUGAL. Tribunal da Relação do Porto. Trecho do item 4 da ementa e do item 4 do Capítulo V da fundamentação do Acórdão de 20 de Abril de 2010 (Processo n.° 5943/06.5TBVFR.P1). Relator: Juiz Desembargador José Manuel Cabrita Vieira e Cunha. Porto, 20 de Abril de 2010. Disponível em: <http://www.dgsi.pt/jtrp.nsf/c3fb530030ea1c61802568d9005cd5bb/c73f871aa8d85f3880257729003caad3?OpenDocument>. Acesso em: 05 ago. 2010.

25 Instituição autônoma, a Corte Interamericana de Direitos Humanos tem como desiderato "a aplicação e interpretação da Convenção Americana sobre Direitos Humanos" (Pacto de San José da Costa, 1969), consoante prevê o artigo 1.°, 1.ª parte, do seu Estatuto. Cf. ORGANIZAÇÃO DOS ESTADOS AMERICANOS. Estatuto de la Corte Interamericana e Derechos Humanos. Disponível em: <http://www.corteidh.or.cr/estatuto.cfm>. Acesso em: 09 abr. 2010.

26 NUNES, Raquel Portugal. Reparações no sistema interamericano de proteção dos direitos humanos. In: OLIVEIRA, Márcio Luís de Oliveira (Org.). *O sistema interamericano de proteção dos*

No referido *decisum*, a Corte IDH, sob a presidência do Juiz Augusto Antônio Cançado Trindade[27], inferiu "dano ao projeto de vida"[28] de Luis Alberto Cantoral Benavides e, por conseguinte, impôs à República do Peru a concessão à vítima de "uma bolsa de estudos"[29] e o custeio dos "gastos de sua manutenção durante o período de seus estudos"[30].

Tal condenação do Estado peruano se originou de prisão provisória ilegal e arbitrária, realizada no domicílio da vítima pela Polícia Antiterrorista[31] (*Dirección Nacional contra el Terrorismo*) do Peru (que, em verdade, procurava pelo irmão mais velho e, na ausência deste, prendeu aquele)[32].

O encarceramento durou 4 (quatro) anos, durante os quais Benavides sofreu abusos físicos e psicológicos que ocasionaram problemas psiquiátricos perenes e o impeliram a se refugiar no Brasil após sua soltura, prejudicando a dimensão acadêmica do seu *projeto de vida* anterior à prisão (então com vinte anos de idade, cursava graduação em Biologia na Universidade Nacional Maior de São Marcos, instituição universitária sediada em Lima)[33].

Ao motivar sua decisão, salientou a Corte Interamericana:

> É, de outra parte, evidente para esta Corte que os fatos deste caso ocasionaram uma grave alteração do curso que, normalmente, teria seguido a vida de Luis Alberto Cantoral Benavides. Os transtornos que esses fatos lhe impuseram, impediram a realização da vocação, das aspirações e potencialidades da vítima, em particular no que diz respeito à sua formação e ao seu trabalho como profissional. Tudo isso tem representado um sério prejuízo para o seu "projeto de vida".[34]

direitos humanos: interface com o Direito Constitucional Contemporâneo. Belo Horizonte: Del Rey, 2007. Cap. 9, p. 167.

[27] Presidente da Corte IDH no quadriênio 1999-2003, Cançado Trindade, na atualidade, encontra-se no desempenho de mandato (2009-2018) de Juiz da Corte Internacional de Justiça, sediada em Haia, nos Países Baixos.

[28] Ibid., p. 167

[29] Ibid., loc. cit.

[30] Ibid., loc. cit.

[31] FUNDACIÓN ECUMÉNICA PARA EL DESARROLLO Y LA PAZ. Informe resumido de la situación jurídica de Luis Alberto Cantoral Benavides. Disponível em: <http://www.derechos.org/nizkor/peru/fedepaz/cantoral.html>. Acesso em: 09 abr. 2010.

[32] Ibid., loc. cit.

[33] Informações colhidas dos itens 35 e 54 do supracitado aresto. Cf. ORGANIZAÇÃO DOS ESTADOS AMERICANOS. Inter-American Court of Human Rights. Cantoral Benavides Case, Judgment of December 3, 2001, Inter-Am Ct. H.R. (Ser. C) No. 88 (2001). Disponível em: <http://www1.umn.edu/humanrts/iachr/C/88-ing.html>. Acesso em: 09 abr. 2010.

[34] Tradução livre nossa do item 60, Capítulo VIII, do aresto em sede do caso *Benavides versus Peru*: "60. Es, por otra parte, evidente para la Corte, que los hechos de este caso ocasionaron una

Ao compulsar a jurisprudência italiana relativa ao dano existencial, Soares[35] menciona precedente da Corte de Apelação de Gênova, corporificada em sentença de mérito de 7 de fevereiro de 2003, por meio da qual o juízo monocrático de revisão, decorridos cerca de 7 (sete) anos de prisão, absolveu Daniele Barillà da acusação de prática de crime relativo a tráfico de drogas.

Sob a óptica do dano existencial, aquele juízo singular de segundo grau focou os desdobramentos dos anos de prisão sobre a vida social e familiar do acusado:

> A indenização por dano existencial foi concedida, tendo em vista que o ofendido teve um comprometimento negativo em suas condições de vida, em razão da prisão injusta, tendo renunciado "involuntariamente aos próprios hábitos da vida", não pôde constituir uma família, ficou privado do convívio da família e da noiva; não estava junto ao pai quando este faleceu, sofreu preconceito e privações por ser considerado traficante de drogas.[36]

Conclusão

O *dano existencial* constitui espécie de *dano imaterial* que acarreta à vítima, de modo *parcial* ou *total*, a *impossibilidade* de executar, dar prosseguimento ou reconstruir o seu *projeto de vida* (na dimensão familiar, afetivo-sexual, intelectual, artística, científica, desportiva, educacional ou profissional, dentre outras) e a dificuldade de retomar sua *vida de relação* (de âmbito público ou privado, sobretudo na seara da convivência familiar, profissional ou social).

Subdivide-se no *dano ao projeto de vida* e no *dano à vida de relações*. Em outras palavras, o *dano existencial* se alicerça em 2 (dois) eixos: de um lado, na ofensa ao *projeto de vida*, por meio do qual o indivíduo se volta à própria *autorrealização integral*, ao direcionar sua *liberdade de escolha* para proporcionar concretude,

grave alteración del curso que normalmente habría seguido la vida de Luis Alberto Cantoral Benavides. Los trastornos que esos hechos le impusieron, impidieron la realización de la vocación, las aspiraciones y potencialidades de la víctima, en particular, por lo que respecta a su formación y a su trabajo como profesional. Todo esto ha representado un serio menoscabo para su _proyecto de vida' ." Cf. ORGANIZAÇÃO DOS ESTADOS AMERICANOS. Corte Interamericana de Derechos Humanos. Caso Cantoral Benavides Vs. Perú. Sentencia de 3 de diciembre de 2001 (Reparaciones y Costas). Disponível em: <http://www.corteidh.or.cr/docs/casos/articulos/Seriec_88_esp.doc>. Acesso em: 07 ago. 2010.

35 SOARES, Flaviana Rampazzo. *Responsabilidade civil por dano existencial*. Porto Alegre: Livraria do Advogado, 2009, p. 84.

36 Ibid., loc. cit.

no contexto espaço-temporal em que se insere, às metas, objetivos e ideias que dão *sentido* à sua existência; e, de outra banda, no prejuízo à *vida de relação*, a qual diz respeito ao conjunto de *relações interpessoais*, nos mais diversos ambientes e contextos, que permite ao ser humano estabelecer a sua *história vivencial* e se *desenvolver* de forma ampla e saudável, ao comungar com seus pares a experiência humana, compartilhando pensamentos, sentimentos, emoções, hábitos, reflexões, aspirações, atividades e afinidades, e crescendo, por meio do contato contínuo (processo de diálogo e de dialética) em torno da diversidade de ideologias, opiniões, mentalidades, comportamentos, culturas e valores ínsita à humanidade.

Referências bibliográficas

Abbagnano, Nicola – *Introdução ao existencialismo.* São Paulo: Martins, 2006. (Coleção Dialética)

Bebber, Júlio César – Danos extrapatrimoniais (*estético, biológico* e *existencial*) – breves considerações. *Revista LTr*: legislação do trabalho, São Paulo, v. 73, n. 1, p. 26-29, jan. 2009.

Canezin, Claudete Carvalho. Da reparação do dano existencial ao filho decorrente do abandono paterno-filial. *Revista Brasileira de Direito de Família*, Belo Horizonte, v. 8, n.° 36, p. 71-87, jun.-jul. 2006.

Dicionário Priberam da Língua Portuguesa. Disponível em: <http://www.priberam.pt>. Acesso em: 07 abr. 2010.

Fernández Sessarego, Carlos. Deslinde conceptual entre "daño a la persona", "daño al proyecto de vida" y "daño moral". Disponível em: <http://www.pucp.edu.pe/dike/bibliotecadeautor_carlos_fernandez_cesareo/articulos/ba_fs_6.PDF>. Acesso em: 06 ago. 2010.

Franco, Divaldo Pereira – *O despertar do espírito*: obra ditada pelo espírito de Joanna de Ângelis. 5.ª ed. Salvador: LEAL, 2003.

Fundación Ecuménica para el Desarrollo y la Paz. Informe resumido de la situación jurídica de Luis Alberto Cantoral Benavides. Disponível em: <http://www.derechos.org/nizkor/peru/fedepaz/cantoral.html>. Acesso em: 09 abr. 2010.

Gagliano, Pablo Stolze; Pamplona Filho, Rodolfo. *Novo curso de direito civil*: responsabilidade civil. 7.ª ed. São Paulo: Saraiva, 2009, v. 3.

Guedes, Márcia Novaes. *Terror psicológico no trabalho.* 3.ª ed. São Paulo: LTr, 2008.

Maman, Jeannette Antonios – *Fenomenologia existencial do direito*: crítica do pensamento jurídico brasileiro. 2. ed. São Paulo: Quartir Latin, 2003.

Nunes, Raquel Portugal – Reparações no sistema interamericano de proteção dos direitos humanos. In: Oliveira, Márcio Luís de Oliveira (Org.). *O sistema interamericano de proteção dos direitos humanos*: interface com o Direito Constitucional Contemporâneo. Belo Horizonte: Del Rey, 2007. Cap. 9, p. 159-178.

ORGANIZAÇÃO DOS ESTADOS AMERICANOS. Corte Interamericana de Derechos Humanos. Caso Gutiérrez Soler Vs. Colombia. Fondo, Reparaciones y Costas. Sentencia de 12 de septiembre de 2005. Serie C n.° 132. Voto razonado del Juez A.A. Cançado Trindade. Disponível em: <http://www.corteidh.or.cr/docs/casos/votos/vsc_cancado_132_esp.doc>. Acesso em: 09 abr. 2010.

_____. _____. Caso Cantoral Benavides Vs. Perú. Sentencia de 3 de diciembre de 2001 (Reparaciones y Costas). Disponível em: <http://www.corteidh.or.cr/docs/casos/articulos/Seriec_88_esp.doc>. Acesso em: 07 ago. 2010.

_____. Estatuto de la Corte Interamericana e Derechos Humanos. Disponível em: <http://www.corteidh.or.cr/estatuto.cfm>. Acesso em: 09 abr. 2010.

_____. Inter-American Court of Human Rights. Cantoral Benavides Case, Judgment of December 3, 2001, Inter-Am Ct. H.R. (Ser. C) No. 88 (2001). Disponível em: <http://www1.umn.edu/humanrts/iachr/C/88-ing.html>. Acesso em: 09 abr. 2010.

PORTUGAL. Constituição da República Portuguesa. VII Revisão Constitucional (2005). Disponível em: <http://www.parlamento.pt/Legislacao/Paginas/Constituicao-RepublicaPortuguesa.aspx>. Acesso em: 05 abr. 2010.

_____. Supremo Tribunal de Justiça. Acórdão de 3 de Junho de 2004 (Processo n.° 04B3527 – JSTJ000). Relator: Juiz Conselheiro Lucas Coelho. Lisboa, 3 de Junho de 2004. Disponível em: <http://www.dgsi.pt/jstj.nsf/0/22bbafa4ca2fadf080256ec20055bb19?OpenDocument>.

_____. Tribunal da Relação de Guimarães. Acórdão de 23 de Maio de 2004 (Processo n.° 1152/04-2). Relator: Juiz-Desembargador José M. C. Vieira e Cunha. Guimarães, 23 de Maio de 2004. Disponível em: <http://www.dgsi.pt/jtrg.nsf/c3fb530030ea1c61802568d9005cd5bb/05b2dd012966b8e180256ed7003dea47?OpenDocument>. Acesso em: 05 abr. 2010.

_____. Tribunal da Relação do Porto. Acórdão de 28 de Setembro de 2009 (Processo n.° 518/06.1TTOAZ.P1). Relatora: Juíza Desembargadora Albertina Pereira. Porto, 31 de Março de 2009 (votação unânime). Disponível em: <http://www.dgsi.pt/jtrp.nsf/c3fb530030ea1c61802568d9005cd5bb/89f98413823bf7c4802576c600503c48?OpenDocument>. Acesso em: 06 ago. 2010.

_____. _____. Acórdão de 31 de Março de 2009 (Processo n.° 3138/06.7TBMTS.P1). Relator: Juiz Desembargador José Manuel Cabrita Vieira e Cunha. Porto, 31 de Março de 2009. Disponível em: <http://www.dgsi.pt/jtrp.nsf/c3fb530030ea1c61802568d9005cd5bb/7d5d7974a6af84cd802575af003ccbfd?OpenDocument>. Acesso em: 05 abr. 2010.

_____. _____. Acórdão de 20 de Abril de 2010 (Processo n.° 5943/06.5TBVFR.P1). Relator: Juiz Desembargador José Manuel Cabrita Vieira e Cunha. Porto, 20 de Abril de 2010. Disponível em: <http://www.dgsi.pt/jtrp.nsf/c3fb530030ea1c61802568d9005 cd5bb/c73f871aa8d85f3880257729003caad3?OpenDocument>. Acesso em: 05 ago. 2010.

SOARES, Flaviana Rampazzo – *Responsabilidade civil por dano existencial*. Porto Alegre: Livraria do Advogado, 2009.

*Sobre a função de garantia da compensação** **

DR. HUGO RAMOS ALVES

* Os preceitos legais em que não seja indicada a fonte pertencem ao Código Civil Português actualmente em vigor. Abreviaturas mais utilizadas: APD – *Archives de Philosophie du Droit*; AAVV – Autores Vários; BFD – *Boletim da Faculdade de Direito* (Coimbra); BGB – *Bürgerliches Gesetzbuch*; BMJ – Boletim do Ministério da Justiça; CC – Código Civil; CCIt. – *Codice Civile* (Itália); CIRE – Código da Insolvência e da Recuperação de Empresas; CPEREF – Código dos Processos Especiais de Recuperação da Empresa e da Falência; DIGESTO – *Digesto delle Discipline Privatistiche*; ED – *Enciclopedia del Diritto*; GCo – *Giurisprudenza Commerciale*; Nm – Número de margem; NssDI – *Novissimo Digesto Italiano*; RDC – *Rivista di Diritto Civile*; RDCo – *Rivista del Diritto Commerciale – Diritto Generale delle obbligazioni*; ROA – *Revista da Ordem dos Advogados*; RTDC – *Revue Trimestrielle de Droit Civil*; RTDPC – *Rivista Trimestrale di Diritto e Procedura Civile*.

** Agradecimentos académicos ao Senhor Professor Manuel Januário da Costa Gomes por uma atenta e profunda leitura de uma visão preliminar deste escrito, a qual contribuiu decisivamente para o seu enriquecimento, bem como à Dra. Cláudia Madaleno pelas pertinentes pistas de reflexão.

§ 1 – Introdução

1. *A compensação: entre a autotutela e a autonomia*

O mecanismo da compensação permite que duas pessoas, nos casos em que sejam reciprocamente credor e devedor, possam livrar-se da sua obrigação, através da compensação da sua obrigação com a obrigação do seu credor, contanto que se verifiquem determinados requisitos. Ora, tendo em consideração este facto, facilmente podemos verificar que estamos perante um termo polissémico, porquanto o termo compensação pode traduzir: (i) o instituto da compensação, globalmente considerado, (ii) o acto que desencadeia a aplicação deste instituto, e (iii) o efeito extintivo provocado pela compensação[1].

Não obstante termos de lidar com esta polissemia, é certo que podemos afirmar que a factiespécie compensativa desenvolve-se na observância de um princípio condutor unitário, o qual é comum às várias modalidades de compensação. Por outras palavras, o ordenamento jurídico atribui relevo e confere dignidade a uma função económico-social que se exprime através da síntese dos efeitos substanciais que definem este instituto[2]. Efectivamente, podemos ter como ponto de partida o facto de a compensação ter ínsita uma actuação da autotutela privada, dado que a compensação legal, ao atribuir ao devedor-credor a possibilidade de obviar a realização da prestação através da extinção da obrigação por mera declaração, configura uma autotutela unilateral executiva enquanto a compensação voluntária ou convencional representa uma autotutela consensual, dado que a satisfação do credor funda-se no consenso preventivo do outro sujeito da relação jurídica[3].

Debruçando-nos um pouco mais espaçadamente sobre o papel da compensação, julgamos ser lícito afirmar que a compensação prescinde de um juízo de valor, dado que permite que o credor resolva uma situação de forma praticamente automática, não carecendo de ficar investido nas vestes de demandante. Destarte, o credor coloca-se ao abrigo da insolvência do devedor e, simultaneamente, evita fluxos de pagamentos, dado que a compensação consuma-se em abstracto, nas esferas respectivas dos intervenientes[4]. Aliás, é precisamente o facto de a compensação evitar pagamentos que permite igualmente

[1] MENEZES CORDEIRO, *Da compensação no Direito Civil e no Direito Bancário*, 2003, 9.

[2] Similarmente, PERLINGIERI, *Modi di estinzione delle obbligazioni diversi dall'adempimento*, 1975, 267.

[3] PETRONE, *La compensazione tra autotutela e autonomia*, 1997, 12.

[4] Seguimos, no essencial, a síntese de MENEZES CORDEIRO, *Da compensação*, cit., 11.

colocar em realce o facto de se evitar a circulação de moeda e, assim, agilizar o tráfego jurídico[5].

Com efeito, e numa primeira aproximação, podemos assentar na circunstância de a compensação apenas ser possível contanto que, de um prisma objectivo, o objecto dos créditos em questão tenha uma grandeza homogénea e, de um prisma estritamente subjectivo, a circunstância de se prescindir do valor económico dos créditos, dado que o mecanismo compensatório apenas tem em linha de consideração os montantes nominais dos créditos compensandos[6]. O que equivale a dizer que, passe a expressão, a compensação é uma expressão da supremacia da lei económica do menor esforço[7], porquanto, na sua essência, visa evitar uma dupla transferência de fundos, sendo que permite, igualmente que a parte que efectiva a compensação se coloque ao abrigo de um eventual risco de insolvência da contraparte[8].

Mais concretamente, a compensação de créditos encontra a sua razão de ser em considerações de puro bom senso, suscitando apenas problemas de técnica jurídica no tocante ao modo pelo qual será executada, *rectius*, ao modo pelo qual actuará[9].

2. *Sequência*

Mau grado tratar-se de uma figura susceptível de gerar grandes interrogações do ponto de vista teórico-dogmático, não curaremos de efectuar um tratamento exaustivo da mesma. Destarte, limitar-nos-emos a procurar indagar da possibilidade de a compensação funcionar como meio de garantia do cumprimento das obrigações.

Para o efeito, e de molde a procurarmos lograr atingir o nosso intento, teceremos algumas considerações sobre a garantia geral das obrigações, mais propriamente a sua ligação com a figura da garantia especial, para, de seguida, prosseguirmos o nosso estudo procurando delimitar a compensação e o penhor de créditos, porquanto é comum, na *praxis* bancária, lidarmos com cláusulas

[5] Similarmente, COSENTINO PATTI, *La compensazione nei suoi aspetti giuridici*, 1983, 5.

[6] GIULIANO, *La compensazione – con particolare riguardo alle procedure concorsuali*, 1955, 5-6.

[7] CUTURI, *Trattato delle compensazioni nel Diritto Privato Italiano*, 1909, 109.

[8] MENDEGRIS, *La nature juridique de la compensation*, 1969, 11. Acrescenta o autor que a compensação confere um privilégio *de facto* (*"véritable privilège de fait"*), afastando o credor-compensante do concurso de credores em relação ao seu devedor.

[9] REDENTI, *La compensazione dei debiti nei nuovi codici*, in RTDPC I (1947), 10-45 (10).

ligando-os. Finalmente, centraremos a nossa atenção na figura da compensação convencional e, nessa sede, procurarmos aferir da função de garantia da compensação, sendo que, para o efeito, não deixaremos de realçar o modo pelo qual a compensação coabita com o penhor, *maxime,* o penhor de créditos e o penhor financeiro[10].

§ 2 – **A garantia especial das obrigações**

1. *A polissemia do conceito "garantia"*

Atendendo ao facto de o presente estudo ter por objecto a (eventual) função de garantia perseguida pela compensação, afigura-se-nos essencial procurar delimitar, com maior precisão, o conceito de garantia.

Antes do mais, convém referir, desde já, que o conceito "garantia" é uma elaboração relativamente recente, uma vez que é o produto das reflexões da moderna doutrina civilística. Com efeito, o termo garantia foi sendo progressivamente autonomizado, tendo por base figuras como a fiança ou o penhor.

[10] Atento o escopo do presente escrito, não curaremos de analisar o mecanismo garantístico ínsito no penhor irregular, figura que, entre nós, terá de ser considerado em sede de atipicidade contratual, dado que, no essencial, lidamos com o concurso do contrato de depósito irregular, que permite operar a passagem dos bens empenhados para a propriedade do credor pignoratício, motivo pelo qual não estamos perante a típica função de custódia que este contrato persegue, dado que tal função é transcendida pela garantia visada pelas partes.
O penhor irregular é um contrato restituitório que, à imagem do depósito irregular, implica a obrigação de restituição do *tantundem eiusdem generis* por parte do credor pignoratício. De um ponto de vista meramente descritivo, o penhor irregular funciona nos seguintes termos: um sujeito entrega ao a um credor uma determinada quantidade de dinheiro, bens ou títulos não individualizados, sendo atribuída a faculdade de o *accipiens* poder dispor deles, prevendo-se que, em caso de adimplemento da obrigação garantida, o credor deverá restituir ao devedor o *tantundem eiusdem generis*. Por outro lado, nos casos de inadimplemento do devedor, o credor apenas deverá restituir o *tantundem* que exceda o valor das coisas recebidas aquando da constituição da garantia. Trata-se, pois, de uma figura que apresenta a particularidade de o credor se apropriar da quantia objecto do penhor no próprio momento em que é constituído, ou, em termos mais latos, do qual virá a ser empossado. Deste modo, o credor assume, de um lado, a obrigação condicional de restituir a soma empenhada se for pago, enquanto, do outro lado, a falta de pagamento ditará que tal soma seja imputada ao crédito a que terá direito em sede de indemnização, considerando-se já ter sido pago com o montante que se apropriou. Sobre o penhor irregular, numa primeira aproximação, cf., TOMMASO CLAPS, *Del cosi detto pegno irregolare* in Archivio LVII (1896), 454-516, WERNER MEYER, *Das irreguläre Pfandrecht*, 1931, DALMARTELLO, *Pegno Irregolare* in NssDI, tomo XII, 1966, 798-807, CRUZ MORENO, *La prenda irregular*, 1995.

Na verdade, "garantia" remonta ao alemão antigo *"waren"* ou *"waeren"*, onde *"warentare"* era sinónimo de defender e, simultaneamente, era utilizado para indicar a obrigação de garantia do autor (*"Warens"*) no contrato de compra e venda[11].

Com efeito, a origem histórica da figura da garantia está estreitamente ligada ao desenvolvimento da *obbligatio*, que terá surgido como uma espécie de forma de garantia pessoal por facto de terceiro, como as arcaicas *praedes* e *vades*, garantes do comportamento de terceiros, designadamente em relações negociais e processuais, antes que se verificasse a confusão nessa pessoa da posição de garante, responsável pela prestação em falta, e do de devedor, obrigado a segui-la[12].

Fechando este brevíssimo parêntese de teor histórico, é mister salientar que o termo "garantia" é polissémico, abrangendo quer (i) o acto que visa assegurar ou tornar seguro, por parte do Estado ou de outra entidade supra estatal, situações jurídicas subjectivas, (ii) a exigência de tornar segura uma determinada situação jurídica através de instrumentos e de institutos jurídicos diversos, quer (iii) como sinónimo de obrigação contraída, de seguro ou compromisso, de molde a que um facto particular existe ou não existe, vindo a constituir um elemento essencial do contrato, pelo que, dito de outro modo, trata-se da assunção de um risco e da consequente garantia de pagamento em caso de verificação do mesmo, quer como, finalmente, (iv) a destinação de um bem ou de um património, o qual será sujeito à execução por parte do credor em caso de incumprimento da obrigação assumida[13]. Trata-se, pois, de procurar ir delimitando/reduzindo o campo de aplicação do conceito "garantia", de molde a podermos fazer uso de um conceito operacional e dotado de sentido útil. Por ora, bastamo-nos com o simples facto de a garantia das obrigações procurar garantir um cumprimento, protegendo o interesse do credor através de uma prestação que, apesar de não eliminar eventuais perturbações, minimiza os seus riscos[14]. O que equivale a dizer que a garantia é um reforço qualitativo

[11] MICHELE FRAGALI, *Garanzia*, in ED, tomo XVIII, 446-466 (447, 2.ª coluna). Conforme salienta o autor, foi a partir do uso típico para garantia da evicção que o termo garantia passou a significar, em termos latos, as mais diversas obrigações destinadas a assegurar o cumprimento das obrigações ou o gozo dos direitos.

[12] MICHELE FRAGALI, *Garanzia*, cit., 446, 2.ª coluna.

[13] TUCCI, *Garanzia* in DIGESTO – Sezione Civile, tomo VIII, 1992, 579-596 (581-582, 1.ª coluna).

[14] Não curaremos aqui da garantia em sentido técnico propugnada por FRAGALI, *Garanzia*, cit., 449-451.

ou quantitativo, tratando-se, pois, de um aumento, de um *plus* em relação à relação credor-devedor[15].

2. *A garantia especial das obrigações*

Seguindo Paulo Cunha, o cerne da garantia das obrigações reside no facto de serem facultados os meios necessários para que o credor possa ir buscar os valores patrimoniais necessários para o pagamento se efectivar[16]. Assim, e atendendo ao preceituado pelo artigo 817.° CC, não sendo a obrigação voluntariamente cumprida, o credor tem o direito de exigir judicialmente o seu cumprimento e de executar o património do devedor, o que permite concluir que o património do devedor responde pelo cumprimento da obrigação[17].

Na verdade, é comum a afirmação de que o património do devedor constitui a garantia geral, ou comum, dos credores. Esta afirmação radica no artigo

[15] JANUÁRIO DA COSTA GOMES, *Assunção fidejussória de dívida – Sobre o sentido e âmbito da vinculação como fiador*, 2000, 19.

[16] *Da Garantia nas Obrigações* – (pelo aluno EUDORO PAMPLONA CORTE-REAL), Lisboa, 1938-1939 I, cit., 18.

[17] Conforme refere JANUÁRIO DA COSTA GOMES, *Assunção fidejussória de dívida*, cit., 14-15, o artigo 601.°, ao estabelecer que os bens do devedor susceptíveis de penhora respondem pelo cumprimento da obrigação, está em perfeita consonância com o artigo 817.°, dado que está simultaneamente a dizer que o património do devedor é garantia dos credores e a expressar que os bens que integram esse património respondem pelo cumprimento da obrigação, pelo que, a partir desse momento, será algo ocioso discutir se a responsabilidade patrimonial é uma garantia ou faz parte dela. Em qualquer caso, saliente-se a posição negativista de FRAGALI, *Garanzia*, cit., 452, 2.ª coluna, para quem os bens do credor são apenas os meios que o ordenamento jurídico coloca à disposição do credor para a acção executiva, sendo que, adicionalmente, é a força do vínculo obrigacional que põe à disposição do credor o bens do seu devedor, de modo a que a obrigação não tenha algo de potestativo *ex parte debitoris* e o devedor não possa subtrair-se ao cumprimento a seu bel-prazer, de modo a que a realização do interesse do credor não fique à mercê do devedor. Da nossa parte, seguindo a lição de PAULO CUNHA, *Da garantia nas obrigações*, I, cit., 22 e LUÍS MENEZES LEITÃO, *Garantias das Obrigações,* 2.ª ed., 2008, 59-60, somos do entendimento que a integração da responsabilidade patrimonial nas garantias das obrigações é justificada, uma vez que a faculdade atribuída pela lei ao credor de executar o património do devedor representa uma forma de assegurar ao credor a realização do seu direito. Não muito longe deste entendimento andará MENEZES CORDEIRO, *Direito das Obrigações,* Vol. II, 1980, 417, quando refere que a garantia geral é a situação jurídica em que o credor e o devedor se encontram envolvidos por força das regras relativas à responsabilidade patrimonial.

601.° CC[18-19], donde resulta que, em princípio, respondem pela dívida todos os bens penhoráveis existentes no património do devedor, sendo que, nesta sede, haverá que atentar no facto de, ao tempo em que a obrigação se constitui, o património não compreender bens futuros, nem estes responderem pelas dívidas, motivo pelo qual não é necessário recorrer a qualquer ficção que considere que os bens futuros já se encontram no património sob tal forma. Bastará, tão-somente, considerar que o que em cada momento responde pelas dívidas é o património do devedor tal como se encontrar aquando da agressão, *id est* quando for chamado a cumprir obrigações[20].

Como consequência desta garantia geral, temos o artigo 604.°, n.° 1 CC a prever que, não havendo causas legítimas de preferência[21], os credores têm o direito de ser pagos proporcionalmente pelo preço dos bens do devedor

[18] *Summo rigore*, cabe notar que a garantia geral ou comum das obrigações torna-se efectiva mediante execução (artigo 817.° CC), sendo que apenas as obrigações naturais (cf. artigo 404.° CC) são insusceptíveis de execução judicial.

[19] Salienta Januário da Costa Gomes, *Assunção Fidejussória de dívida*, cit., 15, a garantia geral não é enquadrável no conceito alemão de *Sicherung* ou *Sicherheiten*. Com efeito, estas caracterizam-se pela concorrência de três características: por um lado temos a execução como acontecimento que se produz para que a garantia a torne mais provável (o objecto da garantia). Em segundo lugar temos a medida pela qual se produz a perspectiva sobre o acontecimento que se desejou reforçar (o meio da garantia). Finalmente, em terceiro lugar, temos a menção pela qual é obtido o reforço das perspectivas sobre as quais se processa o reforço desejado, i.e, a existência de um nexo de ligação entre os meios das garantias e o objecto destas. Neste sentido, Becker-Eberhard, *Die Forderungsgebundenheit der Sicherungsrechte*, 1993, 4. Em qualquer caso, nota Weber, *Kreditsicherungsrecht*, 8.ª ed., 2006, 8, que não estamos perante um termo com um conceito jurídico de significado inequívoco, tratando-se, outrossim, de uma construção do discurso jurídico que se refere às formas pelas quais se atinge o fim de reforçar, *rectius*, de garantir o cumprimento.

[20] Paulo Cunha, *Do Património – Estudo de Direito Privado*, Vol. I, 1934, 379.

[21] Cumpre salientar desde já que esta causa legítima de preferência ou preferência na satisfação do crédito a que faremos referência ao longo do texto não pode confundir-se com o direito de preferência. Como é consabido, o direito de preferência atribui ao respectivo titular prioridade ou primazia na celebração de determinado negócio jurídico, contanto que manifeste vontade de o realizar nas mesmas condições que foram acordadas entre o sujeito vinculado à preferência e um terceiro. Com efeito, apesar de no âmbito dos direitos reais de garantia podermos topar com situações de direitos reais conflituantes, há que concluir que a prioridade conferida ao titular da garantia mais antiga não se traduz num direito autónomo de preferência, mas tão-somente, numa característica do direito real de garantia. Neste sentido Henrique Mesquita, *Obrigações reais e ónus reais* (3.ª reimpressão), 2003, 189-191 (nota 110). Sobre o direito de preferência, entre nós e numa primeira aproximação, cf. Lacerda Barata, *Da Obrigação de preferência – Contributo para o estudo do artigo 416.° do Código Civil*, (reimp.) 2002 e Cardoso Guedes, *A natureza jurídica do direito de preferência*, 1999.

quando o património deste não consiga satisfazer integralmente as dívidas. Temos, assim, que a garantia geral pode ser reconduzida ao facto de existir responsabilidade patrimonial[22]. Este princípio da paridade de credores explica que, não raras vezes, o credor, com o objectivo de obter uma vantagem, *rectius*, uma causa de preferência, defronte dos restantes credores que lhe permita ser tratado *ex lege* diferentemente dos simples credores quirografários e em igualdade apenas com credores colocados na mesma situação jurídica, procure obter garantias especiais de crédito, mormente garantias reais[23].

A partir desta garantia geral, *rectius*, como complemento da garantia geral, podemos verificar, desde logo, que é assaz comum associar à noção de garantia aqueloutra de responsabilidade[24]. Com efeito, torna-se assaz difícil, conforme acabámos de verificar, definir "garantia", porquanto esta compreende realidades diversas, motivo pelo qual é bastante frequente proceder à sua funcionalização, salientando que se destina a assegurar o cumprimento de uma obrigação ou o gozo de um direito[25]. Aliás, atendendo a esta formulação genérica, foi ensaiada uma definição de uma noção técnica de garantia, a qual seria um elemento ulterior em relação a este conjunto genérico de poderes e de sujeições determinadas dos bens. Envolveria, por conseguinte, que estivéssemos perante instrumentos susceptíveis de satisfazer o interesse do credor, designadamente através do reforço da expectativa de realização do crédito, adicionando elementos ulteriores em relação àqueles a que o ordenamento associa *ex lege* perante uma simples relação obrigacional[26].

22 Salienta certeiramente ROPPO, *Responsabilità patrimoniale* in ED, tomo XXXIX, 1988, 1041-1053 (1044, 1.ª coluna), que a ligação entre ambos os termos é racionalizada pela doutrina que identifica na responsabilidade patrimonial o momento da destinação dos bens do devedor à satisfação do interesse do credor, funcionado a garantia patrimonial como a fase potencial de tal destinação, a qual se concretiza na possibilidade de assumir a iniciativa de acrescer o património do devedor ou a conservar os bens do devedor afectos a tal destinação.

23 Similarmente, CALVÃO DA SILVA, *Mandato de Crédito e Carta de Conforto* in AAVV, *Estudos em Homenagem ao Professor Doutor Inocêncio Galvão Telles*, Vol. II, 2002, 245-264 (244-245).

24 Note-se que o vocábulo responsabilidade, tendo aparecido no fim do século XVIII, apenas foi transposto do vocabulário da moral para o vocabulário jurídico no século XIX. Ademais, como é consabido, trata-se de um vocábulo polissémico. A propósito da sua origem e dos seus vários significados, cf. GENEVIÈVE VINEY, *La Responsabilité* in APD 35 (1990), 275-291.

25 FRAGALI, *Garanzia*, cit., 449, 1.ª coluna. STEFINI, *La cessione del credito com causa di garanzia*, 2007, 3-4.

26 FRAGALI, *Garanzia*, cit., 455, 1.ª coluna, CIPRIANI, *Patto Commissorio e Patto Marciano. Proporzionalitá e Legitimità delle garanzie*, 2000, 105-106. Não muito distante deste entendimento, STEFINI, *La cessione del credito com causa di garanzia*, cit., 4.

Assim, paralelamente a esta garantia geral, podem ser constituídas garantias especiais que tenham como objecto bens específicos do património do devedor ou bens de terceiro, destinando-se a assegurar, de modo particular, a satisfação dos direitos do credor[27]. Destarte, a garantia especial das obrigações actua como um reforço da massa patrimonial responsável com providências que dizem respeito a obrigações determinadas, aumentando, quanto a estas obrigações, os bens responsáveis pelo cumprimento das obrigações a cargo do devedor[28]. Estas garantias podem ser garantias pessoais ou garantias reais, consoante haja, respectivamente, um reforço quantitativo ou um reforço qualitativo das obrigações a garantir[29].

[27] Salienta TUCCI, *Garanzia*, cit., 591, 1.ª coluna, que todas as codificações recondutíveis ao modelo francês consideram princípios fundamentais, em sede de concurso de credores, a tipicidade das causas de preferência na satisfação do crédito, as quais constituem normas de ordem pública e, por conseguinte, inderrogáveis. Tal justifica-se pelo facto de se procurar subtrair os credores dos efeitos negativos das garantias ocultas, bem como salvaguardar a sua confiança legítima relativamente à consistência patrimonial do devedor. Aliás, por este motivo, o princípio *par conditio creditorum* surge como limite à autonomia privada do devedor no âmbito da atribuição de preferência na satisfação do crédito a favor de um ou vários dos seus credores.

[28] PAULO CUNHA, *Da Garantia nas Obrigações*, II, cit., 3, LUÍS MENEZES LEITÃO, *Garantias das Obrigações*, 2.ª ed., cit., 95. Nesta sede, aliás, julgamos ser assaz avisada a opinião de MISURALE, *Profili evolutivi della disciplina del pegno*, 2004, 48, quando afirma que a garantia tem como campo de eleição o risco de incumprimento, *maxime* de insolvência do devedor já que, aquando da sua constituição, não se faz qualquer tipo de previsão relativa ao incumprimento do devedor, mas sim, pelo contrário, procura salvaguardar-se a eventualidade de este se verificar. Pronunciando-se à luz do Direito alemão, WEBER, *Kreditsicherungsrecht*, 8.ªed., 11-12, salienta que ambas as garantias distinguem-se, *inter alia*, pelo modo que dita o seu surgimento: enquanto as garantias pessoais nascem através de contrato, as garantias reais implicam a existência de dois negócios jurídicos distintos. Efectivamente, de um lado estaríamos perante um negócio obrigacional entre o credor e o dador da garantia (*"Sicherungsvertrag"*, *"Sicherstellungsvertrag"* ou *"Sicherungsabrede"*) e, de outro lado, teríamos um negócio real (*"dinglicher Vertrag"*) entre o dador da garantia e o credor, através do qual o direito de garantia sobre uma coisa específica nasce. No que às garantias reais diz respeito, cumpre ter em consideração que esta dualidade é o resultado da circunstância de o ordenamento jurídico alemão ser um ordenamento favorável aos negócios abstractos.

[29] Note-se, porém, que o reforço da garantia pode ser feito de vários modos, não se limitando, apenas, a esta destrinça entre garantias reais e garantias pessoais das obrigações. De acordo, com GORLA, *Le Garanzie Reali dell'Obbligazione – Parte Generale*, 1935, 7, tal reforço pode ser efectuado através (i) da multiplicação de sujeitos passivos, criando ao lado do devedor outros devedores (fiança), (ii) do estabelecimento de uma obrigação de ressarcimento do dano (cláusula penal), (iii) da criação de meios tendentes a assegurar o reforço da acção executiva, fazendo com que esta incida sobre um bem determinado. Seria este, assim, o centro gravitacional da garantia real das obrigações, uma vez que, de acordo com o autor, IDEM, *Ibidem*, cit., 8, estas seriam meios colocados à disposição dos privados para reforçar a sanção executiva, o que seria levado a cabo

A garantia pessoal é um reforço da garantia geral das obrigações que torna responsável, perante o devedor, outra pessoa através da adjunção de um novo património pelo qual o credor pode satisfazer o seu crédito. Ou seja, a característica essencial da garantia pessoal radica no facto de responderem pela obrigação dois ou mais patrimónios, sendo que tais patrimónios pertencem a pessoas diferentes, sem que, quanto à obrigação assegurada, essas pessoas sejam todas reais devedoras, dado que se os vários patrimónios pertencerem à mesma pessoa, já não nos encontramos perante um caso de garantia especial pessoal[30].

A garantia real, por seu turno, encontra o seu centro gravitacional na vinculação ou afectação de bens quer do próprio devedor, quer de terceiro ao pagamento preferencial de certas dívidas[31]. Obviamente, esta afectação coloca problemas de tutela de terceiros, dado que estes podem ignorar a existência da garantia, pelo que, por via de regra, é frequente procurar assegurar alguma publicidade a propósito da sua constituição. Assim, essa publicidade pode fazer-se de várias formas, como seja o caso da publicidade registral, conforme sucede nos casos da hipoteca ou da consignação de rendimentos, ou a atribuição da posse sobre a coisa ao credor, *maxime* nos casos do penhor de coisas e do direito de retenção[32].

Ensaiando fazer um brevíssimo sumário, diremos que a garantia especial releva funcionalmente com o escopo de agilizar a satisfação do interesse de obter novos bens e/ou utilidades e, assim, na prática, ver o acréscimo da consistência da esfera patrimonial do credor[33]. Aliás, será a necessidade ditada pela prática de procurar assegurar o interesse do credor que explicará, também, o proliferar de novas formas de garantia que coexistem com aqueloutras clássicas, cujos esquemas de actuação estão vertidos nas normas plasmadas na Lei.

através de meios pelos quais um determinado bem ficasse vinculado à acção executiva, dependente de um certo crédito, de modo a que nenhum acto, nem do devedor nem do terceiro, nem o concurso com outros credores possam prejudicar o sucesso da acção executiva sobre esse bem.

30 Paulo Cunha, *Da Garantia nas Obrigações*, II, cit., 13. Note-se que o autor, Idem, *ibidem*, cit., 14, observava que a garantia pessoal é uma reprodução da garantia geral, uma vez que consiste no processo de se declarar que uma pessoa é responsável, a seguir reconhecer que o credor tem poder sobre os bens e, finalmente, a garantia consistir em toda a esfera patrimonial da pessoa em questão.

31 Paulo Cunha, *Da Garantia nas Obrigações*, II, cit., 112-113.

32 De qualquer modo, cumpre salientar que algumas garantias não gozam de qualquer publicidade, como sucede nos privilégios creditórios, na reserva de propriedade sobre bens não registáveis e na alienação fiduciária em garantia desses bens.

33 Similarmente, Grisi, *Il deposito in funzione di garanzia*, 1999, 3.

Fechando este brevíssimo parêntese, refira-se que, no âmbito das garantias reais[34] das obrigações, é comum avultar a primazia da hipoteca[35]. Tal deve-se, *inter alia*, ao facto de parte do próprio regime do penhor de coisas ser moldado, *rectius* construído por remissão para as regras relativas à hipoteca[36]. Todavia, se compararmos o processo de constituição de penhor com o de constituição de hipoteca, facilmente se depreendem as vantagens do primeiro. Com efeito, trata-se de uma garantia com um processo de constituição mais expedito, menos oneroso e, ao nível da execução, com a possibilidade de execução extrajudicial, nos casos em que tal tenha sido expressamente convencionado pelas partes[37]. Acresce ainda que, não raras vezes, são celebrados contratos bancários nos quais lidamos com o cruzamento do penhor com a compensação, mormente no caso de penhor de créditos, motivo pelo qual julgamos ser justificado procurar indagar sobre a (eventual) função de garantia perseguida pela compensação.

§ 3 – **A compensação**

1. ***Terminologia***

Afigura-se conveniente salientar desde já que não se pode confundir a compensação com a figura da dedução, a qual consiste em abater ao montante de um crédito, para o reduzir à sua justa expressão numérica, a importância de certos factores, dado que, nestas circunstâncias, não existem dois créditos recí-

[34] Salientando o aspecto económico das garantias reais, referia LORDI, *Pegno Commerciale* in NDI, tomo XVII, 1939, 640-677 (642, 2.ª coluna) existirem três tipos de garantias reais: (i) os negócios directos de garantia (penhor e hipoteca), que se caracterizam pelo facto de se transmitir para o credor um direito real de garantia, (ii) os negócios de alienação com resgate facultativo, nos quais o vendedor tem a faculdade de recuperar o que alienou e (iii) o reporte, no qual o vendedor deve recomprar o que vendeu, sendo que, nos casos em que o reporte é utilizado com escopo de garantia, funciona como um penhor irregular, no qual o devedor perdeu a propriedade da coisa dada em garantia, estando obrigado a pagar o débito, sendo que lhe é creditado o valor da coisa empenhada.

[35] A este propósito, ANTUNES VARELA, *Constituição de hipotecas a favor de bancos prediais – Parecer* in CJ, 1991, Tomo III, 46-59 (50), considera estarmos perante a rainha das garantias das obrigações.

[36] Reportamo-nos ao artigo 678.° que estabelece que são aplicáveis ao penhor de coisas, com as necessárias adaptações, os artigos 692.°, 694.° a 699.°, 701.° e 702.°. Trata-se dos mesmos artigos para os quais o artigo 665.°, a propósito da consignação de rendimentos, remete.

[37] Similarmente, TIAGO SOARES DA FONSECA, *O penhor de acções*, 2.ª ed., 2007, 16-17.

procos que se extingam mutuamente, mas tão-somente um crédito cujo montante tem de ser diminuído de certas dívidas[38].

Trata-se, aliás, de uma definição que sói ser adoptada espaço jurídico alemão, onde é comum operar-se a distinção entre a *Aufrechnung* e a *Anrechnung*, a qual por vezes é designada por compensação imprópria, dado que nesta figura estamos perante, aquando do acerto do crédito – *scilicet,* a sua determinação final – um crédito independente que será deduzido para determinar o valor final do crédito "compensado"[39].

O que equivale a dizer que na *Anrechnung* lidamos com a necessidade de tomar em consideração um único crédito, aquando da fixação final do valor de outro, motivo pelo qual esta figura encontra tradução, em sede de responsabilidade civil na *compensatio lucro cum damno*, dado que o autor do facto ilícito não é credor da vítima desse facto, pelo que apenas se reduz o crédito da indemnização, em virtude do lucro conseguido com o facto ilícito, de molde a ser determinado o montante exacto do prejuízo sofrido[40]. Ou seja, a *Anrechnung* mais não é do que uma pura operação de contabilidade (*"reine Rechnenoperation"*) relativamente aos valores envolvidos[41].

2. *Os requisitos da compensação legal*

Não sendo esta a sede adequada para nos alongarmos sobre os requisitos da compensação[42], limitar-nos-emos, por comodidade de exposição, a elencar, sumariamente, os requisitos da compensação legal[43].

De acordo com o disposto no artigo 847.°, é mister que os créditos compensandos sejam recíprocos, sendo que, da aplicação conjugada com o artigo

[38] Assim, p. ex., ANTUNES VARELA, *Das Obrigações em Geral*, vol. II, 1997, 199 e ISABEL FIGUEIREDO, *A compensação como garantia de cumprimento das obrigações* in *O Direito* 139 (2007), 380-437 (387).

[39] Assim, p. ex., SCHLÜTTER, *Anotação ao § 387 BGB* in Münchener, 4.ª ed., 2003, Nm. 50.

[40] LARENZ, *Lehrbuch des Schuldrechts*, Vol. I, 14.ª ed., 1987, 255-256, ANTUNES VARELA, *Das Obrigações em Geral*, Vol. II, cit., 199.

[41] Similarmente, GERNHÜBER, *Die Erfüllung und ihre Surrogate sowie das Erlöschen der Schuldverhältnisse aus anderen Gründen*, 1983, 208.

[42] Para uma primeira aproximação, cf., Vaz Serra, *Compensação* in BMJ 31 (1951), 13-209, ANTUNES VARELA, *Das Obrigações em Geral*, Vol. II, cit., 195 ss., ALMEIDA COSTA, *Direito das Obrigações*, 10.ª ed., 2006, 1099 ss., MENEZES CORDEIRO, *Da compensação no Direito Civil e no Direito Bancário*, cit.

[43] Também não curaremos da compensação judiciária, *id est,* a extinção de créditos recíprocos mediante uma decisão constitutiva dos tribunais.

851.°, (i) a compensação apenas pode abranger dívidas do declarante e (ii) o devedor apenas pode livrar-se da obrigação utilizando créditos seus e não de terceiro.

Ademais, é mister que o crédito compensando, aquando da declaração de compensação, seja exigível judicialmente e não esteja sujeito a nenhuma excepção, peremptória ou dilatória, de origem material. Dito de outro modo, o crédito activo terá de estar vencido, sendo que, no tocante ao crédito passivo, a compensação será possível quando este puder ser cumprido[44]. O que implica que não possa ocorrer a compensação de um crédito natural nem a compensação de um crédito sujeito a condição ou termo, enquanto a condição não se verificar ou o prazo não se vencer[45].

Acresce ainda que as obrigações a compensar terão de ser fungíveis[46], o que representa um corolário manifesto do princípio de que o credor não pode ser forçado a receber coisa diferente da que lhe seja devida, ainda que de valor equivalente ou mesmo superior. Indo um pouco mais além, somos tentados a afirmar que o legislador não terá ignorado o facto de a fungibilidade assentar

[44] MENEZES CORDEIRO, *Da compensação no Direito Civil e no Direito Bancário*, cit., 113.

[45] Assim, p. ex., PAULA PONCES CAMANHO, *Do Contrato de Depósito Bancário* (reimp.), 2005, 218-219, ANTUNES VARELA, *Das Obrigações em Geral*, cit., vol. II, 204-205. Salienta MENEZES CORDEIRO, *Da compensação no Direito Civil e no Direito Bancário*, cit., 113, que uma obrigação natural pode extinguir-se por compensação com uma obrigação civil, sendo que, ademais, admite a compensação de um crédito natural com outro crédito natural, embora neste caso alerte para a necessidade de ter de se defender uma interpretação restritiva do artigo 847, número 1, alínea *a*).

[46] A expressão coisas fungíveis ("*res fungibiles*") tem origens romanas, tendo sido introduzida no século XVI por ZASIUS, a propósito de um texto de PAULO relativo ao contrato de *mutui datio*. Assim MENEZES CORDEIRO, *Tratado de Direito Civil Português*, I *Parte Geral*, Tomo II, 151 e RAÚL VENTURA, *O Contrato de compra e venda no Código Civil* in ROA 43 (1983), 587-643 (599). O CC decidiu definir no artigo 207.° as coisas fungíveis afirmando que *"São coisas fungíveis as que se determinam pelo seu género, qualidade e quantidade, quando constituam objecto de relações jurídicas"*. Trata-se de uma definição que tem vindo a ser criticada pela doutrina, especialmente no que diz respeito à referência ao seu último segmento. Assim, tem sido considerado que a formulação é infeliz, sendo que procura significar que não coisas fungíveis por natureza, dependendo tal categoria de cada negócio que tenha sido celebrado pelas partes. Assim, p. ex., RAÚL VENTURA, *O Contrato de compra e venda no Código Civil*, cit., 599-600, MENEZES CORDEIRO, *Tratado de Direito Civil Português*, I *Parte Geral*, Tomo II, 153 e HÖRSTER, *A Parte Geral do Código Civil Português*, cit., 186. Já OLIVEIRA ASCENSÃO, *Teoria Geral do Direito Civil*, Vol. I, cit., 366 salienta que estamos perante uma formulação incompreensível, salientando que as coisas são o que são, independentemente de serem ou não objecto de relações jurídicas, motivo pelo qual entende que o preceito é incapaz de abarcar a infungibilidade convencional, dado que é a autonomia privada que permite obter esse fim, não havendo, nessas situações, qualificação de coisas.

na consideração social que se faz das coisas em termos físicos, já que não existem duas coisas corpóreas absolutamente iguais, motivo pelo qual, nesta linha de raciocínio, existirá fungibilidade quando para os sujeitos seja indiferente deter uma ou outra coisa da mesma espécie[47]. À guisa de conclusão, as dívidas terão de ser homogéneas, *id est*, terão de ser equivalente de um ponto de vista económico-social, motivo pelo qual se pode concluir que estamos perante obrigações fungíveis e, como tal, substituíveis.

Neste particular, o dinheiro avulta como exemplo paradigmático de fungibilidade, já que, com o desenvolvimento da economia, passou a ser entendido como valor, *rectius*, como denominador comum de valores, pelo que se atende não às espécies singulares – como as notas ou as moedas – mas também à sua quantidade[48]. Dito de outro modo, a obrigação pecuniária acaba por ser concebida como um débito de quantia monetária, centrando-se o nosso interesse não tanto na coisa em si, mas no seu valor considerado em abstracto[49].

Finalmente, o crédito compensando terá de existir e ser válido. Dito de outro modo, as dívidas terão de ser líquidas, ou seja, terão de estar determinadas, tendo igualmente de estar fixada a sua quantia, *id est* o montante máximo que poderá ser objecto de compensação.

3. *A compensação convencional*

É assaz comum no tráfego comercial encontrarmos convenções destinadas a permitir a compensação de créditos. Com efeito, trata-se, aliás, de contratos de grande importância prática, porquanto tanto são utilizados em câmaras de compensação (as *clearing houses*) como em situações comerciais normais, como é o caso de contratos de conta-corrente[50].

[47] Lacerda Barata, *Ensaio sobre a natureza jurídica do Contrato de Depósito Bancário*, (polic) 1993, 174. Acrescenta ainda Biondi, *Cosa fungibile e non fungibile*, cit., 1020 (2.ª coluna), que a fungibilidade caracteriza-se pela identidade/equivalência das coisas, motivo pelo qual considera que é vedado à autonomia privada considerar como fungíveis as coisas que, de um ponto de vista meramente social, não o são. Já Gete-Alonso y Calera, *Función y estructura del tipo contratual*, 1979, 360, considera que o conceito de fungibilidade é um conceito estritamente jurídico que assenta, na maioria dos casos, num critério essencialmente económico.

[48] José Tavares, *Os princípios fundamentais do Direito Civil*, vol. I, 1922, 363.

[49] Lacerda Barata, *Ensaio sobre a natureza jurídica do Contrato de Depósito Bancário*, cit., 177.

[50] Similarmente, Schlütter, *Anotação ao § 387,* Nm. 52.

De um ponto de vista meramente descritivo, tais convenções podem ser caracterizadas da seguinte forma: um credor, geralmente um Banco, concede crédito a um seu cliente, convencionando a possibilidade de compensar o crédito garantido com os saldos ou depósitos que o cliente tiver junto do referido Banco, sendo frequente que tal convenção permita a compensação de créditos mesmo que não estejam vencidos ou ainda não sejam exigíveis os créditos do cliente perante o Banco[51].

Estamos, assim, perante uma situação em que o Banco invoca eficazmente a compensação a partir da simples coexistência dos créditos, levando a que sua eficácia retroaja ao momento da celebração, i.e., ao momento em que tenha sido celebrada tal convenção, sendo que, no que diz respeito às garantias, a prioridade dependerá da data da sua constituição. Adicionalmente, é frequente convencionar-se a desnecessidade de os créditos compensandos não terem de reunir os requisitos plasmados pelo legislador no artigo 847.°, ou seja, desde que (i) estejamos perante créditos exigíveis judicialmente e desde que (ii) as obrigações em questão tenham por objecto coisas fungíveis da mesma espécie e qualidade[52].

Trata-se do fenómeno da compensação convencional, figura que não encontrou acolhimento expresso no CC, mas que tem sido admitida tendo por base o princípio da liberdade contratual[53]. Com efeito, *a priori*, nada obsta a que tal suceda, já que o princípio da liberdade contratual vertido no artigo 405.° dá cobertura a estas actuações que procuram dispensar alguns dos requisitos da compensação legal. Assim, poderá, p. ex., prescindir-se de benefícios de

[51] A este propósito afigura-se pertinente chamar a atenção para o facto de, *summo rigore*, não podermos confundir a compensação convencional com a compensação facultativa, uma modalidade em que uma das partes renúncia a opor qualquer obstáculo à extinção do crédito. Neste sentido CUTURI, *Trattato delle compensazioni nel Diritto Privato Italiano*, cit., 41. Já MENDEGRIS, *La nature juridique de la compensation*, cit., 159, identifica a compensação facultativa como uma modalidade de compensação em que é conferida a apenas uma das partes a faculdade de extinguir dívidas. Trata-se, aliás, de uma distinção conhecida entre nós e patente em GUILHERME MOREIRA, *Instituições do Direito Civil*, Vol. II – *Das Obrigações*, 1911, 275, onde o autor se refere à compensação voluntária, que, no essencial, equivale à compensação convencional, e à compensação facultativa.

[52] Para uma análise destes requisitos, por todos, cf., MENEZES CORDEIRO, *Da compensação no Direito Civil e no Direito Bancário*, cit., 105-120.

[53] LARENZ, *Lehrbuch des Schuldrechts*, cit., 265, HUBERT KADUK, *Anotação prévia ao § 387 BGB*, Nm. 59, in STAUDINGER, 12.ª ed.; ISABEL FIGUEIREDO, *A compensação como garantia de cumprimento das obrigações*, cit., 417. A este propósito, é lapidar GERNHÜBER, *Die Erfüllung un ihre Surrogate*, cit., 297, afirmando *"Die Zulässigkeit von Aufrechnungverträgen ist zu keiner Zeit bezweifelt worden."*

prazos ou de outras prerrogativas, bem como admitir a compensação de créditos que não sejam homogéneos, podendo mesmo ser dispensada a própria declaração de compensação, de modo a que esta opere automaticamente ou em função de quaisquer factores a que se apele[54]. Em qualquer caso, e pese embora a guarida oferecida pela liberdade da autonomia privada, é mister não olvidar que, em abstracto, a admissibilidade da compensação convencional terá de ter como limites a própria licitude da convenção e, sobretudo, a particular função do negócio que as partes pretendem derrogar[55].

Como é facilmente perceptível, a compensação convencional[56] é útil para o credor compensante já que, pelo seu exercício, faz uso de uma "preferência" ou prioridade" no pagamento, que deriva da simples coexistência de créditos cruzados, sendo que tal coexistência, por via de regra, não é causal, mas tão-somente querida pelas partes[57], pelo que há que procurar balizar quais os limi-

[54] Menezes Cordeiro, *Da compensação no Direito Civil e no Direito Bancário*, cit., 150-151.

[55] Cosentino Patti, *La compensazione nei suoi aspetti giuridici*, 1983, 37.

[56] Esta modalidade de convenção é expressamente prevista pelo artigo 1252 do CCIt, onde podemos ler:

"Per volontà delle parti puo aver luogo compensazione anche se non ricorrono le condizione previste dagli articoli precedenti.
Le parti possono anche stabilire preventivamente le condizioni de tale compensazione"

A este propósito, salienta Dalbosco, *La compensazione convenzionale* in RDC 1996, 179 que estamos perante uma qualificação ambígua e incompleta, dado que qualquer forma de compensação asssenta numa conduta voluntária [a declaração de compensação], motivo pelo qual propõe a adopção do binónimo compensação por acto negocial unilateral (abarcando quer a compensação legal quer a compensação judicial) e compensação por acto negocial bilateral, a qual abarcará a compensação convencional.

[57] Garcia Vicente, *La prenda de créditos*, 2006, 228. Não obstante, cumpre salientar igualmente que a compensação convencional permite que sejam compensados créditos que não poderiam ser objecto deste modo extintivo de obrigações. Com efeito, a compensação convencional permite, por via de regra, que as partes possam celebrar um acordo através do qual sejam removidos os obstáculos que impediam a compensabilidade de créditos já existentes. A propósito desta modalidade de compensação, salienta Redenti, *La compensazione dei debiti neo nuovi codici*, cit., 36 que não estamos perante uma dupla *datio in solutum*, mas tão-so perante um negócio constitutivo que faz cessar as razões que levariam à exigência do pagamento dos dois créditos, *id est*, do binómio débito-crédito, sendo que a extinção dos créditos, caso não existam cláusulas em sentido contrário no acordo gizado pelas partes, terá efeito *ex nunc*. Decorre, pois, do exposto que Redenti considera que os efeitos da compensação convencional nesta hipótese estão directamente relacionados com a declaração de vontade das partes, através da modulação e/ou alteração das relações pré-existentes entre ambas, sendo que, por via de regra, tal modificação poderá configurar um acto de renúncia ou, em alternativa, uma liquidação convencional de um *quantum* que, por qualquer motivo, ainda é incerto.

tes ou requisitos para que esta possa ser oposta eficazmente perante os restantes credores[58].

Antes do mais, saliente-se que na compensação convencional estamos perante um acordo que não está vocacionado directamente para tornar possível a efectivação da compensação legal, mas, outrossim, está vocacionado para prever a extinção imediata de créditos recíprocos, já que é, por via de regra, um contrato mediante o qual as partes regulam uma remissão (*scilicet*, extinção) de créditos recíproca[59], dado que a compensação, na sua essência, tem eficácia liberatória. Assim, em abstracto, a compensação convencional permite que as partes, uma vez verificada a existência de dois débitos contrapostos, os quais não têm os requisitos exigidos pela lei para efectuar a declaração de compensação, (i) logrem compensar os créditos em função do acordo obtido e (ii) estabeleçam as qualidades que os débitos devem ter para que a compensação possa vir a operar[60]. Estamos, pois, perante uma situação em que a compensação ocorrerá por mero efeito da vontade das partes, sendo que, nesta sede, é configurável, em teoria, a possibilidade de serem previstas situações de compensação meramente facultativa, a qual ficará a depender da vontade da parte que dela pode lançar mão. Independentemente de esta modalidade ser ou não recondutível a uma modalidade de compensação legal, é certo que encontra a sua justificação no poder dispositivo reconhecido às partes, ou seja, a faculdade que cada uma das partes de um negócio tem de renunciar a fazer valer uma situação que obstaria à compensação, como é o caso, p. ex., em que os créditos compensandos não são totalmente exigíveis[61-62].

58 VAZ SERRA, *Penhor* in BMJ 59 (Outubro de 1956), 13-269 (210), entende que a compensação apenas pode ser declarada nos casos em que os requisitos dela existissem já antes de ao terceiro ser notificada, dado que após esse momento o empenhador não pode exigir o crédito em virtude de já se encontrar vinculado à garantia do crédito pignoratício

59 SCHLESINGER, *Compensazione (Diritto Civile)* in NssDI, tomo III, 1954, 722-731 (730, 1.ª coluna).

60 DE LORENZI, *Compensazione* in DIGESTO – Sezione Civile, tomo III, 65-77 (77, 2.ª coluna). A autora salienta que no primeiro caso a extinção dos créditos efectua-se *ex nunc*, enquanto na segunda hipótese tal sucederá no momento em que se verifique a coexistência dos débitos recíprocos.

61 Considera SCHLESINGER, *Compensazione (Diritto Civile)*, cit., 730 (1.ª e 2.ª colunas) que esta modalidade de compensação não deve ser autonomizada, dado que não se provoca uma extinção automática do crédito, sendo apenas criada a situação com base na qual, com um acto voluntário sucessivo de oposição à excepção, ocorrerá a extinção dos créditos. No mesmo sentido, DE LORENZI, *Compensazione*, cit., 77 (2.ª coluna) defendendo que a compensação facultativa é uma compensação legal com uma modalidade de actuação específica. Já COSENTINO PATTI, *La compensazione nei suoi aspetti giuridici*, cit., 43, salienta que a compensação facultativa apenas tem lugar

Em qualquer caso, frise-se desde já que é requisito essencial à compensação convencional a existência de créditos recíprocos[63], já que este é o único requisito capaz de justificar a concreta ligação das partes na operação negocial, uma vez que este requisito não só dita a concreta ligação das dívidas compensandas como, também, dita a ligação das partes, permitindo aferir da causa (*hoc sensu*, motivo) do contrato celebrado. Isto porque, caso não exista reciprocidade dos créditos, resultará impossível o efeito compensatório, porquanto ambos os créditos permanecem incólumes, em virtude de o objecto de satisfação visado pela regulamento compensatório permanecer inalterado.

4. *Segue; a estrutura do regulamento compensatório convencional*

À partida, o princípio da autonomia privada encontra a sua maior expressão no poder conferido aos privados de estabelecerem, a título preventivo, as condições da compensação, desenvolvendo, deste modo, uma actividade meramente regulamentar e normativa[64]. Ora, no que à compensação diz respeito, é de crer que, por via de regra, a autonomia privada incidirá sobre a compensação de duas formas distintas: (i) modificando o regulamento legal ou voluntário vigente para a extinção das obrigações, deixando, assim, à fonte precedente a qualificação do efeito, sendo a situação o facto ao qual a norma liga o efeito extintivo compensativo, e (ii) incidindo directamente não sobre o regulamento compensativo, mas, outrossim, realizando de forma directa a extinção por compensação[65].

Atento o silêncio do legislador perante esta particular modalidade de compensação, é assaz comum construir o seu regime tendo por referência o regime da compensação legal. Ou, se se preferir, o regime legal está limitado a uma eventual aplicação analógica, dado que convém não olvidar que a compensa-

quando estão reunidos os requisitos da compensação convencional, salientando que a possibilidade de obviar à eficácia da compensação é uma mero poder atribuído a uma das partes, não sendo, por conseguinte, um caso em que os requisitos legais não estão reunidos.

62 Saliente-se que temos em mente, apenas, os casos em que são reduzidos os requisitos legais para operar a compensação. *A priori*, afigura-se igualmente possível que as partes convencionem um agravamento dos mesmos.

63 PERLINGIERI, *Regolamento compensativo volontario e compensazione volontaria*, in *Scritti in onore di Salvatore Pugliatti*, vol. I. tomo II, 1729-1750 (1729-1730). Em sentido contrário, GERNHÜBER, *Die Erfüllung un ihre Surrogate*, cit., 299, defendendo que quem pode cumprir obrigações alheias pode igualmente estipular a compensação convencional de créditos alheios.

64 REDENTI, *La compensazione dei debiti nei nuovi codici*, cit., 38.

65 PERLINGIERI, *Regolamento compensativo volontario e compensazione volontaria*, cit., 1736-1737.

ção convencional, passe a expressão, enfraquece/molda o regime vigente, dificultando uma eventual aplicação analógica, dado que o intuito perseguido pelas partes aponta nesse sentido, motivo pelo qual, *a priori*, a analogia apenas operará caso estejamos perante normas destinadas a proteger terceiros e será vedada nos casos em que a norma em questão apenas tenha em consideração o interesse de uma das partes[66].

Assim, numa primeira aproximação, afigura-se conveniente procurar delimitar o campo operativo de ambas as figuras, salientando que na compensação legal existe o poder de determinar unilateralmente a extinção da relação obrigacional mediante a declaração de compensação, contanto que esta seja efectuada de acordo com o estipulado pelo CC, enquanto a compensação convencional coincidirá com a possibilidade de derrogar as condições vertidas no regime legal, o que permitiria a produção do efeito compensatório (*scilicet*, a eficácia liberatória do negócio), mesmo nos casos em que não estejam verificados os requisitos legais[67].

Destarte, facilmente se compreende que assume relevância central o *pactum de compensando*, o qual terá de ser erigido a elemento essencial desta modalidade de compensação, porquanto tende a realizar a extinção das posições recíprocas por via da compensação, mesmo que tal seja logrado (i) através da derrogação dos requisitos legais de compensação ou (ii) através da fixação prévia das condições em que o efeito compensatório poderá operar. Tudo se resume, pois, a que o *pactum de compensando* seja uma expressão directa da auto-regulação de interesses das partes[68].

Em qualquer caso, na eventualidade de o concreto quadro negocial das partes se revelar deficiente, *rectius*, lacunar, regerá o mecanismo da compensação legal, mas, também, a proibição do pacto comissório[69].

[66] Neste sentido, GERNHÜBER, *Die Erfüllung und ihre Surrogate*, cit. 298.

[67] Similarmente, PETRONE, *La compensazione tra autotutela e autonomia*, cit., 115-116.

[68] PETRONE, *La compensazione tra autotutela e autonomia*, cit., 120-121. Não se afastará em muito deste entendimento MENEZES CORDEIRO, *Da compensação no Direito Civil e no Direito Bancário*, cit., 151, uma vez que afirma que existe compensação desde que se extingam créditos recíprocos.

[69] Sobre o pacto comissório, numa primeira aproximação, cf., p. ex., ISABEL ANDRADE DE MATOS, *O pacto comissório – contributo para o estudo do âmbito da sua proibição*, cit., CATARINA PIRES CORDEIRO, *Do pacto comissório (ao pacto marciano): entre a eficiência e a Justiça comutativa nas relações creditícias*, 2004, JÚLIO GOMES, *Sobre o âmbito da proibição do pacto comissório, o pacto autónomo e o pacto marciano – Ac. do STJ de 30.1.2003, Rec. 3896/02*, in CDP 8 (Outubro/Dezembro 2004), 57-72, JANUÁRIO GOMES, *Assunção Fidejussória de dívida*, cit., 90 ss., BIANCA, *Patto Commissorio* in NssDI, tomo XII, 1966, 712-721, LUMINOSO, *Alla ricerca degli arcani confini del patto commissorio* in RDC XXXVI (1990), 219-242, DI PAOLO, *Patto Commissorio* in DIGESTO – Sezione Civile, tomo XIII, 1993, 309-314.

Como é consabido, o pacto comissório é, conforme decorre das suas raízes romanistas, uma convenção mediante a qual ocorre a perda ou a extinção da propriedade de uma coisa do devedor a favor do respectivo credor. Sendo assim, facilmente se percebe que o legislador pretenda vedar comportamentos abusivos e/ou fraudulentos do credor, pelo que sanciona a nulidade do pacto comissório[70]. Com efeito, a proibição do pacto comissório, por um lado, assenta numa razão de teor ético-moral que visa evitar o destroçamento do devedor que, o mais das vezes, pode ser uma vítima da sua necessidade de solvência económica, acreditando na possibilidade de resgatar o objecto da garantia em momento futuro.

Não sendo esta a sede para nos debruçarmos sobre a natureza da proibição do pacto comissório, sempre diremos que o fundamento de tal proibição é plúrimo e complexo[71], relevando a um tempo o propósito de proteger o devedor da (hipotética) extorsão do credor, bem como a necessidade a que corresponde um interesse geral do tráfego, mormente o interesse de não serem falseadas as regras que ditam a conduta dos agentes, através da atribuição injustificada de privilégios a alguns credores em detrimento dos demais[72].

[70] Na expressão lapidar de JURGEN DAMRAU, *Anotação ao §1229 BGB*, Nm. 2 in *Münchener*, 4.ª ed.Vol.VI *Sachenrecht §§ 854-1296*, 2004, para efeitos de proibição do pacto comissório (*"Verfallvereinbarung"*) é indiferente estarmos perante uma transmissão de propriedade condicionada ou uma obrigação de transmitir a propriedade que se vença automaticamente.

[71] JANUÁRIO GOMES, *Assunção Fidejussória de dívida*, cit., 94. Um exemplo desta fundamentação plúrima da proibição do pacto comissório é-nos dada por LUMINOSO, *Alla ricerca degli arcani confini del patto commissorio* in RDC XXXVI (1990), 219-242, (234), para quem a essência do pacto comissório radica em três aspectos distintos. De um lado, a proibição mão abrange as situações em que se assegure ao devedor a faculdade de recuperar a parte do bem concedido em garantia que devesse exceder o montante do crédito garantido. Ademais, a proibição do pacto comissório repousa na insídia a que o devedor está exposto, já que pode ser induzido a vincular um bem para assegurar a satisfação do credor, sendo que será alentado por uma fórmula que não evita a perda definitiva do mesmo e, por conseguinte, permite alimentar a esperança de conseguir cumprir a obrigação garantida antes do termo acordado pelas partes. Finalmente, a proibição do pacto comissório pressupõe igualmente que o alienante revista a qualidade de devedor do alienatário e que as partes recorram à alienação para garantir uma elação obrigacional distinta, não parecendo ser suficiente nem a simples necessidade de dinheiro por parte do alienante, nem a desproporcionalidade ente o valor do bem alienado e o preço, nem mesmo a finalidade genérica creditícia e garantia perseguida pelas partes.

[72] Similarmente, CATARINA PIRES CORDEIRO, *Do pacto comissório (ao pacto marciano): entre a eficiência e a Justiça comutativa nas relações creditícias*, 2004, 35-36. Para uma apreciação crítica dos fundamentos da proibição do pacto comissório veja-se, entre nós, IDEM, *Ibidem*, cit., 24-42 e ANDRADE DE MATOS, *O pacto comissório*, cit., 56-75.

Ora, precisamente por este motivo, deve entender-se que a proibição do pacto comissório é a manifestação de um princípio geral, o qual veda a sujeição convencional do devedor a um poder de autotutela e de auto-satisfação do credor[73]. Caso assim não se entenda, nas situações em que não haja uma total equivalência dos valores dos créditos compensandos, apenas será possível, *a priori*, o recurso à figura do negócio usurário. O que equivale a dizer que apenas admitimos a compensação convencional nas situações em que haja uma total equivalência entre os valores dos créditos compensandos, sob pena de, em caso contrário, estarmos a abrir a porta a eventuais comportamentos fraudulentos e/ou destinados a aproveitar uma situação de inferioridade de uma das partes envolvidas, situação que a proibição de pacto comissório visa obviar.

5. *Segue; o* pactum *de compensando*[74]

Através do acordo compensativo, as partes, por via de regra, programam a extinção imediata de obrigações recíprocas, mesmo que tais obrigações ainda não existam ou, pelo contrário, mesmo que não estejam verificados os requisitos da compensação. Destarte, a causa do negócio não radicará na extinção das posições debitórias, mas, outrossim, na operatividade do mecanismo extintivo através da previsão de condições de compensabilidade distintas daqueloutras previstas pelo legislador[75].

Adicionalmente, o *pactum de compensando* que tenha por objecto a fixação das condições em que poderão ser compensados créditos em momentos futuros perseguirá uma actividade regulamentar/normativa destinada a regular a extinção, por compensação, de relações obrigacionais futuras ou, pura e

73 Betti, *Su gli oneri e i limiti dell'autonomia privata in tema di garanzia e modificazione di obbligazioni* in RDCo XXIX (1939), Parte Seconda, 689-715 (699).

74 Saliente-se que, por comodidade, utilizaremos a expressão *pacto de compensando* relativamente a todo e qualquer acordo de compensação. Note-se que, *summo rigore*, apenas se poderá falar de *pactum de compensando* nos casos em que lidemos com a regulação da compensação de créditos futuros. Neste sentido, p. ex., Hubert Kaduk, *Anotação prévia ao § 387 BGB*, Nm. 77, in Staudinger, cit.

75 Petrone, *La compensazione tra autotela e autonomia*, cit., 134. Saliente-se que não abordaremos a hipótese de compensação comummente designada como "compensação cumulativa" pela doutrina italiana, a qual permite que haja lugar à compensação não entre dois sujeitos distintos, respectivamente credor e devedor, mas sim entre vários sujeitos, como sucede, ademais, nas câmaras de compensação. Para uma primeira aproximação, cf. Cosentino Patti, *La compensazione nei suoi aspetti giuridici*, cit., 38-39.

simplesmente, a modificar um concreto regulamento pré-existente entre as partes[76].

Conforme pudemos verificar no número anterior, a compensação convencional opera (i) através da derrogação dos requisitos legais de compensação ou (ii) através da fixação prévia das condições em que o efeito compensatório poderá operar. Cumpre, nesta sede, tecer algumas considerações adicionais.

No tocante à primeira situação, é de crer que o *pactum de compensando* terá por efeito a extinção imediata dos débitos aquando da verificação do facto contratualmente acordado[77], dado que nestas situações a compensação convencional terá na sua origem um acordo concluído num momento em que o binómio crédito-débito já existe, pese embora ambos não sejam legalmente compensáveis entre si, cabendo ao *pactum de compensando* a tarefa de remover os obstáculos que impedem a compensação de créditos[78]. Assim, haverá ainda que concluir que a compensação não terá, em princípio, efeitos *ex tunc*, mas sim *ex nunc*, porquanto o negócio tem como efeito a cessação da exigência de pagamento dos débitos através da sua "anulação" por força da compensação.

Em qualquer caso, cumpre salientar que não podem ser derrogados requisitos injuntivos, como é o caso, designadamente, da proibição de compensação de créditos impenhoráveis, plasmado no artigo 853.°, número 1, alínea *b*). Na verdade, é mister ter em mente que, por via de regra, estes créditos visam garantir a subsistência do credor e da respectiva família. Ora, se não podem os próprios tribunais extinguir estes direitos, também não poderão as partes fazê-lo através do regulamento compensativo[79].

Já na segunda situação, o efeito extintivo perseguido pela compensação convencional não será recondutível à factiespécie contratual, sendo, assim, um efeito natural e automático que encontra a sua justificação, *rectius*, a sua razão de ser no *pactum de compensando*[80]. Isto porque as partes, com a celebração do contrato, adquirem um direito a compensar, o qual apenas poderá ser exercido a partir do momento em que estejam verificados os requisitos contratualmente previstos[81].

[76] PETRONE, *La compensazione tra autotuttela e autonomia,* cit., 135. Já GERNHÜBER, *Die Erfüllung un ihre Surrogate,* cit., 300, defende, como princípio geral, que aquilo que pode ser objecto de antecipação/previsão pelas partes, pode igualmente ser objecto de estipulação compensatória prévia.

[77] GIULIANO, *La compensazione con particular riguardo alle procedure concursuali,* 87.

[78] REDENTI, *La compensazione dei debiti neo nuovi codici,* cit., 36.

[79] Neste sentido, ANTUNES VARELA, *Direito das Obrigações,* Vol. II, cit., 228, nota de pé-de-página 1.

[80] SCHLESINGER, *Compensazione,* cit., 730 (1.ª coluna), PETRONE, *La compensazione tra autotutela e autonomia,* cit., 164.

[81] GIULIANO, *La compensazione con particular riguardo alle procedure concursuali,* cit., 88.

Com efeito, enquanto no primeiro dos casos estamos defronte uma compensação em sentido próprio, no segundo lidamos com uma situação em que as partes operam a modificação das condições legalmente previstas para o exercício da declaração de compensação, prevendo situações de futuras compensações relativamente a obrigações que ainda não existem aquando da celebração do contrato ou que, pura e simplesmente, ainda não foram assumidas pelas partes[82]. Adicionalmente, há que concluir que também nesta situação a compensação terá efeito *ex tunc* a partir do momento em que os créditos possam ser compensáveis[83]. Aliás, seguindo a distinção terminológica comummente adoptada no espaço jurídico italiano, podemos dizer que a compensação convencional apenas se refere aos casos em que se regula a compensação de créditos já existentes, sendo que, no caso de créditos futuros, estaremos perante um regulamento normativo destinado a tornar possíveis futuras compensações[84].

Em qualquer, podemos concluir que mesmo nos casos em que as partes se limitam a fixar as situações em que poderá operar a compensação, *maxime*, no caso em que regula a compensabilidade de créditos futuros, o negócio persegue ainda uma função compensativa, dado que o intuito das partes é regular o modo pelo qual os créditos poderão ser extintos[85]. Efectivamente, a compensação convencional será ainda um contrato extintivo na medida em que as eventuais derrogações ao regime legal previstas pelas partes destinam-se a legitimar o exercício do direito potestativo de compensar[86].

[82] PERLINGIERI, *Regolamento compensativo volontario e compensazione volontaria*, cit., 1741.

[83] Em sentido contrário, se bem que de forma genérica, GUILHERME MOREIRA, *Instituições do Direito Civil*, Vol. II – *Das Obrigações*, cit., 276, salientando que a compensação voluntária extingue, tal como a legal, dois créditos total ou parcialmente. Todavia, uma vez que a fonte desta compensação radica na vontade das partes e não na Lei, não poderá ter efeito retroactivo.

[84] Assim, p. ex., COSENTINO PATTI, *La compensazione nei suoi aspetti giuridici*, cit., 40.

85 Note-se, não obstante, que o *pactum de compensando* deverá conhecer limites, dado que a sua admissibilidade sem mais pode vir a lesar terceiros. Precisamente por este motivo, o artigo 99.°, número 4 do Código da Insolvência e da Recuperação de Empresas prevê que a compensação não é admissível se (i) a dívida à massa se tiver constituído após a data da declaração de insolvência, designadamente em consequência da resolução de actos em benefício da massa insolvente; e se (ii) o credor da insolvência tiver adquirido o seu crédito de outrem, após a data da declaração de insolvência. Trata-se, pois, de uma forma de acautelar eventuais fraudes das partes. Com efeito, conforme referia MENDEGRIS, *La nature juridique de la compensation*, cit., 163, nada obstaria a que as partes celebrassem, com intuito de prejudicar terceiros, acordos compensatórios, motivo pelo qual defendia que a compensação convencional deveria ter como limites (i) a protecção de direitos adquiridos e (ii) a protecção de terceiros em caso de fraude.

[86] PERLINGIERI, *Modi di estinzione delle obbligazioni diversi dall'adempimento*, cit., 338, PETRONE, *La compensazione tra autotutela e autonomia*, 122.

§ 4 – O cruzamento da compensação com o penhor

1. *O penhor de créditos*

A constituição em garantia de um crédito desempenha uma função em tudo análoga à do penhor de coisas, dado que o credor pignoratício adquire um poder directo e imediato sobre o direito de crédito, destinado a permitir a actuação da preferência e, posteriormente à do crédito, a satisfação sobre o objecto do mesmo em termos em tudo análogos ao penhor de coisas. O que equivale a dizer que o CC prevê um modelo de garantia mobiliária convencional unitário, aplicável independentemente do objecto. Mais importante, o facto de o penhor de créditos conferir uma preferência na satisfação do crédito dificilmente permite explicar a figura fora da realidade[87]. Com efeito, o penhor de créditos é dotado de eficácia real, dado que é conferida ao credor pignoratício a faculdade de opor a terceiros o seu direito de penhor, mesmo nos casos em que tenha ocorrido a transmissão do crédito[88].

Ora, sucede que, a par desta particular afectação do crédito à satisfação do interesse do credor pignoratício, é de crer ser possível proceder à extinção do crédito empenhado através de declaração de compensação, motivo pelo qual julgamos ser conveniente determo-nos um pouco neste ponto particular.

Uma vez constituído o penhor de créditos, o credor pignoratício não fica titular de qualquer crédito, encontrando-se antes legitimado, em casos circunscritos, a agir sobre o crédito empenhado. Por este motivo, e devido ao facto de o objecto da prestação ser representado por créditos, nada obstará a que o credor pignoratício declare a compensação do crédito de que seja titular contra o empenhador nos casos em que estejam verificados os requisitos legais da compensação[89].

Em qualquer caso, cumpre ter em consideração o facto de, em alguns casos, a convenção de compensação poder reduzir-se a uma cláusula de vencimento antecipado futuro de um ou ambos os créditos correspectivos, pelo que, nestes casos, a compensação apenas terá eficácia contra terceiros a partir do momento

[87] Marino y Borregó, *La prenda de derechos* in AAVV, *Homenaje a Don Antonio Hernandez Gil*, 2001, 2022-2047 (2029). O autor acrescenta ainda, com razão, que a teoria que vê no penhor uma sucessão apenas tem como mérito permitir mostrar o fenómeno através do qual se produz o direito.

[88] Riedel/Wiegand, *Anotação prévia ao § 1273 BGB*, Nm. 6 in *Staundinger*, 12.ª ed., 1981, vol. III – *Sachenrecht – §§ 854-1296.*

[89] Similarmente, Di Pace, *Il pegno dei crediti*, 1939, 182-184.

em que, por efeito do vencimento da obrigação, se tenha produzido uma situação em tudo recíproca ao vencimento e exigibilidade de ambos os créditos[90]. Efectivamente, no caso de compensações que ocorram no futuro, estas apenas terão eficácia *ex tunc*, i.e., no momento em que o binómio débito-crédito com as características contratualmente previstas venha a existir[91].

Ora, sucede que pode ser acordado um efeito geral e antecipado de compensação, independentemente do momento em que se produza a situação futura de compensabilidade, efeito esse que pode ficar na dependência do seu exercício. Como princípio geral, haverá que entender que estas convenções de compensação apenas poderão ser consideradas um penhor de créditos desde que as partes tenham procurado produzir um bloqueio do crédito com efeitos retroactivos até ao momento da celebração da convenção. O que equivale a dizer que a simples automaticidade ou a simples faculdade de poder proceder à compensação de créditos não pode ser considerada imediatamente um penhor[92].

[90] Carrasco Perera/Cordero Lobato/Marín López, *Tratado de los Derechos de Garantía*, Navarra: Editorial Aranzadi, 2002, 869. Neste particular, entende Rojo Ajúria, *La compensación como garantia*, 1992, 161, que a compensação convencional tem uma eficácia garantística fraca, dado que só produziria efeitos a partir do momento em que é declarada, sem retroagir ao momento em que a convenção de compensação foi acordada, pelo que não seria oponível aos credores e cessionários que tivessem adquirido direitos antes da data em que a compensação foi declarada.

[91] Redenti, *La compensazione dei debiti neo nuovi codici*, cit., 38. O autor salienta ainda que, para tornar os créditos compensáveis, será necessário recorrer aos critérios de modificação ou de conversão dos termos e do objecto, conforme acordados previamente pelas partes.

[92] A este propósito, entendem Carrasco Perera/Cordero Lobato/Marín López, *Tratado de los Derechos de Garantía*, cit., 869-870, que, na eventualidade de vir a ser acordada uma convenção deste teor seria obtida uma garantia em tudo similar ao penhor de créditos. Precisamente por este motivo, entendem que as partes celebraram não uma convenção de compensação, mas sim um verdadeiro e próprio contrato de penhor de créditos, dado que é de presumir que o credor quis obter a garantia mais consistente, não existindo, também, motivo para privilegiar uma interpretação restritiva do acordo tendo como base o simples facto de, com tal interpretação, o acordo não se fazer sentir com tanta intensidade junto de terceiros. Os autores salientam, ainda, que (i) carece de sentido negar que a autonomia da vontade seja suficiente para criar direitos reais com privilégios creditícios através de convenções de compensação e que (ii) não se entende qual o motivo para presumir que o acordo foi celebrado em benefício de terceiros, prevendo uma garantia mais débil (a compensação) em detrimento do penhor.

2. *O penhor financeiro*

O artigo 8.° do Decreto-Lei n.° 105/2004 estabelece que, sem prejuízo do acordado pelas partes, a execução da garantia pelo beneficiário não esteja sujeita a nenhum requisito, nomeadamente a notificação prévia ao prestador da garantia da intenção de proceder à execução. Temos que daqui resulta que (i) foi deixado ao arbítrio das partes a decisão sobre o modo como se processará a execução, (ii) que o legislador não impõe a observância de qualquer procedimento específico para executar o penhor financeiro e (iii) no silêncio das partes, a execução do penhor financeiro deverá efectuar-se mediante a utilização de mecanismos que permitam uma execução rápida e eficaz, sem sujeição a formalidades especiais[93].

Ademais, há que concluir que, no silêncio do legislador em relação aos mecanismos de execução da garantia a que o credor pode recorrer, é mister entender que foi dada preferência à autonomia das partes, as quais serão livres para definir os respectivos mecanismos de execução[94]. Ora, no que à execução da garantia diz respeito, revela-se fundamental o disposto no artigo 11.° do Decreto-Lei n.° 105/2004, preceito que prevê a faculdade de apropriação do bem empenhado, a qual constitui o meio mais célere de execução da garantia[95].

Todavia, há que curar se estamos perante um verdadeiro e próprio pacto comissório ou se, pelo contrário, estamos perante um pacto marciano, já que o legislador faz referência expressa à avaliação efectuada pelas partes. Trata-se,

[93] Andrade de Matos, *O pacto comissório*, cit., 150-151.

[94] Patrícia Fonseca, *O Penhor financeiro – Contributo para o estudo do seu regime jurídico*, (polic.), 2005, 42. A autora refere ainda que tal definição deve ser efectuada tendo em consideração os limites impostos pelos princípios vigentes no nosso ordenamento jurídico, como é o caso da boa fé. Ora, num contexto tão vago, não vislumbramos qual o alcance desta remissão vazia para um princípio estruturante do ordenamento e que, em princípio, apenas deve ser invocado de forma subsidiária, i.e, quando não exista outra explicação/solução à mão do intérprete.

[95] No tocante a modalidades de execução, entende Tarolli, *Le Garanzie Finanziarie: il diritto di utilizzazzione dell'oggetto della garanzia* in GCo 32.6 (Novembro-Dezembro de 2005), I, 872-882 (879-880), que são conformes ao normativo das garantias financeiras as seguinte: (i) clausula de liquidação *(close-out netting)*, a qual permite que a realização do crédito seja reduzida a uma operação de cálculo e consequente pagamento do saldo líquido, uma vez verificado o acontecimento que desencadeou a execução da garantia; (ii) Execução da garantia equivalente, caso em que o credor pignoratício deve proceder à reconstituição da garantia constituída pelo devedor, podendo proceder à venda ou à apropriação da mesma, nos termos acordados pelas partes, contanto que, em ambos os casos, não seja excedido o valor da obrigação garantida. Trata-se, pois, de cláusulas que visam limitar ao mínimo o risco de crédito

efectivamente, de um pacto marciano[96], contrariamente à afirmação constante do preâmbulo do referido diploma, onde se pode ler: "*(...) Outra das novidades mais significativas deste diploma respeita ainda ao contrato de penhor financeiro e corresponde à aceitação do pacto comissório, em desvio da regra consagrada no artigo 694.° do Código Civil (...)*"[97]. Destarte, de modo a garantir a licitude da cláusula prevendo a apropriação dos bens dados em garantia, reveste especial importância a concretização dos termos porque há-de de operar a avaliação. Neste particular, somos do entendimento que esta só pode ser alcançada se forem observados determinados pressupostos, designadamente (i) que no contrato de penhor financeiro sejam claramente identificados os critérios a que deve obedecer a avaliação e os prazos dentro dos quais a mesma deverá realizar-se, (ii) que tais critérios sejam objectivos e conformes com os ditames da boa fé, e (iii) que o credor só possa exercitar o seu direito de apropriação até ao montante das obrigações financeiras garantidas que se encontre em dívida[98].

Ademais, a verificação destes pressupostos visa igualmente salvaguardar os interesses do devedor e de terceiros, pelo que quer a liquidação por compensação, quer a própria avaliação das garantias deve ser efectuada de uma forma comercialmente correcta, havendo, assim, a necessidade de as valorações terem de ajustar-se ao valor de mercado dos instrumentos dados em garantia no momento em que se procederá à sua execução, sem prejuízo do concreto acordo existente no contrato de garantia[99].

96 Patrícia Fonseca, *O penhor financeiro – contributo para o estudo do seu regime jurídico*, cit., 34, Andrade de Matos, *O pacto comissório*, cit., 156-157, Joana Pereira Dias, *Mecanismos convencionais da Garantia do Crédito: Contributo para o Estudo da Garantia "Rotativa" Mobiliária no Ordenamento Jurídico Português*, (polic.), 2005, 172-173, Romano Martínez/Fuzeta da Ponte, *Garantias de cumprimento*, 5.ª ed., 2006, 186, Pestana de Vasconcelos, *O Contrato de garantia financeira. O dealbar do Direito Europeu das Garantias*, cit., 1289. Em sentido contrário, considerando estarmos perante a admissão expressa do pacto comissório, Athayde Matta, *Da garantia fiduciária no âmbito do sistema financeiro*, in AAVV. *Garantia das Obrigações*, 2007, 525-564 (559-560). Salvo o devido respeito, da mesma forma que o legislador confunde pacto comissório com pacto marciano, assim parece fazer o autor.

97 Conforme refere acertadamente Joana Pereira Dias, *Mecanismos convencionais da Garantia do Crédito: Contributo para o Estudo da Garantia "Rotativa" Mobiliária no Ordenamento Jurídico Português*, cit., 172, o legislador confunde o pacto comissório com o pacto marciano.

98 Andrade de Matos, *O pacto comissório*, cit., 154. Sentindo a necessidade de acautelar os interesses do prestador da garantia, defende Calvão da Silva, *Banca, Bolsa e Seguros – Direito Europeu e Português*, tomo I, cit., 209-211 a possibilidade de o prestador da garantia intentar uma acção judicial destinada a controlar *a posteriori* o exercício dos poderes do beneficiário da garantia ou a devolver-lhe os montantes que sejam resultado de um enriquecimento injustificado.

99 Zunzunegui, *Una aproximación a las garantías financieras (Comentarios al capítulo segundo del Real Decreto-ley 5/2005)* in AAVV, *Garantias reales mobiliarias en Europa*, 2006, 415-429, 428.

Note-se igualmente que esta faculdade de alienação é configurada no âmbito do direito de utilização dos bens empenhados, sendo que não é uma decorrência legal imediata, pois tem de ser expressamente prevista pelas partes[100]. Cumpre salientar igualmente que a modalidade de execução da garantia dependerá da natureza dos bens dados em garantia. Com efeito, tratando-se de instrumentos financeiros, o beneficiário da garantia poderá proceder à execução dando ordens de venda ou apropriando-se da garantia, enquanto nos casos em que estejamos perante activos depositados em contas bancárias, o credor poderá proceder à compensação dos créditos ou à transferência dos montantes em dívida para a sua conta[101].

Concluímos salientando que não existe um dever incondicionado por parte do credor pignoratício de reproduzir a situação antecedente ao exercício do direito de utilização na conta do empenhador. Efectivamente, sobre o credor pignoratício impenderá apenas o dever de criar a disponibilidade de instrumentos financeiros equivalente na conta a seu cargo com o objectivo de

[100] Loiacono/Calvi/Bertani, *Il trasferimento in funzione di garanzia tra pegno irregolare, riporto e diritto di utilizzazione*, cit., 54-55 entendem que esta faculdade não briga com a configuração real do penhor regular. Pronunciando-se à luz do Decreto 170/2004 que operou a transposição em Itália da Directriz Comunitária n.° 2002/47/CE, os Autores, Idem, Ibidem, cit., 60, consideram que o legislador italiano previu uma subespécie do penhor regular do CCIt, que constitui o conjunto de normas primárias e, consequentemente, aplicáveis ao penhor financeiro. A propósito da execução do penhor financeiro, considera Todavia, haverá que considerar que, na ausência de previsão contratual, a execução do penhor financeiro não poderá prever: (i) que a intenção de proceder à realização da garantia seja comunicada preliminarmente à contraparte, (ii) que as condições de realização seja aprovadas por um tribunal, um oficial público ou outra pessoa, (iii) que a realização da garantia seja feita por hasta pública ou por outra qualquer forma e (iv) que decorra um período suplementar para que a execução ocorra.

[101] Zunzunegui, *Una aproximación a las garantías financieras*, cit., 427. O autor salienta ainda que, uma vez verificado o incumprimento, a ordem de alienação dada pelo credor pignoratício deve adoptar a forma de requerimento dirigido à entidade encarregada da conta, devendo o referido requerimento conter declaração do credor relativa à verificação do incumprimento e, por conseguinte, em conformidade com o acordo das partes, deu-se o vencimento das obrigações garantidas, havendo lugar à liquidação nos termos acordados. Já a entidade encarregada da conta, uma vez recebido o requerimento, deverá proceder à comprovação da identidade do requerente e à verificação da sua capacidade para efectuar o mesmo, de molde a efectivar a liquidação da garantia, caso entenda que o requerimento está em conformidade com o acordo das partes. Acrescenta Pestana de Vasconcelos, *O Contrato de garantia financeira. O dealbar do Direito Europeu das Garantias*, cit., 1288, que a compensação apenas poderá operar se o contrato de penhor assim o previr, sendo que, nos casos de compensação, uma vez feita a avaliação do crédito do prestador da garantia, vencendo-se a obrigação garantida não há cumprimento por parte do devedor, mas o credor/garantido/beneficiário opera a compensação.

proceder à restituição ao empenhador aquando da realização da garantia, não existindo qualquer obrigação de proceder à sua reconstituição antes do vencimento da obrigação garantida[102].

§ 5 – A função de garantia da compensação

1. *O recurso a mecanismos com fins de garantia*

Decorre do exposto nos números anteriores que é frequente que os intervenientes no tráfego jurídico-comercial, mormente Bancos, recorram a mecanismos expeditos com o intuito de *reforçar*[103] a segurança do seu crédito.

Com efeito, *a priori,* bastaria o recurso a garantias reais para assegurar a efectivação dos créditos concedidos por parte do Banco. Ora, nesta sede, é assaz comum salientar-se o facto de, numa sociedade industrializada, os direitos reais de garantia inspirados no modelo hipotecário romano e na necessidade do desapossamento do bem dado em garantia carecerem de utilidade económica, dado que a necessidade de entregar a posse do bem dado em garantia ao próprio credor ou a um terceiro justifica-se como condição de publicidade da

[102] Tarolli, *Le Garanzie Finanziarie: il diritto di utilizzazzione dell'oggetto della garanzia*, cit., 882. Saliente-se que, em sede de natureza jurídica do penhor financeiro, Menezes Cordeiro, *Manual de Direito Bancário*, 3.ª ed., 628-629, defende que estamos perante um penhor irregular, em virtude de haver direito de disposição o titular da garantia poder alienar ou onerar o objecto da garantia, independentemente de qualquer cumprimento, devendo entregar o equivalente. Note-se, porém, que Idem, *Ibidem*, cit., 625, considera que o penhor financeiro é, em rigor, um penhor de direitos, traduzindo a afectação de coisas incorpóreas a fins de garantia, salientando que o regime do penhor civil serve sempre de referência. Já Calvão da Silva, *Banca, Bolsa e Seguros – Direito Europeu e Português*, tomo I *Parte Geral*, 2.ª ed, cit., 226, salienta que a nova legislação considerou regular o penhor irregular. Por seu turno, Pestana de Vasconcelos, *O Contrato de garantia financeira. O dealbar do Direito Europeu das Garantias* in AAVV, *Estudos em Honra do Professor Doutor José de Oliveira Ascensão*, Vol. II, 1274-1305 (1287), considera que estamos perante um penhor de créditos, *rectius*, dos créditos resultantes ao artigo 5.°, alínea *a*) do Decreto-Lei n.° 105/2004. Não obstante, Tarolli, *Le Garanzie Finanziarie: il diritto di utilizzazzione dell'oggetto della garanzia*, cit., 874-875, salienta que a execução do penhor financeiro pode dar-se através de duas situações distintas: (i) previsão no contrato de garantia de um poder de disposição sob a forma de constituição de penhor regular por parte de Y em favor do credor Z; e (ii) previsão no contrato de garantia de um poder de disposição sob a forma de alienação do objecto da garantia por parte de Y a favor de um terceiro, Z.

[103] Sem que tal signifique, obviamente, que em todo e qualquer caso estaremos perante uma garantia especial das obrigações.

situação de solvência do devedor e como meio de procurar evitar uma possível alienação do bem por parte deste[104]. Na verdade, o ordenamento jurídico tem de ter em conta as várias solicitações exigidas pela *praxis* relativamente à pesquisa de técnicas cada vez mais ágeis de tutela de financiamentos, acompanhando igualmente a velocidade e aceleração progressivas da circulação da riqueza mobiliária.

Assim, perante a rigidez do sistema das garantias reais típicas e da consequente incapacidade para seguir os sinais dos tempos, em função da manutenção de princípios como a inderrogabilidade da *par condictio creditorum* ou o princípio da tipicidade dos direitos reais de garantia[105], tem sido comum o recurso a garantias anómalas ou impróprias, bem como a utilização de certos institutos jurídicos com fins de garantia[106].

Ademais, é igualmente comum a afirmação que as garantias reais não conseguem fazer face às exigências conexas à tutela do crédito numa sociedade amplamente caracterizada pelo financiamento externo da empresa, circunstância que determina um recurso cada vez mais maciço às garantias pessoais, as quais, tradicionalmente, prevêem a intervenção de um terceiro, de modo a que seja reforçada a garantia geral do credor garantido[107].

104 Sanchez Lorenzo, *Garantias Reales en el Comercio Internacional (reserva de domínio, venta en garantia y leasing)*, 1993, p.31.

105 Fiorentini, *Garanzie reali atipiche* in RDC XLVI (2000), 253-292 (254-255).

106 No campo bancário, de acordo com Maimeri, *Le garanzie bancarie "improprie"*, 2004, 11-12, tem-se assistido a um processo tríplice: (i) a *praxis* bancária introduziu instrumentos de garantia com importantes modificações ao seu esquema tradicional, sem, no entanto, alterar a sua natureza, como é o caso da fiança *omnibus* ou do penhor *omnibus*; (ii) foram criadas garantias atípicas em função da intensificação das relações internacionais, como é o caso, p. ex., das cartas de conforto; e (iii) foram utilizados institutos já existentes com função de garantia, como é o caso da cessão de créditos em garantia ou o mandato para cobrança. Aliás, convém ter presente que este recurso a garantias anómalas ou a utilização de certos institutos com fins de garantia (como é o caso, p. ex., do depósito com funções de garantia, também designado, por vez, na *praxis* jurídica como depósito *escrow*), pode igualmente ser o resultado da conclusão de que as garantias reais acabam por ser, afinal, vulneráveis, como é o caso da própria hipoteca, a qual, apesar de tradicionalmente ser considerada a mais segura das garantias, acaba por ser fragilizada quer pelo instituto dos privilégios creditórios, quer pelo direito de retenção. Sobre esta temática, cf. Cláudia Madaleno, *A vulnerabilidade das garantias reais – a hipoteca voluntária face ao direito de retenção e ao direito de arrendamento*, 2008.

107 Lobuono, *I contratti di Garanzia*, 2007, 3-4. Acrescenta o autor, Idem, *Ibidem*, cit., 5, que tal situação resulta do facto de as garantias reais serem caracterizadas pela sua maior rigidez no plano estrutural, enquanto as garantias pessoais são susceptíveis de expansão constante em virtude da capacidade de elaboração reconhecida às partes no exercício da sua autonomia.

É precisamente nesse contexto que surge o recurso à compensação, dado que os bancos encontram nos créditos que o cliente tem contra o banco uma fórmula de pagamento mais ou menos segura dos créditos que têm contra o cliente[108]. Acresce ainda que é mister não olvidar que a actividade bancária incide, primacialmente, sobre um objecto específico: o dinheiro, motivo pelo qual a compensação é encarada como um dos meios mais seguros para proceder à cobrança de créditos, porquanto, mediante simples declaração, é possível operar a extinção de um débito[109], evitando-se, assim, pagamentos e a inerente necessidade de haver circulação de moeda. Neste âmbito, a compensação convencional opera um papel fulcral, porquanto uma vez admitida a sua licitude, esta permite remover os obstáculos legais à compensação de créditos, deixando ao critério do Banco a apreciação da verificação dos factos que, por força do acordo com o seu cliente, permitem a possibilidade de compensar[110].

Com efeito, é assaz comum a inclusão de cláusulas com o seguinte teor nos contratos celebrados com os respectivos clientes:

> O Banco fica, desde já, irrevogavelmente autorizado a proceder à compensação de quaisquer dívidas vencidas emergentes deste Contrato com quaisquer saldos credores do Cliente em contas abertas junto do Banco e de que seja titular, independentemente da verificação dos pressupostos legais da compensação.

Assim, tendo como pano de fundo esta cláusula-padrão e, sobretudo, o que vai dito nos parágrafos anteriores a propósito da compensação, curaremos, no número seguinte, de procurar aferir da função de garantia da compensação.

2. *A função de garantia da compensação*

Conforme demonstrámos, a compensação pode ser a forma de execução de uma garantia[111] – o penhor de créditos –, sendo que nada obsta a que desempenhe funções de garantia já que, para além de facilitar a extinção dos

[108] Assim, p. ex., Fínez Ratón, *Garantias sobre cuentas y depósitos bancarios. La prenda de créditos*, 1994, 107.

[109] Fínez Ratón, *Garantias sobre cuentas y depósitos bancários*, cit., 108.

[110] Baena Baena, *La compensación en las cuentas bancárias*, 1999, 53.

[111] O que não implica, obviamente, que o credor pignoratício decida executar o penhor através da compensação, preferindo, p. ex., accionar judicialmente o empenhador. Neste sentido, Garcia Vicente, *La prenda de créditos*, cit., 144. Sobre as modalidades de execução do penhor de créditos, cf. Carrasco Perera/Cordero Lobato/Marín López, *Tratado de los Derechos de Garantía*, cit., 889-892.

créditos, assegura ao credor um meio supletivo de realização do seu crédito, porquanto este pode ser extinto não apenas pelo pagamento, mas através da declaração de compensação com o contra-crédito que sobre ele tem o devedor[112]. Com efeito, a compensação tem consideração, sobretudo, o cumprimento[113]. Não obstante, a compensação tem uma natureza dupla, sendo, simultaneamente, um sucedâneo do cumprimento e uma execução privada do crédito, pois pode operar contra a vontade da outra parte[114], o que não significa, porém, que se trate uma mera simplificação do cumprimento[115]. Dito de outro modo, a compensação simplifica pagamentos, na medida em que evita pagamentos recíprocos e garante pagamentos, uma vez que se o instituto não funcionasse, estaria sempre latente o risco de não se ser integralmente pago caso ocorresse a insolvência da contraparte[116].

Assim, e à guisa de síntese provisória, podemos dizer que o penhor de créditos confere um direito na satisfação preferencial do crédito, cabendo à compensação a sua modalidade arquetípica de execução, motivo pelo qual não poderá ser configurada como um direito real de garantia[117]. Vejamos porquê.

Atendendo à função que o direito é chamado a desempenhar, é comum operar a destrinça entre (i) direitos reais, os quais permitem o desfrute de uma coisa, (ii) os direitos reais de garantia, que visam a garantia de um crédito e (iii) os direitos reais de aquisição, os quais visam a aquisição de um direito real de gozo ou de um crédito relativo ao gozo de uma coisa, nos ónus reais que forem direitos reais[118].

Ora, a essência do direito real de garantia incide na afectação da coisa ao crédito "privilegiado", dado que não estamos perante um direito assente na

112 Assim, Menezes Leitão, *Garantias das Obrigações*, 2.ª ed., cit., 315, Fínez Ratón, *Garantias sobre cuentas y depósitos bancários*, cit., 132. Similarmente, Romano Martínez/Fuzeta da Ponte, *Garantias de cumprimento*, 5.ª ed., 2006, 254.

113 Assim, p. ex., Fikentshcer/Heinemann, *Schuldrecht*, 10.ª ed., Nm. 337.

114 Fikentshcer/Heinemann, *Schuldrecht*, cit., 329.

115 Medicus, *Schuldrecht I – Allgemeiner Teil*, 16.ª ed., 2005, 103.

116 Paula Ponces Camanho, *Do Contrato de Depósito Bancário*, cit., 215-216.

117 Em sentido contrário, Isabel Figueiredo, *A compensação como garantia de cumprimento das obrigações*, cit., 420, defendendo que a compensabilidade legal e convencional (mas não a compensação) é uma garantia real, pois prevalece em caso de cessão, penhor, usufruto, penhora, insolvência ou outros direitos de terceiros nos termos do disposto no artigo 853.°, n.° 2. Trata-se, salvo o devido respeito, de uma distinção artificial, porquanto a compensabilidade mais não é do que a latência inerente ao potencial exercício do direito potestativo atribuído às partes logo que estejam reunidos os requisitos da compensação.

118 Trata-se, pois, de um critério implícito, que é o da função que o direito desempenha. Assim, Oliveira Ascensão, *Direito Civil – Reais*, 5.ª ed., 176.

alienação da coisa[119]. À partida, poderíamos ser tentados a afirmar que o simples facto de o credor pignoratício ter o poder de dar certa coisa à execução para depois levantar preferencialmente a parte do crédito garantido sobre o produto da venda, seria suficiente para considerar que estamos defronte de uma afectação real, que mais não é do que a vinculação da coisa ao crédito privilegiado e, também, a tradução dos poderes atribuídos pelo ordenamento jurídico ao credor para este poder mostrar que é titular de um direito real[120].

Com efeito, na compensação, por força do requisito da homogeneidade dos créditos, não lidamos com uma afectação real ou, sequer, com um direito de preferência na satisfação de um crédito. Limitamo-nos, pura e simplesmente, a lidar com um mecanismo que visa agilizar a extinção de uma obrigação, facto que é manifesto na compensação convencional, dado que as partes prevêem, por via de regra, a agilização e/ou simplificação do esquema legal da compensação. Estamos, assim, perante um contrato de efeitos extintivos (*"Erlassvertrag"*), dado que cada uma das partes satisfaz o seu crédito, não havendo qualquer renúncia a uma satisfação do crédito, dado que as partes limitam-se a recorrer a tipos contratuais próprios para atingir esse desiderato[121]. *In casu*, à modelação do instituto da compensação. Efectivamente, o afastamento de alguns dos requisitos plasmados na Lei é a tradução da função de garantia do negócio que as partes visam atribuir à operação negocial, por-

[119] Trata-se da posição sustentada entre nós por CARNEIRO PACHECO, *Dos privilégios creditórios*, 2.ª ed., 1914, 9 ss. e 42 ss, autor que defendia que o direito real de garantia consistiria na alienação do valor da coisa, dado que o direito real de garantia se caracterizaria pela alienação feita pelo credor preferencial do valor da coisa sobre que recai a preferência. À guisa de curiosidade, saliente-se que não estamos perante uma teorização original. Veja-se, p. ex., CHIRONI, *Tratatto dei privilegi, delle ipoteche e del Pegno*, Vol. I – *Parte Generale*, 1894, 56 ss. Conforme facilmente se percebe, esta noção visa incluir os privilégios creditórios no conceito de direito real de garantia. Sumariamente, e seguindo na íntegra a lição de PAULO CUNHA, *Da garantia das obrigações*, II, cit., 127-130, julgamos que se trata de um entendimento insusceptível de ser acompanhado, pela seguinte ordem de razões: (i) nos casos em que o devedor pagou voluntariamente a dívida não podemos afirmar estar perante uma alienação de valor, (ii) esta teorização visa definir a essência do direito real pelo fenómeno que se verifica numa fase patológica, (iii) uma vez constituída preferência especial sobre certa coisa, pode posteriormente constituir-se preferência especial mais intensa, sendo que, nesse caso, a preferência especial prefere em relação à inicial.

[120] PAULO CUNHA, *Da garantia das obrigações*, II, cit., 131. No mesmo sentido SANTOS JUSTO, *Direitos Reais*, 2007, 466, salientando que na faculdade conferida ao credor pignoratício de poder ver a coisa podem ser vistas as características da sequela e da prevalência, típicas dos direitos reais.

[121] LARENZ, *Lehrbuch des Schuldrechts*, cit., 266, HUBERT KADUK, *Anotação prévia ao § 387 BGB*, Nm. 71, in STAUDINGER, cit.

quanto tornam mais seguro, *rectius*, agilizam a possibilidade de o credor (por via de regra, o Banco) satisfazer o seu crédito.

Acresce ainda que, nos casos em que um Banco intervém, lidamos com uma lógica ligeiramente diversa: através do concurso do contrato de depósito irregular, que permite operar a passagem dos bens empenhados para a propriedade do credor (Banco), não estamos perante a típica função de custódia que este contrato persegue. Com efeito, tal função é transcendida pela garantia visada pelas partes, sendo que, adicionalmente, a cláusula de compensação não deixa de assegurar a tutela do cliente, pois com a celebração do contrato de depósito nasce um crédito referente à restituição do *tantundem* e a compensação, como vimos, não poderá exceder o montante da dívida. Trata-se, pois, de uma manifestação da proibição do pacto comissório[122].

Acresce ainda que, contrariamente ao que sucede nas garantias especiais, a compensação não é acessória, dado que não é dependente de uma dívida principal. Com efeito, na esteira de Becker-Eberhard, diremos que nos direitos de garantia regulados pela Lei rege um princípio de ligação da garantia ao crédito ("*Prinzip der Forderungsgebundenen Sicherung*"). Por via de regra, nestes casos estamos perante situações em que o direito de garantia se encontra numa situação de dependência relativamente ao crédito[123], sendo que a referência que dita a ligação ao crédito pertence à essência do fundamento do acto ("*essentialia des Begründungsaktes*"), havendo a registar, ainda, uma dependência estrutu-

[122] O facto de estarmos perante uma figura de aplicação geral leva a que seja desnecessária a sua inclusão nos eventuais traços da compensabilidade como garantia, argumentação que é levada a cabo por Isabel Figueiredo, *A compensação como garantia de cumprimento das obrigações*, cit., 422.

[123] A propósito, cite-se Medicus, *Schuldrecht II – Besonderer Teil*, 13.ª ed., 2006, 193-194, que, a propósito da fiança, distingue cinco graus de acessoriedade, a saber: no nascimento (*"Entstehung"*), no conteúdo (*"Inhalt"*), na manutenção (*"Zuständigkeit"*), na execução (*"Durchsetzung"*) e na extinção (*"Erlöschen"*). Trata-se, cremos, de uma teorização que pode ser exportada para outros direitos de garantia. Efectivamente, já Steinmeyer, *Die Akzessorischen Sculdverhältnisse des BGB*, 1933, 9-10 houvera defendido que, a par de um conceito quadro (*"Oberbegriffe"*) de acessoriedade, poderíamos distinguir dois conceitos inferiores (*"Unterbegriffe"*): a acessoriedade no nascimento e a acessoriedade plena. A primeira seria uma acessoriedade limitada (*"beschränkte Akzessorietät"*) enquanto a segunda modalidade, em virtude de cobrir as fases subsequentes ao nascimento seria uma acessoriedade ilimitada (*"unbeschränkte oder Strenge Akzessorietät"*). No tocante ao penhor, entende Gerhardt, *Mobiliarsachenrecht*, 5.ª ed., 2000, 176, estarmos perante uma acessoriedade forte, em virtude de a acessoriedade se manifestar na vida do penhor desde o seu nascimento, passando pela sua execução e extinção. Similarmente, Wolf, *Sachenrecht*, 23.ª ed., cit., Nm. 816-823, falando na (i) dependência no nascimento, (ii) dependência no conteúdo e (iii) dependência na transmissão.

ral relativamente ao crédito ("*Strukturelle Abhänhigkeit*")[124]. Nada disto se passa na compensação, pois não há qualquer acessoriedade no momento da constituição ou, sequer, uma ligação ao crédito[125], porquanto, por definição, a compensação opera através de mera declaração.

A ser assim, resta-nos apenas o aparente Adamastor representado pelo artigo 853.°, n.° 2. Ora, o artigo em questão limita-se excluir a possibilidade de compensação nos casos em que os direitos de terceiro tenham sido constituídos antes de os créditos se tornarem compensáveis. Trata-se, pois, do respeito do princípio *prior in tempore*. Aliás, trata-se também do motivo que permite justificar a subsistência/oponibilidade da compensação nos restantes casos: o legislador limita-se a respeitar os créditos constituídos inicialmente, motivo pelo qual nos casos em que os direitos de terceiro tenham sido constituídos após o momento em que poderia ocorrer a compensabilidade, a compensação será eficaz e válida. Não se trata do carácter absoluto do direito real de garantia, mas, pura e simplesmente, o respeito pelo princípio *prior in tempore*[126].

Destarte, uma vez delimitados os termos em que a compensação é chamada a desempenhar uma função de garantia no Direito substantivo, é chegada a altura de testar as soluções provisórias a que chegámos à luz, designadamente, do CIRE.

3. *O regime do CIRE*

O artigo 99.°, n.° 1, do CIRE veio admitir a possibilidade de, a partir da declaração de insolvência, os titulares de créditos sobre a insolvência poderem

[124] BECKER-EBERHARD, *Die forderungsgebundenheit der Sicherungsrechte*, cit., 7. Trata-se de uma teorização que, entre nós, encontra como defensor e divulgador, JANUÁRIO GOMES, *Assunção fidejussória de dívida*, cit., 106-107. Não obstante, saliente-se a posição de GABRIELLI, *Il pegno "Anomalo"*, 1993., 71, que prefere salientar que o princípio da acessoriedade é inidóneo para descrever a mecânica de todas as questões que impliquem a convivência da relação do penhor com o crédito garantido. O que equivale a dizer que o princípio da acessoriedade é, sobretudo, meramente descritivo.

[125] Neste sentido, NICOLE CLAIRE-NDOKO, *Les mystères de la compensation* in RTDC 90 (1991), 661-694 (693) quando afirma que nem todas as garantias são garantias especiais (*"sûretés"*), sendo que a autora nega o carácter de garantia real à compensação em virtude de esta não ser dotada de acessoriedade relativamente a uma dívida principal.

[126] Similarmente, ANTUNES VARELA, *Direito das Obrigações*, Vol. II, cit., 213, salientando que o artigo 853.° atribui importância decisiva não à declaração de compensação, mas ao momento em que os créditos se tornam objectivamente compensáveis.

operar a compensação dos seus créditos com dívidas à massa insolvente desde que (i) tenha ocorrido o preenchimento dos pressupostos legais da compensação antes da data da declaração da insolvência ou (ii) se o crédito sobre a insolvência tiver preenchido antes do contra-crédito da massa os requisitos estabelecidos no artigo 847.°.[127]

Trata-se de uma ruptura com o regime do CPEREF, dado que ao abrigo deste normativo os credores perdiam o direito de proceder à compensação a partir da declaração de falência. Todavia, estamos perante uma ruptura aparente[128], dado que no CPEREF os credores eram citados de imediato aquando da declaração de falência, tendo, por conseguinte, tempo suficiente para fazer valer o seu crédito. Ora, no CIRE a insolvência apenas é tornada pública com a declaração da insolvência, motivo pelo qual o direito de compensar subsiste para além da declaração de insolvência. Note-se, porém, que se trata de um direito condicionado, pois apenas pode ser exercido nos casos previstos no artigo 99.°, n.ºs 1 e 4 do CIRE.

Em qualquer caso, a admissibilidade da compensação em sede insolvência representa um afastamento do princípio da paridade de credores, dado que, com a declaração de compensação, o declarante obtém em termos económicos o valor do seu crédito sendo subtraído ao concurso de credores[129]. Se é certo que estamos perante um desvio ao princípio *par condictio creditorum*, afigura-se conveniente ter em linha de consideração que a consagração desta possibilidade de compensar contribui igualmente para a estabilização do passivo do insolvente, dado que na eventualidade de os credores do insolvente poderem recorrer ilimitadamente à compensação após a declaração da insolvência ditariam a diminuição e, eventualmente, a extinção da própria massa insolvente[130].

De qualquer modo, cumpre salientar que a previsão do artigo 99.° do CIRE mais não é do que a tradução da actuação do mecanismo da compen-

[127] Note-se que, de acordo com o número 2 do artigo 99 do CIRE, não relevam a perda de benefício de prazo prevista no n.° 1 do artigo 780.° do Código Civil ou o vencimento antecipado e a conversão em dinheiro resultantes do preceituado no n.° 1 do artigo 91.° e no artigo 96.°.

[128] Catarina Serra, *O novo regime português da Insolvência – uma introdução*, 3.ª ed., 2008, 69.

[129] Menezes Leitão, *Direito da Insolvência*, 2.ª ed., 2009, 170. Acrescenta o autor, Idem, *Ibidem*, cit., 171, que o declarante apenas terá necessidade de reclamar o seu crédito quando o valor do mesmo ultrapasse o montante do crédito insolvente, sendo que tal reclamação será efectuada apenas pelo remanescente. Similarmente, Pestana de Vasconcelos, *A cessão de créditos em garantia e a insolvência – em particular da posição do Cessionário na Insolvência do Cedente*, 2007, 919 (nota 1699).

[130] Pestana de Vasconcelos, *A cessão de créditos em garantia e a insolvência*, cit., 871 (nota 1607).

sação, pois, como tivemos oportunidade de verificar, a compensação opera por declaração, não havendo necessidade de obter a cooperação da contraparte. Ora, a questão faz-se igualmente sentir com acuidade a propósito da compensação convencional. Tendo em consideração que as partes podem afastar contratualmente alguns do requisitos da compensação, é de crer que, mesmo nesses casos, a compensação apenas poderá operar em sede de insolvência caso sejam observados todos os requisitos previstos no CIRE, pois, em caso contrário, estaria aberta a possibilidade de, por mero contrato, existir o sério risco de a massa insolvente ficar desprovida de bens[131].

§ 6 – **Conclusões**

Chegados a este ponto, concluímos que a compensação, *maxime* a compensação convencional, mau grado aumentar a probabilidade de satisfação na cobrança de créditos e não depender da colaboração do devedor, apenas possui efeitos *inter partes*, motivo pelo qual não pode ser considerada uma garantia real[132].

Em qualquer caso, e uma vez que a compensação opera por simples declaração, cumpre salientar que tal situação consubstancia um desvio ao princípio do *par condictio creditorum*, dado que permite a satisfação imediata do credor, operando a extinção de créditos. Neste particular, convém não olvidar que o artigo 604.° apenas se refere à criação de outras causas de preferência sobre os bens do devedor, impedindo a criação de outras para além das previstas na Lei. Com efeito, o legislador tem, sobretudo, em mente as garantias reais, sendo que nada obsta a que as partes procurem uma tutela acrescida da posição do credor, o que ocorre nos casos de compensação convencional.

A ser assim, é lícito concluir que o artigo 604.° tem, afinal, um âmbito de aplicação assaz reduzido, dado que se centra, praticamente em exclusivo, nas causas de preferência sobre os bens do devedor – *maxime*, direitos reais de

[131] Adicionalmente, a tendência para celebrar contratos simulados de modo a que a compensação de créditos pudesse operar seria igualmente facilitada sobremaneira. A este propósito, afigura-se igualmente pertinente a observação de Maria do Rosário Epifânio, *Manual de Direito da Insolvência*, 2009, 139-140, quando alerta para o facto de a admissibilidade da compensação no direito insolvencial redundar num "prémio" para o devedor do insolvente mais moroso, em detrimento de um devedor mais diligente que já tivesse cumprido devidamente a sua obrigação perante o insolvente, que ficaria sujeito ao pagamento rateado do respectivo crédito, enquanto o devedor do insolvente seria integralmente pago dentro dos limites da compensação.

[132] Baena Baena, *La compensación en las cuentas bancárias*, 1999, 109.

garantia ou privilégios mobiliários gerais – ou na existência de bens separados, admitindo a possibilidade de serem modelados institutos típicos, dotando-os de funções de garantia[133], como é o caso da compensação convencional.

No tocante ao regime insolvencial, se é certo que o artigo 99.° do CIRE consagra um desvio ao princípio *par condictio creditorum*, também é igualmente certo que o regime aí previsto respeita a configuração da compensação, dado que permite operar a extinção de créditos independentemente da vontade da contraparte. Aliás, o argumento utilizado em sede de Insolvência pode igualmente ser utilizado à luz do Direito substantivo, porquanto a declaração de compensação permite a satisfação imediata do credor compensante em detrimento dos demais credores.

[133] Seguimos, na íntegra, PESTANA DE VASCONCELOS, *A cessão de créditos em garantia e a insolvência*, cit., 834-859 (*maxime*, 854-855).

Fundamentos de anulação da sentença arbitral: perspectivas de iure condito *e* de iure condendo*

DR.ª PATRÍCIA DA GUIA PEREIRA

SUMÁRIO: *1. Introdução e delimitação do tema. 2. A anulação da sentença arbitral na LAV. Fundamentos de anulação. 3. A anulação da sentença arbitral na Lei-modelo da UNCITRAL. Fundamentos de anulação. 4. A anulação da sentença arbitral no Projecto APA. Fundamentos de anulação. 5. Síntese conclusiva.*

1. **Introdução e delimitação do tema**

O presente trabalho consiste no estudo do regime da anulação das sentenças proferidas pelos tribunais arbitrais. A análise terá como ponto de partida a Lei de Arbitragem Voluntária[1] actualmente em vigor em Portugal, seguirá com a sua confrontação com a Lei-modelo da UNCITRAL, pela relevância e influência desta na modernização da arbitragem e harmonização da sua disciplina, e terminará com as alterações propostas pelo projecto de nova Lei de Arbitragem Voluntária apresentado pela Associação Portuguesa de Arbitragem[2].

* Este artigo corresponde a uma versão adaptada do trabalho final apresentado em Outubro de 2010 no III Curso de Pós-Graduação em Arbitragem, organizado pela Faculdade de Direito da Universidade Nova de Lisboa. Agradecemos ao Professor Doutor Rui Pinto Duarte e à Professora Doutora Mariana França Gouveia a leitura e comentários feitos à sua versão inicial.

[1] Lei n.° 31/86, de 29 de Agosto, alterada pelo Decreto-Lei n.° 38/2003, de 8 de Março (LAV).

[2] Tomaremos em consideração a versão mais recente, de 2010, com notas justificativas revistas, disponível em http://arbitragem.pt/projectos/projecto-nova-lav-anotada-21052010.pdf (Projecto APA), sem prejuízo de eventuais referências à primeira versão, de 2009, também anotada, disponível em http://arbitragem.pt/projectos/lav/lav-anotada210509.pdf. (Projecto APA 2009).

Cumpre restringir o objecto do presente estudo, dada a amplitude das questões suscitadas pela matéria da impugnação da sentença arbitral em geral, e da anulação em particular.

Na base da restrição da análise à anulação, que consiste num dos meios possíveis de impugnação da sentença arbitral (sendo as outras o recurso e a oposição à execução), encontram-se fundamentalmente duas razões. Por um lado, esta forma de impugnação é, tendo em atenção as características da jurisdição arbitral, o modo primordial de controlo da arbitragem. Em vários ordenamentos jurídicos, o regime supletivo é o da irrecorribilidade da decisão arbitral. É também este o sentido do Projecto APA[3]. No Direito português, ao invés, a regra supletiva é a da recorribilidade, excepto quando as partes tenham autorizado o julgamento por equidade ou se trate de arbitragem internacional (artigo 29.°, n.° 2 e artigo 34.° da LAV). Todavia, a renúncia ao recurso é usual na prática arbitral portuguesa[4]. Por outro lado, o regime da execução da sentença arbitral reflecte, em parte, o regime da anulação, atendendo à remissão operada pelo artigo 815.° do CPC para o artigo 27.° da LAV, que determina serem fundamentos de oposição à execução os fundamentos da anulação da sentença arbitral[5]. A anulação assume, pois, em abstracto e em concreto, um lugar de destaque.

A importância prática da anulação da decisão arbitral prescinde de maiores considerações. A sua relevância teórica não é menor, dado que exige um equilíbrio, numa medida difícil de determinar, entre a autonomia da arbitragem enquanto meio de resolução de litígios e o seu controlo estadual. Encontrar a justa medida deste equilíbrio mostra-se imprescindível para a plena afirmação da arbitragem e o desenvolvimento das suas potenciais vantagens[6].

Mesmo na análise restringida à anulação, cumpre proceder a algumas delimitações. Assim, a nossa atenção incidirá essencialmente sobre os fundamentos da anulação da sentença arbitral. Subjaz à delimitação, assim operada, a controvérsia acerca da taxatividade dos fundamentos da LAV, que tem vindo a ser discutida e posta em causa pela doutrina e alguma jurisprudência. Por outro lado, são significativas as alterações do Projecto APA quanto aos fundamentos de anulação, o que reforça a relevância deste enfoque.

[3] V. artigo 46.°, n.° 1 e artigo 39.°, n.° 4, do Projecto APA.

[4] Cf. José Lebre de Freitas, «Da renúncia ao direito de recorrer da decisão arbitral», *Themis*, IX, n.° 16, 2009, 329.

[5] Sobre os fundamentos de oposição à sentença arbitral, v. José Lebre de Freitas, *A Acção Executiva: depois da reforma*, 4.ª ed., 2004, 180 ss.

[6] Cf. Peter Binder, *International Commercial Arbitration and Conciliation in UNCITRAL Model Law Jurisdictions*, 3.ª ed., 2010, 377.

Ficam, pois, excluídas deste estudo, por meras razões de necessidade de circunscrição do objecto, relevantes questões atinentes à acção de anulação, como o prazo para a sua propositura, a competência para a sua apreciação[7], os seus efeitos, substantivos e processuais ou a sua articulação com os restante meios de impugnação[8].

Atendendo ao tema da nossa análise, importam-nos sobretudo as arbitragens que tenham lugar (ou sede) em território nacional. É as estas arbitragens que se aplica o elenco dos fundamentos de anulação previsto no artigo 27.° da LAV (v. artigo 34.° da LAV). No entanto, o tratamento desta matéria pode ser invocado, com as devidas adaptações, noutros domínios, como o do reconhecimento de sentenças arbitrais estrangeiras, tendo em atenção a tendencial coincidência entre os fundamentos de recusa do reconhecimento e de anulação da decisão arbitral[9].

2. **A anulação da sentença arbitral na LAV. Fundamentos de anulação**

O regime da impugnação arbitral consta do Capítulo V da LAV. A anulação da decisão arbitral está prevista no artigo 27.° e no artigo 28.°[10]. Neste último preceito consagra-se a irrenunciabilidade do direito à anulação da decisão arbitral, bem como o prazo em que a acção de anulação deve ser proposta – um mês a contar da sua notificação.

O artigo 27.° trata essencialmente dos fundamentos de anulação. Determina ainda que se houver recurso da sentença e este for interposto, não há lugar a acção de anulação autónoma[11].

[7] Sobre a competência para a acção de anulação, v. PAULA COSTA E SILVA, «Anulação e recursos da decisão arbitral», *ROA*, 52, III, 1992, 956 ss.; LUÍS DE LIMA PINHEIRO, «Apontamento sobre a impugnação da decisão arbitral», *ROA*, 67, III, 2007, 1026-1027.

[8] Sobre este ponto, v. PAULA COSTA E SILVA, «Os meios de impugnação de decisões proferidas em arbitragem voluntária no Direito interno português», *ROA*, 56, I, 1996, 193.

[9] Como afirma GARY B. BORN, *International Commercial Arbitration*, II, 2009, 2553, os fundamentos de anulação da sentença arbitral são definidos principalmente pela lei do lugar da arbitragem. Todavia, a tendência actual, promovida pela Lei-modelo, é de tratar de forma paralela os fundamentos de recusa do reconhecimento e de anulação.

[10] Entende-se que só as sentenças definitivas podem ser impugnadas, o que abrange quer as decisões de mérito (ainda que parcial), quer as decisões que extingam a instância sem conhecer de mérito (cf. LUÍS DE LIMA PINHEIRO, *Arbitragem Transnacional: a determinação do estatuto da arbitragem*, 2005, 175).

[11] Cf. COSTA E SILVA, «Anulação e recursos da decisão arbitral», cit., 993.

Umas das questões frequentemente suscitadas a propósito do artigo 27.° da LAV é a do carácter taxativo dos fundamentos de anulação aí elencados. A redacção do preceito aponta para a sua taxatividade[12]. Acresce que um entendimento restritivo dos fundamentos de anulação, consentâneo com a defesa da aludida taxatividade, vai de encontro à ideia de que a arbitragem não deve ser sistematicamente paralisada mediante o recurso à acção de anulação, devendo esta ser reservada para casos em que haja uma justificação séria[13]. Por esta razão, grande parte dos ordenamentos jurídicos que nos são próximos atribuíram carácter taxativo aos fundamentos de anulação da sentença arbitral[14].

Tem sido esta a tendência da jurisprudência nacional chamada a pronunciar-se sobre a admissibilidade de fundamentos não expressamente previstos no artigo 27.°[15].

No entanto, alguma doutrina tem vindo a defender o alargamento do elenco constante daquele preceito da LAV, recusando assim a sua taxatividade. Acresce que, apesar da aludida orientação jurisprudencial, favorável à taxatividade, existem exemplos de decisões recentes admitindo a anulação com fundamentos não expressamente previstos.

2.1. *Fundamentos de anulação expressamente consagrados na LAV*

Começamos por analisar os fundamentos cuja consagração, atendendo à redacção do artigo 27.° da LAV, é incontroversa.

12 Defendendo a taxatividade, Costa e Silva, «Os meios de impugnação...», cit., 186, sublinhando não existir equivalência entre as causas de anulação da decisão arbitral e os fundamentos de nulidade das sentenças proferidas pelo tribunal judicial.

13 Cf. Lima Pinheiro, «Apontamento sobre a impugnação...», cit., 1029-1030. Este autor entende, pois, que «razões ponderosas» podem «justificar a admissibilidade de fundamentos adicionais», que tem, no entanto, que «apoiar-se firmemente em ideias rectoras subjacentes ao regime da arbitragem voluntária e na sua articulação sistemática com o regime do reconhecimento de decisões arbitrais "estrangeiras"». Ao alargamento proposto por Lima Pinheiro voltaremos adiante (2.2.2.).

14 Cf. Piero Bernardini, *L'arbitrato commerciale internazionale*, 2000, 228, apontando, no entanto, o exemplo da lei inglesa para referir que a tradição nos países de *common law* é, ao invés, a fixação de uma fórmula de carácter geral.

15 Cf. Rui Ferreira, «Anulação da sentença arbitral: taxatividade dos fundamentos de anulação», disponível em http://laboratorioral.fd.unl.pt/media/files/Trabalho_rui_ferreira.doc (último acesso: 01-10-2010), 16 ss., com análise da jurisprudência (v., em especial, o resumo dos Acórdãos com a indicação da orientação seguida quanto à taxatividade, 29 ss.).

2.1.1. *Inarbitrabilidade do litígio*

O primeiro dos fundamentos de anulação da sentença arbitral consagrado na LAV é o da insusceptibilidade de resolução do litígio por via arbitral – artigo 27.°, n.° 1, *a*).

Assim, se a decisão arbitral versar sobre um litígio que, de acordo com o Direito português, não poderia ser submetido à jurisdição arbitral, ela poderá ser anulada.

A (in)arbitrabilidade tem sido um dos temas mais controversos e discutidos na arbitragem[16]. A arbitrabilidade coloca-se aqui numa perspectiva objectiva, que respeita à aptidão do litígio para ser resolvido por via arbitral[17].

Os critérios de arbitrabilidade no Direito português constam do artigo 1.°, n.° 1, da LAV. De acordo com este preceito, não podem ser submetidos a jurisdição arbitral voluntária os litígios que estejam submetidos a arbitragem necessária ou à competência judicial exclusiva, ou que respeitem a direitos indisponíveis[18]. Este último critério tem gerado dúvidas quanto à sua abrangência e críticas quanto à sua adequação.

Os direitos indisponíveis são aqueles direitos que, pela sua natureza ou por lei, se encontram subtraídos ao domínio da vontade dos seus titulares, à livre disponibilidade ou renunciabilidade[19]. Existe aqui uma clara aproximação com o critério adoptado quanto à transacção (artigo 1249.° do CC e artigo 299.° do CPC)[20].

Alguma doutrina tem salientado que a disponibilidade do direito para aferição da arbitrabilidade deve ser feita caso a caso, e não instituto a instituto; há, pois, que avaliar da indisponibilidade atendendo à causa de pedir e ao pedido

16 RAUL VENTURA, «Convenção de arbitragem», *ROA*, 46, II, 1986, 317, nota que a arbitrabilidade é, simultaneamente, um requisito de validade da convenção de arbitragem, da constituição do tribunal arbitral e da validade da sentença proferida por este, o que dá nota da sua importância em todo o processo arbitral.

17 A arbitrabilidade pode também ser vista numa perspectiva subjectiva, quando respeita à admissibilidade de recurso à via arbitral atendendo às pessoas (partes) e não ao litígio (objecto).

18 Em rigor, apenas este último será um verdadeiro critério de arbitrabilidade, já que os anteriores apenas enfatizam a regra segundo a qual lei especial derroga lei geral (como nota VENTURA, «Convenção de arbitragem», cit., 317-318).

19 JOÃO CALVÃO DA SILVA, «Convenção de arbitragem: alguma notas», *Homenagem da Faculdade de Direito de Lisboa ao Professor Doutor Inocêncio Galvão Telles, 90 Anos*, 2007, 535.

20 Cf. CARLOS FERREIRA DE ALMEIDA, «Convenção de arbitragem: conteúdo e efeitos», *I Congresso do Centro de Arbitragem da Câmara de Comércio e Indústria Portuguesa: intervenções*, 2008, 87.

concretamente formulados[21]. Também tem sido duvidosa a conciliação das normas imperativas com o critério da disponibilidade. Há quem entenda que o respeito pelas normas imperativas não implica a exclusão da arbitrabilidade, já que este respeito é um mero limite ao poder decisório, só havendo exclusão se toda a matéria a decidir for integralmente regulada por normas imperativas[22].

Há ainda quem defenda dever distinguir-se a acepção de disponibilidade relevante para efeitos de aferição da arbitrabilidade. Assim, haverá uma acepção forte (ou absoluta) e uma acepção fraca (ou relativa) de disponibilidade. A primeira consiste na impossibilidade de renúncia ao direito antes e após a sua constituição na esfera jurídica do seu titular; a segunda corresponde à mera irrenunciabilidade prévia do direito, admitindo a renúncia posterior à sua constituição. De acordo com a generalidade da doutrina, esta última será relevante para a determinação da arbitrabilidade do litígio[23].

Apesar dos ajustamentos a que a doutrina e a jurisprudência têm sujeitado o critério da disponibilidade, ele continua a ser alvo de críticas. Há quem assinale não existir relação entre a disponibilidade de um direito e a sua arbitrabilidade, pelo que o critério radica, essencialmente, na desconfiança do legislador relativamente ao instituto da arbitragem[24]. Outros propõem a sua substituição pelo critério alternativo da patrimonialidade, numa solução inspirada noutras experiências legislativas[25].

[21] FERREIRA DE ALMEIDA, «Convenção de arbitragem», cit., 86, criticando a exclusão global da arbitrabilidade relativamente a direitos de personalidade, de família, sucessórios, ou de arrendamento, uma vez que em todos eles haverá matérias susceptíveis e insusceptíveis de decisão arbitral.

[22] Assim, FERREIRA DE ALMEIDA, «Convenção de arbitragem», cit., 86.

[23] Cf. ANTÓNIO SAMPAIO CARAMELO, «A disponibilidade do direito como critério de arbitrabilidade do litígio: reflexões *de jure condendo*», *ROA*, 66, III, 2006, 6; ARMINDO RIBEIRO MENDES, «Balanço dos vinte anos da lei de arbitragem voluntária (Lei n.° 31/86, de 29 de Agosto): sua importância no desenvolvimento da arbitragem e necessidade de alterações», *I Congresso do Centro de Arbitragem da Câmara de Comércio e Indústria Portuguesa: intervenções*, Coimbra, Almedina, 2008, 55-56; JOANA GALVÃO TELES, «A arbitrabilidade dos litígios em sede de invocação de excepção de preterição do tribunal arbitral voluntário», disponível em http://laboratorioral.fd.unl.pt/media/files/Trabalho_joana_galvao_teles.doc (último acesso: 01-10-2010), 7.

[24] VENTURA, «Convenção de arbitragem», cit., 321; PAULA COSTA E SILVA, *A Nova Face da Justiça: os meios extrajudiciais de resolução de controvérsias*, 2009, 85-88.

[25] Neste sentido, SAMPAIO CARAMELO, «A disponibilidade do direito...», cit., 11. A este critério de arbitrabilidade voltaremos *infra*, 4.8.

2.1.2. *Incompetência do tribunal*

O artigo 27.°, n.° 1, *b*), da LAV determina que pode ser anulada uma decisão «proferida por tribunal incompetente ou irregularmente constituído». Estão aqui consagrados, em rigor, dois fundamentos distintos de anulação: o primeiro prende-se com a convenção da arbitragem e o último respeita ao cumprimento das regras de constituição do tribunal ínsitas na LAV[26], que trataremos de seguida.

A competência do tribunal arbitral voluntário tem origem contratual. A convenção de arbitragem é, pois, a fonte do poder jurisdicional dos árbitros e delimita o âmbito da competência do tribunal arbitral[27]. Assim, existindo uma convenção de arbitragem – na modalidade de cláusula compromissória ou compromisso arbitral – é atribuída jurisdição ao tribunal arbitral para dirimir um litígio determinado ou determinável[28] e, simultaneamente, fica excluída a jurisdição do tribunal estadual na exacta medida em que as partes o tenham submetido ao primeiro.

Assim, se a sentença arbitral decidir sobre matéria para a qual o tribunal arbitral não tinha jurisdição, porque não incluída na convenção de arbitragem, o tribunal será incompetente e a decisão anulável, por força do disposto no artigo 27.°, n.° 1, *b*), primeira parte. Esta actuação do tribunal para além dos limites estabelecidos pelas partes na convenção de arbitragem não deve ser confundida com desrespeito pela conformação do objecto do processo[29], que constitui um fundamento autónomo de anulação[30].

A incompetência do tribunal como fundamento de anulação da sentença arbitral tem um limite temporal à sua invocação. O n.° 2 do artigo 27.° determina que o fundamento previsto no n.° 1, *b*), não pode ser invocado pela parte que dele teve conhecimento no decurso da arbitragem e que, podendo fazê-

[26] Costa e Silva, «Anulação e recursos da decisão arbitral», cit., 923.

[27] Costa e Silva, «Anulação e recursos da decisão arbitral», cit., 924.

[28] Exactamente porque a convenção de arbitragem é fonte do poder jurisdicional dos árbitros é que a LAV manda, no seu artigo 2.°, n.° 3, determinar com precisão o objecto do litígio, no caso do compromisso arbitral, ou especificar a relação jurídica a que os (eventuais) litígios respeitem, no caso da cláusula compromissória. Os mesmos motivos de segurança quanto ao âmbito jurisdicional estão na base do requisito de forma (escrita) a que a convenção de arbitragem está sujeita (artigo 2.°, n.° 1).

[29] Como nota Costa e Silva, «Anulação e recursos da decisão arbitral», cit., 925, relativamente à condenação em pedido superior.

[30] *Infra*, 2.1.6.

-lo, não o alegou oportunamente. A referência ao «momento oportuno» deve ser lida, na maioria dos casos, à luz do artigo 21.°, n.° 3, da LAV, que determina que a incompetência tem de ser arguida até à apresentação da defesa quanto ao fundo da causa[31], perante o tribunal arbitral[32], sob pena de preclusão do direito à anulação. Excepcionam-se desta imposição as situações em que o motivo que subjaz à incompetência ou o seu conhecimento é superveniente[33]. Para estas situações (com sucede, a título de exemplo, no caso de caducidade da convenção de arbitragem – v. artigo 4.° da LAV), o momento oportuno terá de ser entendido como prazo razoável para a respectiva alegação.

Abordámos os casos em que a decisão extravasa os limites da convenção de arbitragem, válida e eficaz. Julgamos, todavia, que nos casos em que a convenção for inexistente, inválida ou ineficaz também haverá incompetência do tribunal e, consequentemente, fundamento de anulação nos termos deste preceito. Efectivamente, se a convenção é, como vimos, fonte do poder jurisdicional dos árbitros, as suas patologias afectarão necessariamente os efeitos atributivos da competência. Assim, havendo decisão, terá de concluir-se que esta foi proferida por tribunal incompetente[34], colocando-se também aqui o limite temporal quanto à invocação da invalidade.

Esta conclusão tem de ser harmonizada com o chamado «princípio da competência da competência», que, muito sucintamente, determina que o tribunal arbitral tem competência para apreciar a sua própria competência[35]. Este

[31] Como nota Costa e Silva, «Anulação e recursos da decisão arbitral», cit., 928, este momento dependerá da tramitação concretamente adoptada pelas partes ou pelos árbitros para o processo arbitral.

[32] Cf. Ac. da Relação de Lisboa, *Proc. n.° 3094/2004*-7, Jorge Santos, 18-05-2004 – Caso *Teleweb*: «[a] incompetência do tribunal arbitral, aliás, deve ser arguida no próprio tribunal arbitral (...) até à apresentação de defesa quanto ao fundo da causa, ou juntamente com esta (artigo 21 n.° 3 LAV) e não no tribunal judicial, sob pena de violação da cláusula compromissória».

[33] Neste caso, conquanto não haja culpa do alegante.

[34] Em sentido convergente, Costa e Silva, «Anulação e recursos da decisão arbitral», cit., 925 ss., criticando, todavia, esta opção legislativa «indirecta», afirmando que melhor seria que se sancionasse directamente a causa (sentença proferida com base em convenção de arbitragem inexistente, inválida ou ineficaz), em vez do efeito (competência do tribunal arbitral).

[35] Este princípio tem suscitado inúmeros problemas, que não cumpre aqui resolver, nem sequer enunciar em toda a sua extensão. No entanto, deixamos uma breve nota quanto aos seus limites. Um deles é o que resulta do artigo 12.°, n.° 4, da LAV, que autoriza o presidente do tribunal da relação a aferir da manifesta nulidade da convenção e, consequentemente, da competência do tribunal arbitral. A consagração deste limite, assente em razões de economia processual, pode suscitar a sua aplicação analógica a outras situações, como a da invocação da excepção de preterição do tribunal arbitral na pendência de uma acção proposta num tribunal estadual. Outro limite

princípio, comum a vários ordenamentos jurídicos, está consagrado no artigo 21.° da LAV. Efectivamente, se a convenção de arbitragem é a fonte e o limite do poder jurisdicional na arbitragem, então haveria que concluir que, verificando-se a sua inexistência, invalidade ou ineficácia, o tribunal arbitral careceria de competência para decidir o litígio trazido pelas partes à arbitragem, a começar pela aferição da sua própria competência, que é pressuposto da sua decisão. Ora, o princípio da competência da competência vem precisamente resolver esta incoerência, ao atribuir, por via legal, a competência que, em termos lógicos, faltaria ao tribunal arbitral, dada a origem convencional que a caracteriza[36]. É, pois, este o efeito positivo do princípio: habilitar o tribunal arbitral a decidir sobre a própria competência[37], «mesmo que, para esse fim, seja necessário apreciar a existência, validade ou eficácia da convenção de arbitragem» (artigo 21.°, n.° 1, da LAV), de que dependeria a sua competência nos termos gerais.

Poder-se-ia sustentar caberem neste fundamento de anulação também os casos de inarbitrabilidade: se a competência do tribunal arbitral se afere pela convenção arbitral e esta contempla matéria insusceptível de ser submetida a arbitragem, haveria uma situação de incompetência[38]. Não será assim à luz da LAV, na medida em que esta autonomizou a inarbitrabilidade como fundamento de anulação. Esta autonomização é relevante, já que os fundamentos têm regimes distintos: a inarbitrabilidade não está sujeita às limitações temporais quanto à sua arguição que vimos serem aplicáveis à incompetência do tribunal. Significa isto que o legislador entendeu que o afastamento da arbitragem voluntária como forma de resolução relativamente a alguns litígios, seja porque os remete exclusivamente para arbitragem necessária ou para os meios estaduais, seja por aplicação do critério geral da indisponibilidade, é demasiado importante para fazer caducar o direito à anulação nele fundado.

consiste, precisamente, na sindicância da competência feita em sede de acção de anulação, que ora analisamos. Assim, a decisão do tribunal arbitral acerca da sua própria competência pode não ter carácter definitivo, ainda que esta só possa ser posta em causa a final, nos termos do artigo 21.°, n.° 4 (cf. Lima Pinheiro, *Arbitragem Transnacional*, 133 ss.).

[36] Em sentido divergente, ancorando neste princípio a recusa da origem convencional da competência do tribunal arbitral, Lima Pinheiro, *Arbitragem Transnacional*, cit., 133-134.

[37] António Sampaio Caramelo, «A "autonomia" da cláusula compromissória e a competência da competência do tribunal arbitral», *Homenagem da Faculdade de Direito de Lisboa ao Professor Doutor Inocêncio Galvão Telles: 90 Anos*, 2007, 118.

[38] Ou, de forma mais rigorosa, a convenção de arbitragem ferida de inarbitrabilidade objectiva seria nula, por aplicação do disposto no artigo 3.° da LAV, e a nulidade da convenção implicaria a incompetência do tribunal, por força do artigo 27.°, n.° 2, *b*).

2.1.3. *Irregularidades na constituição do tribunal*

O artigo 27.°, n.° 1, *b*), *in fine*, consagra como fundamento de anulação a irregularidade na constituição do tribunal. As regras relativas à constituição do tribunal arbitral encontram-se nos no artigo 11.° e no artigo 12.° da LAV. Assim, haverá irregularidade na constituição do tribunal quando sejam desrespeitadas estas regras processuais.

O artigo 11.° contém as regras que disciplinam as notificações das partes (entre elas ou dirigidas a terceiros) conducentes à constituição do tribunal arbitral, designadamente quanto à sua forma e conteúdo. O artigo 12.° respeita aos procedimentos de nomeação de árbitros nos casos em que falte a nomeação feita ao abrigo do artigo anterior.

Este fundamento também está sujeito à limitação temporal quanto à sua arguição, cabendo claramente na remissão operada pelo n.° 2 do artigo 27.°. Todavia, ao invés do que acontece relativamente à incompetência do tribunal, para a qual a LAV tem um critério delimitador claro (a apresentação de defesa sobre o fundo da causa, por aplicação do artigo 21.°, n.° 4), quanto à irregularidade o momento oportuno não está expressamente determinado. Há, pois, uma lacuna que importa preencher. Ora, o tratamento unitário que o artigo 27.° atribui a estes dois fundamentos, que se prende com a existência de um denominador comum entre os dois fundamentos – ambos respeitam a vicissitudes que afectam o tribunal, sem prejuízo da sua distinta origem – aconselha a que se aplique a mesma regra quanto ao momento relevante para a preclusão do direito a requerer a anulação da sentença arbitral. Assim, o direito a pedir a anulação da sentença com fundamento na irregularidade do tribunal depende da arguição desta até à apresentação de defesa sobre o fundo da causa[39]. Também aqui se devem salvaguardar os casos de superveniência, para os quais valerá o prazo razoável[40].

Alguma doutrina que entende que a irregularidade na constituição do tribunal deve ser entendida de forma ampla, correspondendo à irregularidade do próprio tribunal, ainda que não respeite à sua constituição. Assim, constituirá fundamento de anulação a violação das regras constantes do artigo 6.° e do artigo 7.° da LAV[41], que determinam a composição do tribunal e a forma de

[39] COSTA E SILVA, «Anulação e recursos da decisão arbitral», cit., 932.

[40] V. *supra*, 2.1.2.

[41] Cf. COSTA E SILVA, «Anulação e recursos da decisão arbitral», cit., 932-933. É de sublinhar que algumas das violações destes artigos podem constituir também fundamentos de anulação por violação do artigo 16.° da LAV, designadamente do princípio da igualdade. Isto não significa que

designação dos árbitros, bem como do artigo 10.°[42], que remete para os impedimento e escusas estabelecidos na lei de processo civil[43].

2.1.4. *Violação de princípios fundamentais do processo arbitral, com influência decisiva na resolução do litígio*

O artigo 27.°, n.° 1, *c*), prevê como fundamento de anulação a violação dos princípios referidos no artigo 16.° da LAV. No entanto, para que haja anulação com base neste preceito não basta que se verifique a inobservância destes princípios: é ainda necessário que essa inobservância tenha influência decisiva na resolução do litígio. Este requisito adicional radica na ideia de que, se é importante assegurar a observância de princípios estruturantes do processo arbitral[44], que, dado o seu carácter basilar, estão subtraídos à vontade das partes, deve, por outro lado, assegurar-se que a sua violação seja de tal modo gravosa que tenha influenciado indubitavelmente a decisão. Evita-se, assim, que qualquer violação

entendamos o árbitro de parte como um árbitro parcial ou partidário [na terminologia adoptada por Mário Raposo, «Imparcialidade dos árbitros», *Estudos sobre Arbitragem Comercial e Direito Marítimo* (Raposo), Coimbra, Almedina, 2006, 82]. Todavia, no caso de pertencer à parte o poder de nomeação de um árbitro, um desvio a esta regra pode suscitar a questão da violação do princípio da igualdade. É que mesmo que todos os árbitros estejam vinculados a um comportamento imparcial, o certo é que a possibilidade de escolha por uma parte pode ser motivada pela especial confiança que uma determinada parte deposita nas capacidades técnicas de um árbitro, ou mesmo no conhecimento prévio de que aquele árbitro pende, em abstracto, para uma posição mais favorável à sua tese. Ora, a escolha baseada nestes critérios é legítima e em nada belisca o dever de imparcialidade dos árbitros. Note-se, todavia, que se o fundamento da anulação fosse aqui o da violação da igualdade, haveria que fazer prova do requisito suplementar da influência decisiva na causa.

42 Cf. Lebre de Freitas, *A Acção Executiva*, cit., 181.

43 Defendendo que a remissão para o artigo 122.° e para o artigo 127.° do CPC operada pela LAV não importa tanto a utilização das previsões constantes das suas alíneas, mas sobretudo a consagração do princípio da imparcialidade do árbitro, Mariana França Gouveia, «O dever de independência do árbitro de parte», *Themis*, IX, n.° 16, 2009, 322. Afirmando que a independência e imparcialidade dos julgadores representa o requisito mínimo de um processo equitativo, que constitui um direito fundamental, Miguel Galvão Teles, «Processo equitativo e imposição constitucional da independência e imparcialidade dos árbitros em Portugal», *Revista de Arbitragem e Mediação*, 7, 2010, *passim*, em especial 132-134. Sobre a violação dos princípios do processo equitativo como causa de anulação à luz da LAV, v. *infra*, 2.2.1.

44 Estes princípios são, dada a sua natureza fundamental, comuns ao Direito processual em geral, e ao Direito processual civil em particular. Por este motivo, são de acolher quanto a eles os contributos dos respectivos tratamentos doutrinários e jurisprudenciais.

destes princípios possa constituir um obstáculo à validade da sentença (é de notar que os princípios têm, comparativamente às regras, um conteúdo mais amplo e menos concreto sendo, assim, susceptíveis de diferentes graus de violação[45]). Há ainda neste limite uma manifestação do princípio da economia processual, que manda aproveitar os actos processuais praticados até onde for possível[46].

Assim, se uma parte intentar acção de anulação da decisão arbitral com fundamento na violação de princípios fundamentais do processo, terá de fazer prova da referida violação, e ainda da relevância dessa mesma violação para o sentido da decisão[47]. Este requisito adicional parece exigir um juízo de prognose póstuma, que importa o afastamento hipotético da violação concretamente verificada para determinar se o sentido da decisão teria sido outro, caso em que se concluirá pela sua aptidão para fundar um pedido de anulação da sentença[48].

O fundamento de anulação previsto no artigo 27.°, n.° 1, *c*), desdobra-se, por sua vez, em quatro sub-fundamentos, atendendo à remissão para artigo 16.° da LAV.

2.1.4.1. Violação do princípio da igualdade das partes

O primeiro princípio fundamental consagrado no artigo 16.°, *a*), é o princípio da igualdade das partes.

O princípio da igualdade impõe o equilíbrio entre as partes durante todo o processo. Isto significa que às partes deve ser dada a mesma oportunidade processual de apresentar e defender a respectiva tese. Este princípio não impõe uma simetria absoluta entre os meios processuais ao dispor das partes, já que

[45] Sobre as características dos princípios (à luz da teoria realista de Dworkin), António Hespanha, *O caleidoscópio do direito: o direito e a justiça nos dias e no mundo de hoje*, 2.ª ed., 2009, 137 ss.

[46] Costa e Silva, «Anulação e recursos da decisão arbitral», cit., 934.

[47] Esta regra aproxima-se da regra constante do artigo 201.°, n.° 1, do CPC.

[48] No Ac. do STJ, *Proc. n.° 04B2190*, Salvador da Costa, 24-06-2004 – Caso *Comissão Arbitral Paritária* – foi discutida a violação do direito de audição das partes como fundamento de anulação da sentença arbitral. Citado na acção arbitral, o demandado não apresentou defesa e foi condenado no pedido, tendo posteriormente intentado acção de anulação com fundamento, entre outros, na preterição de audição prévia. O tribunal decidiu que não basta esta preterição, sendo ainda necessária a verificação de «uma relação causa-efeito entre o conteúdo negativo do acórdão arbitral (...) e a omissão (...) da audição», concretizando desta forma a exigência suplementar consagrada no artigo 27.°, n.° 1, *c*), *in fine*.

estes dependerão da posição que cada uma ocupa, mas tem por escopo assegurar um equilíbrio global de poderes entre as partes[49]. A preocupação que lhe subjaz não é, pois, formal, mas substancial[50]. Este princípio é a expressão processual do princípio da igualdade em geral, com assento constitucional (artigo 13.° CRP), pilar do Estado de Direito democrático[51].

2.1.4.2. Violação da citação necessária do demandado

O artigo 16.°, *b*), da LAV determina a necessidade da citação do demandado. Esta é uma manifestação de um direito mais amplo – o direito de defesa[52] – que importa não apenas o chamamento do réu à acção, mas ainda a garantia do seu conhecimento efectivo do processo e a concessão de um prazo razoável para apresentação da sua oposição, e impõe a moderação das cominações decorrentes da revelia[53].

[49] No *Caso Teleweb* foi discutida a violação do princípio da igualdade como fundamento de anulação pela circunstância de às demandadas, coligadas, ter sido reconhecido o direito de nomeação de apenas um árbitro de parte. No caso concreto, as demandadas não procederam à nomeação conjunta do árbitro, levando a que a demandante requeresse a nomeação ao abrigo do artigo 12.°, n.° 1 da LAV. O tribunal recusou a anulação com este fundamento, colocando, no entanto, a hipótese de se tratar antes de uma irregularidade na constituição do tribunal arbitral, que teria, em todo o caso, de ser arguida oportunamente perante o tribunal arbitral e, após prolação da sentença arbitral, suscitada em acção de anulação. A articulação do princípio da igualdade processual e do direito de nomeação autónoma de um árbitro tem sido muito discutido, especialmente desde a decisão da Cour de cassation francesa de 1992, conhecida como Caso *Dutco*. Este problema foi expressamente previsto no Projecto APA (v. artigo 11.°, que prevê, por regra, a nomeação conjunta). Para uma análise dos problemas suscitados pela pluralidade de partes em arbitragem, v. Manuel Botelho da Silva, «Pluralidade de partes em arbitragens voluntárias», *Estudos em Homenagem à Professora Doutora Isabel de Magalhães Collaço*, II, 2002, 499 ss.

[50] José Lebre de Freitas, *Introdução ao Processo Civil: conceitos e princípios gerais*, 2.ª ed., 2009 (reimp.), 118-119.

[51] Miguel Teixeira de Sousa, *Estudos sobre o Novo Processo Civil*, 2.ª ed., 1997, 42, quanto ao artigo 3.°-A do CPC.

[52] Muitas vezes colocado na órbita do princípio do contraditório, que analisaremos de seguida (cf. Teixeira de Sousa, *Estudos sobre o Novo Processo Civil*, cit., 47 ss.).

[53] Lebre de Freitas, *Introdução ao Processo Civil*, cit., 92. Os efeitos da revelia em processo arbitral são bastante controversos. O nosso CPC consagra, por regra, um efeito cominatório semipleno para a falta de contestação (artigo 484.°, n.° 1). No entanto, a arbitragem tem uma disciplina própria, que decorre da sua própria natureza e teleologia e não se coaduna com a aplicação subsidiária do CPC. Perante o silêncio da LAV sobre esta matéria, pode colocar-se a hipótese de lacuna e a questão de como preenchê-la. Podem também as partes resolver a questão, regulando

Assim, se o demandado não for citado, isto é, não tiver conhecimento de que foi proposta contra si uma acção arbitral e, assim, não for chamado ao processo para apresentar a sua defesa, pode anular a sentença com este fundamento.

Não existe, ao invés do que sucede no CPC, nenhum formalismo associado à citação. É, no entanto, importante, sem prejuízo da possibilidade de ajustar os meios às especificidades do processo concretamente considerado, que se assegure convenientemente o respeito pelo direito de defesa.

2.1.4.3. Violação do princípio do contraditório

O artigo 16.°, *c*), da LAV, determina que em todas as fases do processo seja garantida a estreita observância do princípio do contraditório.

O princípio do contraditório, entendido hoje na sua concepção mais ampla, corresponde, de forma sucinta, ao direito de influenciar a decisão. Cada parte no processo deve, por força deste princípio, poder participar efectivamente e pronunciar-se acerca das matérias decidendas durante o desenrolar do litígio, em condições de igualdade[54]. Às partes assiste, pois, a faculdade de tomar posição, sobre as questões de facto e de direito e controlar a actividade da contraparte, num processo que se pretende dialéctico[55].

2.1.4.4. Violação do direito de audição prévia das partes

O artigo 16.°, *d*), da LAV, estabelece que as partes devem ser ouvidas, oralmente ou por escrito, antes de ser proferida a decisão final. Está aqui consagrado o direito à audição prévia. Este direito encontra-se estreitamente relacionado com os dois anteriores: por um lado, constitui uma manifestação do princípio do contraditório, no sentido em que não pode ser tomada uma deci-

os efeitos da revelia na convenção de arbitragem. É de sublinhar que Projecto APA resolve a questão no artigo 35.°, n.° 2, não atribuindo qualquer efeito à revelia do demandado.

54 Lebre de Freitas, *Introdução ao Processo Civil*, cit., 108 ss. O contraditório é frequentemente considerado uma dimanação do princípio da igualdade (cf. Teixeira de Sousa, *Estudos sobre o Novo Processo Civil*, cit., 46), mas também do acesso ao direito e à tutela jurisdicional efectiva, consagrado no artigo 20.° da CRP (cf. José Lebre de Freitas, «Inconstitucionalidades do Código de Processo Civil», *ROA*, 52, I, 1992, 35).

55 José João Baptista, *Processo Civil*, I, 8.ª ed., 2006, 77.

são sem que as partes em litígio sejam chamadas a pronunciar-se sobre a matéria em discussão e tenham oportunidade de influenciar o sentido daquela; por outro lado, é pressuposto do direito de audição que o demandado seja chamado ao processo e que lhe seja dado efectivo conhecimento dos elementos relevantes para que este possa exercer o seu direito de resposta[56].

Duas questões podem ser colocadas a propósito deste requisito. A primeira respeita ao momento em que deve ser assegurada a audição; a segunda prende-se com a efectividade da audição.

Quanto à primeira, o preceito manda apenas que a parte seja ouvida «antes de ser proferida a decisão final». Resta, porém, saber se esta asserção corresponde à obrigatoriedade de alegações finais das partes, imediatamente antes da prolação da sentença pelos árbitros. O enquadramento deste preceito no âmbito do princípio do contraditório pode levar à conclusão de que bastará que ambas as partes tenham tido a oportunidade de se pronunciarem ao longo do processo (e não necessariamente imediatamente antes da sentença); a autonomização deste direito leva-nos, todavia, a entendimento diverso, já que de outra forma ele não teria qualquer efeito útil, dado que estaria «consumido» pela garantia do contraditório, ínsita na alínea anterior, que consagra o direito de participação das partes ao longo do processo[57]. Acresce que pode fazer sentido garantir autonomamente esta faculdade de audição prévia, no sentido de imediatamente anterior à sentença, já que, muitas vezes, só então será possível às partes pronunciarem-se sobre o litígio de um perspectiva global, com todos

[56] Cf. Teixeira de Sousa, *Estudos sobre o Novo Processo Civil*, cit., 46 ss. Lebre de Freitas, *A Acção Executiva*, cit., 181, n. 28, integra o princípio da audição prévia ínsito no artigo 16.° da LAV no direito de defesa. Parece-nos, contudo, que o seu âmbito é mais extenso, desde logo porque se aplica a ambas as partes. Assim, se for preterida a audição das partes, pode o demandante, mesmo quando não haja deduzido pedido reconvencional, intentar acção de anulação com este fundamento, desde que prove também a sua influência na decisão.

[57] É de sublinhar que o Projecto APA eliminou a autonomização do direito de audição prévia. A sua consagração fica assegurada quer pela exigência de observância do princípio do contraditório em todas as fases do processo, mas também pela atribuição às partes de uma «oportunidade razoável de fazerem valer os seus direitos, por escrito ou oralmente, antes de ser proferida a sentença final» – v. artigo 30.°, n.°1, *c)* e *b)*, respectivamente. Esta opção pode fazer persistir as dúvidas acerca da exigência de alegações finais, especialmente porque os preceitos em que a alteração se inspira (designadamente os preceitos equivalentes nos ordenamentos jurídicos alemão, inglês, escocês, espanhol, na Lei-modelo da UNCITRAL e nos regulamentos da CCI, do LCIA e da AAA – v. Projecto APA, 24, n. 90) apenas prescrevem que a ambas as partes seja concedida a oportunidade de fazer valer a sua posição. Ora, julgamos que uma eventual alteração da LAV deveria deixar claro o sentido que deve ter este direito de audição prévia.

os elementos relevantes, e, assim, poderem tomar posição sobre o sentido da decisão[58].

Relativamente à segunda questão – a da imprescindibilidade do exercício efectivo do direito de audição – bastará que seja dada às partes essa faculdade, sendo dado cumprimento a este preceito através do mero convite dirigido às partes para, querendo, alegar. Entendimento diverso levaria a que uma das partes (*maxime*, o demandado) pudesse provocar, por inacção, a invalidade da sentença arbitral[59].

2.1.5. *Falta de elementos da sentença*

O artigo 27.°, n.° 1, *d*), comina a invalidade da sentença em virtude da violação de algumas regras constantes do artigo 23.° da LAV. Há aqui, novamente, uma remissão, agora para os elementos da decisão, cuja importância leva a que a respectiva falta conduza à invalidade da sentença. São esses elementos a assinatura dos árbitros – artigo 23.°, n.° 1, *f*) e n.° 2 – e a fundamentação – artigo 23.°, n.° 3.

[58] As alegações são uma «proposta» de sentença submetida pelas partes ao juiz (cf. 1985, 647; BAPTISTA, *Processo Civil*, I, cit., 460, n. 182), que só será possível formular num momento final do processo.

[59] As alegações do recorrente no *Caso Comissão Arbitral Paritária* parecem basear-se nesta interpretação da necessidade de exercício efectivo do direito de audição. Cumpre, todavia, assinalar que a questão invocada pelo recorrente, atendendo à interpretação que entendemos mais correcta relativamente ao conteúdo do direito de audição prévia, assente na sua autonomização, não nos parece subsumível neste fundamento de anulação. Efectivamente, ou o demandado (agora recorrente) invocaria não ter tido conhecimento da acção arbitral contra si proposta, e o problema seria o da violação da citação necessária, ou colocaria em questão o efeito atribuído à sua revelia e procuraria enquadrá-lo na violação do processo equitativo (já que, como vimos, a regra a adoptar quanto à revelia do demandado em processo arbitral é muito discutível – ainda que aqui tenha sido aplicada norma constante do Contrato Colectivo de Trabalho e do Código de Processo do Trabalho). Vir sustentar, sem mais, que houve preterição da audição prévia das partes, mesmo que se entenda que esta respeita não apenas às alegações finais, mas, desde logo, ao direito de contestar a acção (ainda que, por hipótese, se entendesse não ter havido preclusão deste direito), constituiria, em última linha, abuso do direito. Note-se, ainda, que da matéria de facto constante do acórdão resulta não ter sido dada oportunidade às partes para alegarem (aparentemente por ter sido aplicado um efeito cominatório pleno à revelia, apesar da falta de clareza quanto a este ponto, dada a referência prévia à advertência do efeito cominatório semi-pleno constante da citação), o que poderia, isto sim, à luz do conceito de audição prévia que adoptámos, constituir fundamento de anulação.

2.1.5.1. Falta da assinatura dos árbitros

A remissão operada pelo artigo 27.°, n.° 1, *d*), abrange dois aspectos atinentes à assinatura dos árbitros, que julgamos conveniente tratar de forma conjunta, por forma a compatibilizá-los, já que pode colocar-se legitimamente a questão dos seus limites e o problema da sua eventual justaposição.

O artigo 23.°, n.° 1, *f*), determina que da sentença arbitral deve constar a assinatura dos árbitros; o artigo 23.°, n.° 2, impõe que a decisão contenha um número de assinaturas pelo menos igual ao da maioria dos árbitros e incluir os votos de vencido. Ora, perante a primeira regra poder-se-ia considerar que a sentença deveria conter a assinatura de todos os árbitros, sob pena de poder ser anulada. Todavia, esta interpretação é dificilmente conciliável com a segunda regra, na medida em que esta apenas exige um número de assinaturas igual ao da maioria dos árbitros (bem como a indicação dos votos de vencido). A doutrina tem assinalado esta aparente contradição[60]. Uma das formas de conciliar os dois preceitos é considerar que o primeiro se destina essencialmente a permitir a identificação dos árbitros, enquanto que o segundo se refere, por sua vez, à autoria e adesão à sentença. Certo é que a LAV não ignorou o problema de nem todos os árbitros poderem ou quererem assinar a sentença, exigindo que essa impossibilidade ou recusa seja enunciada na decisão – artigo 23.°, n.° 1, *g*). Este preceito afasta o entendimento da imprescindibilidade da assinatura de todos os árbitros à luz do artigo 23.°, n.° 1, *f*). Todavia, entender esta norma como mera expressão da necessidade de identificação dos árbitros é redundante, em face da autonomização dessa necessidade, consagrada no artigo 23.°, n.° 1, *d*).

Apesar das dúvidas interpretativas que a remissão do artigo 27.° da LAV para os requisitos elencados no artigo 23.° tem suscitado, a doutrina tem rejeitado, por excessiva, a interpretação que ditaria a invalidade da sentença arbitral por falta da assinatura de todos os árbitros, sustentando a suficiência da aposição das assinaturas da maioria dos árbitros. No entanto, para que esta maioria seja bastante para tornar inoponível a invalidade da sentença deve ser esclarecida a eventual falta de uma ou mais assinaturas dos árbitros. A leitura mais acertada da exigência das assinaturas dos árbitros parece ser, pois, a de que a sentença deve reunir a assinatura de todos, devendo, quando tal não seja possível, haver uma referência à sua falta[61].

[60] COSTA E SILVA, «Anulação e recursos da decisão arbitral», cit., 936 ss.

[61] Neste sentido, COSTA E SILVA, «Anulação e recursos da decisão arbitral», 236; LIMA PINHEIRO, *Arbitragem Transnacional*, cit., 151-152; MÁRIO RAPOSO, «A sentença arbitral», *Estudos sobre Arbi-*

É ainda criticável a ausência de previsão da possibilidade de sanação deste vício, de forma espontânea, pelos árbitros, ou a pedido das partes. Efectivamente, o preceito equivalente do CPC (artigo 668.°, n.° 2), consagra a possibilidade da falta de assinatura, que é causa de nulidade da sentença, ser suprida oficiosamente ou a requerimento das partes. A ausência poderá dever-se à natureza tendencialmente perene do tribunal arbitral, que se constitui para resolução de um litígio e se extingue com a prolação da decisão, e com o esgotamento dos poderes jurisdicionais dos árbitros, decorrente do depósito da sentença ou, quando este seja dispensado, da notificação desta às partes (artigo 25.° da LAV). No entanto, este último problema coloca-se em termos semelhantes no CPC, já que também os poderes dos juízes se esgotam com a prolação da sentença (artigo 666.°, n.° 1), havendo, contudo, excepções a esta regra (como sucede precisamente com o referido artigo 668.°, n.° 2)[62]. O problema deveria, pois, ser tratado pela LAV de forma equivalente[63].

2.1.5.2. Falta de fundamentação

O dever de fundamentação da sentença arbitral está previsto no artigo 23.°, n.° 3, da LAV. O dever de fundamentação das decisões dos tribunais foi consagrado no texto constitucional, no artigo 205.°, n.° 1, que determina que as decisões que não sejam de mero expediente são fundamentadas nos termos da lei[64]. O artigo 23.°, n.° 3, da LAV, não preenche o conteúdo deste dever de fundamentação, tarefa que fica assim remetida à doutrina e à jurisprudência.

tragem Comercial e Direito Marítimo (RAPOSO), 2006, 11; FERNANDA SILVA PEREIRA, *Arbitragem Voluntária Nacional – Impugnação de Sentenças Arbitrais: o tortuoso e longo caminho a percorrer*, 2009. No *Caso Comissão Arbitral Paritária*, foi também este o entendimento seguido.

62 Cf. COSTA E SILVA, «Os meios de impugnação...», cit., 184.

63 É de sublinhar que o Projecto APA prevê um regime mais favorável à sanação dos vícios da sentença arbitral, em geral, no artigo 45.° e no artigo 46.°, n.° 8.

64 Colocando o dever de fundamentação na esfera de exigência do processo equitativo e assinalando os entendimentos doutrinais que consideram que a parte final deste preceito constitucional não deve ser lida como a atribuição de uma discricionariedade legislativa total, havendo que interpretar o dever de fundamentação como uma garantia do Estado de Direito democrático, MANUEL ANTÓNIO LOPES ROCHA, «A motivação da sentença», disponível em http://www.gddc.pt/actividade-editorial/pdfs-publicacoes/7576-c.pdf (último acesso: 01-10-2010), 99-100.

A fundamentação de uma decisão constitui uma garantia de que a mesma é inteligível, isto é, compreensível aos olhos dos seus destinatários. Visa, concomitantemente, afastar o arbítrio na tomada de decisão[65].

É discutível o alcance do dever de fundamentação da decisão arbitral.

Há quem entenda que se trata de um controlo formal mínimo: bastará que a sentença contenha a motivação, isto é, a sua justificação de facto e de Direito[66], a identificação dos factos e das normas em que os árbitros se apoiaram para proferir a sentença. Ainda que a motivação seja deficiente, medíocre ou errada, esta circunstância não será causa de anulação; apenas a total falta de motivação constituiria fundamento de invalidade da sentença arbitral[67].

Quanto à falta de qualidade ou de acerto da sentença, parece inquestionável a sua insusceptibilidade para fundar um pedido de anulação. Julga-se, aqui, do mérito da sentença, cabendo este controlo ao recurso enquanto meio de impugnação (se as partes não tiverem afastado a sua possibilidade), e não à acção de anulação. Já quanto à deficiência, haverá, quanto a nós, que fazer uma ressalva: se esta equivaler a uma insuficiência acentuada da motivação, esta insuficiência terá de ser equiparada à falta absoluta de motivação.

Outro dos problemas que se pode colocar ainda quanto à fundamentação é se esta abrange também a oposição entre os fundamentos e a decisão. Para quem entenda que só a absoluta falta de motivação gera anulabilidade da sentença, esta contradição será irrelevante[68]. A questão dos limites do controlo da

[65] Cf. Costa e Silva, «Anulação e recursos da decisão arbitral», cit., 938. Antunes Varela *et al.*, *Manual de Processo Civil*, cit., 654, notam que o dever de fundamentação tem o benefício indirecto de forçar o julgador a ter um maior controlo sobre a própria decisão.

[66] Melhor se diria «critérios de decisão», atendendo à possibilidade de as partes autorizarem o julgamento segundo a equidade (artigo 22.° da LAV).

[67] Cf. Costa e Silva, «Anulação e recursos da decisão arbitral», cit., 938; Lima Pinheiro, *Arbitragem Transnacional*, cit., 172. Tem sido também este o sentido da jurisprudência portuguesa, designadamente o Ac. da Relação de Lisboa, *Proc. n.° 1465/2006-2*, Tibério Silva, de 02-10-2006 – Caso *Golf das Amoreiras*; o Ac. do STJ, *Proc. n.° 06B2366*, Oliveira Barros, de 24-10-2006; o Ac. do STJ, *Proc. n.° 9180/2007-6*, Fátima Galante, de 29-11-2007; o Ac. da Relação do Porto, *Proc. n.° 0726831*, Rodrigues Pires, de 18-06-2008; o Ac. do STJ, *Proc. n.° 08A1698*, João Camilo, de 10-07-2008 – Caso *Cláusula Penal*. Este entendimento da exigência de fundamentação é frequentemente decalcado da doutrina processualista quanto ao dever de fundamentação consagrado no artigo 668.°, n.° 1, *b*), do CPC. Todavia, deve sublinhar-se que este preceito é complementado com a alínea seguinte, que se dedica à oposição dos fundamentos com a decisão.

[68] Assim parece entender Costa e Silva, «Anulação e recursos da decisão arbitral», cit., 939, sustentando que, se é certo que em caso de contradição a fundamentação não cumpre os seus propósitos, a LAV não consagrou expressamente esta causa de anulação, pelo que ela só pode ser defendida *de iure condendo*. Todavia, a opinião desta autora parece ter sofrido uma ligeira evolu-

acção de anulação coloca-se aqui com particular intensidade. A absoluta falta de motivação é uma questão cuja verificação se esgota na averiguação do preenchimento de um formalismo; já a contradição entre fundamentos e decisão entra na dimensão interna da sentença, do seu conteúdo, exigindo ao intérprete uma indagação que não se esgota numa mera questão externa, de forma.

A distinção entre a acção de anulação e o recurso enquanto modos de impugnação da sentença arbitral assenta tradicionalmente na consideração de que neste último cabe a sindicância do mérito ou acerto da sentença, enquanto que a primeira se ocupa de questões meramente processuais[69]. É frequentemente estabelecido o paralelismo entre o artigo 27.° da LAV e o artigo 668.° do CPC. Todavia, parece-nos que arbitragem tem de ser encarada como um meio de resolução de litígios com as suas especificidades e o seu regime, sem prejuízo dos contributos que o estudo dos problemas e disciplina de outras instâncias de resolução de litígios – entre as quais os tribunais judiciais – possam e devam ser apreciados. Ora, da análise ao regime das causas de anulação resulta que nem sempre esta se esgota num mero exame de aspectos estritamente processuais. Vejam-se os exemplos da inarbitrabilidade e da violação da ordem pública (para quem a admita) como fundamentos de anulação. Acresce que a acção de anulação visa controlar o cumprimento de um núcleo essencial de princípios fundamentais do ordenamento jurídico, sem os quais o Estado não pode legitimar a jurisdição arbitral e fazer equiparar o seu resultado – a sentença arbitral – a uma sentença estadual[70]. Assim, não obstante a arbitragem ser um meio de resolução onde a flexibilidade e a disponibilidade se apresentam como potenciais vantagens comparativas, não pode deixar de ser observado um conjunto mínimo de garantias (sobretudo processuais, mas não só) quanto à sua idoneidade como modo de realização da justiça.

ção no sentido da equiparação (*de iure condito*, bem entendido) da contradição entre fundamentos e decisão e a falta de fundamentação, alicerçada na consideração da *ratio* do dever de fundamentação e da equivalência substancial entre ambas as situações – v. Costa e Silva, «Os meios de impugnação...», cit., 186.

[69] Notando o entendimento generalizado, especialmente quanto à arbitragem internacional, que as partes devem estar preparadas para aceitar a decisão do tribunal arbitral, ainda que a considerem incorrecta, desde que sejam respeitados os aspectos processuais, Alan Redfern *et al.*, *Law and Practice of International Commercial Arbitration*, 4.ª ed., 2004, 421, defendendo que a recorribilidade da decisão faria gorar a celeridade e, sobretudo, a finalidade da arbitragem.

[70] Os tribunais arbitrais estão constitucionalmente previstos (artigo 209.° da Constituição da Republica Portuguesa) e a decisão arbitral tem a mesma força executiva que uma sentença judicial (artigo 26.° da LAV).

A fundamentação coloca difíceis questões de destrinça entre a sua dimensão formal e a sua dimensão substancial[71]. No entanto, há que optar, para efeitos de anulação, entre uma perspectiva estritamente formal, em que o dever de fundamentação se cumpre na mera aposição de uma declaração, ou uma perspectiva material, em que a referida declaração tem de conter uma coerência interna mínima, susceptível de suportar a decisão. Parece-nos que a primeira solução corresponde a uma posição excessivamente formalista, que desatende aos fins perseguidos pelo dever de fundamentação. Concluímos, pois, pelo acerto da segunda. Vejamos, todavia, em que medida.

Apesar de a acção de anulação se ocupar tendencialmente de aspectos meramente processuais, vimos que o controlo por ela imposto extravasa estes limites, na medida em que tal seja necessário para a salvaguarda de garantias de justiça mínimas. Parece-nos, pois, que não existirá fundamentação suficiente nos termos da LAV, e consequentemente haverá fundamento para a acção de anulação, sempre que se conclua que a declaração justificativa das razões da sentença seja manifestamente (isto é, sem necessidade de análise detalhada) insusceptível de tornar compreensível o sentido da decisão. Assim, entendemos que incumpre o comando da fundamentação da sentença arbitral a decisão cuja incompatibilidade com os seus motivos seja evidente. Apesar de nos situarmos já no domínio do conteúdo da sentença, este controlo faz-se ainda do ponto de vista lógico-formal. Isto significa que julgamos não ser anulável por falta de fundamentação uma sentença cuja motivação tenha uma coerência interna, mas que seja desconforme com o Direito. A correcção jurídica da sentença pertence indubitavelmente ao domínio exclusivo do mérito da sentença e, consequentemente, só será controlável através de recurso.

O dever de fundamentação coloca-se quanto a todas as sentenças, independentemente do critério de decisão que as partes tenham escolhido. A decisão por equidade é também passível de fundamentação[72], independentemente da acepção de equidade que se subscreva[73]. Na medida em que a equidade

[71] Cf. José Carlos Vieira de Andrade, *O Dever de Fundamentação Expressa de Actos Administrativos*, 1991, 12.

[72] Sobre as hesitações quanto a este aspecto na doutrina francesa, v. Costa e Silva, «Anulação e recursos da decisão arbitral», cit., 940-943.

[73] Distinguindo uma acepção «fraca», que parte da lei positiva, corrigindo as injustiças da sua aplicação concreta, e uma acepção «forte», que prescinde do Direito estrito, António Menezes Cordeiro, «A decisão segundo a equidade», *O Direito*, 122.°, 1990, 270 ss.

constitui um critério de decisão, ela é passível de enunciação e concretização perante uma situação concreta[74].

Resta deixar uma palavra quanto aos casos em que as partes tenham renunciado ao recurso e a acção de anulação ganhe relevância enquanto forma de impugnação da sentença arbitral. Poderá esta circunstância influenciar o grau ou intensidade do dever de fundamentação exigidos? Por um lado, poder-se-ia entender que o dever de fundamentação perderia relevância, já que a recorribilidade da sentença surge frequentemente como *ratio* da prescrição da invalidade da sentença à qual falte a fundamentação[75]. Todavia, atendendo à prática arbitral, em que o recurso é usualmente afastado, torna-se menos relevante a função da fundamentação por referência à sua recorribilidade. Por outro lado, também seria pertinente considerar que a renúncia ao recurso teria por efeito intensificar o dever de fundamentação e, consequentemente, o seu controlo por via de acção de anulação, atendendo ao reforço da necessidade de que as partes compreendam o sentido da decisão, dada a definitividade desta quanto ao fundo da causa. No entanto, o afastamento do recurso é uma opção das partes, e estas devem estar cientes de que tal opção comporta uma diminuição da sindicabilidade da decisão, fundada na confiança depositada na competência dos árbitros, muitas vezes assente na possibilidade da sua escolha.

Parece-nos, em suma, que o conteúdo nuclear do dever de fundamentação, que ditará a amplitude do seu controlo, será a necessidade de assegurar que a sentença permita o esclarecimento mínimo ou essencial das partes quanto às razões que serviram de suporte à tomada da decisão que lhes é imposta. Trata-se, sobretudo, de assegurar a legitimidade da jurisdição arbitral como meio de realização da justiça, seja qual for o grau de controlo a que as partes tenham sujeitado aquele processo arbitral em concreto.

2.1.6. *Excesso ou omissão de pronúncia*

O artigo 27.°, n.° 1, *e*), consagra como causa de anulação o excesso ou omissão de pronúncia, ou seja, ter o tribunal, na decisão, conhecido de ques-

74 Aliás, como nota MENEZES CORDEIRO, «A decisão segundo a equidade», cit., 271, quando as partes escolhem a equidade parece seguro que não pretendem uma solução arbitrária. Ora, a exclusão da arbitrariedade é precisamente um dos escopos da necessidade de fundamentação.

75 Cf. ANTUNES VARELA *et al.*, *Manual de Processo Civil*, cit., 689, afirmando que para que se possa impugnar a decisão por via de recurso é de elementar conveniência que a parte recorrente saiba quais os seus fundamentos.

tões de que não poderia ter tomado conhecimento, ou ter deixado de pronunciar-se sobre questões que deveria ter apreciado.

Este fundamento de anulação é a expressão da vigência do princípio dispositivo na arbitragem. Este é um princípio enformador do processo civil actual, ainda que tenha vindo a ser atenuado, designadamente com algumas manifestações do princípio inquisitório. Radica na ideia de disponibilidade e autonomia das partes, valores muito presentes na arbitragem.

O princípio dispositivo pode ser diferenciado em duas vertentes fundamentais: a da disponibilidade da tutela jurisdicional (princípio dispositivo *stricto sensu*) e a da responsabilidade pela matéria de facto (princípio da controvérsia). A primeira compreende a disponibilidade da instância e da sua conformação. A segunda reconduz-se à ideia de que as partes são responsáveis por trazer ao tribunal o substrato fáctico da causa[76].

O fundamento de anulação aqui previsto reconduz-se ao princípio dispositivo *stricto sensu*, na sua vertente de conformação do objecto do processo. Haverá fundamento para anulação sempre que o tribunal deixe de apreciar questões que lhe foram submetidas pelas partes, ou que se pronuncie sobre questões que não lhe foram por estas apresentadas[77].

O dever que impende sobre o tribunal de resolver todas as questões que lhe foram trazidas pelas partes não importa a consideração de todos os argumentos que as partes tenham aduzido. Este entendimento é pacífico entre a doutrina e jurisprudência quanto ao artigo 660.°, n.° 2, do CPC[78] e pode ser transposto com utilidade para o contexto da arbitragem.

A situação de o tribunal se pronunciar sobre questões não submetidas pelas partes não deve ser confundido com os casos em que a decisão extravasa os limites da convenção de arbitragem, situação que gera incompetência e que constitui uma causa autónoma de anulabilidade da sentença arbitral[79]. É certo que os dois fundamentos podem coincidir, sempre que o tribunal julgue uma

[76] Lebre de Freitas, *Introdução ao Processo Civil*, cit., 135 ss.

[77] Costa e Silva, «Anulação e recursos da decisão arbitral», cit., 944, n. 123, refere a potencial dúvida quanto à possibilidade de invocação do excesso de pronúncia enquanto fundamento de anulação quando o tribunal se declare incompetente por nulidade da referida convenção, tendo em consideração que o artigo 21.° da LAV não esclarece se a apreciação da competência pode ser feita oficiosamente. A autora responde em sentido negativo, atendendo quer à atribuição de competência ao tribunal arbitral para se pronunciar acerca da sua própria competência, quer à regra do conhecimento *ex officio* da nulidade, num entendimento que subscrevemos.

[78] José Lebre de Freitas *et al.*, *Código de Processo Civil: anotado*, 2.°, 2001, 646.

[79] V. *supra*, 2.1.2.

matéria que, para além de não se incluir no âmbito da convenção de arbitragem, vai além dos limites que as partes imprimiram à acção. Todavia, neste caso a situação de incompetência enquanto fundamento de anulação consome o excesso de pronúncia, já que não pode sequer falar-se em excesso de pronúncia quando falhe a competência que autorize essa pronúncia. Pode perfeitamente suceder que o tribunal profira decisão sobre uma matéria que, não obstante estar contemplada na convenção de arbitragem, as partes não tenham trazido ao conhecimento do tribunal, e que este veja assim circunscrito o seu poder decisório. Tratam-se, pois, de dois limites diferentes, com referências distintas: a convenção de arbitragem, que estabelece o limite máximo de cognição que o tribunal arbitral pode ter (que equivale à sua competência) e o objecto do processo, definido pelas partes nos termos da sua intervenção processual concreta, que estabelece um novo limite, mais restrito, que respeita apenas àquela acção.

Perante a ausência de referência da LAV à condenação ou absolvição[80] em quantidade superior ou em objecto diverso do pedido[81] coloca-se a dúvida de saber em que medida pode esta condenação constituir fundamento de anulação da sentença arbitral. Julgamos dever fazer-se uma interpretação extensiva do artigo 27.°, n.° 1, *e*), da LAV. O que ficou plasmado na sua letra foi apenas o excesso ou omissão de pronúncia, que é normalmente concretizado pela consideração de que a sentença deve atender aos pedidos, causas de pedir e excepções (salvo as de conhecimento oficioso) apresentados pelas partes[82]. Todavia, seria estranho que a lei autorizasse (no sentido de não prever a mesma cominação) o tribunal a exceder qualitativa ou quantitativamente os pedidos formulados pelas partes. Ora, a *ratio* deste preceito da LAV é evitar que o tribunal possa desatender à configuração, feita pelas partes, do litígio e das respectivas pretensões. Trata-se da manifestação do núcleo essencial do princípio dispositivo, que muitos consideram dever ser particularmente reforçado no contexto arbitral, dada a natureza desde meio de resolução de litígios[83]. No

[80] Como nota LEBRE DE FREITAS *et al.*, *Código de Processo Civil*, 2.°, cit., 468, apesar de a lei apenas referir a condenação, também será relevante a absolvição, atendendo aos efeitos do caso julgado.

[81] Que constitui um fundamento de anulação nos termos do artigo 668.°, n.° 1, *e*), do CPC.

[82] Cf. LEBRE DE FREITAS *et al.*, *Código de Processo Civil*, 2.°, cit., 670.

[83] Assim, COSTA E SILVA, «Anulação e recursos da decisão arbitral», cit., 943. Todavia, a mesma autora recusa como fundamento de anulação a condenação num *aliud* ou em quantidade superior, atendendo a que o princípio dispositivo não surge no elenco dos princípios essenciais do processo arbitral constante do artigo 16.° (v. COSTA E SILVA, «Os meios de impugnação...», cit.,

fundo, ambas as situações – excesso ou omissão pronúncia e condenação em pedido diverso – apresentam semelhante preocupação enquanto fundamento de impugnação: circunscrever o poder decisório do tribunal atendendo aos limites da configuração do objecto do processo, que pertence às partes. Assim, as duas devem ser tratadas de modo idêntico no que respeita à susceptibilidade de fundarem uma acção de anulação[84].

2.2. *Alargamento dos fundamentos de anulação por via doutrinal e jurisprudencial*

Apesar do sentido da doutrina e da jurisprudência pender para a defesa da taxatividade dos fundamentos de anulação, têm surgido opiniões favoráveis a um alargamento do elenco constante do artigo 27.° da LAV. Vejamos quais os alargamentos que a doutrina e jurisprudência têm proposto relativamente aos fundamentos de anulação da sentença arbitral.

2.2.1. *Violação do processo equitativo*

Há quem entenda que, não obstante a LAV fazer uma remissão estrita para os princípios elencados no artigo 16.° no artigo 27.°, n.° 1, *c*), estes não são os únicos princípios essenciais enformadores do processo arbitral[85]. Este entendimento baseia-se na consideração de que a arbitragem está sujeita às exigências constitucionais do processo equitativo[86]. O artigo 20.°, n.° 4, da CRP consagra o direito fundamental a uma decisão em prazo razoável e mediante processo equitativo. O processo equitativo, muitas vezes designado *due process*, tem como conteúdo fundamental a conformação do processo de forma materialmente adequada a uma tutela jurisdicional efectiva. A concretização do processo equitativo, à luz do texto constitucional e perante os contributos doutri-

186). Também no *Caso Teleweb*, se afirma ser mais acentuado o princípio do dispositivo na arbitragem, em confronto com o processo civil.

[84] Admitindo a decisão *ultra* ou *infra petita* como fundamento de anulação, LIMA PINHEIRO, «Apontamento sobre a impugnação...», cit., 1029.

[85] No *Caso Comissão Arbitral Paritária*, o tribunal entendeu que os princípios fundamentais do processo equitativo eram, nos termos da LAV, os constantes do artigo15.° (que disciplina as regras de processo) e do artigo16.°.

[86] Neste sentido, MARIANA FRANÇA GOUVEIA, *Introdução à Resolução Alternativa de Litígios*, inédito.

nários e jurisprudenciais, faz nele incluir o direito à igualdade, o princípio do contraditório, o direito de defesa, o direito a prazos razoáveis, o direito à fundamentação das decisões, o direito à decisão em tempo razoável, o direito ao conhecimento dos dados processuais, o direito à prova e o direito a um processo orientado para a justiça material[87]. Ora, a maioria – mas não a totalidade – destas concretizações do princípio do processo equitativo encontra eco no artigo 16.° da LAV.

Assim, no caso de existir uma violação de um princípio fundamental do processo justo e equitativo que não tenha consagração no artigo 16.° da LAV, essa violação será ainda fundamento de anulação da sentença arbitral. Todavia, à semelhança do que sucede com a violação dos princípios ínsitos naquele preceito da LAV, por aplicação do artigo 27.°, n.° 1, *c*), *in fine*, a violação terá de ter uma influência decisiva na resolução do litígio.

2.2.2. *Inclusão dos fundamentos consagrados na Convenção de Nova Iorque*

Um dos entendimentos possíveis quanto ao sentido do alargamento do elenco do artigo 27.°, n.° 1, é o de que esse alargamento deve ser feito mediante a articulação com os fundamentos de recusa do reconhecimento da sentença constantes da Convenção de Nova Iorque[88]. A ideia subjacente a este entendimento é a de que se, nos termos da referida Convenção, determinada circunstância pode constituir fundamento de recusa do reconhecimento pelo Estado português de uma sentença arbitral estrangeira, então essa mesma circunstância não poderá, por maioria de razão, deixar de constituir fundamento de anulação da sentença arbitral nacional[89].

Não iremos aqui referir e concretizar os fundamentos de oposição consagrados na Convenção de Nova Iorque[90], já que estes correspondem, em grande

[87] J. J. Gomes Canotilho & Vital Moreira, *Constituição da República Portuguesa Anotada*, I, 4.ª ed., 2007, 414-416.

[88] Convenção sobre o reconhecimento e a execução de sentenças arbitrais estrangeiras, celebrada em Nova Iorque em 10-06-1958, que entrou em vigor em Portugal em 16-01-1995.

[89] Assim, Lima Pinheiro, «Apontamento sobre a impugnação...», cit., 1031-1034, a propósito de vários fundamentos de oposição ao reconhecimento da Convenção de Nova Iorque.

[90] Uma tabela comparativa dos fundamentos de rejeição do *exequatur* de várias regulações, tendo por referência a Convenção de Nova Iorque, pode ser encontrado em Jean-François Poudret & Sébastien Besson, *Droit de l'arbitrage international*, 2002, 764, que é ilustrativa do carácter matricial deste instrumento internacional quanto a esta matéria.

medida, aos consagrados na Lei-modelo da UNCITRAL, que buscou inspiração naquele diploma, e dos quais nos ocuparemos adiante[91].

2.2.3. *Violação da ordem pública*

Outro dos fundamentos de anulação ausentes do elenco da LAV é a violação da ordem pública. A contrariedade à ordem pública como causa de invalidade foi adoptada em inúmeros textos normativos[92]. Veja-se o exemplo do artigo 34, 2), *b*), ii), da Lei-modelo da UNCITRAL, do artigo 190, 1, *e*), da lei suíça[93], do artigo 68, 2), *g*) da lei de arbitragem inglesa[94], do § 1059, 2), *b*) da lei alemã[95] e do artigo 41, n.° 1, *f*), da lei de arbitragem espanhola[96]. A violação da ordem pública é também fundamento de recusa do reconhecimento na Convenção de Nova Iorque. A razão pela qual decidimos autonomizá-la[97] reside não apenas na atenção que, desde cedo, a sua omissão da LAV tem suscitado na doutrina[98] e jurisprudência[99], mas ainda na circunstância de o Projecto APA a ter desconsiderado como fundamento de anulação.

Impõe-se, desde logo, estabelecer uma distinção, traçada pela generalidade da doutrina, entre ordem pública interna e ordem pública internacional.

[91] *Infra*, 3.

[92] Para uma lista exaustiva, v. BORN, *International Commercial Arbitration*, II, cit., 2620, n. 354.

[93] Capítulo 12 da Lei de Direito Internacional Privado.

[94] Arbitraton Act 1996.

[95] Zivilprozessordnung.

[96] Ley 60/2003, de 23 de diciembre, de Arbitraje.

[97] Uma vez que estaria já compreendida *supra*, 2.2.2., por via do alargamento do elenco da LAV à luz da Convenção de Nova Iorque.

[98] COSTA E SILVA, «Anulação e recursos da decisão arbitral», cit., 944-945, que distingue as situações em que é a própria sentença que viola a ordem pública (caso em que admite que os seus efeitos tenham de ser paralisados por recurso aos critérios gerais de direito) dos casos em que a violação está ínsita na convenção de arbitragem (nos quais existe uma situação de inarbitrabilidade do litígio ou de incompetência do tribunal) ou que se verifica no decurso do processo arbitral (em que existirá a inobservância dos princípios fundamentais do processo); ASSUNÇÃO CRISTAS & MARIANA FRANÇA GOUVEIA, «A violação de ordem pública como fundamento de anulação de sentenças arbitrais», *Cadernos de Direito Privado*, 29, 2010, *passim*, em especial 12, quanto à ordem pública interna; LEBRE DE FREITAS, *Introdução ao Processo Civil*, cit., 74, n. 27, LIMA PINHEIRO, «Apontamento sobre a impugnação...», cit., 1031-1034, MANUEL PEREIRA BARROCAS, *Manual de Arbitragem*, 2010, 520-522, quanto à ordem pública internacional.

[99] No Caso *Cláusula Penal* entendeu-se que a ordem pública constituía, em abstracto, causa de invalidade da sentença arbitral, mas foi recusada, em concreto, a sua apreciação, por implicar reapreciação do mérito da causa arbitral, vedada por força da renúncia ao recurso.

A primeira encontra acolhimento enquanto fundamento de nulidade dos negócios jurídicos, nos artigos 280.° e 281.° do CC[100]. Nesta acepção, ordem pública traduz-se no conjunto dos princípios fundamentais de um ordenamento jurídico, cuja essencialidade leva a que devam prevalecer sobre as convenções privadas[101] A ordem pública constitui, pois, um limite à autonomia privada[102].

A segunda – a ordem pública internacional – está prevista no artigo 22.° do CC, como limite à aplicação do Direito estrangeiro normalmente competente de acordo com as normas de conflitos[103]. A intervenção da ordem pública internacional como limite a esta aplicação visa salvaguardar a ofensa grave dos valores ético-jurídicos fundamentais da ordem jurídica do foro[104]. A ordem pública internacional encontra-se ainda prevista no artigo 1096.°, *f*), do CPC, que prevê como requisito para a confirmação de sentença estrangeira a ausência de manifesta incompatibilidade com os princípios de ordem pública internacional do Estado português[105].

A ordem pública constitui, em qualquer dos seus sentidos, a salvaguarda da observância de um núcleo de normas estruturantes do sistema jurídico. Na ordem pública enquanto fundamento de nulidade dos negócios jurídicos – dita interna – a restrição incide sobre a autonomia privada; na ordem pública internacional, o limite atinge a aplicabilidade do Direito estrangeiro[106]. A divergên-

[100] V. ainda artigo 81.°, quanto à limitação voluntária dos direitos de personalidade; artigo 182.°, quanto à extinção das associações; artigo 271.°, quanto às condições; artigo 2186.°, quanto à disposição testamentária, todos do CC.

[101] Cf. Carlos Alberto da Mota Pinto, *Teoria Geral do Direito Civil*, 4.ª ed. por António Pinto Monteiro e Paulo Mota Pinto, 2005, 257-258. Entendendo que as normas relativas à indemnização de clientela no contrato de agência são de ordem pública, e retirando desta circunstância a nulidade, por inarbitrabilidade do litígio, da convenção de arbitragem, Ac. da Relacção de Guimarães, *Proc. n.° 197/05-1*, Vieira e Cunha, 16-02-2005 – Caso *indemnização de clientela*.

[102] João Baptista Machado, *Lições de Direito Internacional Privado*, 3.ª ed., 2009 (reimp.), 254, define-a como «aquelas normas e princípios jurídicos absolutamente imperativos que formam os quadros fundamentais do sistema, sobre eles alicerçando a ordem económico-social, pelo que são, como tais, inderrogáveis pela vontade dos indivíduos». Pedro Pais de Vasconcelos, *Teoria Geral do Direito Civil*, 5.ª ed., 2008, 591, afirma que as leis injuntivas são de ordem pública, aí residindo a razão da sua inderrogabilidade.

[103] V. ainda 1651.°, n.° 2, e 1668.° do CC quanto à admissibilidade do registo do casamento.

[104] António Marques dos Santos, *As Normas de Aplicação Imediata no Direito Internacional Privado: Esboço de uma Teoria Geral*, II, 1991, 738.

[105] V. também artigo 34.° do Regulamento (CE) n.° 44/2001 do Conselho, de 22 de Dezembro de 2000, relativo à competência judiciária, ao reconhecimento e à execução de decisões em matéria civil e comercial.

[106] A. Ferrer Correia, *Lições de Direito Internacional Privado*, I, 2000 (reimp.), 405.

cia de âmbitos das duas acepções dita uma pretensa diferença de grau entre os limites impostos por uma e outra. Enquanto que a ordem pública interna seria composta pelo conjunto das normas inderrogáveis de um sistema jurídico, a ordem pública internacional teria um âmbito mais restrito, integrado apenas por aquelas normas cuja desaplicação põe em causa os valores fundamentais desse mesmo sistema jurídico[107]. A *ratio* da divergência estaria, pois, na inevitabilidade de uma maior tolerância perante a aplicação das regras de um sistema jurídico estrangeiro, sob pena de se limitar a aplicação do Direito estrangeiro ao domínio do Direito dispositivo do foro[108].

O alargamento dos fundamentos de anulação à ordem pública é justificado pela ideia de que o Estado não pode aceitar e validar sentenças arbitrais que desatendam a princípios estruturantes e indispensáveis ao seu funcionamento. Equivale isto a dizer que, dada a natureza privada da jurisdição, o Estado tem de fazer um controlo mínimo relativamente à aplicação do núcleo fundamental dos seus princípios orientadores, o que se traduz na necessidade de admitir a violação da ordem pública como fundamento de anulação[109].

Resta determinar qual das acepções de ordem pública deve considerar-se para efeitos de anulação da sentença arbitral. A questão deve ser resolvida, essencialmente, pela análise da proximidade do âmbito de intervenção de cada uma das acepções de ordem pública com os propósitos do controlo prosseguido pela acção de anulação[110].

A sentença arbitral é uma decisão jurisdicional, hetero-imposta, pelo que não parece ajustado submetê-la a um controlo característico do negócio jurídico e que constitui um limite à autonomia privada, princípio que não intervém no domínio estrito da decisão arbitral. Assim, parece-nos que a noção a adoptar para efeitos de anulação da sentença arbitral não deve ser a de ordem pública interna[111]. Acresce que algumas razões apontam em sentido favorável

[107] Como nota Isabel de Magalhães Collaço, *Direito Internacional Privado*, III, 1963, 416, a distinção entre ordem pública interna e ordem pública internacional parte da concepção de Savigny e é devida a Brocher. Sendo ambas categorias de direitos imperativos, a segunda está limitada às normas imperativas que reclamam aplicação incondicional.

[108] Rui Moura Ramos, «L'ordre public international en Droit portugais», *Boletim da Faculdade de Direito da Universidade de Coimbra*, 74, 1998, 48-49.

[109] Cristas & França Gouveia, «A violação de ordem pública...» cit., 11-12.

[110] Sendo certo que nenhum deles apresenta uma perfeita coincidência com o problema que nos ocupa.

[111] Sobretudo, atendendo à sua correspondência, acolhida por alguma doutrina, ao conjunto das normas imperativas do Direito português.

ao acolhimento da ordem pública internacional neste contexto. Subjaz aos preceitos que expressamente adoptaram a ordem pública internacional uma ideia validação ou reconhecimento – da solução que resulta da intervenção do sistema normativo competente para resolver a questão, ou da decisão proferida no seio de um ordenamento jurídico estrangeiro – ideia essa que vimos orientar o acolhimento da desconformidade com a ordem pública enquanto fundamento de anulação. É, aliás, notório o paralelismo entre as razões inerentes à necessidade de reconhecimento das sentenças estrangeiras e à indispensabilidade de controlo mínimo do conteúdo da sentença arbitral: trata-se, em ambos os casos, de estabelecer as condições de legitimação a que o Estado sujeita o exercício jurisdicional ocorrido fora da sua esfera de controlo. Julgamos, pois, que a ordem pública relevante para efeitos de anulação da sentença arbitral corresponde ao núcleo essencial dos princípios basilares do ordenamento jurídico, cuja violação se mostre intolerável e comprometa a paz jurídica, mais próxima do conceito de ordem pública internacional.

Todavia, não podemos deixar de referir que o alcance da distinção entre ordem pública interna e internacional é francamente mitigado quando se coloque em causa a perfeita equivalência entre normas de ordem pública interna e normas imperativas[112]. Ora, parece-nos que essa equivalência deve ser questionada em face do artigo 280.° do CC, desde logo porque conduz a uma sobreposição com a contrariedade à lei como fundamento de nulidade aí consagrado, essa sim inevitavelmente assente na violação de normas imperativas[113].

A admissão da ordem pública como fundamento de anulação suscita difíceis questões relativamente aos limites do exame da sentença arbitral compreendido na acção de anulação. Como vimos, tem vindo a ser entendido que este exame se esgota na aferição da observância de requisitos processuais mínimos, e que não pode envolver uma apreciação quanto ao mérito da decisão.

[112] Assim, Carlos Ferreira de Almeida, *Contratos*, II, 2007, 233, n. 474; Manuel Carneiro da Frada, «A Ordem Pública no Direito dos Contratos», *RFDUP*, IV, 2007, 289 ss., sublinhando a permeabilidade da ordem pública às valorações constitucionais e a sua susceptibilidade de actuar mesmo para além de disposições legais específicas (em sentido próximo, v. ainda António Menezes Cordeiro, *Tratado de Direito Civil Português*, I, I, 2.° ed., 2000, 507-508). É de notar que a doutrina que defende dever ser considerada a ordem pública interna como fundamento de anulação, entende que esta não incorpora todas as normas imperativas do ordenamento jurídico (assim, António Sampaio Caramelo, «A reforma da lei de arbitragem voluntária», *Revista Internacional de Arbitragem e Conciliação*, 2009, 42 ss.; Cristas & França Gouveia, «A violação de ordem pública...», cit., 13).

[113] No mesmo sentido, Carneiro da Frada, «A Ordem Pública no Direito dos Contratos», 289.

Todavia, a violação da ordem pública pode estar contida na parte substantiva da decisão arbitral, sendo nesses casos difícil não fazer entrar a acção de anulação no domínio do mérito da decisão[114].

Ora, terá de existir, neste domínio, a compatibilização de dois princípios que aqui se antagonizam: por um lado, a autonomia privada das partes, que, ao renunciar ao recurso, afastaram a possibilidade de sindicância do mérito da decisão; por outro lado, a ordem pública, que encerra em si os princípios estruturantes do ordenamento jurídico.

Se o Estado não pode tolerar que uma sentença arbitral viole a ordem pública, sem permitir uma reacção contra essa mesma sentença, isto significa que, no caso de renúncia ao recurso, esta reacção terá de seguir a via da acção de anulação[115]. No entanto, a admissão da ordem pública como fundamento de anulação exigirá dos tribunais judiciais um especial cuidado no seu tratamento, dada a particular aptidão deste fundamento de anulação para permitir a discussão, em sede de anulação da decisão arbitral, de matérias pertencentes ao domínio do recurso, quando a ele não haja lugar[116]. Seria conveniente que o conceito de ordem pública, não obstante a sua indeterminação, fosse objecto

[114] Assim, CRISTAS & FRANÇA GOUVEIA, «A violação de ordem pública...», cit., 16, defendendo, todavia, que a análise de mérito se faça nos estritos limites da aferição da violação da ordem pública. Afirmando que a violação da ordem pública (internacional) não implica, em rigor, um caso de controlo de mérito, LIMA PINHEIRO, *Arbitragem Transnacional*, cit., 171. Sobre o poder de exame do tribunal estadual na apreciação da ordem pública, v. POUDRET & BESSON, *Droit de l'arbitrage international*, cit., 911 ss. Poder-se-ia equacionar a limitação do controlo da ordem pública aos casos de manifesta incompatibilidade (como sucede quanto à confirmação de sentença estrangeira).

[115] Como nota LIMA PINHEIRO, «Apontamento sobre a impugnação...», cit., 1039, «seria errado pensar que a arbitragem é favorecida pela exclusão de fundamentos de impugnação que se destinam a tutelar (...) os valores fundamentais da ordem jurídica», assinalando a responsabilidade que impende sobre os tribunais estaduais no correcto enquadramento da arbitragem e na sua afirmação como meio de resolução de litígios.

[116] Foi precisamente o receio de que a violação da ordem pública se convertesse numa porta de acesso ao reexame de mérito pelos tribunais estaduais que esteve na base da opção pela manutenção da omissão da referência à ordem pública como causa de anulação pelo Projecto APA (v. 41, n. 156). Refere-se ainda, com pertinência, que não seria compreensível que a sentença arbitral tivesse, quanto a este aspecto, um controlo distinto do aplicável a uma sentença de um tribunal estadual, numa situação de renúncia ao recurso nos termos do artigo 681.° do CPC. Há, todavia, que considerar que o Estado exerce um controlo no acesso à função jurisdicional, ao recrutar e formar magistrados. Este controlo prévio não impossibilita que o núcleo fundamental do Direito seja desaplicado, mas espera-se que torne essa desaplicação menos provável. Note-se ainda que a função de árbitro não requer formação jurídica (v. artigo 8.° da LAV).

de tratamento doutrinário que permitisse a segurança e confiança necessárias à plena aplicação deste fundamento de anulação[117].

É ainda de sublinhar que o reforço da ordem pública como fundamento de anulação da sentença arbitral está estreitamente relacionado com o alargamento do âmbito da arbitrabilidade objectiva. A ideia subjacente é a de que à maior permissão relativamente à sujeição dos litígios a este meio de resolução não poderá deixar de equivaler a intensificação do controlo da aplicação das normas fundamentais do ordenamento jurídico[118].

3. A anulação da sentença arbitral na Lei-modelo da UNCITRAL. Fundamentos de anulação

A Lei-modelo consagra a acção de anulação como único meio de reacção contra a decisão arbitral[119]. O prazo para acção de anulação é de três meses contados desde a data da notificação da mesma ou, se for usada a faculdade conferida pelo artigo 33, respeitante ao pedido da correcção ou interpretação da sentença, desde a data em que o tribunal tenha respondido ao referido pedido – artigo 34, 1) e 3), da Lei-modelo. Prevê-se ainda a possibilidade de suspensão da acção para que seja dada oportunidade ao tribunal arbitral de corrigir o fundamento da invalidade, nos termos do artigo 34, 4).

O confronto dos fundamentos consagrados na LAV com os que resultam da Lei-modelo mostra-se particularmente profícuo. Por um lado, esta última foi formulada com o intuito de servir de guião aos Estados na reforma e modernização das suas leis de arbitragem. Encontra-se-lhe também subjacente uma ideia de harmonização. Esta circunstância conduziu a que inúmeras leis de arbitragem de ordenamentos jurídicos que nos são próximos adoptassem soluções coincidentes com as adoptadas nesta lei, designadamente no que res-

117 Notando que a natureza «nebulosa» do conceito leva a que o mesmo tenha sido utilizado nalguns ordenamentos para autorizar, de forma inapropriada, uma revisão do mérito da causa pelos tribunais estaduais, REDFERN *et al.*, *Law and Practice of International Commercial Arbitration*, cit., 420.

118 Esta orientação, também designada doutrina do «second look», foi afirmada no Caso *Mitsubishi*, decidido em 1985 pelo Supremo Tribunal Federal dos EUA. Sobre esta orientação, v. SAMPAIO CARAMELO, «A reforma da lei de arbitragem voluntária», cit., 49-51; CRISTAS & FRANÇA GOUVEIA, «A violação de ordem pública...», cit., *passim*, em especial 11-12.

119 Tomaremos primordialmente em consideração a versão inglesa de 1985, com as alterações de 2006, disponível em http://www.uncitral.org/pdf/english/texts/arbitration/ml-arb/07-86998_Ebook.pdf.

peita aos fundamentos de anulação[120]. Acresce que o Projecto APA buscou também inspiração neste instrumento. Por outro lado, e ainda quanto aos fundamentos de anulação, a Lei-modelo seguiu de perto as soluções adoptadas pela Convenção de Nova Iorque sobre o reconhecimento e a execução de sentenças[121]. As divergências são mínimas e prendem-se essencialmente com as particularidades da aplicação de um e outro elenco[122]. Acresce que, como vimos[123], há quem entenda que os fundamentos de recusa do reconhecimento constantes desta Convenção devem ser considerados, por maioria de razão, fundamentos de anulação da sentença arbitral no ordenamento jurídico português.

O elenco dos fundamentos de anulação da sentença arbitral encontra-se no artigo 34, 2), da Lei-modelo. Este elenco encontra-se dividido em dois grupos. O primeiro respeita aos fundamentos que têm de ser alegados e provados pela parte que invoca a invalidade da decisão arbitral – artigo 34, 2), a); o segundo respeita aos fundamentos que podem ser oficiosamente conhecidos pelo tribunal – artigo 34, 2), b) – e que são a inarbitrabilidade e a contrariedade à ordem pública[124]. A redacção do preceito aponta para o seu carácter taxativo.

[120] Exemplos de legislações que adoptaram, em maior ou menor grau, a Lei-modelo são a espanhola, a alemã, a inglesa e a cipriota (Redfern *et al.*, *Law and Practice of International Commercial Arbitration*, cit., 421). Por este motivo, faremos apenas referência pontuais, quando julgarmos oportuno, aos fundamentos de anulação consagrados noutras experiências normativas.

[121] Afirmando que este alinhamento não é necessariamente a melhor solução, admitindo que o controlo do Estado de origem seja mais apertado que o do Estado do reconhecimento, Lima Pinheiro, *Arbitragem Transnacional*, cit., 280.

[122] O artigo 34 da Lei-modelo tem em vista as sentenças nacionais, no sentido de o lugar da arbitragem ser o do Estado adoptante deste texto (v. artigo 1), enquanto que a Convenção de Nova Iorque se aplica a sentenças estrangeiras, ou seja, aquelas que tenham sido proferidas num Estado diferente daquele onde é pedido o reconhecimento e execução, ou que não forem consideradas nacionais neste último Estado (v. artigo I). Reflexo desta diferença de âmbito é o fundamento de anulação ínsito no artigo V, n.° 1, *e*), da Convenção de Nova Iorque, que não encontra paralelo na Lei-modelo. Note-se que a Lei-modelo consagrou também um artigo dedicado aos fundamentos de recusa do reconhecimento e execução de sentenças, que reproduz a lista da Convenção de Nova Iorque (artigo 36). Foi intenção clara daquela a aproximação dos fundamentos de anulação da sentença arbitral nacional dos fundamentos de recusa do reconhecimento da sentença arbitral estrangeira, com o intuito de diminuir o impacto da sede da arbitragem na sua regulação (cf. Binder, *International Commercial Arbitration and Conciliation*, cit., 380).

[123] *Supra*, 2.2.2.

[124] Esta divisão provém da Convenção de Nova Iorque (v. artigo V, n.° 1 e n.° 2).

3.1. *Invalidade da convenção de arbitragem*

O primeiro dos fundamentos de anulação da Lei-modelo consiste na invalidade da convenção de arbitragem.

O artigo 34, 2), a), i), parece dividir-se em dois fundamentos. A primeira parte do preceito refere-se expressamente à incapacidade das partes; a segunda parte refere-se à invalidade da convenção de arbitragem, à luz do Direito escolhido pelas partes ou, na falta desta estipulação, à luz do Direito do Estado da sede da arbitragem[125]. A incapacidade das partes gera invalidade da convenção de arbitragem, razão pela qual este último fundamento teria aptidão para esgotar o conteúdo do preceito. A autonomização da incapacidade prende-se, contudo, com a intenção de evidenciar a questão particular da arbitrabilidade subjectiva, isto é, da aptidão das partes para submeterem um determinado litígio à arbitragem[126].

A invalidade da convenção de arbitragem aqui consagrada é frequentemente interpretada de forma muito ampla, incluindo os casos de inexistência ou ineficácia da convenção de arbitragem[127].

3.2. *Violação do processo equitativo*

O artigo 34, 2), a), ii), da Lei-modelo refere-se à circunstância de uma das partes não ter sido devidamente notificada da designação de um árbitro ou das actuações arbitrais, ou não ter podido, por qualquer razão, fazer valer os seus direitos.

Parece estar aqui consagrado o princípio do contraditório, na sua dimensão de efectiva participação das partes no processo, no sentido de lhes permitir influenciar a decisão. Este princípio inclui, por sua vez, o direito de defesa, que supõe o efectivo conhecimento do processo e a oportunidade de acom-

[125] Redfern *et al.*, *Law and Practice of International Commercial Arbitration*, cit., 413.

[126] Cf., a propósito da Convenção de Nova Iorque, Emmanuel Gaillard & John Savage, *Fouchard, Gaillard, Goldman on International Commercial Arbitration*, 1999, 984; Poudret & Besson, *Droit de l'arbitrage international*, cit., 882 e, a propósito da lei alemã, Karl-Heinz Böckstiegel *et al.*, *Arbitration in Germany: the Model Law in practice*, 2007, 455. Sobre a relação entre capacidade e arbitrabilidade subjectiva, v. Ana Perestrelo de Oliveira, *Arbitrabilidade de Litígios com Entes Públicos*, 2007, 29-31.

[127] Cf. Redfern *et al.*, *Law and Practice of International Commercial Arbitration*, cit., 417; Böckstiegel *et al.*, *Arbitration in Germany*, cit., 458.

panhamento de desenvolvimento do mesmo. É o que resulta da imposição constante da parte final do preceito, quando faz incluir no âmbito deste fundamento de invalidade qualquer circunstância que seja susceptível de impedir a parte de fazer valer os seus direitos[128].

A autonomização inicial da violação deste comando na perspectiva da notificação da designação de um árbitro ou dos procedimentos arbitrais tem uma explicação histórica, mas inclui-se ainda na violação do princípio do contraditório, na sua expressão mais ampla[129].

A concretização do princípio do contraditório é usualmente tida como manifestação de um princípio mais abrangente – o princípio do processo equitativo – de que aquele é uma manifestação importante. O princípio do processo equitativo («due process») deverá, assim, orientar o processo arbitral e a sua violação constitui fundamento de impugnação da sentença[130]. Nem poderia deixar de ser assim, já que a exigência do processo equitativo constitui um direito fundamental de justiça processual[131].

3.3. *Violação do âmbito da convenção de arbitragem (da submissão do litígio ao tribunal arbitral)*

O artigo 34, 2), *a*), iii), da Lei-modelo estabelece como causa de invalidade a incidência da decisão sobre matéria não incluída na convenção de arbitragem

[128] A expressão utilizada é «to present his case», que é particularmente ilustrativa da consagração da oportunidade de participar activamente no processo e de influenciar a decisão arbitral e equivale, nos ordenamentos continentais, ao princípio do contraditório e ao direito de defesa (cf. REDFERN *et al.*, *Law and Practice of International Commercial Arbitration*, cit., 414).

[129] Para além de já constar da Convenção de Nova Iorque, esta herdou-o, por sua vez, da Convenção de Genebra de 1927, da qual não quis afastar-se (cf. GAILLARD & SAVAGE, *Fouchard, Gaillard, Goldman on International Commercial Arbitration*, cit., 985).

[130] Cf. REDFERN *et al.*, *Law and Practice of International Commercial Arbitration*, cit., 413, afirmando tratar-se com probabilidade do fundamento de impugnação mais relevante; ALBERT JAN VAN DEN BERG, «The New York Convention of 1958: an overview», disponível em http://www.arbitration-icca.org/media/0/12125884227980/new_york_convention_of_1958_overview.pdf (último acesso: 01-10-2010), 14-15, a propósito da Convenção de Nova Iorque.

[131] Cf., ainda que a propósito da Convenção de Nova Iorque, GAILLARD & SAVAGE, *Fouchard, Gaillard, Goldman on International Commercial Arbitration*, cit., 986-987, afirmando que os princípios do processo equitativo são, de resto, princípios de ordem pública, e que a sua importância levará a que a violação possa ser apreciada oficiosamente; PAULA COSTA E SILVA, «A execução em Portugal de decisões arbitrais nacionais e estrangeiras», *I Congresso do Centro de Arbitragem da Câmara de Comércio e Indústria Portuguesa: intervenções*, 2008, 153.

ou que exceda os seus termos. São, no fundo, as situações em que a decisão é proferida em violação da convenção de arbitragem. Este artigo suscita dúvidas quanto ao seu âmbito[132].

Julgamos estarem directamente contemplados no preceito os casos em que o objecto da decisão é desconforme com o objecto da convenção de arbitragem[133]. Estamos aqui, em rigor, perante um caso de incompetência do tribunal arbitral[134], já que a convenção de arbitragem estabelece o limite da jurisdição do tribunal arbitral[135].

Entendemos não caberem na letra deste preceito da Lei-modelo os casos de condenação *infra* ou *ultra petita*[136], nem de excesso ou omissão de pronúncia. Como já havíamos referido[137], nestes últimos casos a desconformidade afere-se por referência às causas de pedir e aos pedidos (isto é, ao objecto do processo tal como configurado pelas partes), e não por referência à convenção de arbitragem[138].

[132] Também já quanto ao artigo V, n.° 1, *c*), da Convenção de Nova Iorque, como notam POUDRET & BESSON, *Droit de l'arbitrage international*, cit., 888-890, que admitem poderem estar aí incluídos dois fundamentos distintos: a incompetência e o excesso de poder dos árbitros.

[133] No mesmo sentido, ainda que relativamente à Convenção de Nova Iorque, COSTA E SILVA, «A execução em Portugal de decisões arbitrais nacionais e estrangeiras», cit., 153.

[134] GAILLARD & SAVAGE, *Fouchard, Gaillard, Goldman on International Commercial Arbitration*, cit., 988, relacionam este fundamento com o da invalidade da convenção, esclarecendo que se tratam de dois fundamentos de natureza similar, que atingem a competência dos árbitros. Contra, REDFERN *et al.*, *Law and Practice of International Commercial Arbitration*, cit., 417, afirmando que este fundamento não se aplica aos casos em que o problema é de total falta de jurisdição (que reconduzem à primeira causa de invalidade da Lei-modelo). Interpretando a disposição equivalente da lei alemã como «excesso de autoridade», BÖCKSTIEGEL *et al.*, *Arbitration in Germany*, cit., 462-463.

[135] Também BINDER, *International Commercial Arbitration and Conciliation*, cit., 382, coloca este fundamento na esfera da competência do tribunal, remetendo para o artigo 16, 2), que prevê constrangimentos temporais quanto à alegação desta invalidade, sob pena da preclusão do direito à sua invocação. Sobre este fundamento, a propósito da LAV, v. *supra*, 2.1.2.

[136] Refira-se, a este propósito, que foi suscitada a necessidade de inclusão da condenação *infra petita* como fundamento adicional de invalidade (v. BINDER, *International Commercial Arbitration and Conciliation*, cit., 380).

[137] *Supra*, 2.1.6.

[138] Também assim, GAILLARD & SAVAGE, *Fouchard, Gaillard, Goldman on International Commercial Arbitration*, cit., 988, quanto ao preceito equivalente da Convenção de Nova Iorque. Contra, REDFERN *et al.*, *Law and Practice of International Commercial Arbitration*, cit., 417, dando o exemplo de uma decisão da *Cour d'appel* de Paris, que condenou em montante superior ao do pedido. Afirmando estar aqui incluído o excesso de pronúncia, LIMA PINHEIRO, *Arbitragem Transnacional*, cit., 269.

A origem da disparidade entre as duas interpretações poderá estar na expressão utilizada pela versão inglesa – «submission to arbitration». Ora, esta submissão pode reconduzir-se à convenção de arbitragem ou à configuração concreta do litígio feita pelas partes no processo. A expressão inglesa utilizada para «convenção de arbitragem» é «arbitration agreement», que é utilizada noutros fundamentos de anulação; todavia, as versões francesa e espanhola referem-se expressamente à convenção de arbitragem como referência para o âmbito da decisão (o texto francês faz mesmo a distinção entre compromisso arbitral e cláusula compromissória). Enquanto que a versão inglesa é ambígua, as versões francesa e espanhola são unívocas. Esta disparidade entre versões vem já da Convenção de Nova Iorque[139]. Outra das justificações para a divergência na interpretação prende-se com a qualificação dos «terms of reference» (documento que contém, entre outras informações relevantes para o processo, os pedidos das partes e as questões decidendas[140]), que, sendo subscritos pelas partes, podem ser vistos como uma forma de convenção de arbitragem[141].

Alguma doutrina tem tentado compatibilizar as duas versões, fazendo nele incluir quer a decisão para além dos termos da convenção de arbitragem, quer a decisão para além dos termos da submissão do litígio pelas partes. Tratar-se-ia de um problema comum – o do excesso de poderes do tribunal[142], tendo por referência dois critérios diferentes, mas complementares, um mais amplo (a convenção de arbitragem), outro mais restrito (a matéria submetida pelas partes à arbitragem), que definem cumulativamente o âmbito dos poderes de decisão dos árbitros[143].

Este preceito da Lei-modelo pode ainda ser lido no sentido de sancionar com a invalidade a violação da convenção de arbitragem pela decisão. Esta interpretação poderia levar a que a não aplicação do critério de decisão estipulado pelas partes, seja porque o tribunal tenha aplicado Direito diferente do escolhido pelas partes, seja porque estas acordaram na aplicação de Direito estrito e os árbitros aplicaram, em violação desta estipulação, critérios de equi-

[139] Isto pode motivar dúvidas interpretativas quanto a este instrumento, que deverão ser resolvidas à luz do artigo 31.° ss. da Convenção de Viena sobre Direito dos Tratados de 1969.

[140] V. artigo 18 do regulamento da CCI.

[141] GAILLARD & SAVAGE, *Fouchard, Gaillard, Goldman on International Commercial Arbitration*, cit., 988.

[142] Utilizando esta expressão, BORN, *International Commercial Arbitration*, II, cit., 2006 ss.

[143] VAN DEN BERG, «The New York Convention of 1958: an overview», cit., 15. Parece, todavia, que a definição deste âmbito só relevará para estabelecer um limite máximo, não mínimo, pelo que não será causa de anulação a decisão *infra petita*.

dade (ou vice-versa) fosse considerada fundamento de anulação, ao abrigo deste preceito[144].

Parece-nos que a violação da estipulação das partes no que respeita ao critério de decisão aplicado na sentença não cabe neste preceito da Lei-modelo. Acresce que a acção de anulação, como foi já notado, destina-se a assegurar um controlo mínimo da decisão arbitral, do qual o Estado de Direito não pode prescindir na validação da sua função jurisdicional. Todavia, este controlo deve fazer-se mediante a sindicância do cumprimento de garantias de justiça mínimas, devendo restringir tanto quanto possível a análise do mérito da decisão. Apenas quando não seja possível prescindir-se desta análise de mérito deve autorizar-se o tribunal estadual a pronunciar-se sobre o fundo da causa, ainda que somente nos estritos limites da verificação e eventual decretamento da invalidade da sentença.

Ora, o controlo do critério de decisão utilizado pelo tribunal arbitral impõe ao tribunal estadual um exame substancial da decisão arbitral. A amplitude que este exame comporta não é compatível com a natureza da acção de anulação[145].

[144] Defendendo a violação grave da convenção de arbitragem como fundamento da LAV, Lima Pinheiro, «Apontamento sobre a impugnação...», cit., 1030-1031, por força do já mencionado argumento da coerência intrassistemática. O autor entende, contudo, que esta causa de anulação se inclui na desconformidade com o processo arbitral (v. *infra*, 3.4.). Manuel Pereira Barrocas, *Manual de Arbitragem*, 2010, 522-525, sustenta que este é um fundamento atípico da LAV, defendendo, contudo, que o mesmo encontra acolhimento numa leitura ampla do artigo 27.°, n.° 1, *e*), deste diploma.

[145] Poderia entender-se assim não suceder quando fosse enunciado claramente na decisão qual o critério de decisão aplicado. Mas a sua enunciação não implica a sua efectiva aplicação. Ora, se se admitisse a violação do critério de decisão como fundamento de anulação, seria difícil impor que o controlo dessa violação se fizesse em termos estritamente formais, em prejuízo de um controlo material. Para ilustrar a dificuldade em traçar os limites deste controlo, veja-se o *Caso Golfe das Amoreiras*, onde se pode ler que as recorrentes sustentaram que a consideração pelo tribunal arbitral de que teria havido um incumprimento antecipado só poderia fundar-se na aplicação pelo tribunal de critérios de equidade, quando as partes haviam estipulado a aplicação de Direito estrito (português). O argumento não procede, já que o incumprimento antecipado, ainda que não tenha expresso acolhimento na lei portuguesa, tem sido defendido, *de iure condito*, à luz do nosso ordenamento jurídico (v., por todos, Carlos Ferreira de Almeida, «Recusa de cumprimento declarada antes do vencimento», *Estudos em Memória do Professor Doutor João de Castro Mendes*, 1995). Todavia, este caso permite ilustrar a potencial amplitude deste fundamento de anulação: poderiam as partes defender que teria sido aplicado Direito inglês (de onde provém a figura do «antecipatory breach»)? Mesmo o argumento utilizado pelas partes de que o julgamento em processo arbitral se fez com base em critérios de equidade revela-se difícil de sindicar: por um lado, a equidade, na sua acepção fraca, não prescinde do Direito estrito; por outro

O artigo 34, 2), *a*), iii), *in fine*, permite que a invalidade atinja somente a parte da sentença que esteja fora dos limites da convenção de arbitragem, se for possível a cisão que tal invalidade parcial implique.

3.4. *Irregularidades na composição do tribunal ou nos procedimentos arbitrais*

O artigo 34, 2), *a*), iv), refere-se aos casos em que a composição do tribunal arbitral ou o procedimento arbitral sejam desconformes com o acordo das partes (salvo quando este acordo viole uma disposição imperativa da Lei-modelo[146]) ou, na falta deste acordo, às disposições supletivas constantes da Lei-modelo.

Há quem conceda a este preceito aptidão para incluir o desrespeito pelos árbitros da designação do Direito aplicável feita pelas partes[147]. Não nos parece que as regras do procedimento arbitral tenham latitude para acolher o critério de decisão aplicável ao fundo da causa. Acresce que, como já referimos quanto ao fundamento anterior, julgamos que a emissão de um juízo quanto à conformidade da decisão com este critério não prescinde de um controlo quanto à sua substância, que foge ao escopo da acção de anulação[148].

lado, a utilização de critérios de equidade pode fundar-se na própria lei. Em suma, o juízo imposto ao tribunal estadual para aferição da conformidade entre o critério de decisão estipulado e o critério efectivamente aplicado extravasa os limites da acção de anulação e implica uma complexidade que não é compatível com os seus efeitos meramente cassatórios.

[146] Esta prevalência do Direito imperativo sobre a vontade das partes tinha sido já defendida a propósito da Convenção de Nova Iorque (v. Gaillard & Savage, *Fouchard, Gaillard, Goldman on International Commercial Arbitration*, cit., 990-991).

[147] Lima Pinheiro, *Arbitragem Transnacional*, cit., 270-271, que sublinha que o fundamento contratual da arbitragem impõe que a violação da convenção de arbitragem desencadeie a invalidade da decisão arbitral (v. 274). No mesmo sentido, mas restrito aos casos em que o tribunal arbitral, autorizado a julgar por equidade, aplique Direito estrito ou vice-versa, Born, *International Commercial Arbitration*, II, cit., 2599-2600).

[148] Sobre a interpretação restritiva dos tribunais chamados a aplicar o fundamento equivalente da Convenção de Nova Iorque, designadamente o entendimento de que nem todas as violações dos procedimentos arbitrais devem ser consideradas para efeitos de impugnação da sentença, v. Gaillard & Savage, *Fouchard, Gaillard, Goldman on International Commercial Arbitration*, cit., 992-993.

3.5. *Inarbitrabilidade do litígio*

A Lei-modelo consagra a insusceptibilidade de submissão à arbitragem de um determinado litígio como fundamento de anulação da sentença arbitral no artigo 34, 2), *b*), i). Assim, se a decisão versar sobre uma matéria que, de acordo com o critério de arbitrabilidade adoptado, não poderia ser resolvida pela via arbitral, a decisão sobre essa matéria é inválida. Trata-se, pois, de arbitrabilidade objectiva, isto é, em função do litígio.

A Lei-modelo não estabelece um critério de arbitrabilidade. Dado o seu propósito de servir de inspiração ao legislador, deixou o preenchimento da susceptibilidade para arbitragem em função da matéria em aberto.

A inarbitrabilidade é um fundamento de anulação da decisão arbitral unânime e comum aos diversos ordenamentos jurídicos. A sua relevância leva a que seja, na Lei-modelo, de conhecimento oficioso[149].

3.6. *Violação da ordem pública*

A última das causas de invalidade previstas pela Lei-modelo é a violação da ordem pública. Esta causa de invalidade encontra-se prevista no artigo 34, 2), *b*), ii). Tal como sucede com a inarbitrabilidade enquanto fundamento de anulação, a relevância da conformidade da sentença arbitral à ordem pública leva a que esta possa ser conhecida oficiosamente pelo tribunal estadual. Esta causa de anulação é comum à generalidade dos ordenamentos jurídicos que nos são próximos[150]. A inclusão da ordem pública no elenco dos fundamentos de anulação da Lei-modelo deveu-se também ao receio de que a previsão dos restantes fundamentos não tivesse amplitude suficiente para acolher situações que deveriam permitir a anulação da decisão, como os casos de corrupção do tribunal arbitral ou das provas[151].

[149] Há quem entenda que a averiguação da arbitrabilidade constitui uma manifestação dos aspectos da conformidade com a ordem pública (cf. GAILLARD & SAVAGE, *Fouchard, Gaillard, Goldman on International Commercial Arbitration*, cit., 993; REDFERN *et al.*, *Law and Practice of International Commercial Arbitration*, cit., 418-419; VAN DEN BERG, «The New York Convention of 1958: an overview», cit., 19).

[150] Segundo a doutrina alemã, a violação terá de ser óbvia (cf. BÖCKSTIEGEL *et al.*, *Arbitration in Germany*, cit., 467, notando ainda que a noção de ordem pública é, no Direito alemão, bastante restrita).

[151] Cf. REDFERN *et al.*, *Law and Practice of International Commercial Arbitration*, cit., 412, por referência aos trabalhos preparatórios.

Coloca-se perante este fundamento dúvida semelhante à que se colocava quanto à consideração da ordem pública como fundamento atípico de anulação no Direito Português: trata-se de ordem pública interna ou internacional? A doutrina, à semelhança da interpretação restrita dada ao preceito equivalente da Convenção de Nova Iorque, pende para o entendimento de que se trata da ordem pública internacional do Estado do lugar da arbitragem[152]. É de sublinhar que se tratam de noções e princípios fundamentais de justiça, que não se esgotam numa dimensão material, mas abrangem também aspectos processuais[153].

4. A anulação da sentença arbitral no Projecto APA. Fundamentos de anulação

A matéria da impugnação da sentença arbitral sofreu algumas alterações importantes no Projecto APA. A disciplina da impugnação é tratada no (extenso) artigo 46.°.

Como já havíamos referido, a acção de anulação ganhou protagonismo como mecanismo da impugnação da sentença arbitral, à semelhança do que sucede na maioria dos ordenamentos jurídicos que nos são próximos (e acompanhando o sentido da prática arbitral comercial), tendo a regra supletiva, que era a da recorribilidade, passado a ser a da irrecorribilidade (artigo 46.°, n.° 1). O direito à acção de anulação mantém a sua irrenunciabilidade (n.° 5).

O prazo para a acção de anulação foi aumentando para 60 dias, nos termos do artigo 46.°, n.° 6, que seguiu a solução adoptada na lei espanhola. O prazo conta-se a partir da notificação da sentença, ou, se tiver sido requerida a rectificação ou esclarecimento desta, ou prolação de sentença adicional, nos termos do artigo 45.°, a partir da decisão sobre o requerimento[154].

A tramitação passa a ser a do recurso de apelação, em vez de ser a da acção comum na primeira instância, prevista actualmente na LAV (artigo 46.°, n.° 2),

[152] Cf. Gaillard & Savage, *Fouchard, Gaillard, Goldman on International Commercial Arbitration*, 996; Costa e Silva, «A execução em Portugal de decisões arbitrais nacionais e estrangeiras», cit., 154.

[153] Binder, *International Commercial Arbitration and Conciliation*, cit., 383. Sobre algumas possíveis concretizações da violação da ordem pública (entre as quais a fundamentação da decisão), por referência à Convenção de Nova Iorque, v. Van den Berg, «The New York Convention of 1958: an overview», 18-20.

[154] Por inspiração na solução consagrada no artigo 34.° da Lei-modelo da UNCITRAL.

mantendo-se, todavia, o impedimento a que o tribunal estadual conheça do mérito da decisão arbitral[155].

Passa ainda a prever-se uma anulação parcial, no caso de a invalidade afectar aspectos da decisão que possam ser separáveis do resto da decisão, estendendo assim a todos os fundamentos de anulação a solução prevista pela Lei-modelo para apenas um dos seus fundamentos – a violação do âmbito da convenção de arbitragem[156].

Quanto aos fundamentos de anulação, as alterações do Projecto APA foram também significativas. O elenco das causas de anulação está previsto no artigo 46.°, n.° 3. Mantém-se, pela redacção dada ao preceito, o seu carácter taxativo.

O Projecto APA adopta a divisão dos fundamentos de anulação constante da Lei-modelo e da Convenção de Nova Iorque, distinguindo um primeiro grupo cuja prova cabe à parte que impugna a sentença, e um segundo caso de anulação – a inarbitrabilidade objectiva – que pode ser apreciada oficiosamente pelo tribunal estadual[157].

Outra inovação do Projecto APA relativamente à LAV consiste na ficção da renúncia ao direito de impugnação nas situações em que uma parte, após ter conhecimento da inobservância de qualquer disposição imperativa da lei ou de qualquer desrespeito da estipulação das partes na convenção de arbitragem, não deduza imediatamente (ou no prazo especialmente previsto para o efeito) oposição. A LAV já contém uma limitação temporal à invocação de fundamentos de anulação, mas essa limitação está restringida aos fundamentos enun-

[155] Mantém-se, pois, o efeito cassatório, devendo a decisão ser submetida a outro tribunal arbitral. Sobre este ponto, v. SAMPAIO CARAMELO, «A reforma da lei de arbitragem voluntária», cit., 41.

[156] Foi entendido que o princípio *utile per inutile non vitiatur* poderia ser alargado a todas as causas de anulação (v. n. 161 do Projecto APA).

[157] Os fundamentos de conhecimento oficioso abrangem, na Convenção de Nova Iorque e na Lei-modelo, a inarbitrabilidade do litígio e a violação da ordem pública. A inclusão deste segundo fundamento de anulação foi intencionalmente afastada, tendo no entanto a sua omissão merecido voto discordante de António Sampaio Caramelo (cf. n. 156 do Projecto APA). É de notar que a violação da ordem pública interna constava das primeiras versões do Projecto APA, até este ter sido apreciado e votado pela sua «Comissão Revisora», que deliberou no sentido da sua ablação (v. SAMPAIO CARAMELO, «A reforma da lei de arbitragem voluntária», cit., 42 ss.) Sobre as razões da exclusão, v. ROBIN DE ANDRADE, «Decisão Arbitral e Ordem Pública», http://arbitragem.pt/noticias/2010-09-27 – ordem-publica.pdf (último acesso: 01-10-2010). A relevância deste fundamento, consagrado na generalidade dos ordenamentos jurídicos (e que dita geralmente a possibilidade da sua averiguação *ex officio*) levará, porventura, a que se continue a defender a sua aplicação, apesar da sua não consagração.

ciados no artigo 27.°, n.° 1, *b*) – incompetência do tribunal ou irregularidade na sua constituição[158].

Vejamos com maior detalhe cada um dos fundamentos de anulação consagrados no Projecto APA.

4.1. *Invalidade da convenção de arbitragem*

O artigo 46.°, n.° 3, *a*), *i*), do Projecto APA consagra a invalidade da convenção de arbitragem como fundamento de anulação da sentença arbitral. Esta invalidade deve ser aferida nos termos da lei a que as partes a tenham sujeitado ou, na falta de estipulação das partes, nos termos da lei portuguesa[159].

A redacção deste preceito seguiu de muito perto a redacção da primeira causa de anulação consagrada pela Lei-modelo – artigo 34, 2), *a*), i).

Como vimos, a referência inicial à incapacidade das partes é redundante. Efectivamente, a incapacidade das partes é causa de invalidade dos negócios, nos termos gerais. Todavia, como se notou a propósito da Lei-modelo, esta referência inicial à incapacidade, que o Projecto APA reproduziu fielmente, destina-se essencialmente a evidenciar a inarbitrabilidade subjectiva como causa de invalidade[160].

Assim, sempre que a convenção de arbitragem padeça de uma invalidade, fica comprometida a competência do tribunal arbitral, dada a natureza convencional da jurisdição arbitral.

Este fundamento de invalidade corresponde, *grosso modo*, ao fundamento constante do artigo 27.°, n.° 1, *b*), 1.ª parte da LAV – incompetência do tribunal. A propósito deste artigo da LAV tem sido apontado pela doutrina o defeito de olhar para o efeito, e não para a causa, e, nessa perspectiva, têm sido

158 V. *supra*, 2.1.2. e 2.1.3.

159 A menção deste preceito aos «termos da presente lei» parece conter uma referência material. Todavia, melhor nos pareceria que fosse feita menção ao «Direito português», à semelhança do que sucede com as normas que inspiraram este preceito, designadamente o artigo 34, 2), *a*), i), da Lei-modelo, que remete para a lei do Estado adoptante, que corresponde ao Estado em que é proposta a anulação, ou o §1059, 2), 1), *a*), da ZPO, que manda aplicar o Direito alemão. É de notar que o Projecto APA só consagra como causa de invalidade da convenção de arbitragem aspectos formais (v. artigo 2.° e artigo 3.°). Ora, seria incompreensível que a convenção de arbitragem não fosse inválida por aplicação dos fundamentos gerais, designadamente os constantes do CC.

160 As questões de inarbitrabilidade subjectiva colocam-se, sobretudo, a propósito dos litígios em que é parte o Estado ou outras pessoas colectivas de Direito público. Sobre este aspecto v. artigo 1.°, n.° 5, do Projecto APA.

nele incluídos a generalidade das vicissitudes de que padeça a convenção de arbitragem, designadamente a sua inexistência[161], invalidade e ineficácia[162]. Esta referência do Projecto APA às invalidades deve ser, pois, lida numa perspectiva ampla, à semelhança do que sucede com o preceito da Lei-modelo cuja redacção foi aqui adoptada[163].

É ainda de referir que não está aqui tratada a questão da inarbitrabilidade, que, podendo configurar-se como causa de invalidade da convenção de arbitragem, poderia encontrar aqui acolhimento. Esta invalidade é, todavia, pela sua relevância, tratada de forma autónoma pelo Projecto APA no artigo 46.°, n.° 3, *b*)[164]. Esta autonomização não é inconsequente, atendendo ao conhecimento *ex officio* desde fundamento.

4.2. *Violação do processo equitativo*

O artigo 46.°, n.° 3, *a*), *ii*), do Projecto APA estabelece como fundamento de anulação da sentença arbitral a circunstância de a parte que pede a impugnação não ter sido devidamente informada da designação de um árbitro ou do processo arbitral, ou de, por outro motivo, não lhe ser sido dada a oportunidade de fazer valer os seus direitos.

Trata-se, mais uma vez, da adopção fiel da norma constante do artigo 34, 2), *a*), ii), da Lei-modelo. A generalidade da doutrina que tem interpretado este preceito, ou o preceito equivalente da Convenção de Nova Iorque, entende estar nele consagrado o princípio do processo equitativo («due process»), apesar da acentuação, por razões históricas, das suas vertentes do direito de defesa e do princípio do contraditório[165]. O mesmo teor deverá ser reconhecido ao preceito em análise do Projecto APA. É de notar que também quanto ao artigo 27.°, n.° 1, *c*), da LAV, não obstante a remissão feita para princípios processuais determinados, ínsitos no artigo 16.° do mesmo diploma, se tem vindo a entender que esta remissão não é taxativa, devendo o preceito ser interpretado à luz dos imperativos constitucionais respeitantes ao processo equitativo[166].

[161] Aqui há que distinguir os casos em que, havendo convenção de arbitragem, a decisão extravasa os termos da convenção, que cabem no fundamento indicado *infra*, 4.3.

[162] *Supra*, 2.1.2.

[163] Cf. *supra*, 3.1.

[164] À semelhança do que já sucede com o artigo 27.°, n.° 1, *a*) da LAV.

[165] V. *supra*, 3.2.

[166] *Supra*, 2.2.1.

Também aqui nos parece que o Projecto APA deveria ter reflectido a interpretação do preceito da Lei-modelo em que se inspirou e aquela que já era proposta por alguma doutrina quanto à LAV, e consagrado expressamente a sujeição do processo arbitral aos princípios do processo equitativo.

Resta referir que, ao invés do que sucede no preceito equivalente da LAV, não está aqui prevista de forma expressa nenhuma imposição de prova quanto à influência decisiva da violação na resolução do litígio.

4.3. *Violação do âmbito da convenção de arbitragem*

O artigo 46.°, n.° 3, *a*), *iii*), do Projecto APA refere-se aos casos em que a decisão se pronunciou sobre um litígio não abrangido pela convenção de arbitragem ou contém decisões que ultrapassam o âmbito desta.

Foi aqui recebida a redacção da primeira parte do artigo 34, 2), *a*), iii) da Lei-modelo. Não foi acolhida a parte final, que possibilita a cisão da sentença com vista à anulação parcial, por já ser esta a solução adoptada quanto à anulação em geral no Projecto APA, independentemente do fundamento de invalidade em causa (artigo 46.°, n.° 7). Aquele preceito da Lei-modelo é, porventura, aquele que suscita mais e maiores dúvidas quanto ao seu âmbito.

Uma delas radica na sua extensão aos casos em que a decisão extravasa os limites da configuração do litígio feita pelas partes, o que inclui o excesso de pronúncia e a condenação *ultra petita*[167]. Esta extensão não é necessária à luz do Projecto APA, que autonomizou o excesso ou omissão de pronúncia no artigo 46.°, n.° 3, *a*), v)[168], tendo aproveitado – bem – a consagração prévia deste fundamento na LAV[169], obstando desta forma a inconvenientes dúvidas interpretativas[170].

Não julgamos de acolher, pelos motivos que então apontámos, a inclusão neste fundamentos dos casos em que a sentença arbitral que tenha aplicado um critério de decisão diferente do estipulado pelas partes, que alguma doutrina entende poder tratar nos termos deste fundamento.

[167] Sobre esta interpretação v. *supra* 3.3.

[168] *Infra*, 4.5.

[169] Artigo 27.°, n. 1, *e*).

[170] V. n. 152 do Projecto APA, que considerou este fundamento «um válido "aquis" do Direito português». Permanece, todavia, a dúvida quanto à inclusão da condenação em objecto ou quantidade diversos do pedido.

O artigo 46.°, n.° 3, iii), do Projecto APA respeita, pois, quanto a nós, apenas às situações em que, existindo convenção de arbitragem[171], a decisão proferida pelos árbitros extravasa os limites do objecto definido por essa mesma convenção de arbitragem.

4.4. *Irregularidades na composição do tribunal ou nos procedimentos arbitrais*

O artigo 46.°, n.° 3, *a*), iv), estabelece como causa de anulação que a composição do tribunal ou o processo arbitral tenham sido desconformes com a convenção das partes, excepto quando a estipulação seja contrária a uma disposição imperativa ou, na falta de convenção, que sejam desconformes com as suas disposições supletivas.

Este preceito segue o artigo 34, 2), *a*), iv), da Lei-modelo. Afasta-se, todavia, deste preceito, ao acolher a parte final do § 1059, 2), *d*), da lei alemã, que impõe que a desconformidade tenha tido influência decisiva na resolução do litígio para que os fundamentos atinentes às irregularidades na composição do tribunal ou no procedimento arbitral possam fundar uma anulação da sentença arbitral[172].

A LAV contém um preceito equivalente, que apenas refere expressamente as irregularidades na constituição do tribunal. Trata-se do artigo 27.°, n.° 1, *b*), *in fine*, cujo alargamento tinha sido já defendido pela doutrina portuguesa, por considerar demasiado restritiva a limitação ao momento da constituição do tribunal arbitral[173]. O Projecto APA afastou-se conscientemente desta limitação, tendo-se optado pelo uso da expressão «composição», em substituição da expressão «constituição», com o intuito de abranger as irregularidades subsequentes à constituição do tribunal. Veio ainda incluir expressamente as regras de composição e funcionamento do tribunal de origem convencional como fundamento de anulação, excepto quando estas forem contrárias a disposições imperativas.

As regras de composição e funcionamento do tribunal encontram-se genericamente previstas no artigo 8.° e ss. (Capítulo II) e no artigo 30.° e ss. (Capítulo V) do Projecto APA.

171 A inexistência de convenção de arbitragem estará incluída no artigo 46.°, n.° 3, *a*), i). O problema subjacente a este e aquele preceitos é idêntico, já que respeita ao âmbito da jurisdição do tribunal arbitral.

172 Tendo ainda sido inspirado pelo artigo 27.°, n.° 1, *c*), da LAV (cf. n. 151 do Projecto APA).

173 Cf. *supra*, 2.1.3.

O fundamento de anulação aqui consagrado abrange, em suma, as seguintes situações: a violação das regras de composição do tribunal arbitral e do processo arbitral estipuladas pelas partes, desde que não contrariem normas inderrogáveis; a violação das regras supletivas de composição e funcionamento do tribunal, quando não haja convenção das partes; a violação das disposições processuais imperativas, que será fundamento de anulação, por maioria de razão[174].

4.5. *Excesso ou omissão de pronúncia*

O artigo 46.°, 3, *a*), v), do Projecto APA consagra como fundamento de anulação da sentença a circunstância de esta ter conhecido questões de que não podia tomar conhecimento, ou ter deixado de pronunciar-se sobre questões que deveria ter apreciado. Este preceito reproduz o teor do artigo 27.°, n.° 1, *e*), da LAV[175], e trata do problema do excesso ou omissão de pronúncia, que atende à conformação do litígio feita pelas partes no processo. Sobre este preceito do Projecto APA permanece, todavia, a dúvida quanto à admissão da condenação em quantidade superior ou inferior ou em objecto diverso do pedido como causa de anulação, que já se coloca quanto ao artigo 27.°, n.° 1, *e*), da LAV. Como defendemos aquando da interpretação deste último, a consagração do excesso ou omissão de pronúncia como causa de anulação constitui a manifestação do núcleo essencial do princípio do dispositivo, cujo valor basilar – a autonomia privada – é particularmente prezado na arbitragem. Além do mais, seria pouco compreensível incluir-se o excesso ou omissão de pronúncia como fundamento de invalidade e desatender à condenação num *aliud* ou em quantidade diversa para os mesmos efeitos[176].

174 Nalguns casos, a violação destas normas poderá constituir, simultaneamente, violação dos princípios do processo equitativo, também ela fundamento de anulação.

175 Que analisámos supra, 2.1.6. Este fundamento de anulação foi ainda inspirado no artigo 190, 1), *c*), da Lei suíça. A manutenção deste fundamento radicou na consideração de que o mesmo tem vindo a ser interpretado de forma comedida e razoável pelos tribunais portugueses (cf. Sampaio Caramelo, «A reforma da lei de arbitragem voluntária», cit., 42).

176 Parece ter havido intenção clara de incluir neste preceito a condenação *infra* ou *ultra petita*, como resulta da leitura de Sampaio Caramelo, «A reforma da lei de arbitragem voluntária», cit., 42. Sobre as tendências jurisprudenciais de diferentes países na anulação dos casos em que a decisão extravasa os limites da submissão das partes, v. Born, *International Commercial Arbitration*, II, cit., 2607 ss.

4.6. *Falta de elementos da sentença*

O artigo 46.°, 3, *a*), *vi*), do Projecto APA[177] prevê a invalidade da sentença que viole o disposto no artigo 42.°, n.° 1 e n.° 3. Este preceito corresponde ao artigo 27.°, n.° 1, *d*), da LAV, que contém remissões para alguns dos requisitos da sentença elencados no artigo 23.°.

4.6.1. *Falta da assinatura dos árbitros*

O artigo 42.°, n.° 1, estabelece que a sentença deve ser reduzida a escrito e assinada pelo árbitro ou árbitros. Em caso de tribunal plural, é suficiente a assinatura da maioria dos membros do tribunal, ou só a do presidente, quando este deva proferir a sentença[178], mas neste caso (o de nem todos os árbitros assinarem a sentença) deve ser mencionada a razão da omissão das restantes assinaturas. As alterações da Proposta LAV na redacção deste preceito permitem superar, no sentido já acolhido pela doutrina e jurisprudência, algumas dúvidas que se colocavam a propósito da remissão para o artigo 23.°, n.° 1, *f*), da LAV[179].

Também a crítica quanto à dificuldade da sanação do vício, em especial tendo em consideração o seu carácter estritamente formal, foi ultrapassada, dada a possibilidade genérica de sanação das invalidades prevista no artigo 45.° do Projecto APA[180].

4.6.2. *Falta de fundamentação*

O artigo 42.°, n.° 3, do Projecto APA consagra um dever de fundamentação da sentença, à semelhança do artigo 23.°, n.° 3, da LAV. Todavia, o primeiro atribui às partes a faculdade de afastarem o dever de fundamentação da sentença arbitral. Também cessará tal dever quando a sentença seja proferida com base no acordo das partes, nos termos do artigo 41.°[181].

177 Este preceito não constava do Projecto APA 2009, sem que tenhamos encontrado qualquer referência a essa omissão inicial, ao invés do que sucede com a omissão do preceito seguinte, cuja inclusão posterior foi enunciada e justificada.

178 V. artigo 40.° do Projecto APA, para quando não seja possível formar maioria.

179 V. *supra*, 2.1.5.1.

180 Bem como no artigo 46.°, n.° 8, aqui já na pendência da acção de anulação.

181 Parece-nos não existir aqui verdadeira expressão de um poder adjudicatório, o que justifica o afastamento do dever.

O conteúdo do dever de fundamentação para efeitos de anulação da sentença arbitral, que vimos ser amplamente discutido na doutrina e jurisprudência nacionais, não mereceu esclarecimento no Projecto APA. Damos por aqui reproduzidas as considerações tecidas sobre esta matéria à luz da LAV[182], designadamente quanto à necessidade de equiparação à falta de fundamentação, para efeitos de anulação, da acentuada insuficiência da fundamentação, ou da sua manifesta oposição com a decisão (que, todavia, entendemos dever esgotar-se num controlo lógico-formal).

Não é demais reafirmar que a exigência de fundamentação é imposta constitucionalmente e integra o elenco de princípios concretizadores do processo equitativo[183]. Apesar da falta de fundamentação não constar como causa expressa de anulação da sentença em muitas legislações arbitrais, ela é frequentemente reconduzida à violação da ordem pública[184].

4.7. *Extinção do poder dos árbitros*

O último dos fundamentos do Projecto APA cuja invocação e prova cabem exclusivamente às partes é o constante do artigo 46.°, n.° 3, *a*), vii).

Será, nos termos deste preceito, fundamento de anulação a circunstância de a sentença ter sido notificada às partes depois de decorrido o prazo previsto no artigo 43.° do Projecto APA.

Este fundamento foi adicionado na versão mais recente do Projecto APA, não constando da versão de 2009[185].

O artigo 43.° do Projecto APA vem introduzir alterações relevantes relativamente à LAV (designadamente quanto ao seu artigo 19.°), atinentes ao prazo para decisão. De forma muito sumária, o artigo 19.° da LAV prevê um prazo de seis meses, contado da designação do último árbitro, para que seja proferida decisão (n.° 2), sendo possível a prorrogação até ao dobro da sua duração inicial por acordo das partes (n.° 4)[186]. A consequência da inobservância deste

[182] *Supra*, 2.1.5.2.

[183] Cf. *supra*, 2.2.1.

[184] V. Silvia Barona Vilar, «De la anulación y de la revisión del laudo: motivos», Comentarios a la Ley de arbitraje:Ley 60/2003, de 23 de Deciembre (Barona Vilar), 2004, 1431, com indicação de jurisprudência. Notando a divergência, quanto a este ponto, dos países do «common law», onde a motivação da sentença não é habitual, e de outros ordenamentos, onde esta exigência é imperativa, Van den Berg, «The New York Convention of 1958: an overview», cit., 20.

[185] V. n. 154 do Projecto APA.

[186] A interpretação destes preceitos tem suscitado muitas dúvidas, que não cabe aqui desenvolver.

prazo é, nos termos do artigo 4.°, n.° 1, c), da LAV, a caducidade da convenção de arbitragem.

A verificação de que o prazo previsto na LAV era extremamente curto levou a que o Projecto APA o alterasse para doze meses, conferindo a faculdade de o mesmo ser livremente prorrogado por acordo das partes, ou mesmo por decisão do tribunal arbitral, se as partes não manifestarem a sua oposição por comum acordo (artigo 43.°, n.° 1 e n.° 2). O Projecto APA alterou ainda a cominação estabelecida para a inobservância deste prazo: optou-se por prever o termo automático do processo e a extinção do poder dos árbitros para proferir a decisão, mantendo intacta a eficácia da convenção de arbitragem, possibilitando desta forma a constituição de novo tribunal (artigo 43.°, n.° 3). A consequência para a violação do prazo de prolação da decisão arbitral constante do artigo 4.° da LAV – caducidade da convenção de arbitragem – gerava o vício de incompetência, previsto no artigo 27.°, n.° 1, *b*), da LAV como causa de anulação da sentença arbitral. Esta causa de anulação foi retirada do elenco do Projecto APA. Os fundamentos de anulação que lhe são mais próximos são a invalidade da convenção de arbitragem – artigo 46.°, n.° 3, *a*), i)[187] – e a violação do âmbito da convenção – artigo 43.°, n.° 3, *a*), iii). Todavia, apesar de ambos os preceitos versarem sobre problemas que comprometem a competência do tribunal, porque atinentes à sua fonte, nenhum deles acolhe directamente a situação de incompetência. Assim, ao optar por manter intacta a convenção de arbitragem e atacar antes, de forma imediata, a competência do tribunal, o Projecto APA tinha de compatibilizar o regime de anulação com esta alteração. Desta necessidade resultou a inclusão de um fundamento de anulação que tutela especialmente esta situação. Assim, se por decurso do prazo para decisão, o processo terminar e for extinta a competência do tribunal, nos termos do artigo 43.°, n.° 3, e, não obstante, for proferida decisão, essa decisão é anulável nos termos do artigo 46.°, n.° 3, *a*), vii).

4.8. *Inarbitrabilidade do litígio*

O único fundamento cujo conhecimento oficioso pelo tribunal estadual está previsto pelo Projecto APA é o da inarbitrabilidade do litígio. A inarbitra-

[187] Que, numa leitura ampla, que tem sido acolhida relativamente aos preceitos equivalentes da Lei-modelo e da Convenção de Nova Iorque, inclui a generalidade das patologias da convenção de arbitragem, entre os quais a sua ineficácia, que é a cominação actual prevista na LAV para a violação do prazo de decisão, mas já não a do Projecto APA, pelo que é aqui irrelevante.

bilidade como fundamento de anulação está prevista no artigo 46.°, n.° 3, *b*), que determina que a sentença pode ser anulada se o tribunal verificar que o objecto do litígio não é susceptível de ser decidido por via arbitral no Direito português. Estamos aqui perante a inarbitrabilidade dita objectiva, isto é, aquela que exprime a susceptibilidade de um litígio para ser sujeito à arbitragem.

A inarbitrabilidade enquanto causa de anulação é pacífica e foi amplamente adoptada em diversos ordenamentos jurídicos, bem como na Lei-modelo e na Convenção de Nova Iorque (nesta última tendo por referência a lei do Estado onde é pedido o reconhecimento). A única novidade do Projecto APA no que ao acolhimento deste fundamento respeita quando confrontado com o preceito equivalente da LAV – o artigo 27.°, n.° 1, *a*) – consiste na expressa autorização da sua averiguação *ex officio*.

Todavia, na medida em que o Projecto APA introduz alterações quanto ao critério da arbitrabilidade dos litígios[188], o resultado da aplicação deste critério poderá ser diferente, e esta diferença repercutir-se-á necessariamente na inarbitrabilidade enquanto fundamento de anulação.

Como vimos, o critério geral adoptado pela LAV para a determinação do carácter arbitrável de um litígio é o da disponibilidade dos direitos nele envolvidos (artigo 1.°, n.° 1).

O Projecto APA veio propor a adopção de um novo critério de arbitrabilidade, fundado no carácter patrimonial dos interesses em causa, ínsito no artigo 1.°, n.° 1, no que terá seguido o § 1030 da ZPO e o artigo 177 da lei suíça. No entanto, não abandona o critério da disponibilidade, já que no n.° 2 do mesmo preceito admite a sujeição à arbitragem de litígios que não envolvam interesses de natureza patrimonial, desde que o seu objecto seja passível de transacção.

A diferença resultante da alteração introduzida pelo Projecto APA quanto à aferição da arbitrabilidade é, afinal, o de tornar arbitráveis litígios que, não sendo disponíveis, envolvam interesses patrimoniais. As outras hipóteses[189] teriam a mesma solução perante a actual LAV. Não nos parece ter havido, em rigor, uma substituição do critério geral da disponibilidade do direito pelo da patrimonialidade da pretensão. O resultado prático da conjugação do Projecto APA é a intervenção alternativa dos critérios: bastará que se verifique um dos dois para que a sujeição à arbitragem seja possível.

[188] Não abordaremos aqui os casos em que esteja legalmente vedada a possibilidade de submeter o litígio à arbitragem, dada a coincidência deste critério na LAV e na Proposta LAV (v. artigo 1.°, n.° 1, primeira parte, em ambos os textos).

[189] Isto é, os casos em que a patrimonialidade e a disponibilidade coincidem, os casos em que nenhuma se verifica, ou os casos em que, havendo disponibilidade, faltaria a patrimonialidade.

Julgamos que serão reduzidas as situações que encontram acolhimento na previsão da parte final do n.° 1 do artigo 1.° do Projecto APA, que não vissem já a sua arbitrabilidade admitida perante o critério da disponibilidade entendida na sua acepção fraca ou relativa[190]. Acresce que o critério da patrimonialidade da pretensão[191] não nos parece absolutamente incontroverso. Ainda que seja normalmente concretizado através da susceptibilidade de avaliação pecuniária, tem sido criticado, noutros domínios, por carecer de nitidez.

5. **Síntese conclusiva**

O elenco dos fundamentos de anulação da LAV tem vindo a ser progressivamente discutido pela doutrina e jurisprudência nacionais. Esta última tem revelado um entendimento restritivo quanto à sua aplicação, e tem pendido para o respeito do carácter taxativo que é normalmente atribuído às causas de anulação, ainda que com algumas excepções; já a primeira tem sido mais crítica relativamente à interpretação a dar a alguns dos fundamentos de anulação da sentença arbitral, propondo interpretações extensivas de alguns preceitos e mesmo a inclusão de novas previsões, que entende serem essenciais ao bom funcionamento da arbitragem.

O momento da apresentação e discussão do Projecto APA, que tem por escopo servir de base a uma nova lei de arbitragem, é, pois, oportuno para reflectir sobre esta matéria, tanto mais atendendo à circunstância de ter, directa ou indirectamente[192], introduzido divergências de regime quanto aos fundamentos de anulação.

Foi intenção deliberada do Projecto APA seguir de perto a Lei-modelo da UNCITRAL, sem deixar de acolher, pontual e justificadamente, os contributos de outras legislações arbitrais[193] e da própria LAV. Esta opção foi ampla-

[190] Sobre esta acepção, v. *supra*, 2.1.1.

[191] Julgamos que o critério da patrimonialidade terá de ter por referência o pedido. Basta pensar nos casos em que seja peticionada uma indemnização por danos não patrimoniais para perceber que não é irrelevante a incidência do juízo acerca da natureza patrimonial dos «interesses» em litígio a que o Projecto APA se refere.

[192] Indirectamente quando, não tendo alterado o fundamento de anulação, alterou as normas de que depende o seu preenchimento.

[193] É de sublinhar que foi dada especial preponderância às leis alemã e espanhola que, por sua vez, seguiram muito de perto a Lei-modelo, e que esta última inspirou-se fortemente, quanto à matéria de fundamentos de anulação da decisão arbitral, na Convenção de Nova Iorque.

mente justificada na exposição de motivos do Projecto APA[194], procurando-se com ela sensibilizar a comunidade internacional para a escolha de Portugal como sede de arbitragens internacionais, para o que seria importante seguir uma matriz que lhe fosse familiar e que tivesse sido testada e aproveitar a experiência internacional reunida pela UNCITRAL e transposta para a sua Lei-modelo.

Não foi, porém, seguida a via da mera adopção acrítica da Lei-modelo. O Projecto APA buscou, pois, uma forte inspiração na Lei-modelo, mas teve a preocupação de dela se afastar perante a necessidade de adaptar os fundamentos de anulação à experiência portuguesa ou de outros países, ou às alterações na regulação que introduziu relativamente a algumas matérias.

Foi exemplo da primeira situação, quanto à lei portuguesa, o acolhimento da desconformidade do objecto da decisão com o objecto do processo, razoavelmente resolvida entre nós – artigo 46.°, n.° 3, *a*), v)[195] – e da falta de formalidades da sentença – artigo 46.°, n.° 3, *a*), vi)[196] – e, quanto à lei alemã, a limitação da invocação da violação das normas de composição e funcionamento do tribunal aos casos em que esta violação tenha influenciado decisivamente a resolução do litígio. Foi exemplo da segunda situação a regulação autónoma, sem paralelo noutras experiências normativas, dos casos de incompetência gerados pela nova cominação prevista pelo Projecto APA para a inobservância do prazo para prolação da decisão – artigo 46.°, n.° 3, *a*), vii).

Julgamos, contudo, que poderia ter sido reforçada a adequação ao contexto nacional, por um lado, e acolhidos os contributos interpretativos já existentes a propósito da Lei-modelo, por outro. São exemplo desta insuficiência o primeiro fundamento de anulação – artigo 46.°, n.° 3, *a*), i) – que sob a mesma perspectiva trata a incapacidade (entendida sobretudo enquanto inarbitrabilidade subjectiva) e outras causas de invalidade (que deve ser interpretada de forma ampla, acolhendo as patologias da convenção de arbitragem em geral), e o segundo fundamento – artigo 46.°, n.° 3, *a*), ii) – onde deveria ter sido expressamente acolhida a necessidade de observância do processo justo, que é, afinal, o conteúdo que lhe é atribuído à luz da Lei-modelo e já reclamado

[194] Que pode ser consultada em http://arbitragem.pt/projectos/lav/lav-preambulo030509.pdf.

[195] Que teve ainda o mérito de evitar o surgimento de dúvidas quanto à anulação fundada em violação do âmbito da convenção de arbitragem, pouco consentâneas com a prática arbitral portuguesa.

[196] Apesar de não ter aproveitado a oportunidade para esclarecer o sentido e alcance da violação do dever de fundamentação enquanto fundamento de anulação (o Projecto APA limitou-se, quanto a este dever, a prever a possibilidade do seu afastamento pelas partes).

perante a LAV, e corresponde, entre nós, a uma exigência constitucional. Estes ajustamentos permitiriam aumentar a coerência sistemática interna e não nos parece que prejudicassem as vantagens que vimos terem sido perseguidas pela aproximação à Lei-modelo, do ponto de vista externo, especialmente quando o ajustamento acolhesse a interpretação que é já comummente atribuída pela doutrina e jurisprudência arbitrais.

Uma opção que contraria o objectivo de aproximação da disciplina arbitral nacional com outras experiências normativas mais recentes e implementadas, consiste no não acolhimento da violação da ordem pública como fundamento de anulação. Esta omissão já foi criticada anteriormente[197] e parece-nos que poderá levar a que o Projecto APA, sendo adoptado como texto legislativo com esta omissão, inicie a sua vigência com uma dispensável desconfiança e que a taxatividade dos fundamentos de anulação nele consagrados seja imediatamente posta em causa, o que frustra, em certa medida, a ideia subjacente à sua revisão.

[197] SAMPAIO CARAMELO, «A reforma da lei de arbitragem voluntária», cit., 42; CRISTAS & FRANÇA GOUVEIA, «A violação de ordem pública...», cit., 9.V. *supra*, 2.2.3.

Contributo para o estudo do regime da venda forçada no âmbito do Regime Jurídico da Reabilitação Urbana

DR. RUI TAVARES LANCEIRO

SUMÁRIO: *I – Enquadramento: o Regime Jurídico da Reabilitação Urbana. II – O regime da venda forçada no RJRU. III – Garantias do proprietário do bem sujeito a venda forçada.*

I – **Enquadramento: o Regime Jurídico da Reabilitação Urbana**

1. O Regime Jurídico da Reabilitação Urbana (RJRU), aprovado pelo Decreto-Lei n.° 307/209, de 23 de Outubro, assenta na delimitação de áreas de reabilitação urbana pelos municípios.

As áreas de reabilitação urbana devem corresponder a espaços urbanos que, em virtude da insuficiência, degradação ou obsolescência dos edifícios, das infra-estruturas urbanas, dos equipamentos ou dos espaços urbanos e verdes de utilização colectiva, justifiquem uma intervenção integrada (artigo 12.°, n.° 1[1]). A delimitação dessas áreas pode ocorrer através da aprovação de um plano de pormenor de reabilitação urbana – caso em a área de reabilitação urbana corresponde à respectiva área de intervenção – ou por via da adopção de um instrumento próprio (artigo 7.°, n.° 1).

2. A cada área de reabilitação urbana corresponde uma operação de reabilitação urbana (artigo 7.°, n.° 2), que pode ser de dois tipos (artigo 8.°, n.° 1):

[1] Todos os artigos citados sem referência a uma fonte devem-se considerar pertencentes ao Regime Jurídico da Reabilitação Urbana, aprovado pelo Decreto-Lei n.° 307/209, de 23 de Outubro.

a) simples; ou *b*) sistemática. As diferenças entre os dois tipos de operações de reabilitação urbana incidem sobre o objecto da integração – no caso da simples, incide apenas sobre o edificado, no caso da sistemática, incide sobre o edificado e as infra-estruturas envolventes – e sobre a intervenção do poder público – no caso da sistemática, existe a previsão de um programa de investimento público.

3. As operações de reabilitação urbana são coordenadas e geridas por uma entidade gestora, que pode ser um município ou uma empresa do sector empresarial local (artigo 9.° e artigo 10.°, n.° 1) e que deve adoptar um dos seguintes modelos de execução: *a*) por iniciativa dos particulares; ou *b*) por iniciativa das entidades gestoras.

4. Para assegurar a execução da operação de reabilitação urbana em determinada área de reabilitação urbana são concedidos instrumentos específicos às entidades gestoras. Esses instrumentos incluem poderes relativos ao controlo das operações urbanísticas e instrumentos específicos de execução de política urbanística. De entre os instrumentos de execução de política urbanística podemos encontrar (artigo 54.°): as obras coercivas, a demolição de edifícios, o direito de preferência, o arrendamento forçado, as servidões, a expropriação e a venda forçada.

5. Por fim, refira-se que, para estimular a actividade de reabilitação urbana, é estabelecido, em consonância com outros regimes jurídicos que têm vindo a ser aprovados[2], um regime de incentivos – quer ao nível de benefícios fiscais associados aos impostos municipais sobre o património[3], quer ao nível do acesso aos apoios e incentivos fiscais e financeiros à reabilitação urbana[4].

[2] Têm vindo a ser adoptadas medidas que procuram concretizar este objectivo, designadamente, ao nível fiscal e financeiro, cumprindo destacar o regime de incentivos fiscais à reabilitação urbana, por via das alterações introduzidas pela Lei do Orçamento de Estado para 2009, aprovada pela Lei n.° 64-A/2008, de 31 de Dezembro, no Estatuto dos Benefícios Fiscais, aprovado pelo Decreto-Lei n.° 215/89 de 1 de Julho, e a exclusão da reabilitação urbana dos limites do endividamento municipal.

[3] Designadamente o imposto municipal sobre imóveis (IMI) e o imposto municipal sobre as transmissões onerosas de imóveis (IMT). Cf. artigo 17.°, n.° 2.

[4] Cf. artigo 17.°, n.° 3, e artigos 74.° a 77.°.

II – O regime da venda forçada no RJRU

6. Como referimos no ponto anterior, a venda forçada é um dos instrumentos de execução da política urbanística. No entanto, a entidade gestora apenas pode recorrer à venda forçada (tal como acontece com a expropriação) em casos de operações de reabilitação urbana sistemática (artigo 54.°, n.° 3) – no caso da simples não pode existir recurso a esta figura.

7. O regime da venda forçada tem o mesmo ponto de partida do que a realização de obras coercivas ou que a expropriação: a emissão de um acto administrativo de imposição da obrigação de reabilitar (artigo 55.°, n.° 1). Este acto deve determinar a obrigação de reabilitar, bem como o prazo para a conclusão dos trabalhos de reabilitação, «*de acordo com critérios de necessidade, adequação e proporcionalidade*» (artigo 55.°, n.° 1). Ao determinar a obrigação de reabilitar, a entidade gestora está sujeita a um dever de fundamentação agravado, nesses termos, devendo igualmente concretizar minimamente quais serão os trabalhos que devem ser concretizados – para que o proprietário possa ter consciência do conteúdo do dever que lhe está a ser imposto.

Face à notificação do acto administrativo de imposição da obrigação de reabilitar, o particular pode: *a*) cumprir a obrigação; *b*) impugnar judicialmente o acto administrativo em causa, nos termos do Código de Processo nos Tribunais Administrativos; *c*) não cumprir a obrigação; ou *d*) responder à notificação alegando que não quer ou não pode reabilitar.

Em caso de incumprimento da obrigação de reabilitar assim imposta, a entidade gestora pode recorrer aos seguintes instrumentos (artigo 55.°, n.° 2 e n.° 3): a posse administrativa e as obras coercivas[5], a expropriação e a venda forçada. Se o proprietário responde à notificação da dizendo que não pode ou não quer proceder às obras, a entidade gestora apenas pode recorrer à expropriação ou à venda forçada (artigos 61.°, n.° 2, e 62.°, n.° 1)[6]. A expropriação e a venda

[5] O proprietário, após a conclusão das obras coercivas realizadas pela entidade gestora, deve ressarci-la integralmente das despesas incorridas. Pode fazê-lo através do seu pagamento directo ou dando de arrendamento o edifício ou fracção por um prazo mínimo de cinco anos e afectando as rendas ao ressarcimento daquelas despesas. Caso tal não aconteça, pode a entidade gestora arrendá-lo, mediante concurso público, igualmente por um prazo de cinco anos, renovável nos termos do artigo 1096.° do Código Civil (artigo 59.°). Trata-se do instituto do arrendamento forçado.

[6] De facto, tendo em conta a obrigatoriedade de ressarcimento por parte do proprietário pelas despesas com as obras coercivas, não faria sentido que a entidade gestora avançasse com a sua execução contra a sua vontade expressa.

forçada, neste caso, são precedidas de declaração de utilidade pública por efeito de lei, decorrente da opção pelo recurso a uma operação de reabilitação urbana sistemática (artigo 32.°)[7]. Estes instrumentos são colocados lado a lado, como alternativas de valor equivalente à disposição da entidade gestora. Pretende-se, assim, deixar a decisão sobre qual o instrumento a que se faz recurso às entidades gestoras, que melhor conhecem o caso concreto e as necessidades de execução da operação de reabilitação urbana em causa. É claro que esta opção tem como pressuposto que os regimes de venda forçada e de expropriação são equivalentes em termos de protecção do direito fundamental à propriedade privada – avaliação que será feita de seguida.

No entanto, a escolha do instrumento não é aleatória. No artigo 55.°, n.° 3, estabelece-se que o recurso aos mecanismos da expropriação ou da venda forçada só pode ocorrer «*na estrita medida em que tal seja necessário, adequado e proporcional, atendendo aos interesses públicos e privados em presença*». Encontra-se, portanto, no RJRU a previsão da necessidade de fundamentação específica, bem como dos critérios a que a entidade gestora deve recorrer para tomar a sua decisão – e que podem ser utilizados para o controlo dessa mesma decisão.

8. Caso a entidade gestora opte pelo recurso à venda forçada, deve emitir uma resolução de promoção da venda forçada, a qual deve ser fundamentada e notificada nos termos previstos no Código das Expropriações, aprovado pela Lei n.° 168/99, de 18 de Setembro, (CE) para a resolução de expropriar e requerimento da declaração de utilidade pública, com as devidas adaptações. O motivo para esta conjugação dos requisitos da resolução de expropriar e do requerimento da declaração de utilidade pública deriva do facto de a utilidade pública da venda forçada já decorrer da delimitação da área de reabilitação urbana (artigo 32.°). A resolução deve sempre indicar o valor base do edifício ou fracção resultante de avaliação promovida, nos termos do CE (artigo 62.°, n.° 4).

[7] Relembre-se, a este propósito, que não se trata de uma solução original. A declaração de uma área crítica de recuperação e reconversão urbanística, prevista na Lei dos Solos, tinha como «*efeito directo e imediato*» a «*declaração de utilidade pública da expropriação urgente, com autorização de investidura na posse administrativa, segundo o processo correspondente, dos imóveis nela existentes de que a Administração necessite para a execução dos trabalhos a realizar para a recuperação ou reconversão da área*» [artigo 42.°, n.° 1, alínea *a*), da Lei dos Solos, aprovada pelo Decreto-Lei n.° 794/76, de 5 de Novembro]. Por outro lado, o regime jurídico excepcional de reabilitação urbana consagrado no Decreto-Lei n.° 104/2004, de 7 de Maio, prevê a intervenção forçada das sociedades de reabilitação urbana em caso de falta de acordo dos proprietários ou dos condóminos quanto à realização de obras nos seus imóveis, prevendo, nesse caso, o recurso à expropriação (artigo 20.° do Decreto-Lei n.° 104/2004, de 7 de Maio).

A remissão para o CE, no que diz respeito à referência à "resolução de expropriar e ao requerimento da declaração de utilidade pública, com as devidas adaptações", implica que a resolução de promoção da venda forçada deverá conter (artigo 10.° e artigo 12.° do CE):

a) A causa de utilidade pública a prosseguir e a norma habilitante;
b) A identificação dos bens em causa, os proprietários e demais interessados conhecidos, nos termos do artigo 10.°, n.os 2 e 3, do CE;
c) A previsão do montante dos eventuais encargos a suportar com a venda forçada, que tem por base a quantia que for determinada previamente em avaliação, documentada por relatório, efectuada por perito da lista oficial, da livre escolha da entidade gestora (artigo 10.°, n.° 4, do CE);
d) O previsto em instrumento de gestão territorial para os imóveis em causa e para a zona da sua localização.
e) Indicação da dotação orçamental que suportará os encargos com a venda forçada e da respectiva cativação, ou caução correspondente;
f) Estudo de impacte ambiental, quando legalmente exigido.

A notificação deve ser feita mediante carta ou ofício registado com aviso de recepção (artigo 10.°, n.° 5, do CE).

9. Face à notificação dessa resolução, o proprietário pode optar por:

a) Alienar o edifício ou fracção em causa a terceiro no prazo previsto no n.° 5 do artigo 11.° do CE (artigo 62.°, n.os 5 e 6);
b) Impugnar judicialmente o acto administrativo em causa, nos termos do Código de Processo nos Tribunais Administrativos;
c) Dizer o que se lhe oferecer sobre a proposta de valor base apresentada, no prazo referido na alínea *a*), podendo apresentar contraproposta fundamentada em relatório elaborado por perito da sua escolha (artigo 62.°, n.° 5);
d) Contestar a venda forçada ou nada dizer.

Este enquadramento aproxima-se substancialmente do regime previsto para a expropriação por utilidade pública. Aí se prevê que, uma vez emitida a resolução de expropriar e antes de requerer a declaração de utilidade pública, a entidade interessada deve diligenciar no sentido de adquirir os bens por via de direito privado (artigo 11.°, n.° 1, do CE). Na medida em que no procedimento de venda forçada não se pretende a aquisição do bem pela entidade gestora, mas sim por outra entidade que assegure a realização das obras destinadas à sua reabilitação, prevê-se a possibilidade de o proprietário alienar o imóvel – dando-se garantias de informação ao comprador relativamente às obrigações que recaem sobre o imóvel [artigo 62.°, n.° 6, alínea *b*)]. Por seu lado, a audição dos proprietários e a possibilidade de estes dizerem o que se lhes oferecer sobre a proposta de valor base apresentada, podendo apresentar contraproposta fundamentada em relatório elaborado por perito da sua escolha, correspondem a uma adaptação do direito equivalente consagrado no artigo 11.°, n.° 5, do CE.

10. Quando o proprietário recusar a venda forçada, nada disser ou fizer uma contraproposta de valor base[8], a entidade gestora pode avançar para a venda em hasta pública do bem [artigo 62.°, n.° 7, alínea *a*), do RJRU e artigo 11.°, n.° 6, do CE].

A decisão de início do procedimento de venda em hasta pública é notificada ao interessado, nos termos previstos no CE para a notificação da declaração de utilidade pública, com as devidas adaptações [artigo 62.°, n.° 8, alínea *a*), do RJRU e artigo 17.° do CE]. A venda em hasta pública é publicitada e segue o procedimento previsto no Decreto-Lei n.° 280/2007, de 7 de Agosto, nomeadamente no seu nos artigos 88.° e seguintes, com as devidas adaptações (artigo 62.°, n.° 9).

Se, em qualquer das vendas em hasta pública, não comparecer licitante que arremate, a entidade gestora paga o preço em que o bem foi avaliado e reabilita-o por sua conta, no prazo inicialmente estabelecido para o efeito, contado da data da realização da hasta pública, sob pena de reversão para o primitivo proprietário, aplicando-se, com as devidas adaptações, o CE (artigo 62.°, n.° 12)[9].

11. Realizada a venda em hasta pública, a propriedade do imóvel (bem como a obrigação de reabilitar) são transmitidos ao adquirente, nos termos pre-

[8] Neste caso, a entidade gestora pode aceitar ou não o valor proposto. Se não o aceitar, pode avançar para a venda em hasta pública pelo valor inicialmente proposto [artigo 62.°, n.° 7, alínea *a*), do RJRU e artigo 11.°, n.° 6, do Código das Expropriações]. Se concordar, total ou parcialmente, com a contraproposta de valor, pode iniciar o procedimento de venda em hasta pública alterando o valor mínimo de arrematação do bem [artigo 62.°, n.° 7, alínea *b*)].

[9] Esta solução não nos parece feliz. Tendo o instituto da venda forçada sido apresentado como uma alternativa à expropriação, sempre dependente da contingência de a entidade expropriante ter capacidade para o pagamento da justa indemnização, não se compreende a presente opção. De facto, em última análise, o objectivo – que era evitar esse problema do instituto da expropriação – acaba por ser gorado, porque sempre terá a entidade gestora de garantir a possibilidade de pagamento, em última análise, de pelo menos o montante previsto para o valor base de venda em hasta pública.

vistos no artigo 62.°, n.° 10. O início das obras de reabilitação do bem não pode ocorrer antes da realização da vistoria *ad perpetuam rei memoriam*, nos termos previstos no CE, com as necessárias adaptações (artigo 63.°, n.° 7).

12. Nos casos em que o proprietário esteja de acordo com o valor proposto pela entidade gestora ou tenha apresentado contraproposta de valor inferior ao da arrematação, a entidade gestora entrega-lhe o produto da hasta pública, terminando assim o procedimento de venda forçada (artigo 63.°, n.° 1). Na verdade, pode considerar-se que, nestes casos, o interesse do proprietário encontra-se protegido na medida em que ou concordou com o valor base proposto pela entidade gestora para a arrematação ou o valor de arrematação foi superior àquele que ele alegava ser o valor justo do bem.

No entanto, o procedimento não se poderá considerar terminado caso o proprietário tenha apresentado contraproposta nos termos previstos no artigo 62.°, n.° 5, com um valor superior ao resultante da venda em hasta pública. A transmissão da propriedade pode, assim, ocorrer antes da determinação do valor justo do imóvel, nestes casos. Trata-se, no entanto, de um regime próximo do regime da expropriação, na medida em que a entidade pública toma posse administrativa do bem expropriado independentemente de o procedimento de expropriação não ter ainda terminado, tal como previsto nos artigos 19.° e 20.° do CE.

13. Nestes casos, a entidade gestora promove uma tentativa de acordo sobre o montante pecuniário a entregar, nos termos previstos no CE para a expropriação amigável, com as necessárias adaptações, sem prejuízo de lhe ser imediatamente entregue o produto da hasta pública (artigo 63.°, n.° 2)[10]. Desta forma, introduziu-se no procedimento de venda forçada uma fase equivalente ao da expropriação amigável, remetendo-se o regime aplicável, em bloco, para o CE, com as necessárias adaptações, garantindo-se, assim, a equivalência de regimes existente entre expropriação e venda forçada.

Quando não for possível o acordo, é aplicável, com as necessárias adaptações, o disposto no CE para a expropriação litigiosa (artigo 63.°, n.° 3). Desta forma, introduziu-se no procedimento de venda forçada uma fase equivalente ao da expropriação litigiosa, remetendo-se o regime aplicável, em bloco, para o CE, com as necessárias adaptações.

[10] Cf. também o artigo 72.°, que estabelece que «*no âmbito dos procedimentos administrativos previstos no presente decreto-lei deve ser promovida a utilização de mecanismos de negociação e concertação de interesses*».

No caso de, através de acordo ou através de procedimento litigioso, se fixar um valor do bem que ultrapasse o valor da arrematação, a entidade gestora é responsável pelo pagamento da diferença, devendo prestar as garantias previstas no CE, com as necessárias adaptações (artigo 63.°, n.° 6).

Assim se pretendeu certamente concretizar o referido, em *obter dicta*, pelo Tribunal Constitucional, no Acórdão n.° 421/2009[11], quando referiu que não se podia depreender da lei de autorização legislativa «*que, nos casos em que o preço do imóvel obtido através da venda em hasta pública se revele inferior ao montante em que o mesmo foi avaliado, nos termos do Código das Expropriações, não venha a ser conferida ao particular, através de indemnização, a compensação devida quanto à parte restante*».

14. Por fim, o RJRU garante que o valor a pagar ao proprietário sujeito a venda forçada goza de «*todas as garantias conferidas ao expropriado, pelo Código das Expropriações, relativamente à justa indemnização*» (artigo 63.°, n.° 5). Repare-se que existe aqui uma remissão global – que inclui o próprio valor, a sua definição e o seu regime de pagamento.

O preceito parece igualmente encontrar inspiração do referido no Acórdão n.° 421/2009 do Tribunal Constitucional, quando referiu que nada impedia que o legislador autorizado viesse «*a salvaguardar, em conformidade com a Constituição, as garantias jurídicas dos particulares*» (ponto 14 do Acórdão n.° 421/2009).

III – **Garantias do proprietário do bem sujeito a venda forçada**

15. Como se poderá retirar do exposto, se se atentar à redacção dos preceitos relativos à venda forçada, verifica-se que o seu regime foi construído de forma muito próxima ao da expropriação por utilidade pública, previsto no CE. A título de exemplo do cuidado na aproximação entre os regimes da venda forçada e da expropriação, repare-se:

a) Na equiparação entre a resolução de expropriar e respectivo requerimento da declaração de utilidade pública (artigo 10.° e artigo 12.° do CE) e a resolução de promoção da venda forçada (artigo 62.°, n.° 4, do RJRU);

[11] Trata-se de um acórdão proferido a propósito do pedido de fiscalização preventiva do Decreto n.° 343/X da Assembleia da República que aprovava a lei de autorização legislativa relativa ao RJRU (proc. n.° 667/2009). Disponível em http://www.tribunalconstitucional.pt/tc/acordaos/ (URL consultado pela última vez a 1 de Setembro de 2010).

b) Na proximidade entre a possibilidade de aquisição dos bens a expropriar por via do direito privado (artigo 11.° do CE) e a possibilidade de alienação do bem prevista no artigo 62.°, n.os 5 e 6, do RJRU;

c) Na proximidade entre o regime que permite a audição dos proprietários e a possibilidade de se pronunciarem sobre a proposta de valor base apresentada, podendo apresentar contraproposta fundamentada em relatório elaborado por perito da sua escolha (artigo 11.°, n.° 5, do CE e artigo 62.°, n.° 5, do RJRU);

d) Na remissão directa do prazo para a alienação do bem e para a pronúncia referida na alínea anterior para o prazo previsto no artigo 11.°, n.° 5, do CE (artigo 62.°, n.° 5, do RJRU);

e) Na remissão directa para o artigo 17.° do CE efectuada pelo artigo 62.°, n.° 8, alínea *a*), quanto à notificação da decisão de início de procedimento de venda em hasta pública;

f) Na equivalência que é estabelecida entre o momento da venda em hasta pública, no caso de venda forçada, e a investidura na posse pública, no caso de expropriação (artigos 19.° e 20.° do CE). De facto, é nesse momento, em ambos os casos, que o particular recebe o montante em causa – quer resultante de avaliação efectuada por perito, no caso da expropriação [artigo 20.°, n.° 1, alínea *b*), e artigo 10.°, n.° 4, do CE], quer resultante da venda em hasta pública, em caso de venda forçada (artigo 63.°, n.° 1 e n.° 2, *in fine*, do RJRU). Repare-se que, no caso da expropriação, existem casos de dispensa do depósito prévio (artigo 20.°, n.° 6, do CE), coisa que nunca acontece no RJRU;

g) Após esse momento, se o particular não concordar com o montante, abre-se uma nova fase de ambos os procedimentos. Mais uma vez, se garante a proximidade de regimes – entre expropriação amigável (artigos 33.° e seguintes do CE) e a tentativa de acordo prevista no artigo 63.°, n.° 2, do RJRU – ou a aplicação do CE, através de remissão legal (artigo 63.°, n.° 3), no caso da arbitragem;

h) Na equiparação, a toda a linha, entre o valor do bem sujeito a venda forçada e a justa indemnização, feita pelo artigo 63.°, n.° 5;

i) No facto de, em ambos os casos, dever existir uma vistoria *ad perpetuam rei memoriam*, nos termos previstos no CE [artigo 63.°, n.° 7, do RJRU e o artigo 20.°, n.° 1, alínea *c*), do CE].

16. Como já foi referido, a própria estrutura dos procedimentos é muito próxima. Em ambos os casos existe uma primeira fase, de diálogo entre a administração e o proprietário do bem, seguida da possibilidade de recurso a ins-

trumentos de direito privado. Na fase seguinte, se não for possível esse recurso, ocorre a situação de transmissão de propriedade através de mecanismos de direito público. A transmissão da propriedade pode, assim, ocorrer antes da determinação do valor justo do imóvel, no caso de alienação em hasta pública por valor inferior ao proposto pelo proprietário – no regime da venda forçada (artigo 63.°, n.° 2, do RJRU) – ou caso não tenha operado a aquisição por direito privado – no regime da expropriação (artigo 11.°, n.° 5, do CE) –, caso em que a entidade pública toma posse administrativa do bem, nos termos previstos no artigo 19.° e no artigo 20.° do CE. Após a transmissão pode o procedimento prosseguir de forma a tentar alcançar o justo valor a ressarcir pelo bem – primeiro de forma amigável, posteriormente de forma litigiosa. Uma vez determinado esse valor, procede-se à sua entrega ao proprietário. Todos estes traços são comuns ao regime da venda forçada e ao regime da expropriação. A proximidade e equivalência dos regimes são inegáveis.

17. Recorde-se que, no entender do Tribunal Constitucional, esta identidade quase absoluta nem era constitucionalmente obrigatória. De facto, no ponto 14 do Acórdão n.° 421/2009, refere-se que a existência de diferenças entre o instituto da expropriação e o instituto da venda forçada «*só se tornará em algo constitucionalmente censurável se se provar que os proprietários sujeitos a venda forçada virão a ser* [...] *destinatários de um regime jurídico injustificadamente diverso daquele que é aplicável aos expropriados*». Tal não parece ser, manifestamente, o caso.

18. É verdade que inexiste um direito de reversão *proprio sensu* do proprietário sujeito a venda forçada do seu imóvel. O que se encontra previsto é que, em caso de violação da obrigação de reabilitação pelo adquirente do imóvel em hasta pública, a entidade gestora deve proceder à expropriação do edifício ou fracção ou retomar o procedimento de venda forçada, dando-se conhecimento da decisão ao primitivo proprietário [artigo 62.°, n.° 11, alínea *a*)]. Prevê-se, neste caso, que o adquirente inadimplente não receberá uma verba superior da que pagou em hasta pública pelo bem, não diferenciando o regime entre o recurso ao processo expropriatório ou de venda forçada. Pretende-se penalizar o adquirente que incumpriu o dever de reabilitar e evitar situações de fraude ao RJRU. No entanto, não nos parece que se possa utilizar aqui uma figura de *expropriação-sanção*, em que não seja assegurado o valor equivalente ao da justa indemnização, quer por razões da mais básica constitucionalidade e tutela do direito fundamental à propriedade privada, quer porque este aspecto do regime não tem cobertura pela lei de autorização legislativa (a Lei n.° 95-A/2009, de 2 de Setembro). Assim, a interpretação correcta deste preceito – por ser a mais

conforme com a Constituição – será a de que o proprietário, mesmo o adquirente inadimplente do dever de reabilitação, terá o direito a receber um valor equivalente ao da justa indemnização, aplicando-se os regimes constantes do CE e do RJRU. Se existir recurso ao procedimento de venda forçada, é ao valor que exceda o montante equivalente ao da justa indemnização, que se aplica o limite imposto pelo artigo 62.°, n.° 11, alínea *b*).

De qualquer forma, optando a entidade gestora por retomar o procedimento de venda forçada, o primitivo proprietário tem direito a receber o valor que exceda o montante pelo qual o edifício foi arrematado em hasta pública – ou seja, o valor excedente a que o adquirente inadimplente do dever de reabilitação não tem direito, como vimos. Assim, se o valor base de hasta pública for igual, existe a possibilidade de o primitivo proprietário voltar a adquirir o bem, devolvendo ao adquirente inadimplente o montante recebido. Este último caso acaba por se aproximar da situação que resultaria do exercício do direito de reversão. De qualquer forma, garantindo-se que o interesse público que motivou o procedimento de venda forçada continua a ser prosseguido e tendo, de qualquer forma, o primitivo proprietário a possibilidade de voltar a adquirir a propriedade, considera-se que a ausência de consagração de direito de reversão não é suficiente para considerar este regime desconforme com a Constituição.

19. Acresce que, noutro plano, o RJRU acaba por ser mais benéfico para os particulares do que o regime de expropriação por utilidade pública. Repare-se que o particular cujo bem seja alvo de venda forçada pode vir a receber um valor resultante da arrematação superior ao que seria o da justa indemnização (artigo 63.°, n.° 1), encontrando-se sempre esse valor assegurado, como o mínimo que pode vir a receber (artigos 63.°, n.° 6, e 62.°, n.° 12). Por outro lado, o proprietário originário também poderá vir a receber o valor que decorra do montante apurado em sucessiva hasta pública, promovida em caso de incumprimento pelo arrematante ou adquirente da obrigação de reabilitar [artigo 62.°, n.° 11, alínea *b*)]. Neste sentido, o regime da venda forçada é objectivamente mais favorável para o proprietário do que o regime da expropriação.

20. Considera-se, assim, que a tutela da propriedade privada no âmbito do regime da venda forçada se encontra assegurada em termos pelo menos equivalentes aos previstos no CE.

21. Na medida em que o regime da venda forçada foi construído de forma a oferecer pelo menos tantas garantias aos titulares do direito de propriedade

quanto as estabelecidas para a expropriação, como já se referiu, não parecem existir razões jurídico-constitucionais que justifiquem que este instrumento seja considerado "suspeito" ou menor face ao da expropriação.

De facto, o Tribunal Constitucional já se pronunciou no sentido da admissibilidade do recurso à venda forçada em caso de incumprimento pelo proprietário dos deveres urbanísticos que lhe são cometidos, como decorre da leitura do Acórdão n.° 421/2009, ali se concluindo que «*a Constituição autoriza que o direito de cada um à não privação da propriedade seja restringido, desde que a restrição se justifique por razões de interesse público, se efectue por intermédio do procedimento devido em Direito e inclua, para o afectado, a devida compensação*» (ponto 12 do Acórdão n.° 421/2009), o que se entende efectivamente acautelado no RJRU. De facto, existem razões de interesse público – a reabilitação de uma área urbana dela necessitada –, prevê-se um procedimento jurídico que garante os direitos dos administrados e onde se inclui a devida compensação.

Num outro ponto, o Tribunal Constitucional afasta qualquer carácter "suspeito" do regime da venda forçada, quando refere que não se pode depreender do regime «*que, em abstracto, a venda forçada seja um* quid *inadequado à prossecução dos valores próprios das políticas urbanísticas. Ao Tribunal não cabe apreciar a "adequação" ou o mérito das políticas públicas adoptadas pelo legislador: cabe-lhe apenas emitir juízos sobre aquelas que, nos termos da Constituição, sejam censuráveis. E nada, quanto a este ponto, permite que se estabeleça um juízo de censura constitucional, pois que nada prova que a "venda forçada" seja inepta, ou inadequada, à realização dos fins especiais da reabilitação urbana*» (ponto 14 do Acórdão n.° 421/2009).

Não parecendo subsistir questões de índole jurídico-constitucional, o recurso à venda forçada é estabelecido pelo legislador, dentro do seu espaço de livre conformação normativa, como um meio de possibilitar, em caso de incumprimento dos deveres urbanísticos pelo proprietário, a sua substituição por quem possa e esteja em condições de restituir ao bem a funcionalidade destinada, através da realização das obras necessárias à reabilitação do edifício ou fracção, mediante um procedimento e com as garantias em tudo próximas das consagradas no CE. Nesses termos, o instituto da venda forçada apresenta-se como uma alternativa ao outro meio ablativo da propriedade – a expropriação – quando dirigido ao mesmo fim específico de interesse público: a reabilitação do edificado.

ÍNDICE DO ANO 142.º (2010)

EVOCAÇÃO DO PROFESSOR DOUTOR INOCÊNCIO GALVÃO TELLES

ARTIGOS DOUTRINAIS

RESENHA DE JURISPRUDÊNCIA

JURISPRUDÊNCIA ANOTADA

ALMEDINA

REVISTA O DIREITO

DIRECTOR: JORGE MIRANDA

CUPÃO DE ASSINATURA

NOME

MORADA

CÓD. POSTAL – LOCALIDADE

TELEFONE Nº CONTRIBUINTE

PROFISSÃO

EMAIL

5 NÚMEROS AVULSO **€90**

ASSINATURA (5 NÚMEROS/ANO) **€76,5** (DESCONTO DE **15%**)
COM IVA E DESPESAS DE ENVIO INCLUÍDOS

DESEJO ADQUIRIR A ASSINATURA DA REVISTA O DIREITO (5 NÚMEROS) DO ANO 2 0

ASSINATURA DATA – –

ESTE CUPÃO DEVERÁ SER ENVIADO PARA
ASSINATURA DA REVISTA O DIREITO – JOAQUIM MACHADO, S.A., Avenida Fernão de Magalhães, n.º584, 5.º andar, 3000-174 Coimbra, ou via email para assinaturas@almedina.net.

PARA ESCLARECIMENTOS ADICIONAIS
Telefone: 239 851 903 Fax: 239 851 901 Email: editora@almedina.net

ALMEDINA

MB MULTIBANCO
movimenta a vida

AUTORIZAÇÃO DE DÉBITO DIRECTO (ADC)

ENTIDADE | 1 | 0 | 6 | 4 | 4 | 4 | NÚMERO DE AUTORIZAÇÃO

Na rede Multibanco poderá definir: A Data de expiração da autorização | O montante máximo de débito autorizado

AUTORIZAÇÃO DE DÉBITO EM CONTA PARA DÉBITOS DIRECTOS

NOME

EMAIL

Por débito na nossa/minha conta abaixo indicada queiram proceder ao pagamento das importâncias que lhes forem apresentadas pela empresa EDIÇÕES ALMEDINA SA

IBAN/NIB: PT 50

CONTRIBUINTE FISCAL

DATA ____ - __ - __

ASSINATURA(S) CONFORME BANCO

BENS/SERVIÇOS	VALOR	REGULARIDADE[1]	INICIA A MÊS	INICIA A ANO	TERMINA A MÊS	TERMINA A ANO

[1] REGULARIDADE: MENSAL, TRIMESTRAL, SEMESTRAL, ANUAL

PROCEDIMENTOS

- Preencher completamente e assinar Autorização de Débito, de acordo com a ficha de assinatura de Banco. No caso de ser empresa carimbar ADC com carimbo da empresa.
- Remeter a ADC para: EDIÇÕES ALMEDINA SA, Avenida Fernão de Magalhães, n.º 584, 5.º andar, 3000-174 Coimbra, ou via email para sdd@almedina.net.
- Qualquer alteração que pretenda efectuar a esta autorização bastará contactar as EDIÇÕES ALMEDINA SA por qualquer forma escrita
- Também poderá fazer alterações através do Sistema Multibanco, conforme se apresenta seguidamente, ou no sistema de home banking, caso tenha essa opção. Também neste caso agradecemos informação escrita sobre as alterações efectuadas.
- Esta autorização destina-se a permitir o pagamento de bens/serviços adquiridos à nossa empresa e só poderá ser utilizada para outros efeitos mediante autorização expressa do(s) próprio(s)
- Dos pagamentos que vierem a ser efectuados por esta forma serão emitidos os recibos correspondentes.

INFORMAÇÕES

Através do Sistema Multibanco, relativamente a esta autorização de Débito em Conta, poderá, entre outras, efectuar as seguintes operações:

- Visualizar a Autorização Débito em Conta concedida;
- Actualizar os Dados Desta Autorização de Débito em Conta;
- Cancelar esta Autorização Débito em Conta;

Em cumprimento do aviso 10/2005 do Banco de Portugal, informa-se que é dever do devedor, conferir, através de procedimentos electrónicos, nomeadamente no multibanco, os elementos que compõem as autorizações de débito em conta concedidas.

PARA ESCLARECIMENTOS ADICIONAIS

Telefone: 239 851 903 Fax: 239 851 901 Email: sdd@almedina.net